GUOJI
WULI SHIYONG GUIZE
YANJIU

国际
武力使用规则
研究

宋新平 / 著

法律出版社
LAW PRESS·CHINA
北京

图书在版编目（CIP）数据

国际武力使用规则研究 / 宋新平著. -- 北京 : 法律出版社, 2025. -- ISBN 978-7-5197-9922-9

Ⅰ. D995

中国国家版本馆 CIP 数据核字第 2025RR7737 号

国际武力使用规则研究
GUOJI WULI SHIYONG GUIZE YANJIU

宋新平 著

策划编辑 班运华　周晓玲
责任编辑 周晓玲
装帧设计 臧晓飞

出版发行 法律出版社
编辑统筹 编校部
责任校对 裴　黎
责任印制 吕亚莉
经　　销 新华书店

开本 710 毫米×1000 毫米　1/16
印张 25.25　**字数** 365 千
版本 2025 年 2 月第 1 版
印次 2025 年 2 月第 1 次印刷
印刷 北京新生代彩印制版有限公司

地址:北京市丰台区莲花池西里 7 号(100073)
网址:www.lawpress.com.cn
投稿邮箱:info@lawpress.com.cn
举报盗版邮箱:jbwq@lawpress.com.cn
销售电话:010-83938349
客服电话:010-83938350
咨询电话:010-63939796

书号:ISBN 978-7-5197-9922-9　**定价**:88.00 元

凡购买本社图书,如有印装错误,我社负责退换。电话:010-83938349

目　录 Contents

第一章　古代区域武力使用规则

第一节　关于古代区域武力使用规则的几点说明

古代区域武力使用规则，指古代世界特定区域适用的武力使用规则。

将近代国际法形成之前的武力使用规则称为"古代区域武力使用规则"，主要基于以下方面的考虑：

一、关于国际法历史时期的划分

这里所说的"古代"，首先是指近代国际法形成之前的历史时期，即指1648年《威斯特伐利亚和约》之前的历史时期，因为国际法学界将《威斯特伐利亚和约》之后的国际法分为近代国际法、现代国际法和当代国际法。[1] 这一时期的不同区域的时限起点，一般以形成国家为前提，有的区域也追溯至国家形成之前。在古代不同地域，国家的形成先后是不同的。这里所说的"古代"，同时包括中世纪欧洲的历史时期。欧洲的中世纪可以按不同的标准来划分。在一定意义上可以说，欧洲的中世纪既是一个时间概念，也是一个政治概念。作为时间概念，它指公元476年西罗马帝国灭亡后，到1453年文艺复兴

---

〔1〕 这里所说的近代国际法，是指1648年《威斯特伐利亚和约》形成之后的国际法。这种对国际法发展阶段的划分，基于王铁崖主编《国际法》的划分方法。"1643—1648年的威斯特伐利亚公会可以说是国际关系史上的一个划时代的事件，标志着国际法发展的一个新阶段——近代国际法产生了。"王铁崖主编：《国际法》，法律出版社1995年版，第12页。杨泽伟教授也以1648年《威斯特伐利亚和约》作为古代与近代国际法的分界线。杨泽伟：《国际法史论》，高等教育出版社2011年版，目录部分。

时期。[1] 作为政治概念,它指欧洲封建制度占统治地位的时期。从国际法的角度看,这里所说的欧洲的中世纪,是指公元476年至1648年威斯特伐利亚战争结束的一千多年的历史期间。自中世纪开始到近代国际法形成之前的国际法被有的学者称为中古国际法。[2] 这一时期,欧洲范围的武力使用规则又有新的渊源与特征,故以专门部分论述。

二、关于“区域规则”的称谓

古代区域武力使用规则与其他战争法规则,可统称“古代战争法的区域性规则”。称此类规则为“区域规则”,主要基于以下两点:其一,这样的称谓符合古代战争法规则空间效力的实际,即这种规则往往只在特定的地域范围内具有拘束力,超出特定的区域范围,其空间效力就基本不再显现,更不具备现代国际法上一些规则的世界范围的普遍拘束力,即便是中世纪欧洲的正义战争规则,尽管其适用范围较前期的区域有所扩大,但也限于欧洲的部分国家,在一定意义上还是属于区域范围的规则。其二,也有学者使用这样的称谓。俞正山教授撰写的《中西战争规范的历史演变》[3] 及主编的《武装冲突法》[4],均使用这一提法;《中国军事百科全书学科分册·战争法》(第2版)以“古代区域战争规范”为条目并作了界定。[5] 这里的“规则”与“规范”没有实质意义上的区别。

三、关于“区域规则”的法律属性

这里将古代特定区域关于武力使用的“区域规则”作为国际法来看待与论述。当然,关于古代社会是否存在国际法、这些区域规则是否属于国际法的

---

[1] 从政治思想史的角度看,欧洲的中世纪自“公元476年,西罗马帝国灭亡,西欧进入封建社会,此后一直到文艺复兴,共约一千年,史称‘中世纪’”。《西方政治思想史》编写组编:《西方政治思想史》,高等教育出版社、人民出版社2011年版,第94页。

[2] 王铁崖主编:《国际法》,法律出版社1995年版,第35-36页。

[3] 俞正山:《中西战争规范的历史演变》,载《中国军事科学》1995年第4期。

[4] 俞正山主编:《武装冲突法》,军事科学出版社2001年版,第1页。

[5] “古代区域战争规范”指“古代世界特定区域内部适用的战争规则”。刘家新、齐三平主编:《中国军事百科全书学科分册·战争法》(第2版),中国大百科全书出版社2007年版,第44-45页。

问题,国际法学界一直存在争议。有学者认为国际法是中世纪中央集权政府形成时期的产物。如《奥本海国际法》提出,国际法是平等独立的主权国家之间的法律,是从中世纪下半叶逐渐发展起来的。[1] 德国的赫夫特、俄国的马尔兼斯亦认为国际法产生于中世纪,是与基督教的传播相关联的。奥地利学者阿·菲德罗斯则提出,国际法产生于17世纪的欧洲。[2] 但也有学者认为古代存在国际法。如刘达人、袁国钦在其《国际法发达史》中就持这样的观点。李家善在其《国际法学史新论》中也持这样的看法。王铁崖提出,"古代世界是有国际法的"。而国际法体系的产生有赖于独立国家的普遍兴起,这是15~16世纪欧洲产生近代国际法的基本条件。[3] 德国学者W. G. 魏智通也提及国际法经历古罗马万民法这一历史阶段。[4] 这里,笔者附和中世纪之前存在国际法的观点,但这一问题不属于这里探讨的重点。

四、关于"武力使用"的含义

战争法是指在战争和武装冲突中调整交战国(方)之间以及交战国(方)与中立国(方)之间关系和交战行为的有拘束力的原则、规则和规章、制度的总称。[5] 俞正山教授认为,战争法的现代形态即武装冲突法由武力使用法、作战行为法、中立法和惩治战争犯罪法四部分构成。[6] 武装冲突法体系中的武力使用法是指关于禁止使用武力或以武力相威胁的国际法规则,其内容包括禁止在国际关系上使用武力,禁止使用武力的例外(合法使用武力的情形),对非法使用武力的认定,使用武力采取战争形式的程序与法律效果,等等。[7] 这里所说的"武力使用",指国家或其他有组织的武装集团之间运用武

---

〔1〕[英]詹宁斯、[英]瓦茨修订:《奥本海国际法》(第1卷·第1分册),王铁崖等译,中国大百科全书出版社1995年版,第1页。

〔2〕[奥]阿·菲德罗斯等:《国际法》(上册),李浩培译,商务印书馆1981年版,第16页。

〔3〕王铁崖主编:《国际法》,法律出版社1995年版,第10-12页。

〔4〕[德]W. G. 魏智通主编:《国际法》(第5版),吴越、毛晓飞译,法律出版社2012年版,第5页。

〔5〕刘家新、齐三平主编:《中国军事百科全书学科分册·战争法》(第2版),中国大百科全书出版社2007年版,第1页。

〔6〕俞正山主编:《武装冲突法》,军事科学出版社2001年版,第23页。

〔7〕刘家新、齐三平主编:《中国军事百科全书学科分册·战争法》(第2版),中国大百科全书出版社2007年版,第4页。

装部队所实施的持久而协调的军事行动。这样的军事行动不包括没有采取战争形式或没有构成武装冲突的紧张局势。[1] 进一步来说,这里所说的"武力使用",指隶属于武力使用法的武力使用。武力使用的主体是国家或满足一定条件的政治或民族组织实体,武力使用的形式是战争或武装冲突,武力使用的实质是运用特定主体所属的武装部队或武装力量所采取的军事行动,武力使用的后果构成战争或武装冲突状态。[2] 通俗地说,如果将战争法规则简单地划分为交战规则和作战规则,那么"武力使用规则"即指交战规则;相应地,"武力使用"也可以理解为战争或武装冲突中的"交战"。也有学者将武力使用法称为"发动战争法",它与作战行为规则的"战时法"相对应。[3] 有学者提出,武力使用法由三部分内容构成:一是禁止使用武力的法,习惯上人们称之为"战争之法",实质上应当是"反战争法",因为此方面的国际法规则不是确认或赋予国家发动战争的权利,而是禁止或阻止国家拥有或行使此方面的权利。二是进行或从事战争之法。即当战争无法阻止或无法避免时,交战过程中应当遵循的国际法规则。后者的形成,旨在"防止更为糟糕的武力使用,将已经开始的军事行动,限定在一定的范围之内"。[4] 三是在武力停止之后,如何进入和平状态,需要构建相应的国际秩序,也需要相应的国际法规则,因而围绕武力使用,还应当拥有"战后之法",或者称"和平化解纠纷法"。[5] 如果认可这样的划分,本书所说的武力使用法,指这三部分构成中的第一部分,即"反战争之法"。从以上论述的意义出发或延伸,战争、武装冲突与"武力使用"既相联系,又存在区别。其联系部分是指三者实质上具有一定的一致性,即都是武装冲突主体之间的一种暴力对抗行动;而在法律形式或外在表现方

---

〔1〕 目前国内学界尚未有关于武力使用的共识性定义。此处的定义考虑到武装冲突法的构成,亦考虑到《1949年8月12日日内瓦四公约关于保护非国际性武装冲突受难者的附加议定书》第1条关于武装冲突的说明。

〔2〕 现代国际法之前的武力使用可以说均构成战争;因现代国际法将战争与不构成法律意义上战争的武装冲突作了区分,故可能出现两种状况。探讨古代区域武力使用规则时,武力使用的后果均构成战争。

〔3〕 [德]格哈德·韦勒:《国际刑法学原理》,王世洲译,商务印书馆2009年版,第446-447页。

〔4〕 [德]W. G. 魏智通主编:《国际法》(第5版),吴越、毛晓飞译,法律出版社2012年版,第591-592页。

〔5〕 [德]W. G. 魏智通主编:《国际法》(第5版),吴越、毛晓飞译,法律出版社2012年版,第591页。

面，以及在具体内涵方面，三者各自具有其特征，这也使三者的含义各有区别，如"武力使用"仅是战争与武装冲突中的交战行为。当然，交战与作战的区分仅限于法律意义，现实中又往往交织在一起，加之习惯称谓的影响，本书有时也使用"战争"一词来表达"武力使用"。在特定情境下，如关于古代区域武力使用规则的论述，使用"战争"似乎较"武力使用"或"武装冲突"更为适宜或得体。武力使用规则也可以作实体规则与程序规则方面的划分。此外，本书尽力将"武力使用"与"使用武力"区分使用。简单地说：前者作为名词性术语使用；后者作为一种动词性术语使用，或者指向一种行动或行为。当然，要严格地作出这样的区分，并且一以贯之地运用，又确实存在一定的难度。

第二节　古代不同区域武力使用规则

一、古代中国的武力使用规则

（一）古代中国武力使用规则的概况

中国早在公元前 21 世纪的夏朝，就因传说中的夏部落贵族禹打破选举首长的"禅让"制而实行"传子"的世袭制，并建立军队，形成奴隶制国家。[1] 公元前 7 世纪，经过夏商到周末，原来的分封制下的诸侯国，强化了其独立性，具备一些近代国家的特征，出现 7 个大国和数以百计的小国，也就出现当时社会环境下的国际关系和国际法了。[2]

由于秦汉之后，中国趋于统一，即便存在分裂时期，也没有很长时期出现先秦时期多国并列的局面；加之，秦汉之后，中国统一时期，中国与周边国家之间，中国往往一尊独大，视周边国家为蛮夷，周边国家也多以臣属身份或地位与中国的中央政府交往；此外，中国在开创"丝绸之路"过程中，也有与中国周边及遥远的国家发生关系而形成国际规则，但这类国际规则不属于我们这里所说的古代中国区域武力使用规则的适用范围。可以说，先秦时期的武力使用规则在先秦之后的中国古代历史时期再没有延续性适用，所以考察古代中

〔1〕 任继愈主编：《中国哲学史》（第 1 册），人民出版社 1979 年版，第 6 页。

〔2〕 [苏] 费尔德曼、[苏] 巴斯金：《国际法史》，黄道秀等译，法律出版社 1992 年版，第 37 页。

国的武力使用规则,主要考察先秦时期的武力使用规则,也可以说主要考察公元前7世纪至公元前3世纪(公元前221年秦统一中国之前)这一历史时期的武力使用规则。有学者提出,研究中华法系的战争法,应当以春秋为轴心进行研究,因这一时期属战争法发展的黄金时期,是后世中国两千多年的大一统宗藩国际关系时代的战争法所不能比拟的。[1] 这样的说法还是符合相关历史实际的。

有学者称,中国古代春秋战国时期的"国",在大一统的视域下,实际是组成国的邦,或组成大国的诸侯国。这些主体之间的关系不属国际关系,或者说是"有际无国"的。[2] 这样的说法不无道理。因为与近代以来的国家及国际关系比较,这一时期中国的国家及国际关系确实有其特点。首先,各诸侯国在与中央政府的法律关系上,缺乏或不具备近代以来的国家的独立性。各诸侯国承认中央政府统治地位的最高性,而7个大的诸侯国之外的小国,以及华夏国家外围被称为蛮族的国家,也要被帝国皇帝书面或口头承认,这种承认表明各个国家之间的地位是不平等的,因为被承认的国家也在一定程度上被接受为华夏帝国的 部分。其次,各诸侯国之间也缺乏近代以来国家之间法律关系上的平等性。

然而,春秋战国时期各诸侯国之间的关系,也具有一定的国际关系的色彩与特征。因为各诸侯国之间还是相对平等的,此前所说的不平等在一定意义上属于因国家大小和强弱而形成的事实上的不平等,而非法律地位或法律资格上的不平等。也就是说,中央政府的承认行为没有否认或影响各诸侯国之间地位的平等性。实际上,在古代世界的不同区域,几乎都存在这样的现象或特征。我们不能以现代国际法条件下的国际关系来衡量或审视古代国际关系,以及在这种关系基础上形成的国际法及其武力使用规则。对于中国春秋战国时期存在国际法,美国传教士丁韪良早在1884年的《中国古世公法论略》一文中就有论述,"中国公法,早寓于封建之初,而显著于春秋之世"。有人经

---

〔1〕 张锋:《春秋时期的战争法——基于〈左传〉的案例研究》,载《河北理工大学学报(社会科学版)》2010年第4期。

〔2〕 刘达人、袁国钦:《国际法发达史》,商务印书馆1937年版,第37-38页。

过考证与研究后得出结论，先秦存在国际法。[1] 王铁崖也认为："如果说古代世界有国际法的话，那么，古代中国也是有国际法的。"[2]

（二）古代中国武力使用规则的主要内容

1. 古代中国武力使用的实体规则

（1）维护"国际"和平的基本方式方法

古代中国春秋战国时期，维护"国际"和平，消除"国际"纷争的主要方式方法与当代国际法有相同或相近之处，即主要采用斡旋、调停和仲裁的方式。从事斡旋、调停和仲裁的主体，多为有一定声望的国家或盟约中的盟主国。这类国家在斡旋、调停和仲裁过程，依据的多是本国的好恶，而没有完善的法律、惯例或正义性的道德标准，但其效力带有一定的强制性。[3] 苏联国际法专家费尔德曼、巴斯金提到："调停和仲裁由皇帝或各位国君进行。审理争议时往往由各国元首亲自出席，但这并不是必须的。有时一方是全权代表，而另一方则是王侯自己出席。"[4]

（2）"国际关系"中武力使用的基本原则

古代中国春秋战国时期，"国际关系"中存在判定武力使用"合法"与否的原则或标准，这样的原则或标准被称为"正义"或公理。《吕氏春秋》主张：如果战争是正义的，进攻、讨伐均是可以的，救援、防守同样可以；如果战争是非正义的，进攻、讨伐不可以，救援、防守同样不可以。《神机制敌太白阴经》提出，如果战争是非正义的，即便以此能够称霸天下，也为仁君圣主所不取。判定战争正义与否的标准，体现在具体规则之中。[5]

（3）武力使用的基本规则

①合法使用武力的情形

古代中国春秋战国时期，在以下三种情况下使用武力被视为合法或符合正义：

[1] 徐传保编著：《先秦国际法之遗迹》，中国科学公司 1931 年版，第 71－100 页。
[2] 王铁崖主编：《国际法》，法律出版社 1995 年版，第 15 页。
[3] 刘达人、袁国钦：《国际法发达史》，商务印书馆 1937 年版，第 50 页。
[4] [苏]费尔德曼、[苏]巴斯金：《国际法史》，黄道秀等译，法律出版社 1992 年版，第 40－41 页。
[5] 俞正山：《中西战争规范的历史演变》，载《中国军事科学》1995 年第 4 期。

一是自卫。当强国入侵时,受害国对侵凌国先应告之以理,晓之以义,如果对方不听劝阻或不停止其攻击行为,受害国就可以实施自卫。

二是征伐或致霸。古代中国春秋战国时期,战争不仅是消除国家之间纷争的最后手段,也是一种实施法律制裁的手段,是一种强制实施法律的手段。征伐就是国际关系或国际秩序中的上位国对下位国所采取的一种武力行动,上能伐下,大能伐小,盟主能伐无道,均含有武力制裁的意思。[1] 如公元前611年,宋国国君昭公被诛杀,晋国因此对宋国进行讨伐。对此,有学者评论,国家之间地位的不平等性,造成中央帝国武力干涉其他诸侯国或小国的合法性。[2] “没有法律上的平等意味着承认干涉的合法性。”此外,大国为了实现霸主地位或目标,可以使用武力。[3]

三是讨不义。讨不义具有不同的形式。维护礼制是讨不义的形式之一。当礼乐遭到破坏,仁政不能实施,德行无法推广,战争又不可避免时,可以“以战止战”,即通过战争的手段制止战争,赢得和平。对此,《司马法》有相应的规定。[4] “济弱”也是讨不义的一种形式。如一国在遭受强国入侵时,第三国对弱小国家的援助,被看作符合“正义”或公理的行为。[5] 从这个意义上类推,古代中国以武力形式支持被入侵的国家属于“合法”使用武力的情形。当然,这样的支持或援助是受到邀请抑或自主行为,则应作进一步区分。

②武力使用的限制性规则

古代中国对武力使用的限制主要体现在以下四个方面:

一是以“礼”限制武力的使用。礼在中国古代具有多重含义和丰富内容。“‘礼’的通常意思是礼节、仪式、恭敬,其基本思想是:社会生活的基础是长者

---

〔1〕 值得注意的是,在春秋战国时期,表示武力使用的“征伐”等术语,有其特定的含义。天子率军出战被称为“征”,即“王用出征”“征者上伐下也,敌国不相征也”。“讨”与“征”具有类似的含义。“是故天子讨而不伐,诸侯伐而不讨”。而且,“征讨”有时仅限于言辞责备而非军事行为。“盖以彼有罪而布令陈词以责之,是谓征也讨也。彼有罪而用兵行师以加之,是谓伐也。”但自周室东迁后,维持以往秩序的规则遭到破坏,一些诸侯霸主往往挟天子以令诸侯,亦有借天子之名行征讨之实的事例。参见陈顾远著、徐传保编著:《中国国际法溯源:先秦国际法之遗迹》,上海书店1991年版,第272-273页。

〔2〕 [苏]费尔德曼、[苏]巴斯金:《国际法史》,黄道秀等译,法律出版社1992年版,第38页。

〔3〕 刘达人、袁国钦:《国际法发达史》,商务印书馆1937年版,第33-38页。

〔4〕 黄朴民:《中国古军礼的丰碑:〈司马法〉导读》,军事科学出版社2000年版,第30页。

〔5〕 刘达人、袁国钦:《国际法发达史》,商务印书馆1937年版,第25页。

的权威和对长者的敬重,以及遵循'仁'的原则('己所不欲,勿施于人')。"[1]从法律视角解读,礼具有习惯法的色彩与特征。依照丁韪良的说法,春秋列国的交际之道,全部是依礼而行。我国有学者则将礼称为春秋时期列国之间普遍遵守的法则,可谓当时的国际公法。平时邦交,有朝礼、聘礼;战时法规,有军礼、戎礼。[2] 苏联国际法专家费尔德曼、巴斯金也认为:"'礼'也规定了各国统治者之间的关系、解决他们间的争议和进行战争的规则。"[3]礼对战争的限制,是以"礼"带有普遍拘束力的习惯效力作条件的。小国对大国的"礼"的承认与履行,限制与减免了一些战争。也有学者从交战主体与目的方面阐述礼在规制武力使用方面的作用。首先,发动战争的主体要合于礼的要求。在礼演变形成的过程中,战争逐渐演化成君王手中的权力,只有天子才拥有战争权,其发动的战争才是合法的。这就是孔子所说的:天下有道,则礼乐征伐自天子出;天下无道,礼乐征伐自诸侯出。当然,中国先哲们又以道德来规制天子的这一权力,这里的道德规则主要指"敬德保民"的规范要求。其次,战争的目的要合于礼的要求。即战争目的旨在维护礼的宗法性,维护礼的等级性,维护礼的罚罪性。[4] 最后,作为习惯的"礼"在限制武力使用方面还有适用自然或伦理的规则。如通过一定的开战时间规则来限制武力使用。《司马法》就规定,"战道"不得违背农时,以免妨碍、破坏农业生产。在敌国国丧、疾病流行、出现灾荒期间,如果对其使用武力,也不合礼的要求。

二是以册封维持和平关系,限制武力使用。这里所说的册封,主要是指古代中国皇帝对同意隶属中国的藩邦特别是边疆少数民族地区具有首领地位及其管辖范围的确认与封赏的活动。通过这样的册封关系,一些藩邦和其他被册封的首领表示效忠于皇帝和中央政府,而皇帝和中央政府一般不干涉这些属地的自治权或者"内政",从而构建、保持、维护一种"国际"和平关系,避免

---

[1] [苏]费尔德曼、[苏]巴斯金:《国际法史》,黄道秀等译,法律出版社 1992 年版,第 39 页。
[2] 刘达人、袁国钦:《国际法发达史》,商务印书馆 1937 年版,第 24 页。
[3] [苏]费尔德曼、[苏]巴斯金:《国际法史》,黄道秀等译,法律出版社 1992 年版,第 39 页。
[4] 熊梅、姬娜:《先秦战争法思想研究》,海潮出版社 2011 年版,第 86-93 页。

与限制武力使用。[1]

三是以纳贡或馈赠限制武力使用。纳贡本身体现国际关系中的不平等；馈赠则可能是相互平等的馈赠，也可能是非自愿的不平等的馈赠。这种限制武力使用方式下的纳贡或馈赠，既有物的形式，也有人的形式。既可能以物来纳贡或馈赠，也可能以人来纳贡或馈赠，而人的纳贡或馈赠则往往通过婚姻方式来进行或实现；这种方式的法律依据可能是口头的，也可能以“条约”或契约的方式作依据。[2]

四是以缔结和平条约限制武力使用。[3] 在这里，缔结和平条约只是限制武力使用的一种方式或手段，而非限制使用武力的具体规则，但这种方式和手段在古代中国曾被广泛运用。缔约过程有时由缔约国的国王出席，有时由国王的全权代表出席或参与。

2. 古代中国武力使用的程序规则

夏、商、周三代，国家之间的战争必须先进行宣战。这种宣战多以誓师的方式开始。夏伐有扈，有《甘誓》；商汤伐夏桀，有《汤誓》；周武王伐商纣，有《秦誓》《牧誓》。这样的宣战有单方的，也有双方的。宣战的主要内容是宣布发动战争或使用武力的理由和期限。到了春秋战国时期，由于“誓”不能直达敌国，逐渐改为派遣使者。由一方使者到达敌方控制的地域，当面谴责敌方，类似当代国际法中的最后通牒。[4]《司马法》对宣战有具体规定：“其有失命、乱常、背德、逆天之时，而危有功之君，偏告于诸侯，彰明有罪，乃告于皇天上帝日月星辰。祷于后土四海神祇、山川冢社，乃造于先王，然后冢宰征师于诸侯曰：某国为不道，征之。以某年月日师至于某国，会天子正刑。”[5]

---

〔1〕［德］巴多·法斯本德、［德］安妮·彼得斯主编：《牛津国际法史手册》（上册），李明倩等译，上海三联书店 2020 年版，第 444 页。

〔2〕［苏］费尔德曼、［苏］巴斯金：《国际法史》，黄道秀等译，法律出版社 1992 年版，第 38 页。

〔3〕［苏］费尔德曼、［苏］巴斯金：《国际法史》，黄道秀等译，法律出版社 1992 年版，第 40 页。

〔4〕俞正山：《中西战争规范的历史演变》，载《中国军事科学》1995 年第 4 期。

〔5〕黄朴民：《中国古军礼的丰碑：〈司马法〉导读》，军事科学出版社 2000 年版，第 66 页。

二、古希腊的武力使用规则

(一)古希腊武力使用规则的概况

人们常说的古希腊时期应是自公元前8世纪至公元前3世纪。希腊的奴隶制国家形成于公元前8世纪至公元前6世纪。此前的“荷马时代”(公元前11世纪至公元前9世纪)因荷马史诗而得名,仍处于原始氏族公社时期。构成荷马史诗的《伊利亚特》和《奥得赛》,所记载的内容均与战争相关。奴隶制时期的希腊由数以百计的独立城邦构成。如在希腊半岛和小亚细亚西岸的北部,有底比斯、达尔斐等;在阿提卡半岛和小亚细亚西岸的中部,有雅典、米利都等;在伯罗奔尼撒半岛和小亚细亚南部,有斯巴达、阿果斯、科林斯和麦加腊等。[1] 这些城邦之间,国情各异,于是发生种种国际事态,出现外交关系,各城邦之间产生“希腊的法律与习惯”。[2] “古代希腊分为许多城邦国家,这些城邦国家彼此独立,却有密切的往来关系,其情况与近代国家有些类似之处。”[3]“希腊人从一开始正是把单个的城邦或城邦联盟看作国际法主体。”但国家之间的行为是以公民自己和公民大会的名义进行的。“在希腊各国的鼎盛时期,公民大会始终被认为是对外交往方面的最高机关。”特定意义的国际关系、国际法及区域武力使用规则,一方面基于这样的社会结构而形成,如一些条约的形成及其效力,主要基于城邦关系并且主要适用于城邦之间;另一方面,来源于自然法。战争法是古希腊国际法的重要组成部分,它与“使节法”构成古希腊的国际法。[4] 公元前5世纪至公元前4世纪,古希腊的战争法已经相当完备了。古希腊包括武力使用规则的区域规则的效力,除国家军事力量的影响外,主要依靠宗教的影响力。当时的希腊人将宗教、法律与道德视为一体,共同产生规范作用。当然,这些规则在实际执行过程难免被忽略,古希腊人曾以国家政治及当前军事必要为由而为不遵守这些规则作辩护。[5]

---

〔1〕 齐思和主编:《世界通史 · 上古部分》,人民出版社1973年版,第165-176页。
〔2〕 刘达人、袁国钦:《国际法发达史》,商务印书馆1937年版,第41-42页。
〔3〕 王铁崖主编:《国际法》,法律出版社1995年版,第11页。
〔4〕 [苏]费尔德曼、[苏]巴斯金:《国际法史》,黄道秀等译,法律出版社1992年版,第8-9页。
〔5〕 刘达人、袁国钦:《国际法发达史》,商务印书馆1937年版,第42-45页。

国际法的软法属性在古希腊已经有所体现。古希腊于公元前2世纪被古罗马灭亡,古希腊法中的区域武力使用规则也被古罗马法中的万民法取代。

(二)古希腊武力使用规则的主要内容

1. 古希腊武力使用的实体规则

(1)武力使用的基本原则

①战争是古希腊人与异族人之间的自然状态

古希腊因战争的对象不同而采取不同的规则及表述方式。古希腊人认为,在有关古希腊人与蛮族人的关系上,战争是一种很自然的因而是必要的状态。"对野蛮人发动战争——不止一次被认为是天赋的权利——毫无疑问被视为是正义的。"〔1〕

②古希腊人之间应当保持和平

古希腊人之间的关系,应建立持久的、"永恒的"和平。当古希腊人之间发生武装冲突时,一般不使用"战争"这个术语,而使用一些类似"内讧、混乱或者纷争"的概念。柏拉图在其《法律篇》中就曾指出:"须知,最美好的东西既不是战争,也不是内讧。如果出现对它们的需要,那是可怕的事情;而和平则是普遍的友善。"〔2〕

(2)合法的战争与没有合法理由的战争

关于武力使用规则,古代希腊人将战争分为合法的战争和没有合法理由的战争。什么属于"合法理由"?各城邦在实践中的确认是不同的。但以下三点是共同的:一是自卫,即保卫国家不受侵犯的战争;二是保护宗教圣地的战争;三是履行同盟义务的战争。在思想领域,亚里士多德将反对蛮族人的战争也看作正义战争,任何城邦均可夺取属于"蛮族"的土地。认为这种战争犹如狩猎野兽,本质上是正义的。这样的思想到公元前3世纪,为主张建立不仅存在于古希腊人之间的和平,而且应当建立普遍的和平的思想观点所取代。〔3〕

---

〔1〕[德]W. G. 魏智通主编:《国际法》(第5版),吴越、毛晓飞译,法律出版社2012年版,第33页。

〔2〕转引自[苏]费尔德曼、[苏]巴斯金:《国际法史》,黄道秀等译,法律出版社1992年版,第18-19页。

〔3〕[苏]费尔德曼、[苏]巴斯金:《国际法史》,黄道秀等译,法律出版社1992年版,第19-20页。

（3）以休战制度限制武力使用

古希腊曾出现并形成休战制度。休战是指交战国（方）或武装冲突国（方）之间根据协议，在一定期间不从事武装冲突或停止敌对军事行动的行为。[1] 休战主要有三种类型：一是基于宗教活动或大型体育活动的需要而休战，即如果举行大型的宗教祭祀活动，或举行奥林匹克赛会、涅墨亚竞技会以及全希腊的体育赛事，则城邦之间应当暂停交战。因宗教祭祀活动而休战的被称作"神圣的休战"。二是为掩埋战场的死者，也可以休战。三是一般性休战，表示中止军事行动而又不签订和平条约。此类休战的时间较前两类稍长，休战期间，交战方的外交人员积极开展外交活动，以便谈判结束战争。[2]

（4）以交战人数限定交战规模

古希腊时期，战争被视为一个城邦的全体公民同另一个城邦全体公民的争斗，因此可以说没有战斗员与非战斗员的区分。但为了解决争端，有时限制交战人数，规定交战各方选出数量相等的战士，由他们交锋厮杀来决定战争的胜负。有时甚至通过一对一的决斗来解决争端。[3]

（5）中立规则与不干涉规则

在武力使用规则方面，古希腊人还区分了中立与不干涉制度及其适用期间。古希腊的中立制度只适用于战时；不干涉则不限于战时，有时也适用于和平时期。

（6）以仲裁解决国家之间的争端

当古希腊国家之间发生关于边界确定、河流和泉水归属等方面的争端时，有时以仲裁来解决争端。仲裁者在裁决之前，在圣地发誓，表明裁决过程不偏不倚，居中裁断，否则自己及其全族人将受到神灵的责罚。仲裁者通常由第三国来担当。第三国又将仲裁权交由 3 位公民或更多公民组成的一个委员会来行使。这些仲裁公民通过抽签选出。争端一方经仲裁获胜后，行使仲裁权的公民可以接受获胜一方的礼物和荣誉。公元前 3 世纪后，由第三国公民行使

---

[1] 刘家新、齐三平主编：《中国军事百科全书学科分册·战争法》（第 2 版），中国大百科全书出版社 2007 年版，第 84 页。

[2] ［苏］费尔德曼、［苏］巴斯金：《国际法史》，黄道秀等译，法律出版社 1992 年版，第 11 页。

[3] ［苏］费尔德曼、［苏］巴斯金：《国际法史》，黄道秀等译，法律出版社 1992 年版，第 12 页。

的仲裁权，逐渐交由其国家的元老院来行使。[1]

2. 古希腊武力使用的程序规则

古希腊时期，战争的程序规则也受到重视。各城邦交战之前，必须进行隆重的宣战仪式。若不发布宣战布告，是不能开始交战的。这样的宣战仪式既有法律意义，也有宗教属性。在宣战的同时，还要采取一些行为，如祈祷战时顺利越过边界的祭祀仪式。为了保障宣战程序的履行，一些专门从事这种程序的人员，如军使和带有特殊任务的神官，不得予以侵犯。战争结束时，往往要签订和平条约。与战争相关的条约，除和平条约之外，还有同盟条约（防御性的和进攻性的攻守同盟）、互助和互不侵犯条约，以及边界和仲裁条约等。如果涉及领土从一个城邦转移给另一个城邦，以及划定国家边界等问题，通常载入和平条约。

希腊人以三种方式保障和平条约的履行：一是宣誓。宣誓的顺序由交战方的全权代表通过抓阄来决定。二是采用人质制度。在与希腊城邦以外的敌对方交战后，更多地采用这种方式，如希腊同波斯的关系中就是如此。三是派驻军队。即在战败城邦的各个城市中派留驻防军以保障和平条约的履行。[2] 后一种方式类似现代国际法上的军事占领。

三、古罗马的武力使用规则

（一）古罗马武力使用规则的概况

古罗马位于欧洲南部地中海中部的意大利半岛。以罗马城为中心，东为亚德里亚海、爱奥尼亚海，西为利古里亚海、第勒尼安海。古罗马可以分为四个历史时期：前罗马时期（氏族公社时期，公元前 8 世纪）、王政时期（氏族公社解体时期，公元前 8 世纪至公元前 6 世纪）、共和国时期（公元前 6 世纪至公元前 1 世纪）和帝国时期（公元前 1 世纪至公元 5 世纪）。有学者从国际法视角建议将古罗马分为两个大的历史时期：一个时期为古罗马国家形成至公元 1 世纪初，约五六百年时间，属于古罗马城邦国家时期；另一时期为公元 1 世纪

[1] [美]阿瑟·努斯鲍姆：《简明国际法史》，张小平译，法律出版社 2011 年版，第 14 页。
[2] [苏]费尔德曼、[苏]巴斯金：《国际法史》，黄道秀等译，法律出版社 1992 年版，第 12 页。

初至公元5世纪,为罗马帝国的形成、兴盛与衰落时期。[1]

公元前6世纪,相传古罗马王政时期的第六王塞尔维·图里阿(约公元前578年至公元前534年)对濒临崩溃的罗马氏族社会进行了重大改革,使罗马进入奴隶制时代,罗马国家形成。对此,恩格斯作了论述:“在罗马也是尚在所谓王政废止以前,以个人血统关系为基础的古代社会制度便破坏了,代之而创立了一个新的、以地区划分及财产差别为基础的真正国家制度。”[2]

古罗马人对国际法的贡献及区域武力使用规则的形成与适用,主要体现在罗马共和国时期,即公元前6世纪至公元前1世纪。罗马帝国时期,即公元前1世纪至公元5世纪,古罗马人在国际关系中适用的法律,既不是习惯,也不是条约,仅仅是罗马统治者的意志。“罗马人对于国际法实质和任务的态度,特别是对国际法主体的概念和实质承认的态度上的差异,始终取决于他们实际的政治实力和军事实力。”当罗马人强大时,如果取得战争的胜利,则与敌方之间只有征服与被征服,而无所谓平等;反之,罗马人承认各国独立与平等的原则。[3]

(二)古罗马武力使用规则的主要内容

1. 古罗马武力使用的实体规则

(1)和平解决国际争端的原则

古罗马主张尽力以和平方式解决国家之间的争端。如果不经过调和或调和没有失败,是不能宣战的。古罗马以宗教与行政相结合的方式和平处理国家间的争端。在罗马王政时代,与古罗马之间的争端,先提交由僧侣组成的“战和事务祭司团”[4]来处理。该组织被赋予管理与条约、战争及其他国际事务有关的宗教仪式的权力。该祭司团的僧侣法定人数为20人。这些神官应当对其所受理的争端认真审理,不得妄断。审理结果提交政府,由政府派遣4名神官作为使节与对方国家谈判,提出本国要求。如果对方国家在初次及经

---

[1] 刘达人和袁国钦的《国际法发达史》中所说时期划分与齐思和主编的《世界通史·上古部分》的时期划分存在差别,本书以后书为据,有时又交叉运用。

[2] [德]恩格斯:《家庭、私有制和国家的起源》,张仲实译,人民出版社1954年版,第125页。

[3] [苏]费尔德曼、[苏]巴斯金:《国际法史》,黄道秀等译,法律出版社1992年版,第20-27页。

[4] [美]阿瑟·努斯鲍姆:《简明国际法史》,张小平译,法律出版社2011年版,第15页。

过33天思考之后的再次，均没有允诺罗马国家的要求，奉命谈判的使节要向政府汇报复命。政府再将这样的纷争及谈判状况交付给元老院。如果元老院审议后认为应当宣战，则进入宣战程序。〔1〕

（2）合法使用武力的情形

古罗马设定了正义战争的标准。古罗马人早期就使用正义战争这一概念，此后曾有弃用时期。公元4世纪，奥古斯丁又明确恢复"正义战争"概念的使用。〔2〕 何谓正义战争？古罗马人有其评判标准：一是反击侵略罗马领土的敌方，或替罗马的受害者报仇，或惩罚侵害罗马使节的交战行为，这些情境下的武力使用类似自卫，属于合法战争或正义战争；二是道义允许的战争，均属合法的战争，如对不遵守条约行为的惩罚；三是对加入敌国联盟的惩罚。〔3〕这样的规则被载入交战法规之中。也有学者提出，古罗马人认为他们进行的一切战争都是正义的，产生这样的认识与判断，缘于古罗马人一种根深蒂固的宗教理念，"一切对罗马人有用的都是上帝喜欢的"。〔4〕

（3）战争过程中的休战制度

古罗马在战争过程中实行以掩埋死者为目的的短暂的休战制度。古罗马人为实现这样的休战，还要签订和平条约。为埋葬死者而签订的有一定期限的休战条约被看作和平条约，但这类和平条约与战争结束后所签订的和平条约是有区别的。休战条约被看作初步的和平条约，由军队指挥官（或执政官、总督）事先签署，事后需要经过批准。

（4）不得对中立国使用武力

在武力使用规则方面，值得注意的是，古罗马的武力使用规则与中立制度相关联。特别是在古罗马晚期，实践中和条约形式上均出现中立规则，对奉行和被确认为中立的国家，是不得使用武力的。〔5〕

---

〔1〕 刘达人、袁国钦：《国际法发达史》，商务印书馆1937年版，第48页。

〔2〕 杨泽伟：《国际法史论》，高等教育出版社2011年版，第17页。

〔3〕 刘达人、袁国钦：《国际法发达史》，商务印书馆1937年版，第47页。

〔4〕 ［苏］费尔德曼、［苏］巴斯金：《国际法史》，黄道秀等译，法律出版社1992年版，第24页。

〔5〕 ［苏］费尔德曼、［苏］巴斯金：《国际法史》，黄道秀等译，法律出版社1992年版，第28页。

2. 古罗马武力使用的程序规则

(1)开始战争的程序规则

古罗马人强调战争的程序也必须合法,即必须经过符合习惯要求的宣战媾和程序才可以交战。

古罗马的宣战程序是非常复杂的,由特定的人员在特定的场所进行,而这样的意思表示还必须经过国家特定机关的审核同意。

古罗马对他国的宣战通常由 2~4 名祭司团成员进行,最初的宣战地点位于古罗马与敌国的边界,前后要进行三次。首次宣战,由祭司团成员来到敌国边界,面向敌国喊话,内容主要由三部分组成:一是宣示这种喊话的庄严性,即属于面向天神、地神(边界神)而言的;二是宣示喊话人的身份,表明喊话者是神灵的使者;三是向敌方提出避免战争的条件。第二次宣战是在距第一次宣战之后的第 33 天进行的,前提是首次宣战所提出的避免战争的条件没有得到回应或满足,地点仍为敌国的边界。内容亦为三个方面,其中前两方面与首次宣战内容相同,第三方面则带有最后通牒的意味。第二次宣战后,如果敌国仍然没有满足宣战者所提出的避免战争的条件,是否进行第三次宣战,在古罗马国内要经过决定是否开战的程序,类似当今社会的战争决定权的行使程序。古罗马的元老院通过公开表决,决定是否发起战争。如果元老院决定开战,还要提交国民大会批准。如果国民大会的决议是肯定的,祭司团成员就进行第三次宣战活动,宣战是象征性地向敌国投掷一支带有钢尖的、末端烧焦的并沾上鲜血的长矛,表明公开的正规的战争在当时当地开始了。

在古罗马共和国后期和帝国时期,由于古罗马人征战频繁,古罗马人逐渐废弃了上述烦琐和旷日持久的宣战程序。如对位于遥远的、大海对面的敌国,就在国内划一块土地象征或充当敌国的领土,在此进行宣战;或者第三次宣战不再到敌国边界去进行,而在位于古罗马城墙外的一个神庙进行。庙前竖立一根柱子,象征即将交战的两个国家的边界,从柱子上抛过一支长矛,表明正式宣布战争开始。“那里站着参战队伍。从战争开始直至战争结束,马尔斯神庙的大门始终敞开，和平到来时才关上。"[1]

古罗马人赋予宣战程序价值。如果宣战，则战争将是"正义的"和"值得嘉许的"；在作战过程中，神灵将站在宣战者一边，保佑其取得战争的胜利。

公元4世纪，由祭司团及其成员履行的宣战程序基本上不再适用。[2]

(2)结束战争的程序规则

古罗马人在战争结束时也适用一定的程序规则。如果敌国投降，古罗马人接受敌方投降的条件是，要求被征服国的代表表明自己拥有代理权和自由处置权；要求他们对其国家是否愿意向古罗马人交出一定的财产作出令古罗马人满意的答复。[3] 如果敌方被征服，要求敌对方交出自己的首领；搬走被征服国人民视为圣物的物体。这些条件，有的是从罗马私法演变而来的，旨在从民族感情上压制敌对方。[4] 如果交战双方媾和，则缔结媾和条约。条约一般有两种类型：一种是和平条约，另一种是同盟条约。后一种条约有时直接把原来的敌对方纳入古罗马人的"保护"之下。

关于古罗马城邦之间战争程序规则的法律属性，有学者认为，从理论上来说，这样的程序法属于罗马的国内法，属于罗马政治制度中不成文法的组成部分，但其中包含这样的程序适用于城邦国家之间的理论假设。[5] 有学者认为古罗马的宣战程序规则已经具有适用于城邦之间战争的习惯法上的效力。古罗马城邦时代，"对战争的开始、进行与结束，特别是和约缔结的仪式及其内容，城邦社会逐渐形成一些共同遵守的习惯和模式，久而久之，约定俗成，于是就发展成具有一定拘束力与强制性的法律规范，正如同习惯法的产生过程一样"。对这种习惯规则的违反是要承担一定的后果的，"其制裁形式也仍然是战争"。[6]

---

〔1〕［苏］费尔德曼、［苏］巴斯金：《国际法史》，黄道秀等译，法律出版社1992年版，第25页；李家善：《国际法学史新论》，法律出版社1987年版，第32-33页。

〔2〕李家善：《国际法学史新论》，法律出版社1987年版，第33页。

〔3〕杨泽伟：《国际法史论》，高等教育出版社2011年版，第15页。

〔4〕［苏］费尔德曼、［苏］巴斯金：《国际法史》，黄道秀等译，法律出版社1992年版，第28-29页。

〔5〕［美］阿瑟·努斯鲍姆：《简明国际法史》，张小平译，法律出版社2011年版，第16页。

〔6〕李家善：《国际法学史新论》，法律出版社1987年版，第16页。

四、古印度的武力使用规则

（一）古印度武力使用规则的概况

“印度”得名于印度河。古印度大体包括现在的印度、巴基斯坦和孟加拉国。[1] 大约公元前 1000 年，古印度相继出现一些奴隶制小国，到公元 6 世纪中期，形成几十个国家。[2] 这些国家逐渐“进化为主权国家”，也就是近代国家意义上的独立性组织。[3] 它们相互之间不断发生战争，加之需要以武力抵抗其他国家的经济军事侵蚀，形成此区域具有一定效力的武力使用规则。至公元 6 世纪，即在印度奴隶制国家存续期间，各国之间的战争以及古印度国家抵抗外来侵略的战争中，古印度的区域武力使用规则发挥一定的作用，具有一定的约束力与影响力。

古印度武力使用规则的法律渊源主要是被婆罗门教奉为经典的《吠陀》，这是一部集宗教、哲学、历史、文学、天文学、几何及法律思想于一体的综合文献。《吠陀》中的《不文律》被看作关于战争和平及外交的基本准则，依此准则编纂公布的几部法经，如著名的《摩奴法典》《乔达摩法经》《阿巴斯檀巴法经》等，构成这一时期武力使用规则的基本依据。[4]

与古代其他区域的社会组织一样，古印度的国际法主体往往指国家的最高领导人而非国家本身，国家之间也不存在普遍的平等原则。国际关系中的国家，按不同标准可进行不同的分类。从是否处于交战状态看，国家被分为敌国、修好国、调停国和中立国；从国家在国际关系中的地位看，国家又被分为平等国、从属国（附属国）和最高国（当代印度学者多称其为王国），其中的从属国，即半主权国家，又有仆从国、被保护国和附庸国的等级划分。[5] 从古印度

---

〔1〕 齐思和主编：《世界通史·上古部分》，人民出版社 1973 年版，第 115 页。

〔2〕 关于这一时期古印度国家的数目，一说 16 个，一说 30 个。本书采取了模糊的说法。前一种说法提到，“公元前 6 世纪，相传印度有 16 国”。齐思和主编：《世界通史·上古部分》，人民出版社 1973 年版，第 162 页。后一种说法参见［苏］费尔德曼、［苏］巴斯金：《国际法史》，黄道秀等译，法律出版社 1992 年版，第 32 页。

〔3〕 刘达人、袁国钦：《国际法发达史》，商务印书馆 1937 年版，第 38-39 页。

〔4〕 邓烈：《古代社会国际争端的裁判解决——从公元前 4000 年到公元 476 年》，载《武汉理工大学学报（社会科学版）》2003 年第 1 期。

〔5〕 刘达人、袁国钦：《国际法发达史》，商务印书馆 1937 年版，第 39 页。

的国际法术语中还可以看到战时状态、和平状态和中立状态，以及战争准备、同盟关系等。

（二）古印度武力使用规则的主要内容

古印度的区域武力使用规则也可以从实体与程序两方面来说明。

1. 古印度武力使用的实体规则

（1）推崇以和平方式解决国际争端

在古印度的国际关系中，战争不是解决争端的首项选择，而是解决争端的极端方式；提倡相邻国家共同致力于和平解决争端。《摩奴法典》强调，战争是一切和平手段不能奏效之后而采取的解决争端的极端手段。[1] 公元前3世纪，古印度阿育王从事征服羯陵伽国的战争，其中的杀戮和暴行使具有真诚佛教信仰的阿育王在国家对外关系方面更加注重和平规则的运用，他颁布了一系列法敕和诰文，告知本国民众和其他国家，暴力和杀生是罪恶，战争是错误的方法，而和平才是取得永久胜利的重要手段。[2]

（2）自卫属于合法战争

古印度自卫的合法性规则部分源于印度佛教教义，因佛教教义要求不侵犯邻国，共同致力于和平解决争端，只有自卫战争才是正义的。[3]

（3）认同预先性自卫的合法性

古印度时期，为预防性目的而对另一方的进攻是被允许的，因而也可以被视为合法的。

（4）允许实施“人道主义干涉”

古印度“为了人道的目的”——保护被保护国、保持政治均势所采取的进攻行为亦是被允许的。而且，“对外国事务的普遍干涉被认为是合法的”。[4]

（5）对一国的报复亦是被允许的

《摩诃婆罗多》是古印度的一部叙述公元前10世纪至公元前9世纪印度

---

〔1〕［苏］费尔德曼、［苏］巴斯金：《国际法史》，黄道秀等译，法律出版社1992年版，第34页。

〔2〕邓烈：《古代社会国际争端的裁判解决——从公元前4000年到公元476年》，载《武汉理工大学学报（社会科学版）》2003年第1期。

〔3〕［苏］费尔德曼、［苏］巴斯金：《国际法史》，黄道秀等译，法律出版社1992年版，第33-36页。

〔4〕［苏］费尔德曼、［苏］巴斯金：《国际法史》，黄道秀等译，法律出版社1992年版，第33页。

各邦国间纷争和战争的诗作,该诗作所展示的思想表明,古印度允许因报复而对他国使用武力。

(6)承认中立国的中立地位

从《摩诃婆罗多》可以看出,古印度的中立国享有不参战的中立权利。[1] 古印度的中立国具有不同的中立状态:有的中立国不参加军事行动,但可能对交战双方施加压力;有的中立国可以援助交战中弱小的一方;有的中立国可能通过谈判而支持交战一方。[2]

2. 古印度武力使用的程序规则

(1)交战之前应当发出最后通牒

古印度的区域武力使用规则要求,交战开始之前要发出最后通牒,只有经过此程序后才能宣战。“宣战的结果是中断正常的外交关系,但不排除互派外交使团。战前缔结的条约不再有效。交战双方的国民丧失‘友好保护’权。同交战国通商和进行其他形式的交往被视为敌对行为。”[3]

(2)战争的媾和规则

战争通常以一方的完全投降或者和平条约的缔结而告终结。如果以签订和平条约的方式结束战争,战前订立的条约也重新获得效力。媾和与宣战的权限属于全权大使的专属特权,因为他们被认为最能充分代表国家元首个人。和平条约的履行往往以交换人质、宣誓、担保或联姻加以保证。[4] 后一种情形类似古代中国相关的区域武力使用规则。

五、古代其他区域的武力使用规则

(一)古代非洲地区的武力使用规则

1. 古代非洲武力使用规则的概况

非洲国家形成较晚。根据现代民族学和历史学的研究成果,当世界历史

---

[1] 邓烈:《古代社会国际争端的裁判解决——从公元前 4000 年到公元 476 年》,载《武汉理工大学学报(社会科学版)》2003 年第 1 期。

[2] [苏]费尔德曼、[苏]巴斯金:《国际法史》,黄道秀等译,法律出版社 1992 年版,第 36 页。

[3] [苏]费尔德曼、[苏]巴斯金:《国际法史》,黄道秀等译,法律出版社 1992 年版,第 34 页。

[4] [苏]费尔德曼、[苏]巴斯金:《国际法史》,黄道秀等译,法律出版社 1992 年版,第 34 页。

普遍地进入中世纪时期，曾经居住在非洲大陆的民族部落，除埃及和埃塞俄比亚等少数国家外，多是直到公元 1000 年还没有形成发达的奴隶制国家。[1] 非洲国家及部落根据带有宗教性质的习惯和准则处理内外关系。国家及部落之间的敌对状态属于“常态”。

2. 古代非洲武力使用规则的主要内容

(1)合法使用武力的情形

西非第一批国家形成之后，产生了合法战争的概念。各个国家确认以下几类战争为正义战争：一是自卫，即面对敌人直接进攻时而抵御侵略的行为，或对侵犯边界行为的回击；二是对违反条约誓言的惩处；三是对遭受进攻的其他国家的援助。[2]

(2)确认中立国的中立地位

战争时期，非洲国家及部落之间承认中立制度的效力。

(3)交战之前应当宣战

在多数情况下，非洲国家及部落之间交战之前，要进行宣战。宣战伴有宗教仪式。有的部落不遵守这样的规则，即往往不宣而战，如从前居住在今天坦桑尼亚境内的各个部落就是如此。[3]

(4)以和平条约确认结束战争的事实

和约仍然是结束战争的法律形式。古埃及与赫梯之间长达十余年的争霸战争，以赫梯王哈图希里二世的屈服宣告结束。1280 年两国之间签订了和约。这是国际法上最早的和约之一，该和约以埃及文石刻的文书在埃及保留至今。[4] 缔结和约之前，一般先举行宗教仪式，和约通过祭献和相互宣誓得以遵守。

---

[1] 公元前 5000 年前后，古代埃及初步形成国家。国家的雏形是州，全埃及有 40 多个单独的州，各州之间经常发生战争。约公元前 3100 年，埃及实现统一。埃及统一后，在长达 1800 多年的古王国、中王国和新王国时期，常对外发动侵略战争。齐思和主编：《世界通史 · 上古部分》，人民出版社 1973 年版，第 36-65 页。

[2] [苏]费尔德曼、[苏]巴斯金：《国际法史》，黄道秀等译，法律出版社 1992 年版，第 77-78 页。

[3] [苏]费尔德曼、[苏]巴斯金：《国际法史》，黄道秀等译，法律出版社 1992 年版，第 77 页。

[4] 李家善：《国际法学史新论》，法律出版社 1987 年版，第 16 页。

（二）古代美洲地区的武力使用规则

1. 古代美洲武力使用规则的概况

在欧洲殖民者入侵美洲之前，美洲处于氏族社会时期。曾经出现过三个高度发达的文明部落，即中美洲的玛雅（约公元 250～900 年）、墨西哥的阿兹特克（约公元 1100～1430 年）以及秘鲁的印加（约公元 13 世纪中期至 15 世纪）。[1] 一些部落在对外关系方面，常常因为土地、水源和贡品而进行战争，形成具有宗教、道德和习惯法属性的武力使用规则。

2. 古代美洲武力使用规则的主要内容

在北美洲部落之间的关系中，战争居于重要地位，无论是防御性的还是进攻性的战争行为，都被视作合法行为。防御性战争行为属于自卫，其合法性自不待言；至于进攻性战争行为，因其有时是为了抓获俘虏，抓获俘虏的目的是将俘虏作为隆重宗教仪式中的祭物，目的的正当决定了手段的正当与合法。

在中美洲，至 15 世纪前期，处于现今墨西哥一代的阿兹特克人发起战争，也不需要正当理由。以下几种情况都可以发起战争：一是对部落人员的保护，如果某个部落伤害了经过其区域的阿兹特克商人，阿兹特克人就会发动战争；二是对不予纳贡者的惩处，如果某个部落拒绝向阿兹特克统治者交纳贡赋，也被认为具备了向其发动战争的正当理由；三是出于宗教方面的原因，因为在战争中抓捕的俘虏是被用来在阿兹特克人的神坛前作为祭祀使用的，每当战争结束，战俘就被要求排成长队押往特定地域，而后被放在诸神的祭坛上献祭。故基于抓获战俘的需求，也可以发动战争。[2]

在南美洲，公元 13～15 世纪，形成庞大的印加人部落和部落联盟。在进行部落扩张和争夺霸权的过程中，印加人认为，他们进行的战争是正义战争，因为战争的使命是正义的，即战争的使命是使“野蛮人”崇拜真正的维拉科奇神。[3] 战争胜利后，通常要以战俘对印加人崇拜的神灵进行祭典。印加人还

---

[1] ［美］本杰明·吉恩、［美］凯斯·海恩斯：《拉丁美洲史：1900 年以前》，孙洪波等译，东方出版中心 2013 年版，第 23-33 页。

[2] ［美］本杰明·吉恩、［美］凯斯·海恩斯：《拉丁美洲史：1900 年以前》，孙洪波等译，东方出版中心 2013 年版，第 34 页。

[3] ［苏］费尔德曼、［苏］巴斯金：《国际法史》，黄道秀等译，法律出版社 1992 年版，第 80 页。

将神圣救助、实现公平、消除威胁、要求臣服等作为对外使用武力的依据。[1]

(三)中世纪欧洲的正义战争规则

中世纪以476年古罗马帝国的崩溃为起点。此后,欧洲进入所谓的黑暗时代。公元800年,查理曼建立了法兰克帝国,教皇利奥三世加冕其为罗马皇帝,被视为罗马帝国的继承者。公元962年,德国国王奥托一世再由教皇加冕为“神圣罗马皇帝”,这样的制度延续至1806年。可以说,从政治统治形式上看,世俗的罗马帝国至少延续至19世纪初期,但罗马帝国的政治统治实质上至1648年30年战争结束后就土崩瓦解了。所以,欧洲中世纪的结束时间一般以1648年30年战争的结束为标志。“把1648年作为一个时间节点已经成为跨学科讨论中的一个被广为接受的观点。”[2]

1. 关于中世纪欧洲是否存在国际法的争议

(1)肯定中世纪欧洲存在国际法的观点及依据

有学者认为,欧洲的中世纪末期,随着罗马帝国和罗马教皇统治力的衰微,诸侯国的崛起和独立性的增强,诸侯国之间的交往过程开始形成并适用国际法。“中世纪末期之初应被视为国际法史的一部分,因为当时已经出现有组织的政府间政治体系,并且这些政府在12世纪至13世纪的中世纪中期已经建立了外交关系。”“毋庸置疑的是,一些中世纪时期的智者已经开始思考国际法的问题,而且在当时的政治实践和外交实践中也已经出现了国际法。总之,在正式的文字概念形成之前,国际法在中世纪的西欧已然存在,这是一种客观事实。”[3]

“国际法被认为是自17世纪的《威斯特伐利亚和约》之后才开始出现。”“建立在系统性法学概念和规范性秩序基础上的成文国际法于1648年才开始出现。但是,事实上,在前近代和中世纪时期,甚至从更广意义的角度来说,自

---

〔1〕[美]本杰明·吉恩、[美]凯斯·海恩斯:《拉丁美洲史:1900年以前》,孙洪波等译,东方出版中心2013年版,第44页。

〔2〕[德]巴多·法斯本德、[德]安妮·彼得斯主编:《牛津国际法史手册》(上册),李明倩等译,上海三联书店2020年版,第594页。

〔3〕[德]巴多·法斯本德、[德]安妮·彼得斯主编:《牛津国际法史手册》(上册),李明倩等译,上海三联书店2020年版,第602-603、592页。

不同的政治秩序和社会秩序形式出现时,国际法的含义及重要性就已经引起关注。"[1]中世纪后期,欧洲的国家体系逐渐形成,13~15 世纪,欧洲各国获得并行使主权,弱小国家也作为主权国家而彼此交往,因而国际法再度萌芽并发展适用。[2] 也有学者将中世纪欧洲国际法的存在与适用往前推移。中世纪的欧洲,"在政治上,各个王国在层层封建关系网络之中被分割为大小不等、相互交错的封建领地。领主们在领地内拥有财政、司法等各项权力,国王对领主的臣民都无法享有绝对的统治权"。[3] 这样,各王国之间交往过程所形成的关系,适用一定的国际法规则。

(2)否认中世纪欧洲存在国际法的观点及依据

有学者认为,中世纪欧洲不存在近代意义的国际法,也不存在古代欧洲适用的国际法规则。究其原因,从政治统治和宗教控制与影响的形式上看,中世纪欧洲特别是中世纪前期的欧洲,罗马皇帝和罗马教皇是整个欧洲至高无上的权威,形成一个以封建割据为基础的统一的封建帝国和基督教世界。在这样的政治与宗教统治下,封建诸侯国不得享有独立的主权,相应地,国际法也就没有或很少有适用的空间。王铁崖主编的《国际法》就有这样的说法。"在罗马帝国逐渐吞并了几乎全部当时的文明世界,欧洲实质上或者至少在形式上形成了一个帝国,以皇帝为世俗的统治者,教皇为精神的统治,在罗马帝国疆界之外的人民都被视为'野蛮人'。在这种情况下,既没有国际法存在的余地,也没有国际法的需要。"[4]

可见,研究中世纪欧洲的历史,如果使用国际法一词,应当对这一概念予以解释与限定。"不加解释地使用'国际法'一词是有问题的,因为这个术语在中世纪时期其实是并不存在的,其实际上是在公元 1648 年后才被有规模地使用。"中世纪欧洲的国际法是指"权力实体间关系的规范"。这种权力实体之间的"规范","既包括法律规范,也包括皇帝、君主、贵族及其权力代理人在

---

〔1〕［德］巴多·法斯本德、［德］安妮·彼得斯主编:《牛津国际法史手册》(上册),李明倩等译,上海三联书店 2020 年版,第 592 页。

〔2〕王铁崖:《国际法引论》,北京大学出版社 1998 年版,第 268-269 页。

〔3〕《西方政治思想史》编写组编:《西方政治思想史》,高等教育出版社、人民出版社 2011 年版,第 94 页。

〔4〕王铁崖主编:《国际法》,法律出版社 1995 年版,第 35 页。

进行外交时必须遵循的文化规范”。“事实上,基于国际社会和政治舞台上的精英们之合意而形成的象征性文化相当于前近代欧洲的规范。”[1]

2. 中世纪欧洲正义战争规则的基本内涵

这里所说的中世纪欧洲正义战争规则,主要指中世纪欧洲存在的战争须满足正义要求方能进行的思想与学说,这种思想与学说主张将战争区分为正义战争与非正义战争,并认为只有正义战争才是社会所允许的,它反映了战争需要有正当理由的思想,[2]这种思想与学说在当时社会中发挥着国际法规则的作用。

正义战争规则中的战争,从广义来看,既包括构成罗马帝国的诸侯国之间的“公战”,也包括非诸侯国政治实体之间的“私战”。从国际法意义来看,正义战争规则中的战争,主要是指狭义的诸侯国之间的“私战”。

正义战争规则中的正义,既指抽象或一般哲学意义上的正义,即自然法中“各得其所”的原则;也指一种道德层面的价值尺度的确立与判断或诉求,即指“扬善抑恶”的价值观的弘扬。[3]

3. 中世纪欧洲正义战争规则的主要内容

(1)凡战争都应当是正义战争

波兰国王的首席法学家保罗斯·弗拉德米尔,是中世纪晚期首个明确运用国际法术语和含义来讨论国际政治问题的学者。他提出的与正义战争论相关的重要学术观点包括:无论君主还是教皇,抑或其他任何人,都没有凌驾于非基督教国家及其政府之上的更高级权威;所有武装冲突和战争都须为正义战争,否则即属于非法战争。[4] 这里,保罗斯·弗拉德米尔并没有提出判定战争正义与否的新标准,只是倡导、呼吁与要求,战争应当具有正义性。

(2)遵从神的意志的战争具有正义性

公元5世纪,罗马帝国皈依基督教后,基督教学说中的极端和平主义思想

---

〔1〕 [德]巴多·法斯本德、[德]安妮·彼得斯主编:《牛津国际法史手册》(上册),李明倩等译,上海三联书店2020年版,第596、600页。

〔2〕 黄瑶:《正义战争论对现代国际法及国际实践的影响》,载《中山大学学报(社会科学版)》2003年第5期。

〔3〕 罗国强:《国际法本体论》,中国社会科学出版社2015年版,第164-170页。

〔4〕 [德]巴多·法斯本德、[德]安妮·彼得斯主编:《牛津国际法史手册》(上册),李明倩等译,上海三联书店2020年版,第604-605页。

因不符合世俗政治的需求而有所改变,这样,以往的“一切战争都是非正义的”[1]的评判战争尺度有所调整,一些神学著作中出现新的评判尺度,遵从神的意志所从事的战争,被看作非正义战争的例外。奥古斯丁认为,每个人都有判断“正义战争”与否的认知标准,而这种认知受终极裁判者上帝的影响。他赞成为实现信仰而将战争作为手段的“圣战”,又强调和平是解决争端的最佳方式,这种方式有助于发展人类的社会性和协作性。奥古斯丁提出,上帝谕示的战争无疑是正义的。[2]

确认传播神教战争正义的教规教义在基督教及其解说中均可看到。神学家奥古斯丁就主张,促进基督教义传播所进行的战争,属于正义战争。有学者指出,这样的正义战争理由,使十字军东征或征服和殖民获得正义性。[3]

上帝休战制度是正义战争规则的组成部分。这里所说的上帝休战制度是指中世纪欧洲实行的一种以上帝的名义限制特定期间使用武力的一种制度。这种制度最初推行于 11 世纪法国南部各地的教会,后来扩大至欧洲的基督教区域。倡导与实行这种制度的目的在于限制滥用武力的行为,控制战乱频发的动荡局面。这种制度从最初到后期有所变化。起初,为了宗教仪式不受战争的干扰或影响,教会倡导安息日、复活节、大斋节、十二圣徒之纪念日等,均不得进行私战。此后,这种限制武力使用的适用期间不断扩大。1043 年,法国召开教会会议,决定自一周星期三的日落时起,至下周星期一的日出时为止,为上帝休战的时期。保障“上帝休战制度”得以实施的措施主要是宗教手段。1179 年,第三届特兰教会会议将上帝休战作为普遍适用的教会法。这种制度的倡导与推行者要求基督教信徒们遵守一个协议,“让每个人都有向其领主表示尊敬的那一天”。[4] 宣称遵守上帝和平誓言的人可以摆脱上帝的绝对

---

〔1〕 早期的基督教是反对一切战争的,故所有战争都是非正义的。公元 170 年前,基督教徒不得在军队服役。

〔2〕 《阿奎那政治著作选》,马清槐译,商务印书馆 1963 年版,第 5 页。

〔3〕 [德]巴多·法斯本德、[德]安妮·彼得斯主编:《牛津国际法史手册》(上册),李明倩等译,上海三联书店 2020 年版,第 270-271 页。

〔4〕 [美]约翰·巴克勒、[美]贝内特·希尔、[美]约翰·麦凯:《西方社会史》(第 1 卷),霍文利等译,广西师范大学出版社 2005 年版,第 391-392 页。

审判。对那些不遵守这种规则而破坏上帝休战的人，现实中也予以宗教教规方面的惩戒，如不允许他们参加教会的圣餐礼，不许教士为他们举行葬礼，不得为他们的灵魂祈祷，等等。[1] 违反此类规则者，将面临被驱逐出教会的惩罚。[2]

(3)自卫战争属于正义战争

对自卫战争的正义性肯定，可以找到许多源头。神学家奥古斯丁主张的正义战争，包括因自卫而从事的战争，即遭受损害以后索取补偿的战争是正义的。自卫作战属于正义战争的思想，也得到托马斯·阿奎那的重申与确认。

肯定自卫战争的正义性，意味着认定侵略战争属于非正义战争。奥古斯丁提出，征服性战争是非正义的。西班牙"黄金时代"首屈一指的神学家维多利亚，认为西班牙在美洲的战争是非正义战争，教皇只能在支持自己信仰的范围内行使宗教方面的权力，这种权力不能扩及印第安人和其他异教徒，不能强迫他们信仰基督教，不能借口异教徒或野蛮人而对他们施加惨无人道的迫害。[3] 维多利亚被看作格劳秀斯学说的先驱者，其正义战争思想观点为格劳秀斯所确认。

(4)报复性战争属于正义战争

奥古斯丁提出，因遭受损害而进行的报复性战争属于正义战争。出于惩恶扬善的和平愿望，或为了避免某种祸害而进行的战争，也属于正义战争。

西班牙神学家苏亚利兹认为，正义战争是一种权力，正义战争是对非正义侵犯所行使的惩罚权。该思想家还将惩罚战争的概念作为一种法律理论而赋予严格的理论基础。

(5)争取和平的战争属于正义战争

奥古斯丁提出，为争取和平而非追逐权力的战争，即为和平而斗争是战争正义的理由。[4]

---

[1] 李明倩：《〈威斯特伐利亚和约〉与近代国际法》，商务印书馆 2018 年版，第 44-45 页。

[2] 杨泽伟：《国际法史论》，高等教育出版社 2011 年版，第 27-28 页。

[3] 杨泽伟：《国际法史论》，高等教育出版社 2011 年版，第 45 页。

[4] 杨泽伟：《国际法史论》，高等教育出版社 2011 年版，第 41 页。

(6)君主授权的战争属于正义战争

托马斯·阿奎那主张的正义战争三要素的第一要素就是宣战主体须符合正义要求,即宣战主体须是一个具有合法权威的主体,战争不是私人间的争斗,因而宣战主体必须是一国君主或国王,这一点类似于古代中国的"礼乐征伐自天子出"的思想与规则。这一主张的实质是限定非君主发动的"私战",即将私战置于非正义战争的境地。这是对自11世纪以来法国教会组织倡导的限制"私战"思想及休战制度的继承。但这里的"君主"是不明确的。在托马斯·阿奎那之后,一般认为,一国君王运用战争应对侵略其领土、违反条约、违反外交豁免的行动,均属正义行为。

意大利国际法学家贞提利(斯)也是格劳秀斯思想与学说的继承者,他特别赞成君主个人有权决断正义的理由。当然,即便是君主发动的战争,也应当考虑正义性问题,但这并不影响君主发动战争的合法性。"君主在发动战争之前仍必须要检视其理由的正义性……但无论其检视的结果如何,都决不影响其行动的合法性,因为战争只是一种程序性手段,甚至被借助来纠正可能的错误,而不使任何一方被谴责为非正义"。[1]

(7)具有正当理由的战争属正义战争

托马斯·阿奎那提出的正义战争三要素说中的一项,是战争应当具有正当的理由。但这里"正当的理由"的含义并不明确,即所谓"正当的理由"带有诸多的不确定性。

(8)必要的战争都是正义战争

意大利神学家马基雅维利提出,"必要的战争就是正义的战争"。马基雅维利攻击以往正义战争规则对战争的限制。马基雅维利的主张使任何主权实体都可以决定需要发动战争的情势,同时使战争的正义与否再也无法判定。[2]

---

〔1〕［德］巴多·法斯本德、［德］安妮·彼得斯主编:《牛津国际法史手册》(上册),李明倩等译,上海三联书店2020年版,第272页。

〔2〕［德］巴多·法斯本德、［德］安妮·彼得斯主编:《牛津国际法史手册》(上册),李明倩等译,上海三联书店2020年版,第271页。

(9)从事非正义战争应当承担法律责任

西班牙神学家苏亚利兹提出,从事非正义战争的士兵不受万民法的保护,从而引发普通士兵承担战争责任的讨论。当然,这样的战争责任与现时代的战争责任具有明显的区别。意大利国际法学家贞提利(斯)提出,战争是否正义,与交战国对战俘及战利品的处置方式并无关系。

4. 欧洲正义战争规则约束力的终结

中世纪欧洲的正义战争规则曾长期发挥作用与影响。适用于欧洲的正义战争理论及其规则于17世纪末趋向衰落。1648年《威斯特伐利亚和约》的缔结与生效,可以被看作这类规则或这种战争道德评判尺度衰落的标志。有学者提出,正义战争规则自神圣罗马帝国建立,至1648年的30年战争结束,大约800年的时间里,这种理论一直延续并发挥着国际法规则的作用。[1]

正义战争规则随着其赖以存在的权力基础的塌陷而衰落。有学者提出,欧洲正义战争规则的约束力随着对罗马皇帝和罗马教皇的尊崇的终结而终结。换言之,对帝王和教皇尊崇的衰落,意味着借助皇权和神权的包括正义战争论在内的部分思想学说的衰落,同时意味着借助皇权和神权的影响力而发挥作用的正义战争规则的约束力的终结。言下之意,正义战争理论及其所形成的规则均是君王和教皇专权的产物。维多利亚认为:“如果决定战争的领袖只需要自己认为其理由是正义的,而无需这个理由在客观上是否正义以及对手的理由是否非正义咨询权威,那么正义战争就失去了约束。”另一位学者弗朗西斯科·苏亚雷指出,“基于领袖对己方理由的主观信念而认为冲突各方都拥有一个被许可的正义理由,这实在是荒谬的”。[2]

正义战争规则减损拘束力的直接原因在于此类规则的不严密性。如构成正义战争规则评判尺度的“正当的理由”就难以判定。在一般情况下,发动和应对战争者都相信或都表明其所从事的战争具有正当性或正义性。这样,正义战争的种类不断增多,以致到最后,它对当权者发动战争的自由决定权几乎

---

〔1〕[德]巴多·法斯本德、[德]安妮·彼得斯主编:《牛津国际法史手册》(上册),李明倩等译,上海三联书店2020年版,第271页。

〔2〕[德]巴多·法斯本德、[德]安妮·彼得斯主编:《牛津国际法史手册》(上册),李明倩等译,上海三联书店2020年版,第272页。

没有任何限制作用。于是,随着正义战争规则的最重要条件“正当的理由”失去存在的意义,正义战争规则也就逐渐失去拘束力。〔1〕

正义战争规则存在理论方面的缺陷是其衰落的另一缘由。有学者将其理论缺陷概括为三个方面:一是在该理论的形成时代,很难找到人民与君主之间存在道义上利害一致的因素;二是该理论由各国自己来评价自己事业的正义性,造成了法官同时又是当事人的悖论;三是该理论无法免除诡辩,战争于双方或许同时都是正义的。〔2〕

第三节　古代区域武力使用规则审视

一、古代区域武力使用规则的适用主体

古代不同区域武力使用规则的主体,有的是国家或国家联盟,有的则不然,而是一国的国王或君主等最高领导者。古希腊人将单个城邦或城邦联盟看作国际法主体。古代东方国际法的主体由个人即君主、国王和皇帝等统治者构成,国家之间的关系往往被统治者之间的关系替代。如古代中国,有时国际法主体为方伯、诸侯,而非其所代表的国家。古代两河流域的国际法主体亦不是国家本身,而是法老、国王、大公等,即各国的独立统治者或附属统治者。古印度区域,国际法主体如同古埃及或两河流域一样,不是国家本身,而是各国的君主。〔3〕在埃及和美索不达米亚其他民族、部落之间的条约中,还普遍采用第一人称。各国君主有时以交换誓言和许诺的方式形成国际条约。君主个人既具有缔约能力,又负有履约义务。条约中的术语有时也体现特定国际法主体的个人特性,君主的私人情谊可演化为国家间的相互责任。〔4〕

古代区域武力使用规则主体之间往往缺乏近现代国际法所确认的平等原

〔1〕黄瑶:《正义战争论对现代国际法及国际实践的影响》,载《中山大学学报(社会科学版)》2003年第5期。

〔2〕黄瑶:《正义战争论对现代国际法及国际实践的影响》,载《中山大学学报(社会科学版)》2003年第5期。

〔3〕[苏]费尔德曼、[苏]巴斯金:《国际法史》,黄道秀等译,法律出版社1992年版,第8、32-33页。

〔4〕李明倩:《古代东方国际法探析》,载《政治与法律》2011年第7期。

则。在区域国际关系方面,古希腊各国之间形式上被看作相互平等。古代中国,春秋以前,从法理上看,周与各诸侯国之间不存在平等关系。因周属中央朝廷,其地位居于各国之上。[1] 周王朝之下,又存在方伯之国、诸侯国、附庸国、永久中立国[2]和夷狄之国,它们之间的地位亦不平等,仅有诸侯国之间是平等的。[3] 古印度区域也没有国际法主体一律平等的原则,国家被划分为平等的、附属的和最高的国家三种类别。可以看出,仅有部分国家之间是平等的;至于附属国,又被分为仆从国、被保护国和附庸国,其相互间的地位亦不平等。[4]

综上,作为国际法规则组成部分的古代区域武力使用规则,从适用的关系来看,具有非现代意义的国际关系的属性;从适用主体来看,不限于国家。

二、古代区域武力使用规则的渊源

古代区域武力使用规则的渊源具有多样性。

有的区域武力使用规则体现为国际习惯,有的体现为国际条约。如古希腊的区域武力使用规则,部分表现为基于自然法形成的习惯,部分表现为各国之间缔结的条约。[5] 古罗马的区域武力使用规则,多体现为制定法或条约法。古印度的区域武力使用规则,有的体现在以《摩奴法典》为代表的成文法中,有的则体现为习惯。古代中国的区域武力使用规则,有的体现为以"礼"为代表的习惯。诸侯国之间订立盟约也难免受到"礼"的影响,所形成的区域武力使用规则也包含着"礼"的成分。《左传》所说的"吾子之讨,军礼也",体现出"礼"的战争法规范属性。[6]

有的区域武力使用规则体现为国家法,但又在超国家范围发生效力。如古罗马著名的"万民法",就是由罗马国家制定的主要适用于国际关系的带有

---

〔1〕 自公元前771年周室东迁,周王朝地位日趋低落,逐渐丧失事实上中央权力行使者的地位。

〔2〕 有学者认为春秋时代存在类似近代的以国际条约保障其独立及领土完整的永久中立国。刘达人、袁国钦:《国际法发达史》,商务印书馆1937年版,第27页。

〔3〕 刘达人、袁国钦:《国际法发达史》,商务印书馆1937年版,第26页。

〔4〕 [苏]费尔德曼、[苏]巴斯金:《国际法史》,黄道秀等译,法律出版社1992年版,第32-33页。

〔5〕 刘达人、袁国钦:《国际法发达史》,商务印书馆1937年版,第42页。

〔6〕 陈顾远著、徐传保编著:《中国国际法溯源:先秦国际法之遗迹》,上海书店1991年版,第271页。

显著国际法属性的国家法。古罗马的“法律仍然属于神法的一部分,但已具有世俗法律的性质”。“总的说来,‘市民法’调整罗马人之间的关系,‘万民法’调整罗马人和外国人之间的关系。”〔1〕古罗马的万民法“包括了当今的国际法”。〔2〕古代中国的无故不得兴兵、御强卫弱等规则就体现于《司马法》这样的国家之成文法中。〔3〕

有的区域武力使用规则体现为宗教教义。在古希腊,人们观念上视宗教、法律与道德为一体。〔4〕该区域的一些“国际法原则、规则和规章、制度,以宗教为其效力依据”。〔5〕“在古代以色列,经书不仅是认识的源泉,同时也是法律渊源。”〔6〕以色列的武力使用规则主要是从“摩西五经”中取得的,是律法和教规的结合。“摩西五经”将战争分为“强制性战争”与“选择性战争”,并且分别通过经书教义传递出两种战争类型下的不同交战规则。〔7〕公元前12世纪至公元前3世纪,犹太教《圣经》之《旧约》,就是犹太人对外交往的国际法依据。古印度武力使用规则的产生及法律渊源,与印度宗教密不可分,可以说最早形成的武力使用规则就包括在婆罗门教法之中。古印度对自卫合法性的确认就源于佛教教义,因佛教教义倡导和平解决争端,要求不侵犯邻国,只有自卫战争才是正义的。相比之下,古代中国的武力使用规则受宗教的影响较少,但有时也含有宗教气息,如“歃血立约”就蕴藏着对宗教神灵的膜拜。

有的区域规则体现为思想家的观点言论。古代中国集儒道学说于一体的《吕氏春秋》就载明:“兵苟义,攻伐亦可,救守亦可;兵不义,攻伐不可,救守不可。”(《吕氏春秋·禁塞》)这样的思想学说亦成为当时武力使用规则的渊源之一。欧洲中世纪的正义战争规则主要是一种理论学说,更多地体现为神学家的一种学说。如托马斯·阿奎那等,都是著名的神学家。有学者认为,欧洲

〔1〕王铁崖主编:《国际法》,法律出版社1995年版,第11页。

〔2〕[德]W. G. 魏智通主编:《国际法》(第5版),吴越、毛晓飞译,法律出版社2012年版,第33页。

〔3〕王健编:《西法东渐——外国人与中国法的近代变革》,中国政法大学出版社2001年版。

〔4〕刘达人、袁国钦:《国际法发达史》,商务印书馆1937年版,第43页。

〔5〕王铁崖主编:《国际法》,法律出版社1995年版,第11页。

〔6〕[德]W. G. 魏智通主编:《国际法》(第5版),吴越、毛晓飞译,法律出版社2012年版,第34页。

〔7〕李明倩:《古代东方国际法探析》,载《政治与法律》2011年第7期。

中世纪的正义战争论从来就没有构成国际法的组成部分，它只是国家战争行为受到规制的一种形式，也只是自然法理论形态发挥作用的缩影。〔1〕

有的区域规则属于“非法律的法”，即习惯、宗教教义、道德规范、思想家观点言论等要素的混合体。“如果说什么是非法律的法这个问题还不十分明确的话，那么，今天则可以说，非法律的法早在得到立法体现之前就已存在于社会意识、道德和社会愿望实际形成的规范当中，而且还可能，并在过去和现在也实际作为在得到国家权力机关认可以前在某些条件下产生的现实法律关系（首先是所有制关系）而存在着。”〔2〕在“非法律的法”的范畴之内，宗教教义和政治家思想家的学说言论都是不容忽视的法的组成部分。美国国际法学家阿瑟·努斯鲍姆就曾提出，我们所理解的国际法史，既应当包括政治事件，也应当包括思想家的学说言论，还应当注意，“在任何广阔的历史研究中，必须把纯宗教的规范也考虑进来”。〔3〕

三、古代区域武力使用规则的效力

（一）区域武力使用规则的空间效力限于特定的国际区域

国际法的空间效力不像国家法那样，一旦颁布生效，一般就及于一国的领土范围。在近代国际法形成以前，特定意义上的国际法的一般空间效力范围都限于特定国际区域，即限于特定国家在国际交往和国际活动中所形成的国际区域空间。近代国际法形成后，因国家之间交往范围逐渐扩大，特定国家所形成的由国家意志所构成的国际法的空间效力范围亦逐渐扩大。现代国际法上的部分条约和习惯的效力可以及于全世界。与近代国际法和现代国际法的空间效力相比较，具有国际法属性或特征的古代区域武力使用规则的空间效力仅仅适用于特定的国际区域空间。如古代中国、古希腊、古罗马等区域的武力使用规则，也都限于这些区域的古代国家之间。

〔1〕 黄瑶：《正义战争论对现代国际法及国际实践的影响》，载《中山大学学报（社会科学版）》2003年第5期。

〔2〕 转引自［苏］费尔德曼、［苏］巴斯金：《国际法史》，黄道秀等译，法律出版社1992年版，第1页。

〔3〕 ［美］阿瑟·努斯鲍姆：《简明国际法史》，张小平译，法律出版社2011年版，第2页。

（二）区域武力使用规则的时间效力限于特定的历史时期

国际法属于国家之间的协议，[1]此类协议的拘束力或影响力以形成协议的国家及其国际关系的存在为前提。古代区域武力使用规则的时间效力基于特定区域国家及其国际关系存在。当某一区域的国家及其国际关系不复存在时，这一区域的武力使用规则自然不再具有拘束力或影响力。如古代中国的武力使用规则主要适用于公元前 7 世纪至公元前 3 世纪，古希腊的区域武力使用规则主要适用于公元前 8 世纪至公元前 3 世纪，古罗马的武力使用规则主要适用于公元前 6 世纪至公元 1 世纪初，古印度的区域武力使用规则仅仅存在于公元前 6 世纪若干摩诃扎帕纳达（大国）并存时期。

（三）区域武力使用规则的拘束力相对较弱

国际法相对国家法而言的软法属性使国际法的拘束力不足。古代区域武力使用规则相对现代国际法而言，其拘束力则更弱。这与古代区域武力使用规则渊源的多样性不无关系。俞正山教授认为，地域战争规范的一个基本特点是"效力性质多样，拘束力弱"。[2] 美国学者昆西·赖特也有此方面的论述："第一次世界大战前，国际法对诉诸战争没有实体性限制，也极少有程序性限制，只是为在报复、干涉和防御中涉及较低限度使用武力的情况，设定了一些模糊条件。"[3]

也有学者提出，古代国际法中的条约法具有较强的拘束力，这主要基于以下原因：其一，这是由于古代缔结条约过程多遵循既有的习惯，将习惯的拘束力移植至条约，从而使条约具有一定的拘束力，而国际关系中有拘束力的习惯早于条约为多数国际法学家所认可。其二，为了条约的履行，有的缔约主体要求在缔约时实施或履行宣誓，即借助神灵的影响力增强条约的效力。美国国际法学者阿瑟·努斯鲍姆提出，古代缔结条约时一般都要通过起誓表明遵守条约。如果双方信奉共同的神灵，就以共同信奉的神灵来起誓；如果双方信奉

---

〔1〕 王铁崖主编：《国际法》，法律出版社 1995 年版，第 9 页。

〔2〕 俞正山：《战争法的历史回顾与现状》，载《外国军事学术》1996 年第 5 期。

〔3〕 [美]昆西·赖特：《战争研究，包含了对自 1942 年以来战争的评论》（上卷）（第 2 版），军事科学院外国军事研究部译，军事科学出版社 2013 年版，第 277 页。

不同的神灵,就以各自信奉的神灵来起誓。[1] 古代东方,有的君主在缔结条约过程中,起誓时会"手按喉咙",表示缔结条约后若不能遵守,将以命抵偿。[2] 在古罗马人的心目中,缔约方一旦就某一条约宣誓,就产生了一种庄重的义务,如果古罗马人首先违约,必将遭受天谴。如果古罗马的元老院拒绝批准缔约代表所签订的条约,这些谈判代表就要被引渡给缔约另一方。[3] 为保证条约履行,缔约过程中也有缔约主体单方起誓的情形,这种情形下的单方,自然是交战中失败的一方。迄今发现的人类最早的刻写在石碑上的由美索不达米亚城邦国家拉加什与乌玛之间签订的战争条约,就由失败方乌玛人以其文化中最为强大的六或七个神灵的名义起誓,以表明对上述条约的承认与履行。[4] 其三,从条约约文的内容来看,有的缔约主体在条约中的所有款项都基本符合其利益时才会批准条约生效,为条约的履行奠定基础。

四、古代区域武力使用规则的价值

(一)古代区域武力使用规则构成国际武力使用规则的萌芽

从发展的视角看问题,任何事物均经历萌芽、产生、发展和完善阶段。国际武力使用规则同样如此。在国际武力使用规则的体系中,古代区域武力使用规则构成其萌芽。这样的萌芽在世界范围的不同区域,在古代历史的不同时期出现,虽然具有时间空间效力有限、拘束力相对较弱的特性,但其为包括国际武力使用规则的近代国际法的产生奠定了一定的基础。

(二)古代区域武力使用规则为近代国际武力使用规则提供直接依据

古代区域武力使用规则的基本内容较丰富,有的为近代国际武力使用规则所吸纳传承。如,确认国家自卫权的合法性即为近代国际武力使用规则所接受。在古代不同区域,自卫是一种被普遍确认为合法或符合正义的武力使用规则。古希腊认为,以自卫来保卫国家不受侵犯,或以自卫来保护宗教圣地不受侵犯,均属于拥有使用武力的"合法理由"。古罗马将反击侵略罗马领土

---

[1] [美]阿瑟·努斯鲍姆:《简明国际法史》,张小平译,法律出版社 2011 年版,第 8 页。
[2] 李明倩:《古代东方国际法探析》,载《政治与法律》2011 年第 7 期。
[3] 王丽华等:《国际法专题研究》,苏州大学出版社 2014 年版,第 382 页。
[4] [美]阿瑟·努斯鲍姆:《简明国际法史》,张小平译,法律出版社 2011 年版,第 8 页。

的对敌战争均归于正义战争的类别。古印度认为自卫战争是合法的。古代西非国家,也将自卫即抵御外来进攻者或回击边界侵入者的战争视为合法战争。古代北美洲地区,亦确认对外自卫战争的合法性。在近代国际武力使用规则形成确立时期,即便确认国家的战争权时期,国家的自卫权依然受到尊重和确认,以致当代国际法中备受国际社会推崇的《联合国宪章》,也规定自卫权属于国家固有的权利。再如,不得对中立国使用武力的规则,也为近代国际武力使用规则所吸纳。古代不同区域的武力使用规则多确认中立制度与规则,即战时一般不得对中立国使用武力。古希腊和古罗马时期,战时对中立国是不得使用武力的。[1] 这样的中立规则构成近代国际武力使用规则的组成部分。还有古代武力使用规则中的程序规则,如宣战规则,也为近代以来国际武力使用规则中的程序规则所传承。宣战是古代区域武力使用规则中普遍适用的程序规则。古代中国各诸侯国之间、中央政府与反叛组织(起义部队)之间交战,一般都有宣战程序。古希腊各城邦交战之前,必须进行隆重的宣战仪式。古罗马则由特定的人员在特定的场所进行宣战,而且这样的宣战还必须经过国家特定机关的审核同意。古印度强调战争开始之前必须宣战,而宣战之前要发出最后通牒。古代西非国家或部落,交战之前多数情况下要进行宣战,且宣战伴有一定的宗教仪式。近代以来所形成的国际武力使用规则中的程序规则,如 1907 年制定的《关于战争开始的公约》(以下简称《海牙第三公约》)蕴含着古代区域武力使用规则中的程序规范。

(三)古代区域武力使用规则所蕴含的价值为近代以来的国际武力使用规则所吸纳

古代区域武力使用规则中部分规则所蕴含与体现的法理价值为近代以来的国际法所吸收。如反对战争、倡导和平的理念为近代以来形成的国际法上的和平共处、禁止使用武力的基本原则所接纳。古希腊著名思想家柏拉图就明确提出,国家之间最美好的东西是和平,而不是战争或内讧,只有和平才是普遍的友善。古印度推崇以和平方式解决国际争端。战争不是解决国际争端的首先选择,而是一切和平手段不能奏效之后的极端手段。

---

〔1〕 [苏]费尔德曼、[苏]巴斯金:《国际法史》,黄道秀等译,法律出版社 1992 年版,第 28 页。

第二章　国家战争权的确认、限制与废弃

第一节　国家战争权概述

一、国家战争权概念的使用

国家战争权是战争法学科领域经常被提及的概念。国内学界常提及与使用这一概念。王铁崖主编的《国际法》有“对所谓的‘诉诸战争权’(Jus ad bellum)的限制”的论述。[1] 王铁崖总主编的《中华法学大辞典·国际法学卷》有“战争权”和“诉诸战争权”的表述,并将“战争权”作为一个独立条目。[2] 白桂梅著的《国际法》在“战争的废弃”的标题之下,论及国家战争权。同时指出战争权即诉诸战争的权利。[3] 邵津主编的全国高等学校法学专业核心课程教材《国际法》提及“诉诸战争权”。[4] 王献枢主编的高等政法院校规划教材《国际法》提及“诉诸战争权”。[5] 俞正山主编的《武装冲突法》有“国家战争权”标题及相关论述。[6] 黄瑶在《论禁止使用武力原则——联合国宪章第二条第四项法理分析》中对“国家的‘诉诸战争权’”作了专门论述。[7] 李明倩在《〈威斯特伐利亚和约〉与近代国际法》中提及“媾和与战争权”;同时指

---

[1] 王铁崖主编:《国际法》,法律出版社1995年版,第501页。

[2] 王铁崖总主编:《中华法学大辞典·国际法学卷》,中国检察出版社1996年版,第531、663页。

[3] 白桂梅:《国际法》,北京大学出版社2015年版,第561页。

[4] 邵津主编:《国际法》,北京大学出版社2000年版,第414页。

[5] 王献枢主编:《国际法》,中国政法大学出版社2002年版,第367页。

[6] 俞正山主编:《武装冲突法》,军事科学出版社2001年版,第27页。

[7] 黄瑶:《论禁止使用武力原则——联合国宪章第二条第四项法理分析》,北京大学出版社2003年版,第19页。

出,有时这项权利被称为“战争与媾和权”。

国外亦有学者使用这样的概念。苏联克利缅科等编的《国际法辞典》,有“战争权”条目。[1] 苏联国际法专家格·童金在《国际法原论》中提及国家战争权。“‘国家战争权’的消灭,导致了‘战胜国权利’的消灭”。[2] 德国国际法专家沃尔夫刚·格拉夫·魏智通主编的《国际法》,在“和平维护与战争法”一章中,数次明确提及“战争权”的概念。“到第一次世界大战为止,以战争权为标志的国际战争法仍然是实践的法则。”[3]

“国家战争权”的最早出处还有待考证。

二、国家战争权概念的界定

苏联克利缅科等编的《国际法辞典》对“战争权”条目作了解释,即国际法曾承认,每个国家事实上拥有“可能把战争作为解决自己同其他国家的争端的手段”,一国行使战争权,“并无必要找出任何为诉诸武装行动作辩护的借口或原因,因为诉诸武装行动曾被视为各国主权的不可分割的属性”。[4]

美国军方提出国家“现代诉诸战争权”的概念,指出该概念是指规制国家使用武力的法律,主要体现在《联合国宪章》中。“《联合国宪章》为国家选择诉诸武力提供了两项依据:联合国安理会授权的第七章执行行动以及根据第51条采取的自卫(包括单独自卫和集体自卫)行动。”[5]这样的战争权概念及其解释,与传统国际法上国家战争权的概念存在差别。

立足传统国际法,可以作如下界定:国家战争权指国家在国际关系中享有的自主选择战争以解决国际争端的权利。广义的国家战争权包括宣战权、交战权和媾和权;狭义的战争权仅指交战权,或者国家“诉诸战争的权利”。

---

[1] [苏]克利缅科等编:《国际法辞典》,程晓霞等译,中国人民大学出版社1987年版,第226页。

[2] [苏]格·童金:《国际法原论》,尹玉海译,中国民主法制出版社2006年版,第330页。

[3] [德]沃尔夫刚·格拉夫·魏智通主编:《国际法》(第2版),吴越、毛晓飞译,法律出版社2002年版,第592页。

[4] [苏]克利缅科等编:《国际法辞典》,程晓霞等译,中国人民大学出版社1987年版,第226页。

[5] [美]达斯汀·考巴等编撰:《军事行动法手册》(美国陆军第18版),朱雁新等译,国防大学政治学院西安校区2022年印制,第1页。

三、国家战争权的构成与属性

(一)国家战争权的权利主体是国家

国家战争权的主体是国际法的主要主体国家。这里主要研究国际关系中国家战争权问题,因而将战争权的其他主体包括非国家实体及国际组织等排除在外。

(二)国家战争权的内容主要指国家发动战争的权利

广义的国家战争权的内容包括宣战权、交战权及媾和权。

1. 国家的宣战权

国家的宣战权是指一国向另一国通知或宣告终止两国之间和平状态、进入战争状态的权利。宣战是国家的一种意思表示方式。宣战的法律效果如下:一是交战双方结束和平状态,转入战争状态;二是交战双方和中立方知悉战争状态开始存在;三是开始适用战争法和中立法。

在国际习惯和条约法上,宣战一般是交战国的义务。例如:在古代中国区域武力使用规则中,国家之间的战争必须先进行宣战。在古希腊的武力使用规则中,各城邦交战之前必须进行隆重的宣战仪式。在古罗马的武力使用规则中,古罗马人强调战争的程序必须合法,即必须经过符合习惯要求的宣战程序,敌对双方才可以交战。在条约法方面,1907 年《海牙第三公约》对缔约国的宣战行为作了规制。依照《海牙第三公约》,宣战的主体与对象均是国家。该公约第 3 条规定:"本公约第 1 条对在两个或几个缔约国之间发生战争的情况下发生效力。"《海牙第三公约》规定的宣战形式有两种:一是具有直接效果的宣战,即宣战随即产生战争状态;二是附条件的宣战,即发出最后通牒,要求宣战对象在一定的期限内就某些事项积极地作为或不作为,否则期限届满战争状态就自动产生。该公约第 1 条规定:"缔约各国承认,除非有预先或明确无误的警告,彼此间不应开始敌对行为。警告的形式应是说明理由的宣战声明或是有条件宣战的最后通牒。"宣战可"采用电报方式"或其他方式。[1] 当然这样的规定是特定历史条件下的产物。《海牙第三公约》规定的宣战内容

---

[1] 国际战争法研究所编:《战争法条约集》,西安政治学院训练部 2001 年印制,第 69 页。

因宣战的形式不同而有所区别:表明直接进入战争状态的宣战,其内容主要是关于进行战争的理由;以最后通牒方式表示的宣战,其内容主要是宣示战争开始的条件。日本国际法学会编的《国际法辞典》直接将宣战界定为"向战争的对方国家表明进入战争状态和进行战争的理由"。[1]

宣战与战争状态密切关联,但与实际战事不同。在一般情况下,无论实际战事是否发生,宣战的事实标志着战争状态立即或在特定时间内开始。实践中,也有将战争状态开始时间追溯至宣战之前的例外。例如,在第二次世界大战中,拉丁美洲一些国家将其与德国战争状态的开始追溯至它们与德国断绝外交关系之时。有时,敌对行动或实际战事先于宣战行为,这种宣战行为事实上将以前的敌对行为或实际战事纳入战争状态。[2]

国际法上的宣战义务在特定情形下可以转化为一国的权利。如果一国享有国际法上的战争权,宣战就可以转化成一种权利。在这种情境下,国家战争权中的交战权属于实体性权利,宣战权属于程序性权利。实体性权利是最终影响权利人实际利害关系的权利,程序性权利是确保实体性权利最终归属的权利。二者涵盖的内容不同,主要功能不同。

在国际法层面,宣战既是一种义务,也是一种权利,而无论义务还是权利,均与国家战争权密切关联。如果国家拥有战争权,就同时拥有宣战的权利,同时亦承担宣战的义务。在国内法层面,现代宣战是一国特定国家机关的宪法性权力。

《海牙第三公约》禁止不宣而战。第二次世界大战结束前后,欧洲和远东国际军事法庭曾判定德国和日本所发动的一系列不宣而战的突然袭击为违反国际法的罪行,并追究相关主体的法律责任。随着 1928 年《关于废弃战争作为国家政策工具的一般条约》(以下简称《非战公约》)的缔结,以及国家不再拥有战争权逐渐演化为国际习惯,特别是 1945 年《联合国宪章》的生效,国际关系中禁止使用武力或以使用武力相威胁。相应地,国家也不再享有宣战的权利,不必再承担宣战的义务。《联合国宪章》禁止战争及非法使用武力,"宣

---

〔1〕 日本国际法学会编:《国际法辞典》,世界知识出版社 1985 年版,第 687 页。

〔2〕 王铁崖总主编:《中华法学大辞典·国际法学卷》,中国检察出版社 1996 年版,第 614 页。

战就等于自认违法”。[1] 但《联合国宪章》并没有禁止一国将其自卫措施或联合国基于安理会决议而形成的采取或授权采取军事行动的强制措施通知对方国家的变相的宣战行为。第二次世界大战结束后，尚未发生严格意义上的宣战。[2]

2. 国家的交战权

国家的交战权指国家战争权中的实体权利，即发动或应对战争而实施交战的权利。就国家发动与应对战争的方式而言，国家战争权中的交战权可以作广义与狭义之分。广义的国家交战权包括国家主动发起战争的权利和被动应对战争的权利。狭义的国家交战权仅指国家主动发起战争的权利。现实中，学界论及国家战争权时，实际上指的是狭义的国家交战权，亦作国家战争权。国际社会自 19 世纪末 20 世纪初开始的对国家战争权的限制与废弃，都是针对狭义国家战争权而言的；而国家被动应对战争的权利，即通常所说的国家的自卫权，从来没有受到限制与废弃，反而得到国际条约的明确确认。在《非战公约》签订时，一些国家曾主张确认国家的自卫权，《联合国宪章》第 51 条对国家自卫权予以明确确认。

本章论及的国家战争权，指国家交战权中主动诉诸战争的权利，即这里所说的狭义的国家战争权。

亦有学者将狭义的国家战争权称为“发动战争权”（jus ad bellum），主要指关于战争行为与战争目的的合法性方面的权利。[3]

3. 国家的媾和权

国家的媾和权是指国家为结束战争状态、恢复和平关系而从事的谈判、缔结和平条约等活动的权利。[4] 国家媾和活动一般包括交战国一方提出媾和建议、进行谈判和缔结和约等。也有学者将媾和仅限于缔结和平条约的行

---

〔1〕 日本国际法学会编：《国际法辞典》，世界知识出版社 1985 年版，第 687 页。

〔2〕 刘家新、齐三平主编：《中国军事百科全书学科分册 · 战争法》（第 2 版），中国大百科全书出版社 2007 年版，第 68 页。

〔3〕 李明倩：《〈威斯特伐利亚和约〉与近代国际法》，商务印书馆 2018 年版，第 235-236 页。

〔4〕 刘家新、齐三平主编：《中国军事百科全书学科分册 · 战争法》（第 2 版），中国大百科全书出版社 2007 年版，第 87 页。

为。[1] 虽然媾和权与交战权是相互对立的权利，但媾和权应是国家战争权的组成部分，只有这样，才可能在法律程序上结束交战国之间的战争状态，使特定时期特定情境下国家交战权这一实体权利的行使在法律上趋于终结。

(三)国家战争权的行使空间是国际关系

这里所说的国际关系，主要指国家之间发生与形成的相互关系。在特殊情况下，也包括国家与国际组织、国家与外国的非国家实体以及国际组织与国际组织之间的关系。就国家内部而言，一国合法中央政府对反叛组织的武力打击权力，或者一国反叛组织对中央政府的武力对抗行为，以及反叛组织相互之间的武力对抗行为，不属于这里所说的国家战争权方面的问题，相应地，国家战争权也不适用于这种非国际性武装冲突所形成的国内关系。

(四)国家战争权的行使目的主要是解决国际争端

国际争端是国际关系的必然产物。"随着国家的出现以及国际关系的形成和发展，国际争端也随之产生。"[2]"在国际关系中国家之间发生各种各样的争端是司空见惯的事，构成国际关系的重要组成部分。"[3]

国际争端有不同的解决方式。国际争端的解决方式，从大的方面来看，有和平的方式和战争的方式。现代国际法主张"和平解决国际争端"。在国际关系史的长河之中，以战争或武力解决国家之间争端的"丛林法则"长期存在，而且这种解决国际争端的方式，曾在一定的历史时期未被置于非法境地。有学者描述了20世纪30年代之前国际社会中国家行使其战争权的基本状况。"国家永远有权力不仅经由使用武力，而且通过直接诉诸战争，来竭力获得不法行为的补偿，或者从其他国家取得政治或其他利益。"[4]

国家战争权的行使，从一国发动战争的目的来审视，可以说是解决国家争端。现实中，国家战争权的行使能否公平地、正义地、长久地解决交战国之间的国际争端，则另当别论。现实中，国家战争权的行使往往不能解决交战国之

---

〔1〕 王铁崖总主编：《中华法学大辞典·国际法学卷》，中国检察出版社1996年版，第166页。

〔2〕 王铁崖主编：《国际法》，法律出版社1995年版，第451页。

〔3〕 白桂梅：《国际法》，北京大学出版社2015年版，第537页。

〔4〕 转引自黄瑶：《论禁止使用武力原则——联合国宪章第二条第四项法理分析》，北京大学出版社2003年版，第20页。

间的争端,反而会使国际争端升级或延续,或者孕育新的争端及战争。

（五）国家战争权的法律属性是国际法上的权利

在国内法视域下,战争权是指一国在战争与和平重大问题上的决定权,是一种权力,是国家最高统治权的组成部分,是国家在战争与和平之间抉择后形成的不容置疑的支配力量。国内法上的战争权由一国的国家机关行使。不同历史时期的不同国家,同一历史时期的不同国家,行使主体往往是不同的。随着近代以来的宪政制度的确立、实行与推广,多数国家均由其中央或联邦国家机关中的立法机关来行使国家战争权方面的决定权,由国家元首或政府首脑来行使战争权方面的发布权,也有特殊情形下的特别规定。

在国际法视域下,国家战争权的法律属性在特定历史时期是一种权利。国家战争权是国家主权的产物。国家主权指国家对内最高统治权与对外独立权的结合体。国家在其领土范围内享有的最高统治权,即可以支配其领土范围内的一切人和物的权力,是不从属于其他权力而可以独立行使的权力。包括国家决定战争与和平的权力,作为国家对内的最高统治权得到国际社会的确认,从而演化成一种国际法上的权利。国家对外的独立权也是国家的一种权力,即独立处理国际关系的权力,同样,这种权力得到国际社会及国际法的承认而演化成国际法上的权利。在特定历史阶段,国家战争权同时是国家对外独立权的组成部分,在没有受到国际社会与国际法限制与禁止的条件下,自然成为国家的一项权利。总之,国家主权无论是对内的最高统治权还是对外的独立权都是国际法上的一种权利,因而作为国家主权组成部分的国家战争权也是一项权利。国家拥有的此项权利是特定历史时期国际法的产物,随着国际法的发展,国际法对国家主权的限制,国家的这项权利也会相应被限制乃至废止。

第二节　国家战争权的确认

一、国家战争权确认的国际背景

《威斯特伐利亚和约》的形成构成国家战争权确认的国际背景。

《威斯特伐利亚和约》是指1648年5月至10月为结束欧洲1618~1648年的30年战争在威斯特伐利亚地区内的奥斯纳布吕克和明斯特签订的和平条约的总称。[1] 1618~1648年，欧洲爆发历史上第一次大规模的国际战争。西欧、中欧、北欧的主要国家几乎全部先后卷入这场战争。战争具有德国内战和国际战争的双重属性。战争因德国内战而引发，主要战场也在德国。自1643年起，交战方开始谈判。因交战方之间的分歧，谈判分别在威斯特伐利亚省的奥斯纳布吕克和明斯特两个城市进行，至1648年10月达成协议，缔结了两个和平条约。"1648年10月24日，在明斯特和奥斯纳布吕克进行的漫长谈判终于画上句号，30年战争也终于正式被宣告停止。在这一天，会议代表们分别签署了两项和约，《奥斯纳布吕克和约》和《明斯特和约》，此即《威斯特伐利亚和约》。"[2]上述谈判城市都位于威斯特伐利亚省，故这些条约被称为《威斯特伐利亚和约》。[3] 《奥斯纳布吕克和约》由罗马帝国皇帝斐迪南三世和瑞典女王克里斯丁娜及其德意志的同盟者签订，《明斯特和约》由罗马帝国皇帝斐迪南三世和法国国王路易十四及其德意志的同盟者签订。

二、《威斯特伐利亚和约》对国家战争权的确认

（一）《威斯特伐利亚和约》形式上确认罗马帝国议会的战争权

纵观和谈过程以及和约文本，可以清晰地看出，作为欧洲世俗世界普遍权威象征的神圣罗马帝国皇帝，将战争权转移至民族独立国家。当然，这些民族独立国家是逐渐完成独立的。在谈判过程中，神圣罗马帝国皇帝同意诸侯参与和会谈判，并且逐步承认诸侯的宣战权与媾和权。构成《威斯特伐利亚和约》的《奥斯纳布吕克和约》和《明斯特和约》分别确认了罗马帝国议会的战争权。《奥斯纳布吕克和约》第8条规定："在所有帝国事务的表决中，他们应无阻碍地享有投票权，特别是关于解释法律、战争问题、征税、征兵或驻军、在各邦领土上建立新工事，增援旧驻军，缔结和约和联盟等等诸如此类事务；从而

---

〔1〕 顾德欣主编：《中国军事百科全书学科分册Ⅰ·国际军事关系》（第2版），中国大百科全书出版社2007年版，第272-273页。

〔2〕 李明倩：《〈威斯特伐利亚和约〉与近代国际法》，商务印书馆2018年版，第129页。

〔3〕 朱寰主编：《世界通史·中古部分》，人民出版社1972年版，第454-462页。

使今后此类事务若未经帝国各邦自由会议协商和同意,一律不得执行。”[1]《明斯特和约》第65条在内容与表述方面,与《奥斯纳布吕克和约》第8条的规定相同。

(二)《威斯特伐利亚和约》实质上确认罗马帝国各邦国的战争权

《威斯特伐利亚和约》形式上确认的是罗马帝国各邦国议会关于国家重大事项的表决权。从形式上看,《奥斯纳布吕克和约》第8条和《明斯特和约》第65条确定的是罗马帝国议会的权力,这些权力包括解释法律、征税、征兵或驻军、在各邦领土上建立新工事、增援旧驻军、缔结和约和联盟,也包括罗马帝国议会的战争权,还包括没有列举而又以兜底形式提及的“等等诸如此类事务”。上述和约规定,包括战争权在内的国家重大事项,都须通过罗马帝国议会来投票表决。

《威斯特伐利亚和约》实质上确认的是罗马帝国各邦国的战争权。

第一,和约确认各邦国在罗马帝国议会拥有投票表决权。在罗马帝国议会就国家重大事项的投票表决过程中,权利主体是各邦国。“在所有帝国事务的表决中,他们应无阻碍地享有投票权”。按照《奥斯纳布吕克和约》第8条,权利主体“他们”包括罗马帝国内所有选帝侯、封君和各邦。和约没有赋予罗马帝国皇帝对此类表决结果的否决权。和约还将上述主体的权利扩大至罗马帝国的各自治城镇。“帝国自治城镇同其他各邦一样在普通和特定议会上具有决定性投票权;它们的礼遇权利、岁入、征用财物的自由与特权、征税权等均不得被干预;以上述权利为基础的其他权利、从皇帝和帝国处合法获得的权利或冲突爆发前长久以来享有的权利也不得被干预;帝国自治城镇在其领土之上具有完全的管辖权。”[2]

第二,罗马帝国各邦国在罗马帝国议会表决之前,有权在本邦国范围内先行决定对此类事项的态度。帝国各邦作出这样的选择是基于本邦会议的决定。和约规定:帝国各邦在和约批准后6个月内举行会议;此后,应当根据公共利益和公共需要的情况经常举行会议。罗马帝国各邦国只是借助罗马帝国

---

[1] 李明倩:《〈威斯特伐利亚和约〉与近代国际法》,商务印书馆2018年版,第322页。
[2] 李明倩:《〈威斯特伐利亚和约〉与近代国际法》,商务印书馆2018年版,第323页。

议会这一平台来表达本邦国的意志,而和约确认的是这种表达意志的平台(议会)和方式(投票)。和约还强调,这种权利具有不可剥夺性。和约载明:自此以后,凡和约所列举的事务若未经帝国各邦自由会议协商和同意,一律不得执行。

第三,和约确认各邦国的战争权是自古就享有的权利。依照和约的规定,上述主体对罗马帝国的重大事项的投票权是自古就享有的,这些主体有权在本邦辖区内通过各邦的会议来决定,在帝国会议上的投票表决,只是对本邦会议决议的展示。《奥斯纳布吕克和约》第8条表明,和约所载各邦国的权利是自古以来就有的,和约只是要重建和肯定这些自古以来的权利、君权、自由权、特权、自由行使的领土权。可以看出,和约对各邦国的战争决定权赋予了历史性和天然性,以致其具有神圣性。和约还规定这样的权利应当持续下去。

第四,和约强调各邦国的投票表决权必须得到尊重与执行。包括战争权在内的罗马帝国各重大事项,未经帝国各邦自由会议协商和同意,一律不得执行。这些权利无论是宗教的还是世俗的,它永远不能也不应受到任何人以任何方式、任何借口阻碍。[1]

第五,和约昭示了确认各邦国战争权的原因。这就是防止罗马教皇和罗马帝国皇帝滥用战争权,从而造成罗马帝国范围内各邦国之间以及罗马帝国与其他国家之间频繁发生战争灾难。和约签订之前,罗马教皇和德意志皇帝享有战争权,这种享有被各种理论学说赋予正义性;两个权力主体之权力行使给德意志邦国和封臣带来不得不卷入战争的窘境及灾难。为避免这种现象的存续,需要剥夺或限制教皇和皇帝手中的权力,将这种权力赋予邦君国是一种被确认与选择的方式,所以和约中的战争权实际上是对战争权的重新分配。"在过去许多年以来,在罗马帝国内部不断产生不和与分裂,以致不仅在整个德意志,而且相邻各王国,特别是瑞典和法国,已被卷入长期的战争骚乱之中。""从此基督教徒血流成河,数省土地变为废墟。"[2]而今,"双方都建立了普遍和平的愿望","为防止今后在政治国家内出现任何争端",战胜国瑞典和

---

〔1〕 李明倩:《〈威斯特伐利亚和约〉与近代国际法》,商务印书馆2018年版,第322页。
〔2〕 李明倩:《〈威斯特伐利亚和约〉与近代国际法》,商务印书馆2018年版,第291页。

法国要求战败国罗马帝国的皇帝,根据和约,将包括战争问题的决定权以罗马帝国议会平台投票表决的方式交由各邦国决定,并保证这些投票表决结果的执行。当然,在重新分配战争权的过程中,罗马教皇与德意志皇帝的传统影响力也对这样的分配作了限制,即这种权力的行使对象不得指向罗马教皇和德意志皇帝;至于邦君国之间,为防止这种权力的滥用,和约设想了“均势”原则。

有学者提出,和约规定这方面的权利,是法国和瑞典极力主张的结果,这两个国家极力主张德意志封臣拥有和约规定的权力,旨在防止德意志皇帝恣意向他国宣战。客观上,众多的德意志封臣也非常渴望获得这方面的权力,以避免陷入与本邦国利益没有关联的战争之中,从而无端耗费大量的人力、财力、物力。〔1〕

(三)罗马帝国各邦国的战争权逐渐演化为国家战争权

《威斯特伐利亚和约》对近代国际法的发展起了促进作用。〔2〕从国家战争权含义来看,《威斯特伐利亚和约》确立的国家战争权,最初是指大一统欧洲背景下一国在帝国议会就战争问题上的表决权,而随着欧洲政治版图的演化,帝国内部战争与和平问题的决定权逐渐演化为国际关系中一国诉诸战争问题的权利。从国家战争权的构成来看,和约所涉及的国家战争权包括战争问题的决定权、宣战权和媾和权。〔3〕李明倩在《〈威斯特伐利亚和约〉与近代国际法》中对“媾和与战争权”作了解释,认为其是指“宣战与缔结条约的权力与威严,实际上是投票权的一项延伸,是皇帝在 1645 年 9 月 25 日的‘第二次意见书’中做出的妥协”。〔4〕将战争权与媾和权一并规制,可以看出二者之间密不可分的关系;和约之所以确认罗马帝国皇帝诸臣属在战争问题上的投票权,而没有直接规定这些臣属的媾和权与战争权,是因为这一时期的历史任务

〔1〕李家善:《国际法学史新论》,法律出版社 1987 年版,第 165-166 页。

〔2〕顾德欣主编:《中国军事百科全书学科分册Ⅰ·国际军事关系》(第 2 版),中国大百科全书出版社 2007 年版,第 273 页。

〔3〕参见《明斯特和约》第 65 条,这里的宣战权和媾和权具有明确的表述,而战争问题决定权,隐含在帝国重大事务之中。条约约文参见李明倩:《〈威斯特伐利亚和约〉与近代国际法》,商务印书馆 2018 年版,第 291 页;[加]卡列维·霍尔斯蒂:《和平与战争:1648—1989 年的武装冲突与国际秩序》,王浦劬等译,北京大学出版社 2005 年版,第 32 页。

〔4〕李明倩:《〈威斯特伐利亚和约〉与近代国际法》,商务印书馆 2018 年版,第 165 页。

主要是，防止罗马帝国皇帝和天主教教皇权力的滥用给欧洲社会带来深重的灾难。

《威斯特伐利亚和约》缔结之后，欧洲范围经过短暂的和平，又卷入连绵不绝的战争中。罗马帝国各邦国逐渐演化为完全独立的主权国家，和约赋予各邦国的战争决定权演化为各主权国家自主诉诸战争解决国际争端的权利。"神圣罗马帝国的国家机构在三十年战争中接受了一次彻底的洗礼。没错，神圣罗马帝国和皇帝在名义上仍然存在，斐迪南三世虽然不是整个人类但仍然是天主教世界的政治领袖；帝国议会仍在讨论帝国事务；在教派平等原则上重组的帝国法庭仍在各诸侯之间维护着公平正义。然而，在华丽的外衣之下，这些机构已经失去任何实权。统治德意志人民的权力早已转移到各诸侯手中。"〔1〕在古代欧洲的国家系统消亡后，随着"拿破仑的小天地运动、维也纳会议后领土的转移、很多诸侯国演变为大国，这改变了欧洲的版图"。〔2〕既然国家有主权，其自然有权决定与他国之间争端的解决方式，于是战争这样的方式也成为国家可以选择的方式，选择这种方式以及判定这种方式的正义与否均成为国家的权利，逐渐地，国家战争权也就得到确认。〔3〕"从理论上讲，国家既然是平等的，那么就没有一个国家能够对另一个国家的战争原因是否正义做出客观和准确的评判。作为现代国家制度基础的国家主权理论，在当时暗含了使用武力之权是每个独立主权国家的固有权利。"〔4〕也有学者超出国家战争权形成确认的具体历史背景，从不同角度解释国际社会确认国家战争权的原因。德国国际法学家克里斯琴·沃尔夫在《自然法和国际法体系》中，以自然法理论解释国家战争权确立的原因。在沃尔夫看来，战争权本属于自然人的，自然人因为自卫、惩罚他人的侵权行为而需要使用武力，但自然人为共

〔1〕［英］塞缪尔·罗森·加德纳：《三十年战争史：1618—1648：哈布斯堡家族的衰落、法兰西王国大陆霸权的建成与"威斯特伐利亚体系"的确立》，王晋瑞译，华文出版社2019年版，第312页。

〔2〕［德］W. G. 魏智通主编：《国际法》（第5版），吴越、毛晓飞译，法律出版社2012年版，第539页。

〔3〕黄瑶：《论禁止使用武力原则——联合国宪章第二条第四项法理分析》，北京大学出版社2003年版，第19页。俞正山教授亦有类似的论断。俞正山主编：《武装冲突法》，军事科学出版社2001年版，第28页。

〔4〕黄瑶：《论禁止使用武力原则——联合国宪章第二条第四项法理分析》，北京大学出版社2003年版，第19页。

同推进共同福利的目的,基于许多人的契约而组成人类社会与国家。所有国家是平等的,各国都有权保卫自己免受迫在眼前的危害并对所遭受的危害实行报复。[1] 也有学者认为,《威斯特伐利亚和约》本身确认了包括战争权在内的国家主权。"……威斯特伐利亚条约确定了教皇和罗马皇帝的失败,从法律上确认主权国家的成立,从而确立了欧洲新的政治制度。"[2]

《威斯特伐利亚和约》为防止罗马教皇和罗马帝国皇帝滥用手中的战争权,为防止各邦国因获得发起战争的决定权而滥用这样的便利,为防止各邦国之间可能出现的无休止战争,设定了预防规则,即所谓的"均势"原则。但随着时间的推移,这一原则被"异化",对他国的武力使用也成了"均势"原则的遵循、实施与运用,因为武力使用对象国被指责为违反了"均势"原则,即为了形成与保持"均势",不得不对有些国家使用武力。这样,国际法的遵循被烙上强烈的国际政治印记。[3]

三、确认国家战争权的历史作用与弊端

(一)确认国家战争权的历史作用

威斯特伐利亚和会是近代国际法上第一次大的国际会议,与维也纳公会、巴黎和会被并称为近代国际社会的三大会议。《威斯特伐利亚和约》是近代欧洲乃至世界的第一个大的国际条约,它对国家战争权的确认,对欧洲乃至世界的国际法形成与发展产生重大而深远的影响。

1. 弱化了罗马教廷在战争问题上的影响力

国家战争权的确认,从国际法层面进一步明确与强化了世俗国家在战争问题上的决定权,弱化了罗马教廷在战争问题上的影响力。

《威斯特伐利亚和约》使国家世俗权力从"神权"的束缚下进一步解脱出来。

从古代区域武力使用规则可以看出,一国的战争权是由国家最高领导者

[1] 转引自李家善:《国际法学史新论》,法律出版社 1987 年版,第 122-123 页。
[2] [韩]柳炳华:《国际法》(上卷),朴国哲、朴永姬译,中国政法大学出版社 1997 年版,第 11 页。
[3] 李明倩:《〈威斯特伐利亚和约〉与近代国际法》,商务印书馆 2018 年版,第 237-241 页。

或国家最高领导集团掌握的。古代中国的区域武力使用规则，强调一国只有天子才拥有战争权，“天下有道，则礼乐征伐自天子出”，就是这种规则的典型表述。在古罗马王政时代，涉及古罗马的争端，先交由僧侣组成的“战和事务祭司团”[1]来处理。该组织被赋予管理与条约、战争及其他国际事务有关的宗教仪式的权力。

至中世纪，欧洲出现“大一统”世界，其体现方式之一就是罗马天主教无所不在的宗教统治，世俗国家则受到神权世界的种种制约，教皇名义上拥有教会管辖权、绝对领土权、国际执法权和无限战争权。[2]“在基督教世界的框架内，教皇无疑拥有战争权。”[3]

基督教在欧洲的大一统局面经历长期的形成过程。公元1世纪后期，“随着基督教脱离犹太教而自成一个独立的宗教，它便自认为是真正的上帝选民，是一个新的、与众不同的族类，虽然服从罗马帝国的统治，但不是罗马公民，而是天国的公民。他们组成了一个特殊的团体——教会，耶稣是教会的头，教会是耶稣的肢体”。[4]基督教吸收了古希腊古罗马的文化遗产，重新解释古典文明，所形成的宗教教义、教会法、教会理论等，为欧洲提供了生活方式和社会行为的新观念，成为凝聚欧洲社会的黏合剂。面对中世纪早期罗马帝国覆灭、日耳曼帝国正在形成的土地分封、政治割据、公共权力分裂的社会状况，基督教构成部分的罗马天主教会，以重建欧洲秩序为己任，深受基督教影响的欧洲成为类似于“世界国家”的基督教共同体。“由于罗马教会在一个动荡与混乱的世界里，中流砥柱，力挽狂澜，真正发挥了组织领袖的作用，因而成为中世纪的统治堡垒，成为社会文明的代理人。教会的权威取代了帝国的权威，凯撒的王国让位于上帝的王国。在一个没有皇帝的尘世之城的废墟上，天国在尘世的代理人就成为名正言顺的最高统治者。”[5]

教会成为一个超国家，其管辖权越过所有种族、民族、语言的分界线而畅

---

[1] [美]阿瑟·努斯鲍姆：《简明国际法史》，张小平译，法律出版社2011年版，第15页。

[2] [美]帕尔默、[美]科尔顿：《近现代世界史》（上册），孙福生等译，商务印书馆1988年版，第186页。

[3] 李明倩：《〈威斯特伐利亚和约〉与近代国际法》，商务印书馆2018年版，第236页。

[4] 王美秀等：《基督教史》，江苏人民出版社2006年版，第41页。

[5] 田薇：《信仰与理性：中世纪基督教文化的兴衰》，河北大学出版社2001年版，第47页。

通无阻。一切基督教徒，一方面是某个国家的属民，受自然法和所在国法律的保护与规制；另一方面，他们是教会的属民。[1] 教会主张，所有政治实体都是基督教世界的一部分。宗教教义、教会法[2]、教会理论等关于武力使用的思想、理论、规则等，对中世纪欧洲范围的武力使用规则产生显著影响。从教皇动员与发动战争的敕令中可以解读出，对异教徒的战争是神圣而正当的。教皇乌尔班二世于1095年发动第一次十字军东征时，在克莱芒宗教会议上号召自己的信徒时说道："你们应……踏上通往圣墓的道路，从那个下贱民族的手里把土地夺回来，并把它收归已有……这座位居大地中心的帝王之城，如今被基督的敌人所占领，被那些不知道上帝的人们所征服，受着异教徒的礼拜。"[3]

欧洲30年战争之后，《威斯特伐利亚和约》的签订，表明基督教神权在欧洲的影响力明显减损与衰落，基督教神权的大一统局面不复存在。战争权从神权手中被剥夺出来，转由各个相对独立的邦国来行使。

首先，"神权"代表在缔约过程的地位表明罗马教廷天主教影响力的下降与削弱。神权代表即教皇使节在和约签订过程的地位只是附属地位而非主体地位。《威斯特伐利亚和约》的缔约主体有两方：一方是神圣罗马帝国皇帝斐迪南三世，另一方是法国、瑞典以及德意志的国盟者。至于教皇使节，在结束战争的巴伐利亚和会上，仅仅是听取会议，不是作为有缔约权的主体参加谈判活动。巴伐利亚和会召开时，无论是信奉新教还是旧教的国家，都不再听从教皇旨意而要求以平等地位坐到谈判桌前。《威斯特伐利亚和约》签订之后，缔约各国无论大小，均逐渐以主权国家身份参与国际事务。[4]

其次，和约对新教的承认，意味着以罗马教廷为代表的天主教影响力的下降与削弱。和约使新教获得与旧教平等的国际地位。中世纪教会势力的影响力主要是指以罗马教皇为代表的天主教旧教的影响力，以路德为代表所发起

---

[1] [美]汤普逊：《中世纪经济社会史》（下册），耿淡如译，商务印书馆1963年版，第261－262页。

[2] "教会法"是指"以西欧中世纪罗马教皇及其教廷为核心，以基督教神学为思想基础形成的规则和章程的集合"。李明倩：《〈威斯特伐利亚和约〉与近代国际法》，商务印书馆2018年版，第36页。

[3] 李家善：《国际法学史新论》，法律出版社1987年版，第68页。

[4] 王丽庆：《略论〈威斯特伐利亚和约〉的历史及现实意义》，载《山西高等学校社会科学学报》2008年第7期。

的宗教改革，是对这种无所不在的影响力的冲击与摧毁。至《威斯特伐利亚和约》形成时，新教的地位得到承认。神圣罗马帝国内各诸侯邦国可自行确定官方宗教，包括非正宗的加尔文教也获得帝国承认而成为合法宗教；教产的归属以1624年为标准年（在普法尔及其联盟地区，以1619年为标准年），凡在1624年1月1日之前占有的教产可以保留。

最后，世俗国家不必再为"神"而战，展现以罗马教廷为代表的天主教影响力的下降与削弱。欧洲30年战争因"神权"而发起，[1]但战争演化至中后期之后，这种现象发生变化，世俗国家均为自己的独立和主权而战，不再为"神"而战。30年战争结束后，为"神"而战的国家行为基本上不复存在。

2. 弱化了罗马帝国皇帝在战争问题上的影响力

国家战争权的确认，从国际法层面进一步明确与强化罗马帝国各邦国在战争问题上的决定权，在削弱以罗马教廷为代表的天主教影响力的同时，弱化了罗马帝国皇帝在战争问题上的影响力，《威斯特伐利亚和约》使罗马帝国各邦国从神圣罗马帝国的束缚下逐步解脱出来。

中世纪欧洲的"大一统"另一方面的体现是神圣罗马帝国世俗统治的无所不在。

神圣罗马帝国，全称为德意志民族神圣罗马帝国或日耳曼民族神圣罗马帝国，德国人又称其为德意志第一帝国，是指公元962年至1806年地跨西欧和中欧的封建君主制国家。公元962年，德意志国王奥托一世在罗马被罗马教皇约翰十二世加冕为罗马皇帝，成为罗马天主教世界世俗领域的最高统治者。公元12世纪腓特烈一世时期，帝国成为欧洲最强的国家，更改国名为神圣罗马帝国。神圣罗马帝国极盛时期的疆域包括近代的德意志、奥地利、意大利北部和中部、捷克、斯洛伐克、法国东部、荷兰、比利时、卢森堡和瑞士。在帝国的大部分时间，组成帝国的政治区划有侯国、公国、郡县和自由城市等。公元10~13世纪，罗马帝国的皇帝拥有实际统治权力。到14世纪，罗马帝国演变为各邦国承认皇帝为最高权威的邦联国家。14世纪中期，神圣罗马帝国皇

---

[1] 1618年5月23日，奥地利统治下的波希米亚捷克新教徒，在布拉格冲入王宫，将皇帝的两名大主教钦差从20米高的窗户扔出去，史称"丢窗事件"。震怒的奥地利哈布斯堡王朝决定以武力征服捷克，于是引发了历史上的30年战争。

帝查理四世颁布的金玺诏书[1]确认罗马帝国皇帝须由七大选帝侯推选产生，罗马人民的国王即神圣罗马帝国皇帝，不再需要罗马教皇的加冕，从法律上解决了世俗王权与教权长达3个世纪的纷争。公元15世纪初，神圣罗马帝国各邦国开始割据，皇位均由奥地利哈布斯堡家族占据。16世纪初，帝国内爆发宗教改革运动和德意志农民战争。17世纪中期，从宗教信仰的角度来环视神圣罗马帝国，帝国的东部、北部和中部信奉路德教，西部和西南部信奉加尔文教，南部信奉天主教。

17世纪的30年战争及《威斯特伐利亚和约》的形成，不仅改变了欧洲的神权世界与世俗世界之间的力量格局，也改变了欧洲世俗世界多国之间、罗马帝国与组成罗马帝国各邦国之间以及罗马帝国各邦国之间的政治格局，进一步使神圣罗马帝国皇帝的“大一统”局面分崩离析。[2]

首先，和约使神圣罗马帝国内的一些诸侯国获得独立地位。例如，和约正式承认本属神圣罗马帝国的尼德兰联省共和国和瑞士为独立国家，使帝国的疆域面积受到挤压。

其次，和约使神圣罗马帝国的一些诸如宣战、媾和、税收和征兵等重大事项的决定权由各诸侯邦国通过议会投票决定，而帝国皇帝再也无权单独决定此类重大事项。具体规定如下：一是赋予德意志王侯战争权与媾和权。和约将德意志帝国战争与和平的重大问题交由德意志议会来决定，而德意志议会由各王侯组成，即通过赋予王侯战争与和平问题的表决权，来限制帝国皇帝以往存在的毫无限制的战争权。《奥斯纳布吕克和约》第8条规定，为防止今后在政治国家内出现任何争端，有必要根据本和约在罗马帝国内重建和肯定所有选帝侯、封君和各邦自古以来的权利、特权、自由权、优惠、自由行使的领土权，这些权利不应受到任何阻碍。二是赋予德意志王侯结盟权。这里的结盟权是指德意志邦国之间以及邦国与外部势力之间缔结盟约的权利。《奥斯纳布吕克和约》第8条规定：帝国各邦都将为本身存在和自身安全，永久地享有

---

[1] 金玺诏书是指神圣罗马帝国皇帝查理四世于1356年颁布的帝国法律，因诏书上盖有黄金印玺而得名。诏书的主要内容是确定皇帝选举法和规定诸侯权限等。

[2] 王丽庆：《略论〈威斯特伐利亚和约〉的历史及现实意义》，载《山西高等学校社会科学学报》2008年第7期。

在各邦之间或与外国进行结盟的权利,这是最为重要的。可以看出,这项权利适用于组成德意志帝国的邦国个体,它与适用于由邦国组成的帝国议会、以帝国名义行使的集体性权利相区别。[1] 和约之所以作出这样的规定,是因为组成缔约主体的法国和瑞典想通过德意志封臣国的此项权利制衡德意志皇帝,限制德意志皇帝以往的绝对君权。和约也对这样的结盟权作了限制。即缔结此类盟约的前提是该同盟不得针对皇帝和帝国,也不得违反公共和平或本和约,还不得损害每一邦对皇帝和帝国作出的宣誓。三是赋予德意志王侯以武力方式保障条约履行的权利。《明斯特和约》以诸多条款规定该和约必须得到遵守与履行。"和约经签字盖章后,一切冲突应即停止。"(第 98 条)"皇帝应通令全国,以便与和约有关方面立即执行和约的规定。"(第 100 条)"严格遵守和约的规定。"(第 102 条)"诸侯、地方官吏、军队将领不得反抗条约的执行。"(第 103 条)"和约乃普遍性的有约束力的国土法。"(第 112 条)"不得对和约提出异议。"(第 113 条)"无论教士或俗人,凡在言行上反对此和约者,处以破坏国土安宁之罪。"(第 114 条)"凡参加和约者应保证联合一致反对不遵守和约的人。"(第 115 条)"如有需要,得以武力解决之。"(第 116 条)此外,对地方行政长官的履约责任也作了相应规定:"个别地区的行政长官,应处置其辖区内的抗逆和约者。"(第 117 条)[2]

3. 促进了近代国际关系的形成

国家战争权的确认对罗马帝国各邦国享有充分主权、形成近代国际关系起到一定的促进作用。《威斯特伐利亚和约》承认荷兰、瑞士与德意志帝国分离,成为独立的国家,承认德意志联邦中的 332 个国家均享有充分的主权,要求缔约国尊重条约的效力。[3] 《威斯特伐利亚和约》签订之后,又经过百余年的纷争,罗马帝国各邦国逐渐完全独立,促进了近现代意义上的国际关系形成。这样的国际关系与古代那种中央国家独大、所属诸国形式上平等的国际关系存在质的区别。《威斯特伐利亚和约》的签订为欧洲范围内新型国际关系的形成奠定了国际法基础。

---

〔1〕 李家善:《国际法学史新论》,法律出版社 1987 年版,第 166 页。

〔2〕 王绳祖主编:《国际关系史资料选编》(上册 · 第 1 分册),武汉大学出版社 1983 年版,第 16 页。

〔3〕 刘达人、袁国钦:《国际法发达史》,商务印书馆 1937 年版,第 100-101 页。

（二）确认国家战争权的弊端

1. 确认国家战争权使国际社会缺乏评判战争合法与否的公共主体与尺度

虽然古代区域武力使用规则存在渊源多样、效力微弱、适用区域狭窄的不足，但仍然属于一种区域范围的普遍性规则；虽然中世纪的正义战争规则有其不确定的一面，但也不失为评判战争与限制战争的标准。国家战争权被确认之后，区域评判标准让位于相对普遍或者说早期适用于欧洲范围并逐渐扩展至世界范围的评判标准，宗教、道德、习惯、法律、思想学说等多样性评判规则让位于几乎单一的法律评判规则，评判的主体却是发动战争的国家自身。在这种情境下国家构成了平时人们所说的“集运动员和裁判员于一身”的特征，也就使国际社会缺乏评判战争合法与否的统一主体及标准。而且，从理论上讲，国家既然是平等的，那么就没有一个国家有权或能够对另一个国家的战争原因是否正义或是否合法作出评判。《奥本海国际法》对此现象评论道：“只要战争是公认的实现现在权利和改变法律的国家政策工具，战争的原因是否合乎正义就没有什么法律意义了。为任何目的而进行战争的权利是国家主权的特权。这样看来，任何战争都是正义的。”[1]

2. 确认国家战争权使国际法陷入法理冲突的困境

国际法承认战争是国家不受控制的主权的组成部分，作为回报，战争则对国际法行使着两种职能：一是执法职能，战争成为一国执行国际法的工具，战胜国因战胜而获得的权利与法律的权利相等；二是“立法”的职能，战争成为一国改变国际法的工具，因而造成国际法的剧烈中断。[2] 战争在国际法上行使的这两种职能不仅是自相矛盾的，而且都与法律的本性相背离，造成法理的冲突与混乱。[3]

3. 确认国家战争权使世界遭受长期的大范围的战祸之患

确认国家战争权使掠夺性战争在世界范围内频繁地爆发与大肆蔓延。从

---

〔1〕［英］劳特派特修订：《奥本海国际法》（下卷·第1分册），王铁崖、陈体强译，商务印书馆1972年版，第162页。

〔2〕［英］劳特派特修订：《奥本海国际法》（下卷·第1分册），王铁崖、陈体强译，商务印书馆1972年版，第130页。

〔3〕俞正山主编：《武装冲突法》，军事科学出版社2001年版，第28页。

17 世纪到 19 世纪的 300 年内,约有一半时间世界处于战争之中。[1] 而这期间的大多数战争均出于扩张野心、嫉恨和其他不当动机。[2] 在一定意义上可以说,第一次世界大战也是国家战争权的产物。

第三节　国家战争权的限制

一、海牙公约对国家战争权的限制

(一)《海牙第一公约》对国家战争权的限制

1. 第一次海牙和平会议探索和平解决国际争端的路径

《威斯特伐利亚和约》之后,经过 1648 年至 1918 年将近 300 年的历史探索与演变,国际社会深切感受到国家战争权给国际社会和人类带来的沉痛灾难,于是开始探索国家之上的国际组织来限制国家战争权的行使与运用。在 19 世纪和 20 世纪初期,战争被视为一种合理的政策性工具。每一个主权国家在追求自己利益的过程中都可以发动战争。在此时期及之前的国际性法律,仅仅限制战争中使用的作战方法与手段,即制定与形成了所谓的战时法,而没有限制发动战争本身的权利,即所谓的发动战争法。[3] 19 世纪末 20 世纪初,国际形势日趋紧张,各主要军事大国积极扩军备战,世界大战的可能性不断增大。由此引发席卷欧洲的和平运动,一些国家的政府努力探索与尝试以和平方式解决国际争端的路径。1899 年和 1907 年的两次海牙和平会议均在此背景下召开。第一次海牙和平会议于 1899 年 5 月 18 日至 7 月 29 日召开,中国、俄国、英国、法国、德国等 26 个国家参加了这次会议。[4]

第一次海牙和平会议于 1899 年 7 月 29 日通过的《和平解决国际争端公

---

〔1〕 黄瑶:《论禁止使用武力原则——联合国宪章第二条第四项法理分析》,北京大学出版社 2003 年版,第 22 页。

〔2〕 [英]戴维·M. 沃克:《牛津法律大辞典》,北京社会与科技发展研究所译,光明日报出版社 1988 年版,第 496 页。

〔3〕 [德]格哈德·韦勒:《国际刑法学原理》,王世洲译,商务印书馆 2009 年版,第 446-447 页。

〔4〕 顾德欣主编:《中国军事百科全书学科分册Ⅱ·国际军事关系》(第 2 版),中国大百科全书出版社 2007 年版,第 643 页。

约》(以下简称《海牙第一公约》)[1],是海牙和平会议的代表性成果,是最早从整体上规定和平解决国际争端的一般性条约,是和平解决国际争端方面最重要的条约之一,在国际法发展史上第一次对国家战争权予以限制。

2.《海牙第一公约》限制国家战争权的主要规则与措施

(1)以维持普遍和平的基本要求限制国家战争权的行使

该公约第一编在"普遍和平的维持"的标题下就规定了一条内容,将和平解决国际争端作为缔约国解决争端的首选方式。"为了在各国关系中尽可能防止诉诸武力,各缔约国同意竭尽全力以保证和平解决国际争端。"

(2)尽力以斡旋或调停方式解决国际争端

在情势许可的情境下,缔约国应当首先以斡旋或调停方式解决分歧或争端。该公约第 2 条规定:"……遇有严重分歧或争端,如情势允许,在诉诸武力之前应请求一个或几个友好国家进行斡旋或调停。"这样的斡旋或调停既可以基于争端国的请求而提起,也可以基于第三国的主动而提起。

(3)规定了斡旋或调停的作用、方式、时间与效力

该公约推崇斡旋或调停解决争端的价值。第 3 条规定:"不论有无此项请求,各缔约国认为,由一个或几个与争端无关的国家在情势许可的情况下,主动向争端当事国家提供斡旋或调停,是有益的和可取的……争端的任一方绝对不能将此项权利的行使视为不友好的行为。"调停者的作用在于协调对立的要求并平息争端各国之间可能发生的不满情绪。(第 4 条)由争端各国各自选择的一个国家组成的调停组织进行调停,调停不得超过 30 天。(第 8 条)

(4)建立了和平解决国际争端的调查和仲裁制度

该公约第三编规定了国际调查委员会,包括调查委员会的组成、调查程序、调查报告的作出、提交对象及效力。第四编规定了国际仲裁,包括国际仲

---

〔1〕《和平解决国际争端公约》分别于第一次海牙和平会议的 1899 年 7 月 29 日和第二次海牙和平会议的 1907 年 10 月 18 日签署,前一公约通常被称作 1899 年海牙第一公约,后一公约通常被称作 1907 年海牙第一公约,两个公约约文的内容基本一致。这里为表述方便,省去公约通过的时间限定,简称《海牙第一公约》。刘家新、齐三平主编:《中国军事百科全书学科分册·战争法》(第 2 版),中国大百科全书出版社 2007 年版,第 49-50 页;顾德欣主编:《中国军事百科全书学科分册Ⅱ·国际军事关系》(第 2 版),中国大百科全书出版社 2007 年版,第 643-644 页。

裁的目的、适用范围、仲裁专约的缔结，以及常设仲裁法院的组成、仲裁程序、仲裁裁决的拘束力等规则。

3.《海牙第一公约》限制国家战争权的作用与局限性

(1)《海牙第一公约》限制国家战争权的历史作用

首先，它是近代国际法史上第一部限制国家战争权的国际公约，开创了限制国家战争权的先例。其次，它设计了第三国斡旋或调停规则，有利于国际争端国延缓采用战争手段解决争端与分歧。最后，它规定了解决争端的仲裁制度，这些制度影响一些缔约国签订了双边强制仲裁条约，规定法律争端须提交仲裁，从而限制了以战争解决争端的法律权利。[1]

(2)《海牙第一公约》限制国家战争权的局限性

首先，该公约对战争权的限制缺乏强制力。在限制国家战争权方面，与其说公约要求缔约国限制其战争权，毋宁说公约倡导缔约国限制其战争权。而且，对公约倡导的斡旋或调停措施，公约明确表示其对争端国只有"建议"属性，而不具有拘束力。"斡旋和调停，无论出自争端国的请求，或出自与争端国无关的国家的主动，都只具有建议的性质，绝无拘束力。"(第6条)其次，限制国家战争权的规则不具有中止、推迟或阻碍战争准备的作用。"一俟争端的一方或调停者本身宣布他所建议的和解办法未被接受时，调停者的职能即告中止。"(第5条)"接受调停，除非有相反的协议，并不具有中止、推迟或阻碍动员或其他战争准备措施的作用。"(第7条第1款)最后，公约中一些用语的弹性或模糊性也影响公约在法律上的执行。如公约中的"在情势许可的情况下"等给公约的遵守与执行带来一定的难度。

(二)《海牙第二公约》对国家战争权的限制

1.第二次海牙和平会议追求和平解决国际争端的努力

1899年海牙和平会议没有达到裁军和保障和平的目的。1904年美国时任总统西奥多·罗斯福向各国探询是否召开第二次会议。1906年日俄战争结束，应俄国沙皇与荷兰女王联名邀请，中国、俄国、英国、法国、德国、日本、意大利、美国、奥匈帝国等44个国家，于1907年6月15日至10月18日在荷兰

---

[1] 崔书琴:《国际法》(下册)，商务印书馆1947年版，第33-34页。

海牙召开了第二次和平会议。在会议通过的诸多公约、宣言中,1907 年 10 月 18 日通过的《限制使用武力以索偿契约债务公约》(以下简称《海牙第二公约》)〔1〕涉及对国家战争权的限制。

2.《海牙第二公约》限制国家战争权的主要规则

《海牙第二公约》因美国代表波特的提议和阿根廷外长德拉果的主张,又称《波特条约》或《德拉果—波特条约》,它有条件地对国家战争权作了进一步限制:在一般情况下,各缔约国同意不得因一国政府向另一国政府拖欠其国民的契约债务而诉诸武力;但如果债务国对交付仲裁的提议表示拒绝或不予答复,或在仲裁提议后使仲裁协议不能成立,或仲裁后不服从裁决,则缔约国可以通过使用武力的方式手段迫使契约债务国偿还债务。(第 1 条)

3.《海牙第二公约》限制国家战争权的作用与局限性

《海牙第二公约》在限制国家自由诉诸战争权方面又向前迈出重要一步。首先,它将有条件地限制国家战争权规定为缔约国的一项义务。传统国际法承认一国以武力方式向他国讨债的权利,而随着《海牙第二公约》的生效及其约束力的日益强化,本属一国决定与管辖的事项就被剥离于一国的专属管辖事项之外。《海牙第一公约》只是推崇选择和平解决国际争端方式以延缓战争权的运用,而《海牙第二公约》要求缔约国在尝试仲裁之前不得使用武力。其次,《海牙第二公约》在限制国家战争权方面使用了"限制使用武力"的表述,而"使用武力"既包括战争,又包含战争之外的没有构成战争法律状态的武装冲突,这使对国家战争权限制的内容更宽泛。〔2〕

《海牙第二公约》在限制国家战争权方面有局限性。该公约对国家战争权的限制是有条件的;公约在实施程序方面的规定,没有满足拉美一些国家的建议与要求,以致 44 个参加会议的国家中只有 20 个国家批准或加入公约,公约的普适性受到了影响。〔3〕

---

〔1〕 该公约通常被称作 1907 年《海牙第二公约》。刘家新、齐三平主编:《中国军事百科全书学科分册 · 战争法》(第 2 版),中国大百科全书出版社 2007 年版,第 321 页。

〔2〕 黄瑶:《论禁止使用武力原则——联合国宪章第二条第四项法理分析》,北京大学出版社 2003 年版,第 24-25 页。

〔3〕 王铁崖、周忠海编:《周鲠生国际法论文选》,海天出版社 1999 年版,第 136 页"注释 7"。

在1899年和1907年的两次海牙和平会议中,国家不受限制地发动战争的权利受到谨慎怀疑,但仍然没有制定或形成对国家战争权的禁止性规定。[1]

二、布赖恩条约对国家战争权的限制

第二次海牙会议期间,美国代表曾提议于1914年召开第三次世界和平会议,获得与会各国的赞同。后因第一次世界大战的爆发,第三次国际和平会议无法举行。[2] 然而,美国于1913~1914年,在其时任国务卿布赖恩的倡议和努力下,与27个[3]国家分别缔结了"促进和平条约",包括与中国签订的《解纷免战条约》,这一系列双边条约被总称为布赖恩条约。[4]

各个布赖恩条约在内容上稍有差异,而主要内容是相同的:将不能通过仲裁或外交途径解决的争端提交一个事先建立的常设的国际委员会进行调查;该委员会由5名委员组成,其中3名为第三国国民,另外2名由争端国各自派遣;委员会报告必须于1年内完成,但经当事国协议该期限可以缩短或延长;在委员会调查结束并提出报告前,禁止当事国之间使用武力;各当事国收到委员会的报告后,得自由采取其认为适当的行动。[5]

布赖恩条约对限制国家战争权具有积极意义。首先,它确立的"延缓原则",即在调查委员会提交报告前争端当事国不得开战的原则要求,推迟或延缓了国家对战争权的行使。正因为如此,布赖恩条约又被称为"冷却条约"。这方面的作用亦影响到其后的《国际联盟盟约》(已失效)。[6] 其次,布赖恩条约设置的延缓国家战争权行使的实体组织即调查委员会比海牙和平会议主张设立的相应机构有所进步。如该委员会由临时机构发展为常设机构,该委

---

[1] [德]格哈德·韦勒:《国际刑法学原理》,王世洲译,商务印书馆2009年版,第447页。

[2] 陶樾:《现代国际法史论》,大东书局1946年版,第28-29页。

[3] 有辞书称与30多个国家缔结了此类条约。日本国际法学会编:《国际法辞典》,世界知识出版社1985年版,第164页。

[4] 王铁崖总主编:《中华法学大辞典·国际法学卷》,中国检察出版社1996年版,第52页。

[5] 俞正山主编:《武装冲突法》,军事科学出版社2001年版,第29页。

[6] 黄瑶:《论禁止使用武力原则——联合国宪章第二条第四项法理分析》,北京大学出版社2003年版,第25-26页。

员会有权要求并审查争端国提交的涉及其荣誉和重大利益的事项，该委员会有权自行调查，等等。[1]

然而，布赖恩条约对国家战争权的限制是有限的，各争端国并不因为调查委员会的报告而放弃其战争权的行使；加之，该系列条约局限于具体的事件或特定的国家，从而影响了条约的效力范围。

三、《国际联盟盟约》对国家战争权的限制

（一）《国际联盟盟约》的订立

第一次世界大战给人类和国际社会带来空前的灾难。伤亡的士兵和平民共计4200多万，经济方面的损失更是难以计数。第一次世界大战之后，国际社会在限制国家战争权的道路上继续朝前迈进。战后各国人民的反战运动迅速发展，和平主义思想的影响迅速扩大。国际联盟的建立及《国际联盟盟约》的订立正是这种运动与思潮的产物。

（二）《国际联盟盟约》限制国家战争权的主要规则

1. 将维护国际和平作为联盟的主要宗旨

《国际联盟盟约》在序言中载明国际联盟的目标是，增进国际合作并保持其和平与安全，为此，缔约各国特允承受不从事战争之义务。[2]

2. 设立了限制战争的法定程序与时限

缔约国不经过特定的和平解决争端的程序，不得发动战争。“联盟会员国约定，倘联盟会员国间发生争议，势将决裂者，当将此事提交仲裁或依司法解决，或交行政院审查。联盟会员国并约定无论如何，非俟仲裁员裁决或法庭判决或行政院报告后三个月届满以前，不得从事战争。”（第12条第1项）

为了上述规则便于执行，《国际联盟盟约》为仲裁裁决或法庭判决设定了时限：“本条内无论何案仲裁员之裁决或法庭之判决应于适当期间宣告，而行政院之报告应自受理之日起6个月内做成。”（第12条第2项）

---

〔1〕 日本国际法学会编：《国际法辞典》，世界知识出版社1985年版，第164页。

〔2〕 王铁崖、田如萱编：《国际法资料选编》，法律出版社1982年版，第806页。

3. 不得对履行裁决决议的会员国实施战争

缔约国对遵行裁决或判决或行政院理事一致赞成的研究报告书的会员国不得从事战争。《国际联盟盟约》规定，联盟会员国约定，彼此以完全的诚意执行所宣告的裁决或判定，并且对遵守裁决或判定的联盟任何会员国，均不得从事战争。（第 13 条第 4 项）联盟会员国约定，对于行政院的报告书，如果除争执一方或一方以上之代表外，其他理事一致赞成，则不得向遵从报告书建议的任何一方从事战争。（第 15 条第 6 项）

4. 规定了对违约国的制裁办法

《国际联盟盟约》规定，如果会员国不顾该盟约第 12、13、15 条的规定而从事战争，这样的战争则可被视为对所有其他会员国的战争，其他会员国可以对违约从事战争的国家采取以下制裁措施：断绝与其各种商业上或财政上的关系；禁止本国人民与破坏盟约国人民的各种往来，并阻止其他任何国家、不论为联盟会员国或非联盟会员国之人民与该国之人民财政上、商业上或个人之往来；（第 16 条第 1 项）行政院负有向各国政府建议的职责，使联盟会员国各出陆、海、空之实力组成军队，以维护联盟盟约的施行。（第 16 条第 2 项）

（三）《国际联盟盟约》限制国家战争权的作用与局限性

1.《国际联盟盟约》限制国家战争权的作用

《国际联盟盟约》在限制国家战争权方面取得重大进展。首先，它使国家战争权的行使受到延缓。其次，它以特定组织保障限制国家战争权的规则得到实施。依照《国际联盟盟约》成立的国际联盟是世界上第一个普遍的政治性国际组织，该组织的会员国于 1934 年达到 59 个，联盟的机构包括大会、行政院和辅佐行政院的秘书厅，还有独立的机构国际劳工组织和国际常设法院，这些机构在促进和平解决争端和保障国际安全方面作了积极的努力。最后，《国际联盟盟约》对以集体安全机制来阻止战争确保国际和平作了有益探索。该盟约将组织内成员国之间的战争看作所有成员国的事务，尝试以国际联盟组织维护国际和平。该盟约规定的制裁违约成员国的规则对保障切实限制国家战争权亦有积极意义。

2.《国际联盟盟约》限制国家战争权的局限

《国际联盟盟约》在限制国家战争权方面仍然存在明显的不足。

首先,《国际联盟盟约》并没有完全禁止战争,该公约设立的规则只是以“冷却”的方式延缓战争的爆发,即规定在一定的争端解决程序结束后3个月内当事国不得诉诸战争,并没有将行使国家战争权置于非法地位。加之,“该章程并没有规定全面禁止武力”,[1]国际联盟的会员国在满足一定的条件后,诉诸战争权仍然属合法行为。《国际联盟盟约》的这一缺陷在1924年10月2日的《和平解决国际争端的日内瓦议定书》中得到修正,该议定书由国际联盟第五次大会(日内瓦)通过,旨在弥补《国际联盟盟约》没有全面禁止战争的缺陷。该议定书第2条规定,全面禁止战争。第10条规定,违反该议定书的国家是侵略者。这样,在国际法上,何谓侵略的规则得以形成。该议定书由19个国家签署,但由于批准该议定书的国家不足,从来没有生效。[2]《国际联盟盟约》限制战争权的缺陷,在1925年形成的《洛迦诺公约》中也得到一定的修正与完善。[3] 这些条约规定,缔约国同意在其双边关系中和平解决争端与冲突。只有在行使自卫权及惩罚违约国时,才可以使用武力。[4]

其次,《国际联盟盟约》规定的战争还是传统意义上的战争概念。这样的战争概念要求发动战争的国家必须有发动战争的故意或程序上的意思表示。这样,国际联盟的缔约国可以“主张诸如冲突缺乏战争的故意,因此战争不是正式意义上的战争,来规避自己在该公约项下的义务”。[5] 该盟约对次于战争规模的武力使用问题亦未作规定。

再次,《国际联盟盟约》规定的违约制裁措施对执意发动战争的国家缺乏

---

〔1〕 [德]沃尔夫刚·格拉夫·魏智通主编:《国际法》(第2版),吴越、毛晓飞译,法律出版社2002年版,第593页。

〔2〕 王铁崖总主编:《中华法学大辞典·国际法学卷》,中国检察出版社1996年版,第274页;日本国际法学会编:《国际法辞典》,世界知识出版社1985年版,第79页。

〔3〕 王铁崖总主编:《中华法学大辞典·国际法学卷》,中国检察出版社1996年版,第362页。

〔4〕 法学教材编辑部审订:《国际关系史资料选编》(上册),武汉大学出版社1983年版,第518-532页。日本国际法学会编:《国际法辞典》,世界知识出版社1985年版,第683页。

〔5〕 [德]格哈德·韦勒:《国际刑法学原理》,王世洲译,商务印书馆2009年版,第447页。

威慑力。该盟约第 16 条规定,对违反仲裁庭或国际联盟理事会裁决和决议的行为,主要是采取经济性制裁。[1] 这样的措施缺乏威慑力。国际联盟的行政院在军事行动或者使用武力方面仅有"建议权",没有"强制权",即只能起到一定的调节作用,不能发挥强制作用。国际联盟自身没有可以直接指挥的军事力量,无法采取有效的军事行动以限制与禁止其会员国发动战争。

最后,《国际联盟盟约》的实施面临诸多问题,特别是少数大国未加入或退出该盟约,以及国际联盟组织的相关报告决议得不到执行等,均减损了该盟约的拘束力。"到第一次世界大战为止,以战争权为标志的国际战争法仍然是实践的法则"。[2]

第四节 国家战争权的废弃

一、国家战争权废弃的标志

1928 年 8 月 27 日,法国、美国等 15 个国家和地区在巴黎签订的《非战公约》废弃了国家战争权。[3]

20 世纪初期,世界人民反对战争、渴望和平的愿望日益强烈,呼声日益高涨。1927 年 4 月,法国外长 A. 白里安为纪念美国参加第一次世界大战 10 周年,向美国国务卿 F. B. 凯洛格倡议:美法之间缔结废弃战争的协定,为维护世界和平作出贡献。美国政府对此表示欢迎,同时建议该方面条约不应当只限于美法两国,而应包括世界主要大国在内的大多数国家。经法国同意,美国国务卿凯洛格将白里安的提议和美国自己的提案送交英、德、日、意四国。在四个大国表示赞成后,1928 年 8 月 27 日,法、美、英、德、日、意等 15 个国家和地区在巴黎签订了《非战公约》。[4]

---

〔1〕 王铁崖、田如萱编:《国际法资料选编》,法律出版社 1982 年版,第 812 页。

〔2〕 [德]沃尔夫刚·格拉夫·魏智通主编:《国际法》(第 2 版),吴越、毛晓飞译,法律出版社 2002 年版,第 792 页。

〔3〕 刘家新、齐三平主编:《中国军事百科全书学科分册·战争法》(第 2 版),中国大百科全书出版社 2007 年版,第 343 页。

〔4〕 日本国际法学会编:《国际法辞典》,世界知识出版社 1985 年版,第 467 页。

二、废弃国家战争权的主要规则

《非战公约》由序言和3条正文构成。序言宣称：深知断然废弃战争作为实行国家政策工具的时机已经到来；深信所有各国关系之改变，只可用和平方法来实现，这种改变只能是和平有序的程序的结果；希望世界其他各国加入本公约，共同废弃以战争为施行国家政策工具。正文第1条规定："缔约各方以它们各国人民的名义郑重声明它们斥责用战争来解决国际纠纷，并在它们的相互关系上，废弃战争作为实行政策的工具。"第2条宣布："缔约各方同意它们之间可能发生的一切争端或冲突，不论其性质或起因如何，只能用和平方法加以处理或解决。"[1]也就是说，缔约各方约定放弃"战争"，而以"和平解决争端"。但是，缔约方之间事先已经就以下两方面的战争取得谅解，即这两方面的战争不在被禁止的范围之内：一是"作为国际联盟的制裁而进行的战争"，二是"自卫战争"。[2] 第3条规定了公约发生效力的相关事项。

1934年9月10日，国际法协会在匈牙利布达佩斯召开会议通过的《布达佩斯决议》，亦称《布达佩斯解释条款》，对《非战公约》作出解释。该决议的主要内容包括：第一，缔约方不得因废除或不遵守公约而不承担义务。第二，为解决国际争端而诉诸武力是违反公约的。第三，援助违约方是违反公约的。第四，因战争或使用武力而违反公约时，其他缔约方可采取法定行动，这些行动不构成对本公约或国际法的违反；否认违约方行使现场登临、检查、封锁等交战权；在同违约方的关系上，拒绝遵守国际法规定的中立义务；对被攻击方给予财政或物资援助，包括军需品；用武力援助被攻击方。第五，缔约方对事实上用违反公约的手段获得领土或其他利益，不得借口有法律根据而予以承认。第六，违约方因违反公约而造成损失时，对缔约方及其公民应负赔偿义务。第七，本公约对战俘、伤者等有关的人道主义公约义务无任何影响。[3]

---

[1] 国际战争法研究所编：《战争法条约集》，西安政治学院训练部2001年印制，第26-27页。

[2] 日本国际法学会编：《国际法辞典》，世界知识出版社1985年版，第467页。

[3] 王铁崖总主编：《中华法学大辞典·国际法学卷》，中国检察出版社1996年版，第52页；杨泽伟：《宏观国际法史》，武汉大学出版社2001年版，第227-228页。

三、废弃国家战争权的历史影响

(一)废弃国家战争权的意义

1. 首次以普遍性国际条约明确废弃国家战争权

《非战公约》在国际法的发展史上第一次以普遍性国际条约的形式,正式宣布废弃以战争作为推行国家政策的工具,这与《国际联盟盟约》仅仅限制战争权相比还是向前迈出了一步。[1]

2. 为国际社会的后续相关立法奠定基础

《非战公约》的生效与实施使20世纪30年代末的国际法对战争的立场发生变化,该公约及其《布达佩斯解释条款》,表明缔约方违反约定对外发动战争为非法,侵略战争不再被视为国家合法的政策性工具,而是被置于非法的境地,至少受到相当大的限制。该公约为后来的《联合国宪章》等国际文件所继承,从而推进了宣布侵略战争为违法的历史进程。[2]

3. 为国家的相关实践奠定国际法基础

该公约反映的关于限制与禁止战争的基本原则,经常得到国家实践的确认。1931年,日本侵略中国,当时的美国国务卿亨利·史汀生宣布,美国将不承认违反《非战公约》的领土变更,这就是所谓的史汀生主义。该公约构成其他涉及双边或多边条约禁止战争条款的基础。在一些国际条约中,这样的规则得到承认与采纳,从而被认为形成习惯国际法,即各国有义务不承认通过违反国际法而发生的使用暴力对其他国家领土的变更。[3]

4. 该公约为国际社会惩治战争犯罪奠定法制基础

该公约在国际社会产生广泛影响。该公约签订时只有15个国家和地区,截至1939年,当时国际社会的多数国家批准了《非战公约》。超过了当时国际联盟会员国的总数,而且还包括没有加入国际联盟的美国和苏联两个大国。这使该公约在当时具备了世界范围的适用性。该公约的规则构成惩治第二次

---

〔1〕［德］W. G. 魏智通主编:《国际法》(第5版),吴越、毛晓飞译,法律出版社2012年版,第593页。

〔2〕刘家新、齐三平主编:《中国军事百科全书学科分册·战争法》(第2版),中国大百科全书出版社2007年版,第343页。

〔3〕［德］格哈德·韦勒:《国际刑法学原理》,王世洲译,商务印书馆2009年版,第449页。

世界大战德国、日本主要战争犯罪者的重要法律依据。《非战公约》至今仍然具有效力。

(二)废弃国家战争权的不足

1. 该公约禁止战争的用语存在法律含义上的不周延性

该公约只禁止战争,而没有禁止战争以外武力使用的情形。而国际法上的战争有其固有的构成要件,如关于战争主体、战争开始的程序以及武装冲突规模等方面的要求。这样,该公约就为侵略者留下规避战争责任的借口。在当时社会背景下,一些国际文件已经使用“禁止使用武力”的概念,但该公约并没有采用这一相对战争概念更周延的用语。[1]

2. 该公约没有区分侵略战争与自卫战争

虽然该公约没有限制国家自卫权的行使,但对何谓国家自卫权,又没有进行界定。这样,就给滥用国家自卫权留下法律漏洞。在这种背景下,美国宣布,自卫权不仅是武力反击对本国领土的侵略和直接攻击,也包括本国反对欧洲对美洲大陆的干涉,即奉行门罗主义,以此也作为行使自卫权的内容。其他国家纷纷效仿美国的立场与做法,主张即便本国领土没有受到直接的武力攻击,也可以行使自卫权。[2] 而且,公约也没有限制非“战争”的“武装冲突”或“武力使用”。

3. 该公约没有设定缔约方之间解决争端的程序规则

该公约只是禁止缔约方以战争作为推行其政策的工具,但没有提出缔约方在国际关系中如何解决争端的程序规则。“作为国家政策的战争受到限制,但作为国际政策的战争并没有受到限制。”[3]

4. 该公约没有规定对缔约方违约的制裁措施

该公约未规定对缔约方违约的制裁措施,与《国际联盟盟约》相比,不能不说是一个倒退。此外,该公约的拘束力因美、英、法等国的保留而受到削弱。美国的保留是,维护门罗主义为其国防体系的一部分权利;英国的保留是,世

---

[1] 刘家新、齐三平主编:《中国军事百科全书学科分册·战争法》(第2版),中国大百科全书出版社2007年版,第344页。

[2] [德]格哈德·韦勒:《国际刑法学原理》,王世洲译,商务印书馆2009年版,第448页。

[3] [德]格哈德·韦勒:《国际刑法学原理》,王世洲译,商务印书馆2009年版,第448页。

界上某些“幸福和完整”，对英国的和平与安全具有特殊和重大利益关系，因而保卫这些区域不受攻击须被视为一种自卫措施；法国则保留在其同盟国遭受攻击时给予支持的权利。这些保留超出了自卫权的范围，削弱了该公约的拘束力。

第三章　禁止使用武力原则

第一节　禁止使用武力原则在国际武力使用规则中的地位

一、禁止使用武力原则是国际武力使用规则的“龙头法”

禁止使用武力原则位于《联合国宪章》第2条第4项:“各会员国在其国际关系上不得使用威胁或武力,或以与联合国宗旨不符之任何其他方法,侵害任何会员国或国家之领土完整或政治独立。”有中国学者称该项原则为“不使用武力原则”。[1]

正确理解、解释与适用该项原则,“不仅关乎实现联合国宪章的宗旨,而且关系到有效遵守现代国际法,维护世界和平与安全”。[2]

国际武力使用规则的体系构成可以说是“一个原则加若干例外”。这里的一个原则就是国际关系中禁止使用武力威胁或武力的原则。该项原则实际上是从正面规定了武力使用法的基本内容。而“若干例外”是国际武力使用规则的“补充规则”,使国际武力使用规则更具有可行性,在维护国际和平与安全中发挥更切实的作用。

禁止使用武力原则在当代国际法中的重要地位与作用得到国际法学界的共识性确认。不少学者对该项原则的作用从不同角度予以肯定,称其为“当代

---

〔1〕 王铁崖总主编:《中华法学大辞典·国际法学卷》,中国检察出版社1996年版,第58页。

〔2〕 黄瑶:《论禁止使用武力原则——联合国宪章第二条第四项法理分析》,北京大学出版社2003年版,第1页。

国际法的基本原则”“当代国际法的基石”[1],“国际法最重要的规范”[2],“联合国宪章的核心”[3],“《宪章》中的和平基石”[4],“联合国宪章的一个最重要的原则”[5]。“它是20世纪以来国际法防止战争制度中的首要内容。第二次世界大战后50多年来之所以没有爆发新的世界大战,这与联合国及其会员国坚持禁止使用武力原则密不可分”。[6]《联合国宪章》是以禁止使用武力为核心展开的。[7]

二、禁止使用武力原则构成国际习惯

国际习惯通常由两个要素构成:一是客观要素即国家实践,二是主观要素即法律确信。国际法学者对国际惯例的这种传统认知得到1945年6月通过的《国际法院规约》第38条第1款(丑)项的确认。[8] 国际法院在尼加拉瓜案中再次确认了国际习惯的这两个构成要素。[9]

(一)禁止使用武力原则得到国际法确认

1. 国家通过确认《联合国宪章》确认禁止使用武力原则

国家对禁止使用武力原则的法律确认,可以通过确认《联合国宪章》的效力完成。一国加入联合国组织,确认接受《联合国宪章》在国际关系中的约束力,而《联合国宪章》则确认了禁止使用武力威胁或使用武力的原则。这种法律确信的方式得到国际法学者的认可。[10]

---

[1] Davis J. Scheffer, *Introduction: The Great Debate of the* 1980*s*, in Louis Henkin et al. eds., Right v. Might: International Law and the Use of Force, Council on Foreign Relations Press, 1989, p. 3.

[2] Louis Henkin et al. eds., *Right v. Might: International Law and the Use of Force*, Council on Foreign Relations Press, 1989, p. 113.

[3] Louis Henkin, *The Reports of the Death of Article* 2(4) *are Greatly Exaggerated*, American Journal of International Law, Vol. 65, p. 544(1971).

[4] C. H. M. Waldock, *The Regulation of the Use of Force by Individual States in International Law*, Recueil des Cours, Vol. 81, p. 492(1952-Ⅱ).

[5] 王铁崖、周忠海编:《周鲠生国际法论文选》,海天出版社1999年版,第464页。

[6] 李浩培:《国际法的概念和渊源》,贵州人民出版社1994年版,第35页。

[7] [德]巴多·法斯本德、[德]安妮·彼得斯主编:《牛津国际法史手册》(上册),李明倩等译,上海三联书店2020年版,第268页。

[8] 王铁崖、田如萱编:《国际法资料选编》,法律出版社1982年版,第985页。

[9] 白桂梅:《国际法》,北京大学出版社2015年版,第41页。

[10] [德]W. G. 魏智通主编:《国际法》(第5版),吴越、毛晓飞译,法律出版社2012年版,第594页。

2. 国家通过同意联合国大会文献确认禁止使用武力原则

国家对禁止使用武力原则的法律确认，还可以通过国家同意联合国大会通过的一些国际法文献来体现。1946 年 12 月联合国大会通过的《国家权利义务宣言草案》第 9 条将国际关系中禁止使用武力作为国家的一项义务。“各国有责不得借战争为施行国家政策工具，并不得使用威胁或武力，或以与国际法律秩序抵触之任何其他方法，侵害他国之领土完整或政治独立。”1965 年 12 月联合国大会通过的《关于各国内政不容干涉及其独立与主权之保护宣言》包含对禁止使用武力原则的确认。“任何国家，不论为任何理由，均无权直接或间接干涉其他国家之内政、外交，故武装干涉及其他任何方式之干预或对于一国人格及其政治、经济及文化事宜之威胁企图，均在谴责之列。”该宣言对禁止使用武力原则在不干涉内政中的具体要求作了进一步的规定。1970 年 10 月联合国大会通过的《关于各国依联合国宪章建立友好关系及合作之国际法原则之宣言》(以下简称《国际法原则宣言》)确认的第一项原则就是禁止使用武力原则：“各国在其国际关系上应避免为侵害任何国家领土完整或政治独立之目的或以与联合国宗旨不符之任何其他方式使用威胁或武力之原则。”1974 年 12 月联合国大会通过的《关于侵略定义的决议》在序言中申明，“各国有义务以和平方法解决它们的国际争端”，“侵略是非法使用武力的最严重和最危险的形式”。该决议第 2 条规定：“一个国家违反宪章的规定而首先使用武力，就构成侵略行为的显见证据……”1982 年 11 月 15 日联合国大会第 37/10 号决议通过的《关于和平解决国际争端的马尼拉宣言》在序言中重申《联合国宪章》所载的原则，“所有国家在其国际关系中不得以武力相威胁或使用武力，或以与联合国宗旨不符的任何其他方法，侵害任何国家的领土完整或政治独立”。该宣言“庄严宣告”，“所有各国都应秉着诚信按照《联合国宪章》所载的宗旨和原则行事”“所有国家应只以和平方法解决其国际争端，俾免危及国际和平与安全及正义”“任何争端当事国不得因为争端的存在，或者一项和平解决争端程序失败，而使用武力或以武力相威胁”。1987 年 11 月 18 日联合国大会第 42/22 号决议通过的《加强在国际关系上不使用武力或进行武力威胁原则的效力宣言》(以下简称《禁止使用武力原则宣言》)，专门以宣言形式对禁止使用武力原则的效力予以确认。该宣言对“不断违反不得进行武力威胁或使用武力的原则对维持国际和平与安全的影响”表示关切,“认识到迫切需要加强各国不得进行武力威胁或使用武力原则的效力,以便有助于建立所有国家的持久和平与安全”。该宣言正文文本对禁止使用武力原则予以全面解读与确认。

3. 国家通过区域国际条约[1]确认禁止使用武力原则

国家对禁止使用武力原则的法律确认,也可以通过区域国际组织通过的条约来体现,即通过缔结区域国际条约表明缔约国对禁止使用武力原则的国家意志、态度与立场。1945 年 3 月通过的《阿拉伯国家联盟公约》第 5 条规定:“解决两个或两个以上会员国间的争端不得诉诸武力。”此规定虽然较《联合国宪章》的生效更早,但也表明对禁止使用武力原则的认可。1948 年 4 月通过的《美洲国家组织宪章》在序言中庄严重申《联合国宪章》的原则和宗旨。第一章“性质与宗旨”提及,美洲国家组织履行联合国宪章下的区域义务,“保证会员国间可能发生的争端的和平解决”。第二章“原则”提及:“美洲国家谴责侵略战争;胜利不能给予权利。”第十六章“联合国”提及:“本宪章的任何条款不得解释为妨害联合国宪章下会员国的权利及义务。”1949 年 4 月通过的《北大西洋公约》第 1 条规定:“各缔约国保证依联合国宪章之规定,以和平方法解决任何有关各该国之国际争端,其方式在使国际之和平与安全及公理不致遭受危害,并在其国际关系中避免采用不合联合国宗旨之武力威胁或使用武力。”1955 年通过的《华沙条约》第 1 条规定:“缔约国各方按照联合国宪章保证在它们的国际关系中不以武力相威胁或使用武力,并以和平方法解决它们的国际争端,以免危及国际和平和安全。”尽管华沙条约组织因历史发展已经不复存在,但特定历史时期缔约国对禁止使用武力原则的确认依然具有说明力。1963 年 5 月通过的《非洲统一组织宪章》在序言中表明信奉《联合国宪章》原则的重要性:“相信我们重申信奉其原则的联合国宪章与世界人权宣言为各国之间进行和平与积极合作提供了牢固的基础。”该宪章第 3 条所载的原则包括“尊重各个成员国的主权与领土完整和独立生存的不可剥夺的权利;通

---

[1] 本部分的区域国际条约均参见王铁崖、田如萱编:《国际法资料选编》,法律出版社 1982 年版。

过谈判、调解、和解或仲裁,和平解决争端”。1967 年 8 月通过的《东南亚国家联盟成立宣言》规定:“在这个区域的国际关系中严格尊重正义原则和法制,并遵守联合国宪章的原则,以促进区域的和平稳定。”这里所说的《联合国宪章》的原则自然包括禁止使用武力原则。

4. 国家通过承认国际法院判决的效力确认禁止使用武力原则

首先,国际法院在尼加拉瓜案判决过程中认为,禁止使用武力原则已经通过“法律确认”构成国际习惯。法院提出,这样的法律确认可以从其他国家对联合国大会的某些决议的态度中推断出来,特别是《国际法原则宣言》。“同意这些决议即表达了将该原则视为独立于宪章之类的条约法规则之外的一项国际习惯法原则的法律确认。”[1]国际法院在尼加拉瓜案判决中认定,禁止使用武力原则“无疑是一项习惯国际法规则”。[2] 其次,国家对国际法院特定案件判决效力的确认,也可以被看作一种法律确信的方式。国际法院在尼加拉瓜案中的判决对该案的当事国具有约束力,对联合国的其他会员国也有影响力。

(二)禁止使用武力原则得到国家实践的确认

国家对禁止使用武力原则的实践确认往往通过反证本国行为的合法性来完成。国家对禁止使用武力原则的实践确认并不仅仅意味着国家在国际关系中恪守禁止使用武力原则而不滥用武力,同时展现为国家在国际关系中对禁止使用武力原则的价值及效力的确认。事实上,禁止使用武力原则并没有随着《联合国宪章》的生效而在国家实践中总是被严格地遵守。在国家实践中,涉及任何使用武力的任何国家从不公开承认其违反禁止使用武力原则,恰恰相反,使用武力的国家总是指责或谴责敌对方违反了禁止使用武力原则,而辩称本国的行为属于禁止使用武力原则的例外,即属于合法使用武力的行为。可以说,国家对禁止使用武力原则的实践确认是通过反证本国行为的合法性来完成的。“实践中,动武的国家不是声称武力禁止原则无效,而是更多地援

---

〔1〕 马呈元、张力编著:《国际法案例研习》,中国政法大学出版社 2014 年版,第 12 页。

〔2〕 [美]迈尔克·N. 施密特主编:《塔林网络战国际法手册》,朱雁新、朱莉欣等译,西安政治学院科研部 2013 年印制,第 26 页。

引武力禁止的例外。这恰好表明武力禁止的有效性。”[1]

三、禁止使用武力原则构成国际强行法

(一)国际强行法的含义与判定

国际强行法是指国际法上一系列具有法律拘束力的特殊原则和规范的总称。这类原则和规范由国际社会成员作为整体通过条约或习惯,以明示或默示的方式接受并承认为具有绝对强制性,且非同等强行性质之国际法规则不得予以更改,任何条约或行为(包括作为与不作为)如与之相抵触,归于无效。[2] 1969年《维也纳条约法公约》引入国际强行法规则。该公约第53条规定:一般国际法强制规律指国家之国际社会全体接受并公认为不许损抑且仅有以后具有同等性质之一般国际法规律始得更改之规律。该公约第64条规定:遇有新一般国际法强制规律产生时,任何现有条约之与该项规律抵触者即成为无效而终止。

(二)国际法对禁止使用武力原则强制效力的确认

自《联合国宪章》生效以来,国际社会先后通过了《国家权利义务宣言草案》(1946年)、《国际法原则宣言》(1970年)、《关于侵略定义的决议》(1974年)、《关于和平解决国际争端的马尼拉宣言》(1982年)、《禁止使用武力原则宣言》(1987年)等国际法文件,对禁止使用武力原则予以确认。在《国际法原则宣言》确认的国际法基本原则中,禁止使用武力原则被置于首项原则的地位。《国家权利义务宣言草案》也将禁止使用武力原则规定为国家的基本义务。可以看出,禁止使用武力原则已构成当代国际社会的强行法规则。

(三)国际法学者对禁止使用武力原则强制效力的确认

中国国际法学家饶戈平认为,禁止使用武力原则被公认为具有国际法上的强行法效力。端木正认为,自从《联合国宪章》诞生以来,各国学者无不承

---

[1] [德]W. G. 魏智通主编:《国际法》(第5版),吴越、毛晓飞译,法律出版社2012年版,第595页。

[2] [英]詹宁斯、[英]瓦茨修订:《奥本海国际法》(第1卷·第1分册),王铁崖、陈公绰等译,中国大百科全书出版社1995年版,第5页。日本国际法学会编:《国际法辞典》,世界知识出版社1985年版,第893页。

认第2条第4项为其核心条款之一。黄瑶认为,该原则已成为当代国际关系的一项强行法,它是维持国际和平与安全的重要保障。在国际法上的地位可谓是基础中的基础。李浩培认为,禁止使用武力原则是“为了整个国际社会的共同利益而规定的强行法”。[1]

第二节　禁止使用武力原则下的具体规则

一、禁止使用武力原则下的国家义务

联合国会员国在其国际关系中应当履行以下三项义务:禁止使用武力威胁,禁止使用武力,禁止使用与联合国宗旨不符的任何其他方法。

(一)禁止对他国使用武力威胁

1. 武力威胁的含义

《联合国宪章》将禁止使用武力“威胁”作为禁止使用武力原则的禁止对象,但没有对“威胁”作出规定或解释。

1952年,联合国秘书长在《关于侵略定义问题的报告》中描述了构成武力威胁的情形:当一国为了将其意志强迫给他国而威胁要对他国使用武力时,使用武力威胁的情形就发生了。此等威胁的最典型形式是最后通牒……武力威胁不同于使用武力。[2]

国际法学界对威胁有狭义和广义两种解释。

狭义的威胁指武力威胁。但什么是武力威胁,对其解说又众说纷纭。

广义的威胁指除武力威胁外,还有政治、经济、外交等方面的威胁。

可以看出,无论是狭义的威胁,还是广义的威胁,武力威胁都被包含其中。从禁止使用武力原则的立法本意看,将使用威胁与武力并列,应当首先是指与武力密切相关的威胁。1987年联合国大会通过的《禁止使用武力原则宣言》可以被看作对《联合国宪章》及《国际法原则宣言》所载的禁止使用武力原则

---

[1] 李浩培:《国际法的概念和渊源》,贵州人民出版社1994年版,第35页。

[2] Secretary-General of the United Nations, Report on the Question of Defining Aggression, U. N. Doc. A/2211, October 3, 1952. 52.

的解释。该宣言的名称直接将威胁表述为"武力威胁"。当然,该宣言在强调威胁即武力威胁的同时,也"重申各国有义务在其国际关系上不对任何国家进行旨在危害其政治独立或领土完整的军事、政治、经济或任何其他形式的胁迫"。《北大西洋公约》第1条,明确禁止缔约国之间的国际关系中采用不符合联合国宗旨之武力或武力威胁。〔1〕

有学者提出,《联合国宪章》第2条第4项所说的威胁应当被限定在狭义的威胁即武力威胁的范围内,如果将威胁的含义与类型拓展至任何形式的威胁或压力,禁止使用武力原则将失去其特征。但这并不意味着,除武力威胁外,其他种类的威胁不受国际法规制。应当这样理解,禁止使用武力原则主要是规制武力威胁,其他种类的威胁可由其他国际法规则调整规制。德国学者认为,强调禁止使用武力原则所说的威胁为武力威胁,并不意味着武力威胁以外的任何形式的威胁是合法的。不过它已经不是一个武力禁止的问题,而是国际法上的禁止干预的话题,二者应当区别对待。〔2〕 我国学者也有类似的看法,认为武力威胁以外的威胁,属于国际法上干涉的范畴,应当由禁止干涉的相关国际法规则调整。"虽然武力以外的威胁也可能是非法的,但它们可归于国际法所禁止的干涉之列,如施加政治或经济压力等的非武装干涉,故对此不在禁止使用武力原则内予以讨论。"〔3〕

从威胁的法律属性来看,武力威胁可以区分为合法的武力威胁与非法的武力威胁。有学者提出,一国在遭受武力攻击的情形下,或受到将要被武力攻击的威胁时,表明将依法行使自卫权。这样的意思表示也可以被看作一种武力威胁,而这种威胁应被视为合法的武力威胁。〔4〕 但也有学者认为,站在《联合国宪章》的立场上,一国的自卫是在遭受武力攻击的前提下实施的,不能要求自卫的一方发出最后通牒。〔5〕 至于一个国家基于国家安全而形成的威慑

〔1〕 王铁崖、田如萱编:《国际法资料选编》,法律出版社1982年版,第927页。

〔2〕 [德]W. G. 魏智通主编:《国际法》(第5版),吴越、毛晓飞译,法律出版社2012年版,第601页。

〔3〕 黄瑶:《论禁止使用武力原则——联合国宪章第二条第四项法理分析》,北京大学出版社2003年版,第155-156页。

〔4〕 黄瑶:《论禁止使用武力原则——联合国宪章第二条第四项法理分析》,北京大学出版社2003年版,第196页。

〔5〕 日本国际法学会编:《国际法辞典》,世界知识出版社1985年版,第870页。

系统，只要属于自卫性质，就不属于违法的威胁。也有学者认为，有的武力威胁难以断定合法与否。如一国的军事演习，也具有一定的威胁性；但其也是军备措施的一种，具有防卫的属性，这类武力威胁也具有一定的合法性。但防卫性军备和攻击性军备有时难以区分清楚。[1]

综上，可作如下界定：武力威胁指一国为达成特定目的而向对方国家作出的将使用武力的意思表示。

2. 武力威胁的构成要素

为进一步探讨武力威胁的含义，可从武力威胁的构成要素来解读。武力威胁的构成要素包括：武力威胁的主体与对象、武力威胁的内容、武力威胁的形式等。

武力威胁的主体与对象应当均是国际关系的主要主体即国家。禁止使用武力原则属适用于国际关系的国际法基本原则，构成该项原则内容的禁止武力威胁，自然亦适用于国际关系，因而国际关系的主体国家既是武力威胁的主体，同时又是武力威胁的对象。至于国际关系的主要主体之外的其他主体，如国际组织、民族解放运动组织等，可否成为武力威胁的主体或对象，需要具体情况具体分析。《联合国宪章》禁止使用武力威胁主要是禁止其成员国采取这种方式或实施这种行为侵害其他会员国的领土完整与政治独立，或使联合国的宗旨不能实现。进一步来说，由国家构成的国家联合体即国际组织实施的威胁，是否也归于《联合国宪章》第 2 条第 4 项禁止的范围，如北约组织发出的威胁，回答应当是肯定的。由国际组织发出的武力威胁可以被看作特定国家的共同意思表示，也在《联合国宪章》第 2 条第 4 项禁止的范围之内。

武力威胁的内容包括威胁的动机与威胁的实质。前者指武力威胁的原因与目的，后者指威胁使用武力本身。在威胁的构成要素中，判定一个威胁是否应当受到禁止，主要判定标准应当是威胁的内容。在国际法和国际实践中，受到明确禁止的主要是这种威胁的内容。联合国国际法委员会在表明威胁使用

---

〔1〕［德］沃尔夫刚・格拉夫・魏智通主编：《国际法》（第 2 版），吴越、毛晓飞译，法律出版社 2002 年版，第 802、601 页。

武力是一种犯罪的同时，提出此等威胁不构成侵略。[1] 因而，被武力威胁国不应凭借受到武力威胁而行使《联合国宪章》第 51 条所载的自卫权。但如果这种武力威胁直接演化为使用武力，被攻击国自然可以行使自卫权。如 1939 年德国对捷克紧随武力威胁之后，入侵占领捷克的波希米亚和摩拉维亚，实际上构成对捷克的使用武力，捷克自然有权进行自卫。

武力威胁的形式指威胁主体发出威胁的行为方式。武力威胁的形式可能是多样的，有明示的或暗示的，有口头的、书面的或其他行为方式。

3. 武力威胁与国际法上相关行为的辨析

第一，武力威胁与最后通牒。与使用武力相关联的最后通牒是武力威胁的一种形式。武力威胁与最后通牒既有相同之处，也存在区别。

国际法学界对"最后通牒"有不同的解释。国内有学者将最后通牒界定为"有条件的宣战书""为解决国家间悬而未决的争端，当事一方向对方提出最后的绝对要求，限期答复，若对方不如期答复接受要求，即采取战争手段"。[2] 日本有学者将最后通牒界定为"最后要求"，包括采取战争状态的最后要求和非战争状态的最后要求。"最后通牒指国家间悬而未决的争端，当事一方向对方提出的限定对方在一定期限内作出让步的最后要求，除表示对该问题将停止交涉的意思外，并警告对方如拒绝接受，将采取强制手段。"[3] 本书的最后通牒取前一种意义上的解读。

武力威胁与最后通牒在一方向对方意思表示的内容方面具有相同点，即一方向对方设定条件，提出要求，若对方不答复接受一方提出的条件，一方将诉诸武力，含有胁迫对方的意思。也有学者指出武力威胁的"最典型形式是最后通牒"。[4] 在第二次中东战争中，英法两国借口保护苏伊士运河航运，要求埃及和以色列双方停火，并允许英法军队进驻苏伊士运河区，否则将派兵干

---

[1] U. N. Doc. A/CN. 4/SR. 109, 1951, para. 106.

[2] 刘家新、齐三平主编：《中国军事百科全书学科分册 · 战争法》（第 2 版），中国大百科全书出版社 2007 年版，第 69 页。

[3] 日本国际法学会编：《国际法辞典》，世界知识出版社 1985 年版，第 870 页。

[4] 黄瑶：《论禁止使用武力原则——联合国宪章第二条第四项法理分析》，北京大学出版社 2003 年版，第 193 页。

涉。这种行为既是最后通牒,也是武力威胁。

武力威胁的形式较最后通牒更为多样。武力威胁除采取最后通牒的方式外,还可以采取其他形式来表达威胁的意图。

第二,武力威胁与宣战。武力威胁不同于宣战。宣战指一国向另一国通知或宣告终止两国之间的和平状态,转入战争状态的意思表示。[1] 武力威胁还没有达到进入战争状态的程度,也没有明确通知或宣告进入这种状态,而是一方向对方提出一定条件并威胁对方不接受条件即诉诸武力的意思表示。

第三,武力威胁与对和平的威胁。武力威胁构成对和平的威胁。联合国实践中对国际情势的判定多使用“对和平的威胁”。在 1956 年苏伊士运河危机中,埃及指责英国和法国对它在苏伊士运河实行国有化措施而采取的军事准备构成武力威胁,而安理会对此作出的决议只是认为有关情势是对和平的威胁,并没有直接判定与回答英法两国的行为是否构成武力威胁。[2]

对和平的威胁包括武力威胁以外的其他情势。对和平的威胁包含武力威胁,武力威胁是对和平的威胁诸要素与情势中的重要因素及较为严重的情势。

4. 国际法禁止的武力威胁

(1)禁止公然与直接的武力威胁

《禁止使用武力宣言》第一部分宣告,“每个国家都有义务在其国际关系上不得进行武力威胁或使用武力”“在国际关系上不得进行武力威胁或使用武力的原则,不论各国有何政治、经济、社会或文化制度或结盟关系,一律适用并有约束力”“任何性质的考虑都不得作为违反《联合国宪章》进行武力威胁或使用武力的理由”。一些区域国际组织宪章公约也有类似的规定。《美洲国家组织宪章》将禁止武力威胁作为其区域国际组织成员国的义务。第 15 条规定:禁止用武装力量而且禁止用任何其他干涉形式或企图威胁。《北大西洋公约》第 1 条规定,各缔约国在其国际关系中避免采用不合联合国宗旨之武力

---

〔1〕 刘家新、齐三平主编:《中国军事百科全书学科分册 · 战争法》(第 2 版),中国大百科全书出版社 2007 年版,第 67 页。

〔2〕 转引自黄瑶:《论禁止使用武力原则——联合国宪章第二条第四项法理分析》,北京大学出版社 2003 年版,第 196 页。

威胁或使用武力。值得注意的是，该公约对缔约国之间采用的武力威胁或使用武力加上了“不符合联合国宗旨”的限定。[1]

(2)禁止非法使用武力的威胁

《联合国宪章》的生效、禁止使用武力原则及相关例外规则的确立、当代国际法的形成，使国际关系中使用武力可以被区分为合法使用武力与非法使用武力两种类型。在非法使用武力的情形下，一国所要达成目的的威胁自然归于非法。

国际法院1996年在《关于核武器合法性问题的咨询意见》中表明，如果一国在某一情况下使用武力是非法的，那么该国表示将要使用这种武力以对他国的威胁亦是非法的。“如果要使用的武力本身是非法的，那么所说的要使用这种武力就构成第2条第4项所禁止的威胁。”例如，以美国为首的北约国家1999年对南联盟的武力使用，属非法使用武力，故与其相关联的威胁属非法的武力威胁。

(3)禁止以剥夺他国领土为目的的威胁

《国际法原则宣言》宣布：国家领土不得成为他国以使用威胁或武力而取得之对象。《禁止使用武力原则宣言》第一部分第10项宣告：“凡进行武力威胁或使用武力而取得的领土，或违反国际法进行武力威胁或使用武力而占领的领土，均不得承认其为合法的取得或占领。”《美洲国家组织宪章》第17条规定：“用武力或其他强迫手段而取得的领土或获得的特殊利益均不应加以承认。”[2]这里所说的“其他强迫手段”不排除武力威胁的手段。

(4)禁止以强迫他国缔结条约为目的的威胁

1969年《维也纳条约法公约》第52条规定，违反《联合国宪章》以威胁或使用武力对一国施行强迫而缔结的条约无效。《禁止使用武力原则宣言》也有相同的规定，其第一部分第11项宣告：“凡违反《宪章》所体现的国际法原则以进行武力威胁或使用武力而缔结的条约均属无效。”一些区域组织条约也有类似的规定。

---

〔1〕 王铁崖、田如萱编：《国际法资料选编》，法律出版社1982年版，第884、927页。

〔2〕 王铁崖、田如萱编：《国际法资料选编》，法律出版社1982年版，第884页。

(5)禁止以改变他国制度特色为目的的威胁

《禁止使用武力原则宣言》第一部分第7项宣告:“各国有义务不武装干涉和不以任何其他形式干预或企图威胁国家的个性或其政治、经济和文化要素。”

(6)禁止以使用核武器相威胁

核武器是一种大规模杀伤性武器,属于作战手段的一种。它与其他作战手段具有相同的法律属性,但同时具有广泛、严重、长期的杀伤功能。拥有核武器本身并不构成使用武力的威胁,只有以核武器作手段且发出违反武力使用法的威胁时,才构成《联合国宪章》第2条第4项禁止的威胁。在一定条件下,违反军备控制条约制造或获得大规模杀伤性武器构成违法的武力威胁。[1]

5. 武力威胁的国际法应对

国际法禁止武力威胁,但对应对武力威胁的合法举措规定得不如禁止使用武力威胁那样明确充分。在联合国集体安全体制下,被武力威胁的联合国会员国可提请安理会采取相应措施以应对其受到的非法武力威胁。苏联学者提出,对武力威胁回击的正当方式应是采取相同性质的行为和外交行为。[2]

(二)禁止对他国使用武力

1. 禁止使用武力的含义

《联合国宪章》第2条第4项规定国际关系中禁止使用武力,但何为武力?《联合国宪章》没有定义使用武力的含义,也未提出使用武力的标准。国际法学界没有形成关于使用武力的权威定义。《塔林手册》1.0版的编写者承认,当代国际法上不存在“使用武力”的权威定义或标准。

作为国际法上约束国家行为的规则,禁止使用武力可以从构成要素方面来理解分析,即从行为主体、行为模式、行为(适用)空间等要素来考量。

禁止使用武力的行为主体毫无疑问是国家。但国际司法实践却显示,使用武力不一定需要国家武装力量来实施。国际法院在尼加拉瓜案的判决中认

[1] [德]W. G. 魏智通主编:《国际法》(第5版),吴越、毛晓飞译,法律出版社2012年版,第596-597页。

[2] [苏]克利缅科等编:《国际法辞典》,程晓霞等译,中国人民大学出版社1987年版,第203页。

为，武装和训练游击队武装，对他国开展敌对行动，均属于使用武力。[1] 这样的裁决表明，使用武力的主体无疑是国家，但国家使用武力不一定需要国家调用军队或其他武装力量。

行为模式是"使用"（use），可以理解为动用、运用；行为主体动用的手段工具是"武力"；行为的适用空间是国际关系。

在这些构成要素中，存在分歧的主要焦点是对"使用"及"武力"的理解。对后者理解的分歧尤为明显。

对"使用"理解的分歧在于直接性与间接性方面。毫无疑问，直接使用武力受到《联合国宪章》第2条第4项的禁止，这一点得到国际社会的共识。而对间接使用武力问题，存在不同的理解与认识。

对"武力"含义的理解，有狭义与广义两种意见。狭义的"武力"指国家的武装力量；广义的"武力"指除国家武装力量外，还包括国家的经济政治等胁迫性力量。可以看出，抛开狭义与广义的区别，二者的共同点在于都承认国家的"武装力量"属于武力的范畴。国际立法实践中曾出现以排除法确定使用武力含义的现象或行为。例如，1945年的旧金山《联合国宪章》起草会议上，各国考虑并最终拒绝了一些国家提出的将经济胁迫作为使用武力的建议。[2] 再如，1970年制定《国际法原则宣言》时，对类似旧金山会议上的提案，宣言最终予以否定性回答。[3] "总之，不管'武力'的含义是什么，它都不包括经济或政治胁迫"。可以看出，特定的强制行动，如经济胁迫行动，在两次重大国际立法实践中，均被排除在"使用武力"的范围之外。[4] "那种将经济施压、大规模跨国环境污染以及堵截水源视为使用武力的企图没有得到公认。"[5]

---

〔1〕 转引自［美］迈尔克·N. 施密特主编：《塔林网络战国际法手册》，朱雁新、朱莉欣等译，西安政治学院科研部2013年印制，第29页。

〔2〕 转引自［美］迈尔克·N. 施密特主编：《塔林网络战国际法手册》，朱雁新、朱莉欣等译，西安政治学院科研部2013年印制，第28页。

〔3〕 转引自［美］迈尔克·N. 施密特主编：《塔林网络战国际法手册》，朱雁新、朱莉欣等译，西安政治学院科研部2013年印制，第29页。

〔4〕 ［美］迈尔克·N. 施密特主编：《塔林网络战国际法手册》，朱雁新、朱莉欣等译，西安政治学院科研部2013年印制，第29页。

〔5〕 ［德］W. G. 魏智通主编：《国际法》（第5版），吴越、毛晓飞译，法律出版社2012年版，第596-597页。

何谓国家的“武装力量”？在解释这一术语的过程，常见的方式不是定性式界定，而是列举式界定。苏联学者主编的《国际法辞典》就是这样界定的。国家“武装力量”是指各国正规军事部队（陆、海、空军）和非正规军事部队（民兵、游击队和起义居民）。[1] 在我国，国家武装力量由中国人民解放军现役部队和预备役部队、中国人民武装警察部队、民兵组成。[2]

“使用武力”是否涉及国家武装力量使用的“武器”？换言之，《联合国宪章》第 2 条第 4 项禁止使用武力是否明确禁止国家运用其武装力量时使用的特定武器？《联合国宪章》对此并没有明确规定。因此，一国武装力量使用何种武器不属《联合国宪章》第 2 条第 4 项规制的内容，国家的此类行为由其他国际法规则予以规制。网络时代，一国通过计算机网络对他国实施攻击是否属于武力攻击是个复杂的问题。有学者认为，此类行动构成使用武力。以“计算机病毒来破坏军事基础设施，则应当视为武装入侵，因为这种行动具有军事特征”。[3]

关于禁止非法使用武力，还存在的争议有：一是关于禁止使用武力的使用方式。即国际法禁止的使用武力是公开地还是隐蔽地使用武力。军事武力可能是公开的，也可能是秘密的。无论公开的还是秘密的军事武力，无疑都应属被禁止的使用武力。二是关于禁止使用武力的规模。即国际法仅禁止大规模的武力行动，还是也包括小规模的或轻微的使用武力行为。从理论上说，针对他国的使用武力，无论大规模地使用武力，还是小规模地使用武力，都理所应当地予以禁止；何况，规模大小的标准与判定，也是个难以说清的问题。但有学者认为：“最细微的边界侵犯并不违背武力禁止原则。”[4]

2. 禁止非法使用武力的方式

《联合国宪章》第 2 条第 4 项禁止非法使用武力的方式，应当首推侵略。有学者认为，尽管《联合国宪章》第 2 条第 4 项中没有明确出现“侵略”一词，

---

〔1〕［苏］克利缅科等编：《国际法辞典》，程晓霞等译，中国人民大学出版社 1987 年版，第 135 页。

〔2〕《中华人民共和国国防法》（2020 年 12 月 26 日第十三届全国人民代表大会常务委员会第二十四次会议修订）第 22 条。

〔3〕［德］W. G. 魏智通主编：《国际法》（第 5 版），吴越、毛晓飞译，法律出版社 2012 年版，第 597 页。

〔4〕［德］W. G. 魏智通主编：《国际法》（第 5 版），吴越、毛晓飞译，法律出版社 2012 年版，第 596 页。

但该条禁止的使用武力的方式之中,“显然暗含着‘侵略’这个重要的构成部分”。“侵略行为毫无疑义地成为《宪章》第2条第4项的禁止对象。”“侵略已被公认是绝对禁止的非法使用武力,即禁止侵略是国家的重要法律义务,这是没有异议的。”〔1〕

何谓侵略?《联合国宪章》没有侵略定义条款。1945年旧金山会议上,倒是有不少国家希望《联合国宪章》能够载有这方面的条款,但因美国的反对而没有规定。1974年联合国大会通过的《关于侵略定义的决议》界定了侵略的含义。“侵略是指一个国家使用武力侵犯另一个国家的主权、领土完整或政治独立,或以本《定义》所宣示的与联合国宪章不符的任何其他方式使用武力。”国际法学界因受国际政治、国家意识形态及国际法理论等因素的影响,迄今尚没有共识性结论。

侵略的主体与对象均是国家。以上引述的侵略定义明确了这一点。上述决议第1条第2款还对“国家”进行了解释性说明:其一,这里的国家概念的使用不涉及国家是否得到承认问题,也不影响一个国家是否为联合国会员国问题;其二,这里所说的国家适当时包括“国家集团”的概念在内。

判定侵略的主体为联合国安理会。《关于侵略定义的决议》第2条对此作了规定,安理会“得按照宪章的规定下论断”。《联合国宪章》的相关规定也为安理会作为侵略行为的判定主体提供了国际法依据。《联合国宪章》第39条规定:安理会应断定任何和平之威胁、和平之破坏或侵略行为是否存在。在国际实践中,安理会受国际政治的影响,在断定一些使用武力的情势中,往往谴责有的非法使用武力行为构成对国际和平与安全的破坏,但很少使用“侵略”一词。例如,安理会关于阿根廷和英国在马尔维纳斯群岛的武装冲突的第502号决议,1987年7月安理会关于伊朗和伊拉克之间的武装冲突的第598号决议,都没有断定某一方构成侵略。尽管如此,在安理会实践中,也对有的武装冲突作了关于“侵略”的断定。例如,安理会在关于伊拉克和科威特的武装冲突中,第667号决议就断定伊拉克的行为属“侵略行为”。

---

〔1〕 黄瑶:《论禁止使用武力原则——联合国宪章第二条第四项法理分析》,北京大学出版社2003年版,第156、167页。

联合国大会通过的《关于侵略定义的决议》为安理会判定特定情势是否构成侵略行为规定了三项标准：一是具有首先使用武力的行为。“一个国家违反宪章的规定而首先使用武力，就构成侵略行为的显见证据”。（第 2 条）该决议还罗列了一国使用武力的方式，包括一个国家的武装部队、以一个国家名义派遣的武装小队、武装团体、非正规军或雇佣兵等武装力量所采取的行动。这里需要再次强调的是，一个国家使用武力，与一个国家武装力量所使用的武器没有必然的关联。二是武力使用后果的严重性。安理会“根据其他有关情况，包括有关行为或其后果不甚严重的事实在内，没有理由可以确定已经发生了侵略行为”。（第 2 条）三是存在可以判定构成侵略的其他行为。安理会在履行判定是否构成侵略的职责时，除上述标准以及《关于侵略定义的决议》规定的 7 种侵略方式外，还有权断定“某些其他行为亦构成宪章规定下的侵略行为”。（第 4 条）至于“其他行为”的内涵与范围，《关于侵略定义的决议》没有再作规定。

此外，关于侵略行为的判定问题，需要进一步说明以下几点：一是宣战并不构成对侵略行为的排除。该决议第 3 条明确规定，只要符合《关于侵略定义的决议》的规定，而“不论是否经过宣战，都构成侵略行为”。二是构成侵略与否，不以侵略行为持续时间的长短作标准。如果一国侵入或攻击另一国而造成任何军事占领，那么不论时间多么短暂均构成侵略。三是不得借助侵略定义而剥夺民族自决权和被压迫民族和人民争取独立与解放的权利。

《关于侵略定义的决议》规定了构成侵略的七种形式：（1）一个国家的武装部队侵入或攻击另一个国家的领土；或因此种侵入或攻击而造成的任何军事占领，不论时间如何短暂；或使用武力吞并另一国家的领土或一部分。（2）一个国家的武装部队轰炸另一国家的领土；或一国家对另一国家的领土使用任何武器。（3）一个国家的武装部队封锁另一国家的港口或海岸。（4）一个国家的武装部队攻击另一国家的陆、海、空军或商船和民航机。（5）一个国家违反其与另一国家订立的协定所规定的条件使用其根据协定在接受国领土内驻扎的武装部队，或在协定终止后，延长该项武装部队在该国领土内的驻扎期间。（6）一个国家以其领土供另一国家使用让该国用来对第三国进行侵略行为。(7)一个国家或以其名义派遣武装小队、武装团体、非正规军或雇佣军,对另一国家进行武力行为,其严重性相当于上述所列各项行为;或该国实际卷入了这些行为。该决议还用补漏性或兜底性规定对侵略形式作了进一步的规定:以上列举的行为并非详尽无遗,安全理事会得断定某些其他行为亦构成《联合国宪章》规定下的侵略行为。

该决议规定:侵略战争是破坏和平的罪行。侵略行为引起国际责任。

有学者提出,该决议只是联合国大会的一项决议,不属于国际条约,不具有国际法上的效力。然而,联合国大会在若干宣言中一再重申《关于侵略定义的决议》。例如,1977 年《关于加深和巩固国际缓和局势的宣言》、1978 年《关于为各国社会共享和平生活做好准备的宣言》、1987 年《禁止使用武力原则宣言》等。这些宣言对《关于侵略定义的决议》的重申,客观上有助于提高《关于侵略定义的决议》在国际法上的地位及其拘束力。可以说,《关于侵略定义的决议》已为许多国际法文献所确认,其关于侵略的定义及对侵略方式的认定,在国际社会的影响力越来越大,日益具有国际习惯法的属性。

(三)禁止对他国使用与联合国宗旨不符的任何其他方法

1.《联合国宪章》所载的联合国宗旨

(1)联合国宗旨的组成

一是“维护国际和平及安全”。这是《联合国宪章》第 1 条确定的首项宗旨。为了实现这项宗旨,《联合国宪章》规定了相应的制度:采用有效集体办法,以防止且消除对于和平之威胁,制止侵略行为或其他和平之破坏;并以和平方法且依正义及国际法之原则,调解或解决足以破坏和平之国际争端或情势。

二是“增强普遍和平”。有中国学者称该项宗旨为“发展国际间之友好关系”。[1] 但这样的友好关系是有条件或标准的,这就是“以尊重人民平等权利及自决原则为根据”的友好关系;而发展这样的友好关系的目的是“增强普遍和平”。因此,该项宗旨应当为“增强普遍和平”。为了实现这一宗旨,除“发

[1] 许光建主编:《联合国宪章诠释》,山西教育出版社 1999 年版,第 16 页;白桂梅:《国际法》,北京大学出版社 2015 年版,第 178 页。

展国际间以尊重人民平等权利及自决原则为根据之友好关系”之外，还要“采取其他适当办法”。

三是“增进并激励对于全体人类之人权及基本自由之尊重”。有中国学者称该项宗旨为“促进国际合作”。[1]《联合国宪章》确立的第三项宗旨，是增进并激励对于全体人类之人权及基本自由之尊重。而且这样的尊重是不分种族、性别、语言或宗教的。为了实现这一宗旨，《联合国宪章》规定的措施是，促成国际合作，以解决经济、社会、文化及人类福利性质之国际问题。

(2)联合国三项宗旨之间的关系

对《联合国宪章》确定的三项宗旨之间的关系，学界有不同的说法。一种观点认为，“维护国际和平及安全”是联合国的首要宗旨。黄瑶认为，“联合国的首要宗旨或目标始终是‘维持国际和平及安全’”。“维持和平与安全是联合国组织的首要宗旨，并优于联合国的其他宗旨，这一观点得到了绝大多数学者和国际法院的支持。”[2]在科索沃战争中，有西方学者提出，在联合国的三项宗旨中，“增进并激励对于全体人类之人权及基本自由之尊重”是联合国的根本宗旨，其他宗旨只是实现这一宗旨的手段。也有学者指出，实现《联合国宪章》第1条第3项确立的“促进国际合作”的宗旨，各国在以下问题的关系上存在明显分歧，即联合国可以在多大范围及程度上采取尊重人权和基本自由方面的行动，而不与《联合国宪章》第2条第7项确立的不干涉内政原则发生冲突。一种观点认为，联合国的主要任务是促进各国之间的合作；一国除非明确表示接受某项人权，并承诺将予以尊重，否则它就没有法律义务尊重该项权利。一国只有在承担该项法律义务时，联合国对一国侵犯该项权利的过问，才不构成对该国内政的干涉。相反的观点则认为，根据《联合国宪章》第1、55、56条的规定，联合国各会员国均承担尊重人权和基本自由方面的义务，联合国因此有权关注其会员国任何侵犯人权的事件，联合国对此类事件的关注，不构成对联合国会员国内政的干涉。[3] 有中国学者通过强调联合国宗旨之间

---

[1] 许光建主编：《联合国宪章诠释》，山西教育出版社1999年版，第22页。

[2] 黄瑶：《论禁止使用武力原则——联合国宪章第二条第四项法理分析》，北京大学出版社2003年版，第150页。

[3] 许光建主编：《联合国宪章诠释》，山西教育出版社1999年版，第24页。

的联系来说明其相互间的关系,指出这些宗旨之间是相互联系相辅相成的,不能只注重其中的一方面宗旨而不顾或忽略其他宗旨。“以维护人权为借口破坏世界和平与安全或为维护世界和平与安全而侵犯人权,都是不符合联合国宗旨的。”〔1〕也有西方学者提出,制定《联合国宪章》及建立联合国的目的就是维护世界和平;换言之,其意图旨在使“我们的后代免于战祸”。为了实现这样的宗旨,“《联合国宪章》敦促和平解决争端机制的运用、鼓励发展经济并促进对人权的尊重”。〔2〕我们也可以说,和平并不是最终目的,和平只是发展经济与尊重人权的前提与手段,而发展经济也是尊重人权的手段。但后者只限于纯理论与哲学形态的推论。制定《联合国宪章》与建立联合国的目的无疑是追求与维护世界和平。

2. 与联合国宗旨不符的任何其他方法

什么是与联合国宗旨不符的“任何其他方法”,《联合国宪章》未作规定,其他国际法文献也没有明确的解读,国际法学界也缺少共识性观点,属于迄今尚未明了的问题。这里涉及两个难以阐释及断定的问题:一是对“其他方法”的认定,二是这样表述与“使用武力”及“威胁”之间的关系。从立法学的角度看,“与联合国宗旨不符之任何其他方法”无疑是该条的兜底表述,是对该条所列举的“使用威胁或武力”之外的进一步补充说明,它包含“使用威胁或武力”,或者说“使用威胁或武力”是这里所说的方法的一种。但在此方法之外究竟还有哪些方法,存在认识与判定方面的困难。

《禁止使用武力原则宣言》可以被看作联合国大会对禁止使用武力原则的解读。该宣言提到,《联合国宪章》第 2 条第 4 项规定的禁止使用武力原则,得到《国际法原则宣言》《关于侵略定义的决议》等“国际文书”的重申。根据这些“国际文书”的规定,禁止使用武力原则禁止的“其他方法”包括且不限于:(1)“不得在别国组织、煽动或协助或参加准军事、恐怖主义或颠覆活动,其中包括雇佣军行为在内,或默许在本国境内进行以从事此等行为为目的的组织活动”。(第 6 项)国际法院的司法实践也表明这种行为的非法性。在

〔1〕 白桂梅:《国际法》,北京大学出版社 2015 年版,第 178 页。

〔2〕 [德]巴多·法斯本德、[德]安妮·彼得斯主编:《牛津国际法史手册》(下册),李明倩等译,上海三联书店 2020 年版,第 269 页。

1986年尼加拉瓜诉美国案中,国际法院的判决表明,美国对尼加拉瓜反政府武装提供训练、武器装备、技术指导和财政支持,以及通过组织或鼓励组织入侵尼加拉瓜领土的非正规部队或武装小队,不仅是对尼加拉瓜内政的非法干涉,而且也构成非法使用武力,侵害了尼加拉瓜的政治独立和领土主权。(2)"不以任何其他形式干预或企图威胁国家的个性或其政治、经济和文化要素"。(第7项)(3)"不得使用或鼓励使用经济、政治或任何其他措施胁迫别国,使其放弃行使主权和占取该国任何利益"。(第8项)(4)"不进行侵略战争的宣传"。(第9项)(5)不得采用和平解决国际争端以外的方式解决国际争端。(第15~17项)(6)不得从事包括外层空间在内的军备竞赛,不得实施包括使用核武器的武装冲突在内的任何容易导致武装冲突的行为。(第18~19项)(7)不得采取国际关系中易加剧紧张局势、不利于建立互信关系的措施。(第20~21项)。(8)不得采取损害联合国集体安全体制或有损于联合国维持国际和平与安全作用发挥的行为。(第25~33项)

3. 禁止使用武力原则与联合国宗旨之间的关系

禁止使用武力原则有利于联合国"维护世界和平与安全"宗旨的实现。如前所述,联合国的首要宗旨或核心宗旨是维护世界和平与安全,发展国家间友好关系的目的也是"增强普遍和平",而对世界和平与安全构成威胁或破坏的首要方式是国际关系中诉诸战争权或肆意使用武力,禁止使用武力原则的确立,有助于规范国家行为,有助于防止国际关系中非法使用武力行为的出现,从而促进联合国"维护世界和平与安全"宗旨的实现。

禁止使用武力原则有利于联合国尊重人权与自由宗旨的实现。对人权和自由的严重侵犯与践踏,往往发生于武装冲突时期。"破坏世界和平与安全必然导致对人权和基本自由的严重侵犯",而"严重侵犯人权可能导致对世界和平与安全的威胁"。[1] 禁止使用武力原则的确立有助于防止或减少国际关系中武装冲突的发生,从而有助于人权与自由的维护,有助于联合国宗旨的实现。

也有学者提出,禁止使用武力原则对联合国宗旨的实现具有减损作用。

---

〔1〕 白桂梅:《国际法》,北京大学出版社2015年版,第178页。

参加编写《塔林手册》1.0版的国际专家组提出，联合国的工作报告认为，《联合国宪章》第1条所载的联合国宗旨具有至高无上的地位，它禁止一切形式的武力使用，而《联合国宪章》第2条第4项却将禁止使用武力原则下的武力限定在一定的范围内，此范围以外的使用武力反而归于合法。联合国的宗旨是确立任何武力威胁或使用武力均为非法的前提，而第2条第4项有关武力威胁和使用武力未能与此保持一致。〔1〕“也就是说，即便行为不直接针对任何国家的领土完整或政治独立，如果其与联合国宗旨不一致，也会违反该禁止性规定。”〔2〕从这种视角看问题，禁止使用武力原则的确立实际上减损联合国宗旨的实现。这种看法的逻辑路径是，任何使用武力的情形均是对联合国维护世界和平与安全宗旨的违背。这样的判定和要求在复杂的国际关系中是难以做到的。

二、禁止使用武力原则下的保护性规则

（一）保护国家领土完整

国家领土指地球上隶属一国主权管辖的区域空间。国家领土由领陆、领水和领空构成。〔3〕领陆包括国家主权管辖下的全部陆地、岛屿及其底土；领水包括国家主权管辖下的内水、领海及其底土；领空包括国家主权管辖下的领陆和领水上空的空气空间。

领土对国家具有社会和政治双重意义。领土是国家赖以存在的物质基础，是国家居民定居的立足之地。领土是国家主权管辖与行使的区域。国际法院在“1949年的科孚海峡案”中强调保护国家领土的重要性，指出独立国家之间尊重领土主权是国际关系的必要基础。〔4〕国家领土完整是指一国的领土不受非法剥夺、侵占及攻击。维护国家“领土完整”，意味着禁止使用武力或威胁剥夺他国的领土，禁止使用武力或威胁占领他国的领土，禁止使用武力

〔1〕转引自[美]迈尔克·N.施密特主编：《塔林网络战国际法手册》，朱雁新、朱莉欣等译，西安政治学院科研部2013年印制，第26页。

〔2〕[美]迈尔克·N.施密特主编：《塔林网络战国际法手册》，朱雁新、朱莉欣等译，西安政治学院科研部2013年印制，第26页。

〔3〕王铁崖总主编：《中华法学大辞典·国际法学卷》，中国检察出版社1996年版，第399页。

〔4〕马呈元、张力编著：《国际法案例研习》，中国政法大学出版社2014年版，第83-84页。

攻击他国的领土。[1]

1. 禁止对国家领土的剥夺

国家领土具有完整性，一国不得以武力强行剥夺他国的领土。国家领土完整指一国所具有的整个领土范围的完整性。以武力强行剥夺他国领土，是第二次世界大战前世界列强掠夺他国领土的主要方式。第二次世界大战后，这种方式为当代国际法所禁止。联合国大会 1970 年通过的《国际法原则宣言》第 1 项原则第 10 段宣布：国家领土不得成为他国以使用威胁或武力而取得之对象。使用威胁或武力取得之领土不得承认为合法。1974 年联合国大会通过的《关于侵略定义的决议》第 1 条规定，"一个国家使用武力侵犯另一个国家的领土完整，构成侵略"。该决议第 3 条规定的构成侵略的行为包括一个国家使用武力吞并另一国家的领土。可以说，随着《联合国宪章》的生效、联合国的诞生、当代国际法的发展，世界上任何一个国家形式上不再赤裸裸地将以武力剥夺他国领土作为合法或正义的国际行为。

这里值得注意的是，一国通过援助他国的反叛者，使反叛者取得其所在国家领土一部分的行为，也构成对他国领土完整的侵害，亦为当代国际法所不容许。1948 年联合国大会通过的《关于威胁希腊领土完整和政治独立的决议》就写明，外国援助一国的反叛运动使反叛者得以控制该国部分领土的行为，被视为对一国领土完整的侵犯。

与此相关联的国际现实问题是，如果一国声称没有剥夺他国领土的目的或动机，而对他国使用武力，对这种使用武力的行为是否应当予以禁止？科索沃战争就引发这方面的争论。美国有的学者提出，以美国为首的北约组织对南联盟的轰炸，目的不是剥夺南联盟的领土，而是迫使南联盟基于其领土保护其领土上国民的人权。这样的侵略和干涉行为事实上也是对一国领土完整的侵犯。有国际法学者认为，一国侵入他国，即是对他国领土完整的破坏。[2]

2. 禁止对国家领土的侵占

国家领土具有神圣不可侵犯性，他国不得强行侵占。维护国家领土的完

[1] 王铁崖总主编：《中华法学大辞典·国际法学卷》，中国检察出版社 1996 年版，第 400-401 页。

[2] 王铁崖总主编：《中华法学大辞典·国际法学卷》，中国检察出版社 1996 年版，第 400 页。

整,意味着禁止使用威胁或武力侵占他国的领土,无论侵占他国的领陆、领水还是领空,也无论这样的侵占采取何种方式、侵占的时间长期或者短暂,也无论这种侵占者所表明的动机如何,一概予以禁止。

禁止使用武力原则对国家领土侵占的禁止与排除,由不同的国际法渊源及相关国家实践确认。(1)国际条约禁止侵占一国领土。1944 年《国际民用航空公约》第 1 条规定:"各缔约国承认每一国家对其领土之上的空域具有完全的和排他的主权。"(2)联合国大会及安理会的相关决议禁止联合国会员国侵占他国领土。1974 年联合国大会通过的《关于侵略定义的决议》第 3 条规定,构成侵略的行为包括一个国家使用武力吞并另一国家的部分领土。1956 年联合国大会第 1004(ESII)号决议谴责苏联对匈牙利的军事干涉。1990 年联合国安理会的第 660 号决议严厉谴责伊拉克入侵科威特,要求伊拉克军队立即和无条件地撤出科威特。(3)国家实践表明,对一国侵占他国领土的行为,受害国有权予以抗议与谴责。澳大利亚曾抗议英国侵犯其领土完整的行为。1956 年,英国未经澳大利亚同意而经过澳大利亚领空运输武装部队成员参与苏伊士运河军事行动。澳大利亚认为,英国的行为侵害其领土完整,向英国提出抗议。[1] (4)一些国际法学家肯定国家有维护其领土不受侵占的权利。中国国际法学者王铁崖等主张:任何外国未经一国的同意,不得侵入占领该国的领土;一国侵入他国,即是对他国领土完整的破坏。一国未经同意在他国领土上驻扎军队以及在他国领土上开设邮局、经营无线电台等行为,都是对他国领土的破坏。[2] 美国国际法学者沙赫特认为,领土完整的精髓是一国控制进入其领土的权利。因此,任何一国侵入他国领土的行为,无论这种行为持续的时间多么短暂,都构成对他国领土完整的破坏;任何一国武装部队未经他国同意而强行侵入他国,属侵害他国领土完整的行为。[3] 英国国际法学者希

---

〔1〕 黄瑶:《论禁止使用武力原则——联合国宪章第二条第四项法理分析》,北京大学出版社 2003 年版,第 96 页。

〔2〕 王铁崖总主编:《中华法学大辞典 · 国际法学卷》,中国检察出版社 1996 年版,第 400 页。

〔3〕 Oscar Schachter, *The Legality of Pro-Democratic Invasion*, American Journal of International Law, Vol. 78, p. 649(1984).

金斯认为,一国未经他国许可而临时入侵他国领空,构成对他国领土完整的破坏。[1]

3. 禁止对国家领土的攻击

国家领土具有神圣不可侵犯性,对一国领土的攻击为当代国际法所禁止。

联合国大会及安理会的相关决议禁止对国家领土的攻击行为。1969 年安理会第 268 号决议指出,葡萄牙对利比亚村庄罗特的轰炸侵害了利比亚的领土完整。1976 年安理会第 393 号决议谴责南非对利比亚的武装进攻,认定该行为侵害了利比亚的主权和领土完整。1986 年联合国大会第 41/38 号决议谴责美国轰炸利比亚。

国际司法判例表明,对一国领土的攻击行为属国际不法行为。1986 年,国际法院在尼加拉瓜诉美国案的判决中表明,美国在尼加拉瓜的内水或领水内布设水雷,及攻击尼加拉瓜港口、石油设备等行为,“不仅是非法使用武力,而且构成对尼加拉瓜领土主权的侵犯”;美国未经尼加拉瓜同意而飞越尼加拉瓜领土,属侵犯领土主权的行为。[2]

多数国家主张,一国不得对他国领土使用武力。美国国际法学者享金提出,各国政府对《联合国宪章》第 2 条第 4 项的解释,除个别国家偶尔扩大解释以证明本国特定行动的合法之外,一般都坚持主张对使用武力进行最大限制的解释,也就是说,《联合国宪章》第 2 条第 4 项表明,不论基于何种理由的战争都是非法的;该项原则禁止一国为任何目的、在任何情况下在他国领土上使用武力或者侵害他国位于任何地方的部队、船舶或其他公共财产。[3] 但也有国家声称,本国对特定国家的武力攻击行为不侵害特定国家的主权,不违反《联合国宪章》第 2 条第 4 项的规定。1956 年,在联合国大会第一次紧急特别会议上,英法两国就曾声称,他们对埃及的军事干涉行动并不针对埃及的主权

---

〔1〕 Rosalyn Higgins, *The Development of International Law through the Political Organs of the United Nations*, Oxford University Press, 1963, p. 183.

〔2〕 梁淑英主编:《国际法教学案例》,中国政法大学出版社 1999 年版,第 15 页。

〔3〕 转引自黄瑶:《论禁止使用武力原则——联合国宪章第二条第四项法理分析》,北京大学出版社 2003 年版,第 98 页。

和领土完整。[1] 1974 年,在联合国安理会的辩论会上,土耳其对其出兵塞浦路斯的行为辩称,它对塞浦路斯的干涉行为没有违反《联合国宪章》确定的原则,只是努力公正和公平地解决塞浦路斯问题。联合国大会决定没有支持土耳其的主张。[2]

国际法学者多赞成无条件地维护国家的领土完整。但也有学者认为,维护国家领土完整是有条件的,如果一国不具备这类条件或丧失这类条件,国际社会就可以不承担维护这样的国家的领土完整的义务。美国国际法学者梅特斯认为,维护国家领土完整性的一个必要条件是特定国家具备维护管理其领土的某些标准,包括保护基本的人权。如果一国丧失这样的标准,对此类国家进行干涉就不属于《联合国宪章》第 2 条第 4 项禁止的范畴。从行为动机来看,这种情况下的干涉者并不寻求剥夺被干涉者的领土完整,而是寻求增强被干涉者的领土完整。[3] 上述观点遭到其他国际法学者的反驳与批评。美国国际法学者查尼认为,无论国家的行为动机如何,使用武力轰炸一国领土就侵害了该国的领土完整。[4] 我国国际法学者黄瑶也指出,上述对国家领土完整解释的观点"恐怕太过走调,令人难以接受"。[5]

有学者提出,以下三种例外情况影响一国领土完整具有合法性:一是联合国采取或授权采取的军事行动。国家缔结《联合国宪章》及加入联合国组织,表明国家自愿接受这类军事行动对其领土完整的限制与影响。二是依据民族

---

〔1〕 英法在殖民时代都曾在埃及围绕苏伊士运河拥有相应的利益。第二次世界大战结束后,埃及逐步收回所有被英法侵占的利益。1956 年 10 月 29 日,以色列对埃及展开军事行动。次日,英法联军以保护苏伊士运河为由试图派遣军队进驻苏伊士运河,遭到埃及拒绝后,英法联军对埃及的军事目标、重要港口、工厂等设施进行猛烈轰炸。苏联和美国均谴责英法为侵略行为,并采取不同措施控制事态的扩大。同年 11 月 8 日,英法两国同意停止对埃及的军事攻击行为。

〔2〕 1974 年 7 月 15 日,塞浦路斯国内因希腊族和土耳其族之间的矛盾又一次发生冲突动乱。7 月 20 日,土耳其武装部队登陆塞浦路斯,土耳其宣称此举是为了"保护"塞浦路斯国内土族人的安全。土塞之间发生武装冲突。1974 年 7 月 20 日,联合国安理会作出 353 号决议,要求塞浦路斯国内停火和外部干涉势力撤出。

〔3〕 Julie Mertus, *Reconsidering the Legality of Humanitarian Intervention: Lessons from Kosovo*, College of William Mary Law Review, Vol. 41:5, p. 1767-1768(2000).

〔4〕 Jonathan I. Charney, *Anticipatory Humanitarian Intervention in Kosovo*, American Journal of International Law, Vol. 93:4, p. 853(1999).

〔5〕 黄瑶:《论禁止使用武力原则——联合国宪章第二条第四项法理分析》,北京大学出版社 2003 年版,第 98 页。

自决原则和平地实现民族独立、建立新的国家时,对原有国家领土完整的限制与影响。三是通过民族独立与民族解放运动实现民族独立、建立新的国家时,对原有国家领土完整的限制与影响。[1] 这里所谈的三种情况均属禁止使用武力原则下“非法使用武力的例外”,即合法使用武力情形下对国家领土完整的影响,具有一定的法理基础。

(二)维护国家政治独立

美国陆军部编撰的《军事行动法手册》对“政治独立”作了解释。“政治独立是国家主权的直接属性,它包括选择特定形式的政府及政府官员的权利、订立条约的权利及与国际社会保持外交关系的权利,主权权利或政治独立还包括从事贸易和其他经济活动的自由。”[2] 国家政治独立是国家主权的有效组成部分。

维护国家政治独立,应当尊重一国的政权形式,尊重一国的外交权利,尊重一国的经济自由。(1)尊重一国的政权形式。一国的政权形式是一国主权范围的事项。维护一国政治独立,首先应当尊重一国选择其政府形式的权利。《禁止使用武力原则宣言》庄严宣告:各国人民均有权不受外来干涉自由地决定其政治地位,各国有义务不武装干涉和不以任何其他形式干预或企图干预威胁他国的个性或其政治、经济文化要素。(2)尊重一国的外交权利。国家的外交权是其主权的有效组成部分。尊重一国的政治权利,应当尊重该国的外交权,即尊重一国订立条约的权利及与国际社会保持外交关系的权利。《禁止使用武力原则宣言》表明:凡违反《联合国宪章》所体现的国际法原则以进行武力威胁或使用武力而缔结的条约均属无效。(3)尊重一国的经济自由,即尊重一国确立其经济制度及管理其经济发展与运行的方式措施。《禁止使用武力原则宣言》表明:无论一国实行何种经济制度,他国不得通过武力威胁或使用武力予以干涉;各国人民有权不受外来干涉自由地决定其经济发展;各国有义务不武装干涉和不以任何其他形式干预或企图威胁国家的经济要素。

---

[1] 黄瑶:《论禁止使用武力原则——联合国宪章第二条第四项法理分析》,北京大学出版社 2003 年版,第 98-99 页。

[2] [美]达斯汀·考巴等编:《军事行动法手册》(美国陆军第 18 版),朱雁新等译,国防大学政治学院西安校区 2022 年印制,第 5 页。

对一国领土的占领,属对一国政治独立的侵害。联合国实践表明,一国违背他国意愿而派遣军队进入他国领土,属于侵害他国政治独立的行为。1956年,苏联派遣军队进驻匈牙利。对此,联合国大会通过的第1131号决议表明,苏联军队进入匈牙利是违反《联合国宪章》的行为,这一行为剥夺了匈牙利的政治独立,特别呼吁苏联政府从匈牙利撤出军队,以"使重建匈牙利的政治独立成为可能"。

对一国领土的攻击,属对一国政治独立的侵害。有学者认为,对一国领土的轰炸,不属侵害一国政治独立的行为。在1999年科索沃战争中,以美国为首的北约军队对南联盟实施78天的轰炸。美国国际法学者丹马托认为:"北约的轰炸并不针对南联盟的政治独立,因为北约没有接管南联盟政府的企图,事实上,北约一直试图同该政府谈判。"一些赞成北约对南联盟实行人道主义干涉的西方学者也认为,南联盟可能因为北约的轰炸而失去对科索沃的部分或全部控制,但其结果将不是由于北约的干涉指向南联盟的政治独立造成的,而是南联盟自己违反人权的结果。这是从行为动机等角度对政治独立的曲解,这种观点没有得到国际社会的共识。这样的解释也无法否定"干涉本身就是对他国政治独立的侵害"的事实。我国国际法学者黄瑶认为,北约单方面使用武力迫使南联盟政府改变对科索沃的阿尔巴尼亚裔居民的政策,实质上是对南联盟政治独立的侵害,违反了《联合国宪章》第2条第4项的规定。[1]

三、禁止使用武力原则下的例外规则

根据《联合国宪章》的规定,禁止使用武力原则在普遍禁止使用武力的前提下,有两种使用武力情形属于非法使用武力的例外,即合法使用武力的情形。一种是国家依据《联合国宪章》第51条的规定,因行使自卫权或集体自卫权而实施的自卫或集体自卫行动;另一种是联合国安理会依据《联合国宪章》第39条至第43条采取的使用武力行动。这两类行动还需要满足《联合国宪章》规定的其他条件。

---

〔1〕 黄瑶:《论禁止使用武力原则——联合国宪章第二条第四项法理分析》,北京大学出版社2003年版,第105页。

在联合国的实践及国际法的发展过程中，联合国安理会授权采取的使用武力行动，及民族独立和民族解放运动，也被国际社会接受为合法使用武力的情形。它们共同构成禁止使用武力原则的例外情形。

美国认为，禁止使用武力原则的例外情形只有两项：一项是《联合国宪章》第七章规定的安理会授权的行动，另一项是《联合国宪章》第 51 条规定的和国际习惯法确认的合法的单独或集体自卫行动。同时强调，国家或者区域国际组织都不得突破这两项例外。在使用武力上，区域国际组织与国家受到同样的限制，都只有普遍禁止使用武力原则的两种例外情形。〔1〕 以上只是美国相关主体的看法。对《联合国宪章》第七章是否存在授权性规定以及习惯国际法上合法自卫的构成要件，学界存在不同认识。

第三节　禁止使用武力原则的适用范围

一、禁止使用武力原则适用于国际关系

（一）禁止使用武力原则适用于国际关系的一般考量

《联合国宪章》第 2 条第 4 项明确："各会员国在其国际关系上不得使用威胁或武力，或以与联合国宗旨不符之任何其他方法，侵害任何会员国或国家之领土完整或政治独立。"

国际关系是指国家之间相互交往所形成的政治、经济、军事、文化、外交等社会关系。国家是国际关系的主要主体。国际法上的国家一般由领土、居民、政府和主权构成。至于他国承认是否构成国家地位确立的要素，国际法学界有不同认知，一些国际条约及联合国实践则没有此方面的要求。1933 年《蒙特维多国家权利义务公约》第 3 条规定："国家在政治上的存在并不依靠于他国的承认。甚至尚未得到承认的国家也有权捍卫本国的领土完整和独立。"〔2〕1947 年在印度尼西亚与荷兰的冲突中，安理会所作决议将印度尼西

---

〔1〕［美］达斯汀·考巴等编：《军事行动法手册》（美国陆军第 18 版），朱雁新等译，国防大学政治学院西安校区 2022 年印制，第 2、3 页。

〔2〕《国际条约集（1924—1933）》，世界知识出版社 1961 年版，第 544-545 页。

亚称作“印度尼西亚共和国”，而这一时期，印度尼西亚的国家地位尚未得到国际社会的普遍承认。1949 年 5 月 11 日以色列被联合国大会第 273(Ⅲ)号决议接纳为联合国的会员国之前，安理会关于巴勒斯坦问题中涉及武力使用的各项决议中，没有区分已被承认或未被承认的国家。[1]

从法律关系的视角来看，国际关系中禁止使用武力意味着使用武力的主体和避免遭受武力侵害的对象，均是国家。[2]

首先，国际关系中禁止使用武力的主体应当指向国家。“武力禁止只能理解为禁止一个国家对另外一个国家运用武力。”[3]使用武力的主体归属于私人而非国家的行为，不属于这里所说的武力禁止的范围。如国际社会存在的海盗、空盗、特定的恐怖主义行为，应当归于国际法中的武力犯罪行为，其武力使用的主体不属于国家，有时此类武力使用行为也不针对特定的国家而实施，故由特定国际法来规制的非国家实体的武力使用行为，不属于本书所说的禁止使用武力的范围。

1979 年 7 月联合国大会通过的《关于国家责任的条文草案》第二章对“国际法所指的‘国家行为’”进行了规范。将一国“国家机关的行为”“经授权行使政府权力要素的其他实体的行为”“实际上代表国家行事的人的行为”“别国或国际组织交由国家支配的机关的行为”“逾越权限行事或违背关于其活动的指示行事的机关的行为”，均“归因于国家”。[4] 只有当某个国家基于某种原因须对这种私人武力负责，它才具有国际法上的武力禁止的意义。当然，在国际法上，一个国家在何种情境下以何种目的采取了何种行为，属于或者构成对非国家组织的帮助或资助，从而使被资助或帮助者的行为归于提供帮助或资助的国家的行为，是个非常复杂的问题。如果一国资助了私人的或者别国组织的武力行动，导致了该国卷入私人的或别国的武力行动，那么可以考虑

---

〔1〕 黄瑶：《论禁止使用武力原则——联合国宪章第二条第四项法理分析》，北京大学出版社 2003 年版，第 240-241 页。

〔2〕 黄瑶：《论禁止使用武力原则——联合国宪章第二条第四项法理分析》，北京大学出版社 2003 年版，第 239-243 页。

〔3〕 [德]W. G. 魏智通主编：《国际法》(第 5 版)，吴越、毛晓飞译，法律出版社 2012 年版，第 597 页。

〔4〕 王铁崖、田如萱编：《国际法资料选编》，法律出版社 1982 年版，第 48-49 页。

将这种行动视为该国自己采取的行动。[1]

其次,国际关系中禁止使用武力的对象亦应指向国家。国际关系中的禁止使用武力还意味着使用武力的对象是国家,或者说"武力必须是针对他国的行为"[2]。这里需要厘清的是:(1)针对一国领土的武力攻击,无疑属于针对他国的武力攻击。(2)针对一国外交馆所的武力攻击,也属于针对他国领土的武力攻击。关于他国领土上一国使馆馆舍的法律属性,传统国际法与当代国际法具有不同的定性。传统国际法理论曾有观点将一国位于他国领土上的使馆馆舍视为派遣国领土的延伸。当代国际法理论认为,一国位于他国领土上的使馆馆舍及其附属土地仍然是驻在国的领土,而不是派遣国的领土。对这类馆舍的攻击,构成对一国使用武力,但不构成对一国的侵略。[3] 还有学者认为,虽然对外交场所采取的武力已经违背外交使节保护法,但是不违背武力禁止规则。(3)针对一国在国外的军事设施的武力攻击,如对一国在国外的军用飞机、军舰的攻击等,构成对一国的武力攻击。但有学者认为,针对一国在国外的军事据点的武力攻击是否构成对一国的武力攻击,难以确定。(4)在公海或国际空域对一国军舰或商船的武力攻击,属于对一国的武力攻击行为。但有学者认为,在公海或国际空域对一国船舶或飞行器的武力攻击,何种情形下构成禁止使用武力原则所禁止的使用武力行为,存在争议。对一国舰队或飞行编队,对一组渔船或对商船护卫舰的攻击,无疑构成对一国使用武力。多数国家的实践表明,对单一商船的攻击也已构成禁止使用武力原则所禁止的使用武力行为。[4] (5)对一国在国外的国民或者针对一国在国外的企业的武力攻击行为,是否构成针对一国的武力攻击行为,实践中的认定较为复杂。当然,这里的武力使用者也必须限定在国家主体这一范围内,私人的或他国组织的行为,特别是一国资助的私人的或他国的行为,亦带来认定中的难度与困惑。

---

〔1〕 [德]W. G. 魏智通主编:《国际法》(第5版),吴越、毛晓飞译,法律出版社2012年版,第597页。

〔2〕 [德]W. G. 魏智通主编:《国际法》(第5版),吴越、毛晓飞译,法律出版社2012年版,第599页。

〔3〕 黄瑶:《论禁止使用武力原则——联合国宪章第二条第四项法理分析》,北京大学出版社2003年版,第208页。

〔4〕 [德]W. G. 魏智通主编:《国际法》(第5版),吴越、毛晓飞译,法律出版社2012年版,第599页。

(二)禁止使用武力原则适用于国际关系的具体判定

1. 禁止使用武力原则适用于联合国会员国之间的国际关系

禁止使用武力原则适用于联合国会员国之间的国际关系,这是《联合国宪章》的应有之义。《联合国宪章》是联合国会员应遵循的基本规则,禁止使用武力原则是《联合国宪章》确定的基本原则,联合国会员在相互交往过程自然应当遵循这一原则。换言之,禁止使用武力原则首先应当适用于联合国会员国之间的关系,因为《联合国宪章》规定该项原则时,首先是规制其会员国之间的关系。有学者提出,如果两国之间存在划定边界方面的纠纷,而"一旦有争议的国界出现和平状态,就必须受武力禁止原则的约束"。[1] 这样的观点还值得进一步探讨。和平解决国际争端自然是国际法倡导与奉行的基本原则,但这里还涉及自卫规则的运用,是一个较为复杂的问题。

2. 禁止使用武力原则适用于联合国会员国与非联合国会员国之间的国际关系

这样的判定主要基于以下理由:

其一,禁止使用武力原则适用于联合国会员国与非会员国之间的关系,符合权利义务相对应的法理要求。《联合国宪章》将第 2 条第 4 项的原则作为义务施加于联合国会员国时,非联合国会员国享受到其领土完整、政治独立等同样不受武力威胁与武力侵犯的保护,因而非联合国会员国亦应当承担相应的不非法使用武力义务。

其二,从国际法上的互惠原则出发,《联合国宪章》可以为非联合国会员国设定义务。既然"任何国家"都可享受免于非法使用武力或威胁的保护,那么,"任何国家"都应承担不得非法使用武力或威胁的义务。加之,禁止使用武力原则适用于非联合国会员国有利于联合国宗旨的实现,而《联合国宪章》确定的宗旨具有普惠性。禁止使用武力原则作为《联合国宪章》的基本原则,本来只应规范联合国会员国,但如果禁止使用武力原则只适用于联合国会员国之间,不适用于联合国会员国之外,联合国确定的维护国际和平与安全的宗

---

〔1〕 [德]沃尔夫刚·格拉夫·魏智通主编:《国际法》(第 2 版),吴越、毛晓飞译,法律出版社 2002 年版,第 801 页。

旨难以实现,即这一宗旨的实现具有普惠性。因此,禁止使用武力原则将保护对象的范围扩大至"任何会员国或国家之领土完整或政治独立"。这样,禁止使用武力原则的适用范围自然扩大至联合国会员国与非联合国会员国之间所形成的国际关系。

与此相关的国际法法理得到一些国际法学者的认可。美国国际法学者凯尔森认为,《联合国宪章》关于禁止使用武力或威胁的原则,对非缔约国即非联合国会员亦有效力。这是因为,禁止使用武力原则本身具有维持国际和平与安全的重要性,它所维护的国际社会的整体利益至高无上,它所施加的国际义务对国际社会每个成员都具有受益人约束力。《联合国宪章》设计的集体安全机制既对联合国会员国具有强制力,对危害世界和平与安全的非联合国会员国亦有强制力。[1] 我国国际法学者李浩培赞同凯尔森的观点,认为《联合国宪章》第 2 条第 6 项之所以对非联合国会员国施加法律义务,是联合国为了达到维持国际和平与安全的目的所必须采取的举措。"在这个问题上,笔者对于有些国际法学者墨守条约效力相对原则而否定这种法律上义务的主张很难同意。"[2]

在此方面,国际法学界存在不同的观点。有的学者提出:《联合国宪章》既是联合国的组织法,也是一项国际条约;作为国际条约,《联合国宪章》不得为第三国设立权利与义务。因为依照国际条约法,条约只对缔约方具有约束力,而第三方则不受条约的约束,条约的约定对第三国应当是"既无损也无益"。也有学者对《联合国宪章》第 2 条第 6 项法律效力提出异议,并认为其对非联合国会员国不具有法律效力。

其三,《联合国宪章》对非联合国会员国遵循《联合国宪章》确定的国际法基本原则有明确规定。《联合国宪章》第 2 条第 6 项规定:"本组织在维持国际和平及安全之必要范围内,应保证非联合国会员国遵行上述原则。"这样的规定表明,《联合国宪章》对非联合国会员国的适用是有条件的,若联合国为维持国际和平与安全采取措施,《联合国宪章》确认的国际法基本原则,包括禁

---

〔1〕 [美]汉斯·凯尔森:《国际法原理》,王铁崖译,华夏出版社 1989 年版,第 290-291 页。
〔2〕 李浩培:《条约法概论》,法律出版社 1987 年版,第 507-508 页。

止使用武力原则等,应得到非联合国会员国的遵守。

其四,国际条约法对国际条约不得为第三国设立权利与义务的规定也有例外。“国际条约不得为第三国创设权利或义务”。国际法学界认为,这一规则体现对国家主权的尊重。该项规则实际上是对《联合国宪章》第2条第4项适用非联合国会员国的否定。但国际条约法又有相关的例外规定。《维也纳条约法公约》第75条规定:“本公约之规定不妨碍因依照联合国宪章对侵略国之侵略行为所采取措施而可能引起之该国任何条约义务。”这表明,违反禁止使用武力原则的非联合国会员国不再享有“条约非经第三国同意而不为该国创设义务或权利”的保护,而应当承担违反条约义务的不利后果。

其五,联合国实践表明,联合国对有的国家的非国际性武装冲突的干预没有受到非议。1947年联合国安理会通过英国与阿尔巴尼亚(当时不是联合国会员国)之间的科孚海峡事件的决议,建议英阿两国政府将其争端提交国际法院解决。[1] 1953年,安理会通过针对以色列与约旦(当时不是联合国会员国)的第101号决议,呼吁两国切实遵守其达成的全面停战协定。[2] 有国际法学者指出,对此类涉及非联合国会员国的决议,国际社会不曾提出过异议。[3]

其六,禁止使用武力原则已经构成国际习惯,而且属于具有普遍效力的国际习惯,故其适用范围不再限于《联合国宪章》所适用的国际法主体范围。

3. 禁止使用武力原则适用于非联合国会员国之间的国际关系

禁止使用武力原则适用于非联合国会员国,主要基于禁止使用武力原则已构成国际习惯。作为国际习惯,对联合国会员国和非会员国具有普遍的约束力。

二、禁止使用武力原则不适用于非国际性武装冲突

(一)“国际关系”排除了禁止使用武力原则在一国内部的适用

禁止使用武力原则是调整国际关系过程适用的基本原则,该项原则不适

[1] UN SC Resolution 22(1947) of 9 April 1947.

[2] UN SC Resolution 101(1953) of 24 November 1953.

[3] 黄瑶:《论禁止使用武力原则——联合国宪章第二条第四项法理分析》,北京大学出版社2003年版,第244页。

用于一国内部,既不适用于一国在本国领土范围内为维持法律和秩序所使用的武力,以及一国为平息持不同政见的武装部队或其他有组织的武装集团而发生的使用武力的情形,也不适用于持不同政见的武装部队相互间使用武力的情形。有学者提出:“如果国家的分离过程到了这样一种程度,以至于该国的政府事实上无法控制该国的某一部分领土,并且出现了一定程度的和平局势,那么就出现了所谓事实化的和平当局,而它受到武力禁止的保护。”〔1〕这样的观点无疑扩大了禁止使用武力原则的适用范围,使该项原则适用于非国际性武装冲突,现实中也构成对一国内政的干涉。

(二)不干涉内政原则要求本质上属于一国的内部事务由一国自己处理

不干涉内政原则是指国际关系中,国家或国际组织不能干涉属于其他国家或组织成员内部管辖事项的国际法基本原则。〔2〕不干涉内政原则在不同的国际公法学者那里有时有不同的表述。如有的称“不干涉别国内政”〔3〕;有的称“不干涉原则”〔4〕,有的称“不干涉国内事件之原则”〔5〕,有的称“禁止干涉(内政)原则”,〔6〕等等。在不同表述中,基本含义是相同或相近的。

不干涉内政原则确立于现代国际法形成之前。不干涉内政原则源于1648年《威斯特伐利亚和约》确认的民族国家具有平等性的国际法基础,随着近代国际法上国家主权与平等原则的确立而确立。该项原则可谓现代国际法形成之前国际社会已经确认的国际法原则。《国际联盟盟约》第15条第8款通过对联盟行政院解决争端的职能的规定,确认了该项原则。“如争议各方任何一方对于争议自行声明并为行政院所承认,按诸国际法纯属该方国内管辖之事件,则行政院应据情报告,而不作解决该争议之建议。”〔7〕

《联合国宪章》第2条第7项关于不干涉内政原则的规定属于不干涉内政

〔1〕[德]W. G. 魏智通主编:《国际法》(第5版),吴越、毛晓飞译,法律出版社2012年版,第801页。
〔2〕白桂梅:《国际法》,北京大学出版社2015年版,第179页。
〔3〕王铁崖主编:《国际法》,法律出版社1995年版,第54页。
〔4〕白桂梅:《国际法》,北京大学出版社2015年版,第179页。
〔5〕日本国际法学会编:《国际法辞典》,世界知识出版社1985年版,第50页。
〔6〕[德]W. G. 魏智通主编:《国际法》(第5版),吴越、毛晓飞译,法律出版社2012年版,第26页。
〔7〕王铁崖、田如萱编:《国际法资料选编》,法律出版社1982年版,第811-812页。

原则的“宪法性”条款。[1] 有学者提出,《联合国宪章》第2条第7项仅是约束联合国与其会员国的条款,而对联合国会员国之间则不产生约束力。[2] 这样的说法具有一定的道理。但是,从不干涉内政原则的含义来看,不干涉一国内政的主体,本来就有国际组织和国家两种主体,不干涉内政本来就包括两种国际关系中的不干涉内政,即国际组织与其会员国的国际关系中,国际组织不干涉其会员国的内政,及国家之间的国际关系中一国不得干涉他国的内政。

(三)联合国实践表明禁止使用武力原则不适用于非国际性武装冲突

禁止使用武力原则不适用于非国际性武装冲突得到联合国实践的确认。1967年至1970年的尼日利亚内战中,尼日利亚联邦政府对比夫拉地区分离活动的平息,联合国采取了默然立场。1994年和1999年,俄罗斯两次对其境内车臣分裂势力实施军事打击。美国、欧盟曾借口“人权”“民主”“人道主义”等问题向俄罗斯施压,俄罗斯进行了坚决反击。而联合国并没有通过任何谴责俄罗斯的决议。相反,在第54届联合国大会上,俄罗斯还积极进行外交活动,促使联合国大会通过了打击恐怖主义的有关宣言。[3] 值得注意的是,联合国的实践中也存在例外情形。1960年刚果民主共和国因加丹加省独立引发内战,联合国维和部队的不作为引发国际社会的责问,重压之下,联合国通过决议,声明维护刚果(利)的统一。

此外,有国际法学者主张国际社会应当坚持不干涉一国非国际性武装冲突内政的原则。在俄罗斯车臣武装冲突问题上,曾任《美国国际法杂志》编委的柯吉斯认为,鉴于车臣是俄罗斯的一部分,在车臣的武装冲突是非国际性的,外国介入该冲突没什么意义。[4]

---

〔1〕 陈一峰:《论当代国际法上的不干涉原则》,北京大学出版社2013年版,第17-19页。

〔2〕 许光建主编:《联合国宪章诠释》,山西教育出版社1999年版,第58页。

〔3〕 胡金红:《俄罗斯两次车臣战争的经验教训》,载《军事历史》2000年第3期。

〔4〕 转引自黄瑶:《论禁止使用武力原则——联合国宪章第二条第四项法理分析》,北京大学出版社2003年版,第208页。

第四章　国家自卫权

第一节　国家自卫权的界定与属性

一、自卫权的含义

论及自卫权，在一般情况下，如果不加修饰与强调，多指国家自卫权。也有将自卫权划分为国家自卫权、组织自卫权及个人自卫权。美国《军事行动法手册》就有这样的划分。只是前一种自卫权属于武力使用法范围，后两种自卫归于交战规则即作战行为法范围。[1] 对国家自卫权的含义，有以下两种不同的表述方式：

一是对自卫权予以明确定义。如美国国际法学者凯尔森将自卫权定义为“一国使用武力反抗外来非法攻击而保护自己的权利”。[2] 日本国际法学会编的《国际法辞典》将自卫权定义为“国家为消除对自己的紧迫和不正当的危害，不得已而进行防卫的权利”。[3]

二是通过强调自卫权的行使要件和构成要素说明自卫权的含义。如《奥本海国际法》指出：“自卫权的基本因素已在1837年卡罗林号事件中由美国国务卿丹尼尔·韦伯斯特适当地说明了。”[4]这里所说的自卫权的要素，依照卡

---

〔1〕［美］达斯汀·考巴等编：《军事行动法手册》（美国陆军第18版），朱雁新等译，国防大学政治学院西安校区2022年印制，第3、85页。

〔2〕［美］汉斯·凯尔森：《国际法原理》，王铁崖译，华夏出版社1989年版，第51页。

〔3〕日本国际法学会编：《国际法辞典》，世界知识出版社1985年版，第293页。

〔4〕［英］詹宁斯、［英］瓦茨修订：《奥本海国际法》（第1卷·第1分册），王铁崖等译，中国大百科全书出版社1995年版，第309页。

罗林号事件中美国国务卿丹尼尔·韦伯斯特的说法，主要指自卫权行使的“必要性”和“紧迫性”，即“自卫的需要是刻不容缓的、压倒一切的和没有其他手段可以选择以及没有时间考虑的”。自卫还应当限定在必要的范围之内。

也有学者只论述自卫权问题，而对自卫或自卫权未作集中明确的定义。如德国国际法学者沃尔夫刚·格拉夫·魏智通主编的《国际法》中，就没有见到自卫权概念。再如，美国学者路易斯·亨金的《国际法：政治与价值》中，也未看到相关概念。俞正山教授主编的《武装冲突法》只是论述了“自卫作战”问题，而没有对自卫权作明确的定义。

本章所说的国家自卫权是指“主权国家单独或集体采取包括使用武力在内的行动，以抵抗和反击武装侵略的权利”。[1]

二、自卫权与相关概念辨析

（一）自卫权与自卫

自卫权与自卫的属性不同。简单地说，自卫权是一种权利，自卫是一种行动。自卫权是指一国遭受武力攻击时所享有的对攻击国采取相应的武力反击行动的权利。而自卫是指一国遭受武力攻击时对攻击国所采取的相应的武力反击行动。韩国国际法学者柳炳华也将自卫界定为一种行动。自卫是“为保护法律规定的权利或利益而采取的与对方国家的不法行为相应的强制措施”。[2] 也有学者将自卫落脚在“权利”上，这样的界定似可再斟酌。我国国际法学者王铁崖指出：“自卫作为国家主权的重要体现，是指在国家遭到外来武装攻击可以采取相应的武力措施进行反击的权利。”[3]其实，《联合国宪章》第51条提到自卫时，也将其落脚在“权利”上，即联合国会员国在遭受武力攻击的前提下，可以行使自卫的权利。但《联合国宪章》第51条的规定不能被视为对自卫概念的界定。

---

〔1〕 刘家新、齐三平主编：《中国军事百科全书学科分册·战争法》（第2版），中国大百科全书出版社2007年版，第75页。

〔2〕 [韩]柳炳华：《国际法》（下卷），朴国哲、朴永姬译，中国政法大学出版社1997年版，第366-369页。

〔3〕 王铁崖主编：《国际法》，法律出版社1995年版，第121页。

自卫与自卫行动的含义应当是一致的。自卫本身就是一种行动，所以自卫行动的“行动”二字有点多余，但习惯上有时以自卫行动表示自卫。正当自卫是对自卫特征的判定问题。法国夏尔·卢梭著的《武装冲突法》首先对“自卫”作了限制，加上“正当”二字，然后给了“正当自卫”的定义：“一个国家直接和自发地用可能本身是与国际法相违背的方法抵抗侵略。”[1]它也是落脚在行动上。

（二）自卫权与自保权

自卫权与自保权的权利渊源具有关联性。国家的自保权是指，“国家在必要时为了维持自己的存在而采取行动的权利”。[2] 自保权本是人的最基本权利。[3] 启蒙时期的自然法学派认为，国家如同自然人一样，拥有以其自身的力量保卫其生存的权利，国家的这种权利构成国际法上的基本权利。国家的自卫权源于国家的自保权，属于国家自保权的组成部分，其权利渊源也归于自然法学派的理论。正如自卫权与自卫存在区别一样，自保权与自保也存在区别。但也有学者将自保界定为一种权利。自保是指国家在必要时为维护其存在而采取行动的权利。[4]

自保权与自卫权在当代国际法上的地位不同。传统国际法基于国家拥有战争权而确认国家的自保权。19 世纪后期，实证主义学派否认国家的自保权属于国家的具体权利。[5] 以《联合国宪章》为标志的现代国际法否认国家的自保权，仅确认国家的自卫权。国际法院在 1949 年“科孚海峡案”的判决中指出，英国海军在阿尔巴尼亚领水内从事扫雷活动，不能以行使自保权或其他理由而被认为是正确的。也可以说，国际法院认为，英国行动的“非法性不能以自保措施为依据而加以排除”。[6]

（三）单独自卫权与集体自卫权

从自卫权的行使主体来看，自卫权可以分为单独自卫权与集体自卫权。

---

〔1〕［法］夏尔·卢梭：《武装冲突法》，张凝等译，中国对外翻译出版社 1987 年版，第 441 页。

〔2〕王铁崖总主编：《中华法学大辞典·国际法学卷》，中国检察出版社 1996 年版，第 695 页。

〔3〕日本国际法学会编：《国际法辞典》，世界知识出版社 1985 年版，第 300 页。

〔4〕王铁崖总主编：《中华法学大辞典·国际法学卷》，中国检察出版社 1996 年版，第 695 页。

〔5〕日本国际法学会编：《国际法辞典》，世界知识出版社 1985 年版，第 300-301 页。

〔6〕马呈元、张力编著：《国际法案例研习》，中国政法大学出版社 2014 年版，第 84 页。

单独自卫权是指单个主权国家在遭受武力攻击时单独抵抗和反击侵略的权利。集体自卫权是指当一国遭受武力攻击时,一个以上的国家或根据被攻击国的请求,或同意依条约义务,而与被攻击国一道抵抗武装攻击的权利。单独自卫权和集体自卫权均被《联合国宪章》确认为国家固有的权利。

(四)自卫与报复

报复是指"一国针对另一国损害本国利益的不法行为采取的旨在迫使另一国遵守法律的违反国际法一般规则的强制措施"。〔1〕以报复实施的社会关系状态作标准,报复可以分为平时报复和战时报复;以报复实施的手段作标准,报复可以分为武装报复和非武装报复。这里与自卫相比较的报复,指战时的武装报复。

在国际社会实践中,自卫与报复往往难以区分。

自卫与报复针对的情形基本相同,即都是针对不法侵害行为实施的反击或强制行动。

自卫与报复存在以下区别:其一,二者的适用前提不同。自卫一般是针对正在实施的武力攻击开展的行动,报复一般是针对已经过去的非法事件进行的。在理论上,一国在遭受武力攻击之后,只要在一个合理的区间实施自卫行动,满足了自卫的"迅即性"要求,就不能被看作报复行动。因为攻击与反应之间还存在一定的时间距离,如确定攻击者需要一定的时间,准备作出反应也需要一定的时间。其二,二者适用的期间不同。自卫适用的期间一般与遭受武力攻击的期间相适应,报复则不受武力攻击时间的限制。值得注意的是,自卫并不一定随着武力攻击的停止而立即结束。如果受害国依据合理的理由推断,加害国的武力攻击还将继续,受害国就可以继续实施自卫。反之,如果受害国没有合理的理由推断加害国的武力攻击还可能继续,但仍然对加害方实施攻击,就可能被定性为纯粹的报复。〔2〕其三,二者的适用目的不同。自卫的目的是打退武力攻击者,一般出于防御的目的;报复的目的常常带有惩罚

〔1〕刘家新、齐三平主编:《中国军事百科全书学科分册·战争法》(第2版),中国大百科全书出版社2007年版,第115页。

〔2〕[美]迈尔克·N. 施密特主编:《塔林网络战国际法手册》,朱雁新、朱莉欣等译,西安政治学院科研部2013年印制,第46页。

性。其四,二者在国际法上的法律地位与属性不同。自卫是经过国际习惯和《联合国宪章》确认的国家固有的权利,属于合法行为;报复则往往是一种非法行为。1970年《国际法原则宣言》规定:“各国皆有义务避免涉及使用武力之报复行为。”

三、自卫权的法律属性

(一)国家自卫权的条约法依据

1.《联合国宪章》对国家自卫权的确认

《联合国宪章》第51条将国家的自卫权表述为“inherent right”。对此,有学者称其为“固有权利”,有学者称其为“自然权利”。《牛津现代高级双解词典》将inherent解释为“固有的、生来的、天生的”,因此可以理解,这两种表述只是翻译不同,可以交互使用。[1]

2. 国家自卫权自然属性的法理依据

既然自卫权是国家固有的或自然的权利,其自然伴随国家的形成而形成。如果是国家形成一定时期之后才形成的,难以与“固有”相匹配。

具体来说,理解国家自卫权的自然或固有权利属性,可以基于以下缘由:

第一,自卫权为自然法思想所确认。法学研究中的自然法思想可以追溯至古罗马时期。近代启蒙运动之后,逐步形成完善的古典自然法学派。自然法理论首先确认个人的“自然权利”,即天赋的、不可转让的、不可剥夺的符合自然状态的个人权利,这类权利首先包括生命权或生存权。自然法学家霍布斯认为,以自卫方式保全自己生命的自由,“就是每一个按照自己所愿意的方式运用自己的力量保全自己的天性——也就是保全自己的生命——的自由”。[2] 自然法学家格劳秀斯认为,国家间的战争应当遵循私人交往的原则,其发动必须出于自卫的理由。“战争通常用来守土而非拓疆。任何背离此项

[1] 余民才教授也持这种观点。余民才:《国际法上自卫权实施机制》,中国人民大学出版社2014年版,“前言”第18页。

[2] [英]霍布斯:《利维坦》,黎思复等译,商务印书馆1985年版,第97页。

规则的正当利益都被视为非法”。[1] 自然法学家普芬道夫认为,国际社会就是另一种形式的自然状态,国家之间应当遵循自然法的基本原则。“从事战争的正当理由是:保卫我们的生命和财产。”[2]可以看出,自然法学派总体认为,基于自卫发动的战争是合乎自然法的正义行为。

第二,自卫权基于国际习惯存在,它的行使不需要任何协定的授权。古代区域武力使用规则中,几乎所有的区域规则均确认国家自卫权的合法性。[3]近代国际法上确认国家自卫权为合法的国际习惯,源于 1837 年的“卡罗林号事件”,这为国际法学界所确认。美国《军事行动法手册》规定:“在《联合国宪章》诞生之前,习惯国际法已经确立了国家保卫自身的权利。”[4]

第三,自卫权的自然性在《联合国宪章》之前被一些国家明示确认。如 1928 年缔结《非战公约》时,有些国家要求承认国家的自卫权作为该公约的保留条款。美国政府认为此举是多余的,它在 1928 年 6 月 23 日的照会中提出,考虑到这样一种权利是“所有国家的主权所固有的”,而且“默示地被包含在所有条约中”,因此“特别提到这种不可剥夺的主权属性既是不必要的,也是不可取的”。土耳其政府在 1948 年 10 月 18 日就海峡制度问题给苏联政府的照会中也提出,对于一个主权国家来说,“反击一切的自卫权是毫无异议的”。

第四,自卫权为国际法庭的判决所确认。1948 年 11 月 12 日远东国际军事法庭在对广田等人的判决中明确提出,任何禁止诉诸武力的法律,无论是国内法或国际法,都必不可少地保留正当自卫的权利。[5]

3. 对国家自卫权自然属性的另样解读

学界有人认为,国家的自卫权并非自国家形成之时确立,而是在国家诉诸战争的权力被废弃之后形成。因为在此之前,国家不需要此方面的权利作为

---

〔1〕 [荷]格劳秀斯:《战争与和平法》,[美]A. C. 坎贝尔英译、何勤华等译,上海人民出版社 2005 年版,第 448 页。

〔2〕 [德]塞缪尔·普芬道夫:《人和公民的自然法义务》,鞠成伟译,商务印书馆 2009 年版,第 56 页。

〔3〕 详见本书第一章相关内容。

〔4〕 [美]达斯汀·考巴等编:《军事行动法手册》(美国陆军第 18 版),朱雁新等译,国防大学政治学院西安校区 2022 年印制,第 3 页。

〔5〕 [法]夏尔·卢梭:《武装冲突法》,张凝等译,中国对外翻译出版社 1987 年版,第 440-441 页。

使用武力的依据,国家拥有其他的依据。[1] 日本学者也认为,自卫作为一项国际法上的基本权利,是视战争为违法现象的第一次世界大战之后的事情,准确地说是制定《联合国宪章》之后的事情。因为《联合国宪章》为了限制战争,甚至一般地禁止单独的强制行为,“自卫权才能作为国家的基本权利而得到承认”。[2] 还有学者认为,国家自卫权的“自然”或“固有”属性,也曾存在国际法上的障碍,即对国家战争权的承认或确认,影响到国家自卫权的行使。“直到1919年,承认正当自卫这一国际权利的最大障碍在于,国家拥有可以诉诸战争的无限权利。”[3]另有学者从《联合国宪章》制定过程的历史情况来解释这方面问题。如韩国学者柳炳华就认为,《联合国宪章》第51条如此规定自卫的“固有权利”的原因是什么?这可能是在1945年创设联合国的旧金山会议上,没有否决权的一般会员国对《联合国宪章》的集体安全保障制度存有疑虑,并且对完全禁止使用武力感到不安,为安抚这些国家,《联合国宪章》特别强调了自卫权的行使。[4]

以上解读混淆了自卫权产生与自卫权被强调、凸显之间的关系。应当明确,自卫权伴随国家产生而产生。只是传统国际法承认国家诉诸战争的权利时,自卫权无须彰显,就可以实现国家政治意图;只有在国家的战争权受到限制、废弃时,包含在国家战争权中的自卫权才被独立地凸显出来。可以说,在国家存在战争权的时期,国家自卫权作为国家拥有的一项自然权利,不是被战争权取代了,而是被战争权的光环遮盖了。事实上,国际社会现今重视自卫权问题,探析国家自卫权的含义与运用,是《联合国宪章》明确地严密地废弃了国家的战争权,国家对外使用武力的合法性只能通过解释与运用自卫权来说明。强调禁止使用武力原则之下的国家拥有自卫权的这一例外情形,体现联合国部分会员国对联合国集体安全体制维护国家主权、领土完整和政治独立的不足的忧虑。

---

[1] 余民才:《自卫权适用的法律问题》,载《法学家》2003年第3期。

[2] 日本国际法学会编:《国际法辞典》,世界知识出版社1985年版,第293页。

[3] [法]夏尔·卢梭:《武装冲突法》,张凝等译,中国对外翻译出版社1987年版,第441页。

[4] [韩]柳炳华:《国际法》(下卷),朴国哲、朴永姬译,中国政法大学出版社1997年版,第366-369页。

(二)国家自卫权的存在形式

国家自卫权是条约法上还是习惯法上的权利？既是条约法上的权利，也是习惯法上的权利？《联合国宪章》将国家自卫权归于国家固有的权利。这里所说的“固有”是指条约法上的固有？还是习惯法上的固有？条约法上的固有显然是说不通的，只有将其理解为习惯法上的固有，才通于学理。《奥本海国际法》对此有相关联的论述。“依据国际习惯法，任何国家都没有义务在另一个国家采取有损于它的受合法保护的利益时保持消极。如果发生这样的情形，受影响的国家有权采取反对措施。”[1]这些措施可以是武力的或非武力的，但如果一个国家受到武力攻击，它就有权在必要的情况下使用武力以防卫自己不再受攻击。上述国家自卫权的源起也可以说明，固有是指国际习惯法上的固有。

《联合国宪章》以条约法形式确认国家自卫权，是仅仅确认习惯法上的自卫规则，还是在确认习惯法上自卫权的同时设置了国家自卫权的行使规则？学界对此有不同理解。一种理解认为，既然《联合国宪章》使用了“固有”一词，说明《联合国宪章》是对习惯法上自卫权的确认；另一种理解则认为，虽然《联合国宪章》使用了“固有”一词，但这并不意味着《联合国宪章》照搬了习惯法上的自卫权行使规则，而是确认并设置了符合《联合国宪章》宗旨与精神要求的自卫权行使规则。持后一种理解的学者居多数。[2]

这里需要澄清一个问题，习惯法上的自卫权行使规则与《联合国宪章》中的自卫权行使规则是否等同或一致。如果二者是一致的，那么研究前一问题就失去意义。事实上，二者是有区别的。以下通过比较《联合国宪章》中合法自卫的要素与习惯法中的自卫要素来说明这一问题。

《联合国宪章》规定的国家自卫权的行使条件包括：一国受到武力攻击，安理会采取必要措施之前，向安理会报告，不影响安理会采取必要措施。国际法院在针对尼加拉瓜的军事与准军事行动的判决中，对合法自卫的要件又加

---

〔1〕 [英]詹宁斯、[英]瓦茨修订：《奥本海国际法》(第1卷·第1分册)，王铁崖等译，中国大百科全书出版社1995年版，第308页。

〔2〕 黄瑶：《论禁止使用武力原则——联合国宪章第二条第四项法理分析》，北京大学出版社2003年版，第279-281页。

上了自卫行为与攻击行为相适应或成比例的要素,此要素虽然与《联合国宪章》的条款不一致,但还是被国际社会普遍接受。[1]

在1837年的“卡罗林号事件”中,时任美国国务卿丹尼尔·韦伯斯特说明了构成合法自卫的习惯法要素:一是自卫的前提,应当是“刻不容缓的、压倒一切的、没有选择余地的、没有考虑时间的”;二是自卫的程度,自卫行为应当不包含“任何不合理或过分,因为以自卫的必要为理由的行为为该必要所限制并明显地限于该必要的范围之内”。

比较国际习惯法上的国家自卫权与国际条约法上的国家自卫权,二者之间存在异同。二者的相同之处在于,一是确认该权利的存在,二是强调自卫权行使的前提条件,三是强调自卫权行使的限度。二者之间也存在区别,主要是条约法上的国家自卫权行使受到更多的限制:一是行使自卫权的前提较习惯法上更明确,即受到武力攻击,而非模糊的“紧迫的”“别无选择的”等;二是自卫权的行使期间更明确,即遭受武力攻击至安理会采取必要措施之前;三是行使自卫权的主体,作为联合国会员国须履行向安理会报告的义务。

可以看出,《联合国宪章》在确认国家自卫权属于国际习惯法上的固有权利的同时,规制了该权利的行使,使其较国际习惯法中的自卫规则更具有操作性,而且被纳入联合国的集体安全保障体制之中。

国际法院在1986年就军事和准军事活动作出的判决意见中,涉及《联合国宪章》中的自卫与习惯法中的自卫的关系问题。国际法院的该项判决尽管主要针对集体自卫中的问题,但对一国的单独自卫也有效。[2] 国际法院在此案中关于合法自卫的判决意见可以归结为三点:一是自卫的主体必须是武力攻击的受害国;二是如果非受害国基于集体自卫权实施自卫行动,必须以受害国的请求为前提;三是自卫的程度必须符合比例性要求。可以看出,国际法院

〔1〕 1986年,国际法院就军事和准军事活动作出判决,认为合法自卫应当“遵守必要的标准和因自卫而采取的措施的比例性”;主张自卫行动的国家必须是武力攻击的受害者;如果一个国家基于集体自卫权对另一个国家受攻击作出反应,被攻击的国家必须是武力攻击的受害者并请求援助。[英]詹宁斯、[英]瓦茨修订:《奥本海国际法》(第1卷·第1分册),王铁崖等译,中国大百科全书出版社1995年版,第310页。

〔2〕《奥本海国际法》就持这样的看法。[英]詹宁斯、[英]瓦茨修订:《奥本海国际法》(第1卷·第1分册),王铁崖等译,中国大百科全书出版社1995年版,第309-310页。

在自卫权的行使前提方面，采用的是《联合国宪章》而非习惯法的规则，而在自卫权的行使程度上，又将习惯法上的“相称原则”或“比例原则”纳入规制范围。国际社会多将国际法院的相关判决意见作为对《联合国宪章》第51条的补充。日本学者认为，自卫权的含义是发展的，第二次世界大战后《联合国宪章》第51条中的自卫权含义，与以往的国家自卫权含义是有区别的，而这样的含义也为重要的国际司法实践所承认。〔1〕

前已述及，《联合国宪章》规定的自卫要素比习惯法上的自卫要素更明确、更具体、更便于操作。

《联合国宪章》设置自卫规则，是否意味着此前存在的国际习惯法上的国家自卫权行使规则的废弃？国际法学界有不同的说法。《奥本海国际法》认为，《联合国宪章》第51条承认的国家拥有的自然权利，是以与《联合国宪章》同时存在的国际习惯法为依据的。〔2〕英国国际法学家布朗利教授提出，《联合国宪章》第51条确认的国家自卫权整合了国际习惯法上的自卫规则。“除非在《联合国宪章》中关于武力使用的规定没有任何意义，否则关于存在下来的习惯法规则的争论一定会引起《联合国宪章》与特定‘外部’规则之间关系的认真澄清。因此就必然有一个吸收或纳入的过程，否则‘习惯法’就会随意地用作使用武力的借口。”〔3〕

这里又产生了新的问题。如果说《联合国宪章》第51条确认习惯法上的国家自卫权，并不意味着对相关国际习惯的完全废弃，而是对习惯法上的国家自卫权行使规则予以规范，那么，以《联合国宪章》为代表的条约法上的国家自卫权行使规则与习惯法上的国家自卫权行使规则发生冲突后，哪种规则的效力更高呢？回答应是《联合国宪章》的效力更高，因为《联合国宪章》具有国际强行法的属性，它可以废止、修正相应的国际习惯规则。此外，当今世界，几乎所有的国家都是联合国的成员国，《联合国宪章》关于自卫权行使规则的效

---

〔1〕 日本国际法学会编：《国际法辞典》，世界知识出版社1985年版，第293页。

〔2〕 [英]詹宁斯、[英]瓦茨修订：《奥本海国际法》（第1卷·第1分册），王铁崖等译，中国大百科全书出版社1995年版，第308页。

〔3〕 Brownlie, *The Principle of Non-Use of Force in Contemporary International Law*, in Wolliam E. Butler ed., Non-Use of Force in International Law, Martinus Nijhoff Publishers, 1988, p. 19.

力比国际习惯中相关规则的效力更高，自不待言。

（三）国家自卫权法律属性的确定

《联合国宪章》和一些重要的国际法文件禁止在国际关系上使用武力或以武力相威胁的同时，明确规定了例外情况，自卫就是公认的例外情形之一。《联合国宪章》肯定自卫属于合法使用武力的情形之一。[1]《奥本海国际法》也认为自卫是国家的一项“固有的”权利。因而可以说行使自卫权是一种合法行为。

第二节 国家自卫权的行使要件

《联合国宪章》第51条规定，“联合国任何会员国受武力攻击时”，有权进行自卫。本节从自卫权的行使主体、行使对象、行使期间、行使限度等方面来解读国家自卫权的行使要件。

一、国家自卫权的行使主体

《联合国宪章》规定的自卫权的行使主体是联合国的任何遭受武力攻击的会员国。《联合国宪章》的规定无可厚非。其一，《联合国宪章》首先是联合国会员国的组织法，它的目标之一是保护这一组织下的会员的国家安全，在通过集体体制保护其会员安全的前提下，也允许其会员享有自我保护的固有权利。其二，《联合国宪章》也没有排除非联合国会员国自卫权的行使。《联合国宪章》作为联合国会员国共同意志协商的结果，没有必要载明会员国之外的国家是否享有自卫权。而自卫权是一种自然的权利，并不能排除联合国会员国以外的国家也享有这样的权利。如果说国家的自卫权是一种自然权利，而《联合国宪章》又规范了这一权利，那么，没有经过《联合国宪章》规范的联合国会员国以外的国家所享有的自卫权，与《联合国宪章》规范的自卫权相比较，哪一种权利更优越更充分？还是二者是等同的？如果联合国会员国享有的自卫权还不如非联合国会员国享有的自卫权充分，加入联合国是否造成国

[1] 俞正山主编：《武装冲突法》，军事科学出版社2001年版，第32-33页。

家自卫权的减损？换言之，如果联合国会员国享有的是经过《联合国宪章》规制的自卫权，而非联合国会员国享有的是国际习惯法上的自卫权，那么后者较前者更优越吗？似乎得不出这样的结论。前文已述及，经过《联合国宪章》规制的国家自卫权，比国际习惯法上的自卫权更明确、操作性更强。《联合国宪章》不仅没有减损自卫权，而且，联合国的集体安全体制使联合国会员国的自卫权行使更有法理支持与一定程度的保障。其三，第二次世界大战后随着联合国作用的发挥及联合国组织的发展壮大，世界上几乎所有国家都加入联合国，《联合国宪章》关于自卫权主体规定的意义更为显著。

行使自卫权的国家，包括遭受武力攻击的国家，也包括经遭受武力攻击国家的请求或与遭受武力攻击的国家缔结特定条约的国家或国家联合体。后者涉及集体自卫问题，相关规则在集体自卫权中另行论述。

二、国家自卫权的行使对象

国家自卫权的行使对象为发起武力攻击的主体。国家对武力攻击主体行使自卫权，还需要考量该类对象实施武力攻击所采用的方式、手段及武力攻击的时间。

（一）武力攻击的主体

1. 武力攻击的主体一般应当认定为国家

《联合国宪章》没有明确规定武力攻击的主体，第 51 条仅规定自卫权的主体是遭受武力攻击的国家单方或与该国相关的国家联合体。考虑到国家是国际法的主要主体，是武装力量的通常拥有者，也是国际现实中武力攻击的通常实施者，因而将国家作为武力攻击的主体，一般没有疑问。编写《塔林手册》1.0 版的国际专家组提出，从《联合国宪章》的字面意思看，武力攻击的主体是指国家。[1]

2. 非国家实体组织武力攻击的主体判定

武力攻击的主体亦可能为非国家实体组织。依照《联合国宪章》的规定，

---

〔1〕［美］迈尔克·N. 施密特主编：《塔林网络战国际法手册》，朱雁新、朱莉欣等译，西安政治学院科研部 2013 年印制，第 25 页。

武力攻击的主体为国家。将武力攻击的主体扩展至非国家实体,是国际法理论与实践的产物。《战争,侵略与自卫》指出,武力攻击可以由一国实施,也可以由一个来自外国的非国家行为者实施。[1] 非国家行为者又可以分成两种情况,一是争取民族独立与民族解放的组织,二是恐怖主义组织。前一种组织从事的武力攻击活动得到国际社会相关法律文件的确认,不能引发自卫权的行使,因而予以排除。[2] 恐怖主义组织对一国从事的大规模暴力攻击活动构成严重的国际犯罪,因而也不能引发自卫权的行使问题。[3] 然而,近年来,一些国家及学界在此方面的立场与论述有所变化。“美国主张,《联合国宪章》第 51 条的固有自卫权适用于任何‘武装攻击’,而不限于国家主体的攻击。”[4]关于武力打击恐怖主义的合法与否问题,本书后面专门论述。

3. 非本国自然人的攻击行为的主体判定

武力攻击的主体不应当是单一的非本国的自然人。考虑到国际关系中的武力攻击需要以具有武装力量为前提,故来自外国的单一自然人对一国的非国家行为的攻击行为,不属这里所说的武力攻击的主体范围。

(二)武力攻击的方式

何谓武力攻击,《联合国宪章》没有规定。国际法院在 1986 年的“尼加拉瓜案”中对武力攻击的方式作了阐释,认为武力攻击的方式不仅包括一国的正规部队跨越国际边界的直接攻击行为,还包括一国派遣或代表该国派遣武装团队或雇佣兵到另一个国家的间接攻击。后一种情况需要限定,即其在另一国内进行武力攻击行为的严重性等同于正规部队武力攻击的严重性。但武力攻击不包括向反对派提供武器或后勤、财政或其他支持的援助行为。[5] 援助行为可能构成非法的使用武力或武力威胁,或对一国内部或外部事务的干

---

〔1〕 Yoram Dinstein, *War, Aggression and Self-Defence*, 4th edition, Cambridge University Press, 2011, p. 187.

〔2〕 但巴勒斯坦解放组织与以色列之间的冲突还需辨析。

〔3〕 美国对阿富汗的自卫战争另外讨论辨析。

〔4〕 [美]达斯汀·考巴等编:《军事行动法手册》(美国陆军第 18 版),朱雁新等译,国防大学政治学院西安校区 2022 年印制,第 7 页。

〔5〕 参见国际法院关于在尼加拉瓜境内针对尼加拉瓜的军事与准军事行动的判决。马呈元、张力编著:《国际法案例研习》,中国政法大学出版社 2014 年版,第 12 页。

涉。[1] 国际法规定，武力攻击是侵略的最严重形式。

武力攻击与使用武力的含义不是等同的。武力攻击是使用武力情形下的严重情形。有国际法专家认为：使用武力是指一国“动用武装部队”，使用武力属于一种强制措施；非动用武装部队的强制措施，如经济制裁，不属于使用武力。[2] 有学者不赞成对武力攻击的扩张性解释，认为这样的解释将授予国家单方面采取军事行动的口实，而这又是那些想方设法限制、废弃国家战争权的人所不愿意看到的。[3] 国际法院即持这种态度。[4] 如果限定武力攻击概念的泛化，一些国家行为达不到实施自卫的前提条件，所采取的反制性措施就不构成合法的自卫。

（三）武力攻击的手段

武力攻击使用何种手段本不属自卫权行使需要区别与应对的问题，但国际法院在关于使用核武器合法与否的咨询意见中提及此方面问题，因此这里有必要澄清。对于自卫关系中武力攻击的实施者而言，因其实施的武力攻击是非法的，无论使用何种攻击手段，都不能改变这种攻击的非法性。而对于自卫权的行使方而言，因国际法院在关于使用核武器合法与否的咨询意见的最后一点中谈到，一个国家在自卫的情形下，特别是国家面临生死存亡的情境下，使用核武器合法与否，得不出必然的结论。故行使自卫权的国家如果符合上述设定的情形且拥有核武器的话，并且没有缔结或加入 2021 年 1 月 22 日生效的《禁止核武器条约》的话，该类国家使用其所拥有的作战手段予以自卫是合法的。

（四）武力攻击时间的判定

这是从武力攻击发生的时间来判定国家自卫权的行使时间。

《联合国宪章》第 51 条规定国家行使自卫权的前提是遭受武力攻击，但

---

〔1〕 Nicaragua Case, ICJ Reports, 1986, p. 103-104.

〔2〕 [美]达斯汀·考巴等编：《军事行动法手册》（美国陆军第 18 版），朱雁新等译，国防大学政治学院西安校区 2022 年印制，第 1 页。

〔3〕 [德]沃尔夫刚·格拉夫·魏智通主编：《国际法》（第 2 版），吴越、毛晓飞译，法律出版社 2002 年版，第 603 页。

〔4〕 参见国际法院关于“尼加拉瓜案”的判决。马呈元、张力编著：《国际法案例研习》，中国政法大学出版社 2014 年版，第 10-16 页。

《联合国宪章》没有对这一术语作界定，亦未见到国际法权威主体对这一术语的解释。现实中学者的不同学理解释使一个似乎很清晰的问题变得非常复杂。学界的解释可分成四种情况：

第一种情况是最狭义的解释，即武力攻击者实施了攻击行为，且被攻击者感受到武力攻击的效果。持这种解释的国外代表性学者有凯尔森、怀特和奥康奈尔等，这种解释也为中国的国际法专家王铁崖、周鲠生等所接受。[1] 夏尔·卢梭也强调遭受武力攻击的现实性，他指出："正当自卫只有在纠正事前违反国际法时才是可以容许的，并且，只是在对国家造成威胁的危险是严重的和确实存在的，而国家没有任何其他保护手段的情况下行使正当自卫权才是可理解的。"[2] 瓦尔特从文义解释上作了论证："各种英语词典均显示，攻击是一种实际行动……武力攻击概念是指已经发生的实际武力攻击。"[3] 德国国际法学者魏智通也主张："仅当在已经存在入侵而不是入侵威胁的时候，才构成实施自卫权的条件。"国家自卫权的前提不仅是武力攻击已经存在，而且武力攻击仍然存在。[4] 日本也有国际法学者持这种观点。《联合国宪章》承认的国家自卫权形成的前提是，"从采取的形式来看已存在一种必须立即进行反击的武力攻击"。[5]

第二种情况是狭义的解释，即武力攻击者实施了攻击行为，但被攻击者尚未感受到这样的攻击，或者说这样的攻击尚未对被攻击者产生实际的损害效果。布朗利是这种解释的代表性学者，他认为，"武力攻击发生"不是"武力攻击发生之后"，而是"武力攻击已经开始发生之时"。辛格也说："只要能够证明有明确意图要对一个受害成员国发生武力攻击的侵略国已经扣动扳机，因而采取了对实施武力攻击的违法行为所必要的最后直接行动，那么即使还尚未发生武装部队实际侵犯领土，第 51 条的条件就可以说已经得到满足……当

---

[1] 余民才：《国际法上自卫权实施机制》，中国人民大学出版社 2014 年版，第 56-57 页。

[2] [法]夏尔·卢梭：《武装冲突法》，张凝等译，中国对外翻译出版社 1987 年版，第 441 页。

[3] R. Vark, *The Use of Force in the Modern World: Recent Developments and Legal Regulation of the Use of Force*, 2 Baltic Defence Review 33(2003).

[4] [德]沃尔夫刚·格拉夫·魏智通主编：《国际法》(第 2 版)，吴越、毛晓飞译，法律出版社 2002 年版，第 603-604 页。

[5] 日本国际法学会编：《国际法辞典》，世界知识出版社 1985 年版，第 293 页。

侵略国已允许其飞机起飞，巡航导弹和火箭已经发射，或者潜艇已经离开其领水，采取了最后的不可逆转的行动，受害国就有权在第51条的意义内以自卫反击这种攻击，即使飞机或潜艇还没有侵犯自己的领土。"[1]持这种理解的学者认为，第一种最狭义的解释在现实中是难以做到的，即要求一个国家在武力攻击于受威胁国家的领土内已经开始发生之前不能进行武力反击，是不切实际的。

第三种情况是广义的解释，即武力攻击者实施了准备攻击的行为，尚未实施攻击行为。

第四种情况是最广义的解释，即武力攻击者将要实施准备攻击的行为。

第三、四种解释在现实中并没有说得很清楚，不排除有意含糊的可能。这两种情形合在一起，又被称为"扩大解释论"。鲍威尔是这种解释论的主要代表。持"扩大解释论"的学者从不同角度给自己的观点找了许多依据。(1)从《联合国宪章》第51条的起草历史看，载入该条不是为了定义单独自卫权，而是为了澄清有关对共同自卫的集体谅解。(2)从语义解释看，"限制论"的解释不符合《联合国宪章》的语义。认为《联合国宪章》的"武力攻击发生时"只是《联合国宪章》设定的情形之一，而不是唯一的情形，即不是"只有武力攻击发生时"。"限制论"将其解释为"只有武力攻击发生时"，是对《联合国宪章》语义表达的错误理解。(3)从条约法与习惯法的关系看，《联合国宪章》第51条并没有克减习惯法上一国自卫的权利，而习惯法上一国的自卫权利含有预先自卫的内容。(4)从国际法院的审判实践看，国际法院在"尼加拉瓜案"中并没有采取"限制论"。(5)从现代作战手段的运用看，导弹技术，特别是核武器的使用，使"限制论"在现实中难以做到。国际社会不能要求一国等到遭受类似核武器的武力攻击后，在几乎丧失自卫能力的情形下再行使自卫权。[2]

依照国际条约的解释理论与规则，在条约语义不明确、条约没有明确解释相关术语、缔约方没有作出对条约特定语义解释的决定、相关国际司法组织没有对特定条约作出司法性解说的情况下，对条约解说时应当遵循善意、依据通

---

[1] 转引自余民才：《国际法上自卫权实施机制》，中国人民大学出版社2014年版，第57页。
[2] 余民才：《国际法上自卫权实施机制》，中国人民大学出版社2014年版，第58-67页。

常意义、依据条约上下文语义及缔约目的和条约宗旨等原则来解释条约。我们可以按照这样的标准来解释《联合国宪章》第 51 条“武力攻击时”的含义。

以上四种观点中的第四种显然与《联合国宪章》的语义及宗旨精神不相符合,它是“先发制人”使用武力的所谓法律依据,是应当明确予以否定的。第三种观点也不符合《联合国宪章》的本意,因其涉及预先性自卫的合法与否,以及条约法与习惯法的关系,这里不作充分论证,相关内容参阅预先性自卫合法与否的判定部分。

本书认为,第一、二种观点,即“限制论”,是适宜的。这是基于以下的论证:其一,从语义看,“限制论”均属对条约语义的正常解读。“扩大论”者提出“武力攻击发生时”不限于“只有武力攻击发生时”,但并没有排除这两种情况属于对第 51 条的正常解读,只是认为还有其他情形可以被解读出来,而不否认这两种解读的正确性。其二,“限制论”符合《联合国宪章》的宗旨与精神要求。《联合国宪章》的主要宗旨在于维持国际和平与安全,禁止国际关系中的武力威胁或使用武力的行为。在这种宗旨的指引下,确认国家固有的自卫权,但并意味着使这种权利属性拓展到难以确认以至造成权利的滥用而危及国际和平与安全的地步。其三,“限制论”在实践中便于确认与把握。第一种解释是最易确认与把握的。在一定意义上可以说,武力攻击的发起方是否使用武力,遭受武力攻击的受害方以切实受害的效果与影响作为判定标准和依据,具有客观性与真实性。第二种解释是基于当代作战手段的发展及其效能引申的,现实中基于一国军事科技的现代水准及军事力量的先进状况,亦具有一定的合法性、正义性及可操作性。

三、国家自卫权的行使期间

(一)国家自卫权行使于安理会的“必要办法”之前

依照《联合国宪章》第 51 条的规定,国家自卫权的行使期间应当是一国遭受武力攻击之后、安理会采取必要的办法以维持国际和平及安全之前。

现实中,如果安理会已经采取必要的办法,而他国的武力攻击仍然存在,遭受武力攻击国家的自卫行动应当被纳入安理会的必要办法之中,还是仍然保持自卫？这涉及安理会采取“办法”的法律属性问题。

对此，学界的主张存在分歧。有学者提出，《联合国宪章》的规定是明确的，一国行使自卫权的期间仅仅存在于遭受武力攻击之后、安理会采取必要的办法之前。编写《塔林手册》1.0版的“多数专家认为，此时安理会应当明确剥夺国家依照宪章第51条所享有的自卫权。但所有专家都认为，只有安理会享有这一权力，尽管它从未行使过”。[1] 德国国际法学者魏智通主张，国家自卫权仅存在于“武力攻击”发生后的期间。“国家自卫权的前提不仅是武力攻击已经存在，而且武力攻击仍然存在”。[2] 也有学者提出，安理会采取维持国际和平与安全的办法，常常受制于大国的政治操纵，而一国行使自卫权是其固有的权利，若受安理会“必要的办法”制约，其政治独立、领土完整与国家安全势必受到影响。[3]

（二）应当将国家自卫纳入安理会的“必要办法”之中

1. 将国家自卫纳入安理会“必要办法”的含义

将国家自卫纳入安理会的“必要办法”之中，是指自安理会采取“必要办法”之后，国家的自卫不得与安理会的“必要办法”相冲突，而应当按照安理会的“必要办法”以维持或恢复国际和平及安全。

2. 将国家自卫纳入安理会“必要办法”的法理依据

第一，将国家自卫纳入安理会“必要办法”是《联合国宪章》要求联合国会员国履行的国际义务。《联合国宪章》第51条明确规定了联合国会员国自卫权的行使期限，即“在安全理事会采取必要办法，以维持国际和平及安全以前”。这就意味着，当安理会采取“必要办法”之后，联合国会员国得限制其自卫权的行使方式，即将其自卫纳入安理会的“必要办法”之中。将国家自卫纳入安理会“必要办法”是《联合国宪章》的集体安全机制所要求的。《联合国宪章》体现了集体安全思想，形成了集体安全机制，以集体安全机制弥补以往个

---

〔1〕［美］迈尔克·N. 施密特主编：《塔林网络战国际法手册》，朱雁新、朱莉欣等译，西安政治学院科研部2013年印制，第48页。

〔2〕［德］沃尔夫刚·格拉夫·魏智通主编：《国际法》（第2版），吴越、毛晓飞译，法律出版社2002年版，第604页。

〔3〕余民才：《国际法上自卫权实施机制》，中国人民大学出版社2014年版，第125页。

体安全制度的不足，减缓个体安全制度引发的对国际和平与安全的影响与冲击。集体安全机制要求限制个体安全制度中的单独自卫权与集体自卫权的行使。《联合国宪章》第51条就是出于这种立法初衷。同时，在集体安全机制中，联合国安理会被赋予国际警察的地位与职责。“《联合国宪章》在创立新的全球警察权时，其目的在于建立一种可以替代旧的自卫战争的排他性制度。旧制度被保留下来只是作为一种替补，在新制度不能有效发挥作用时采用，而不是作为会员国可以自由决定的一种平等选择。一旦全球警察积极行动起来，单独或集体自卫措施即被取代或合并。”[1]

第二，联合国的实践要求其会员国将自卫纳入安理会采取的“必要办法”之中。1951年，在埃及与以色列的冲突中，埃及援引国家自卫权禁止以色列船舶通过苏伊士运河。埃及的主张没有得到安理会的确认，理由是安理会已经在该区域的冲突中采取了“必要措施”，履行了自己的必要责任。1954年安理会以同样的理由再次否认埃及自卫措施的正当性。[2]

第三，一些区域国际组织条约确认《联合国宪章》相关规定的效力，即确认安理会“必要办法”对国家自卫的约束力。《北大西洋公约》第5条规定，当安理会采取必要办法以恢复或维持国际和平与安全时，各成员国应当结束其所采取的单独或集体自卫。[3]《美洲国家间相互协助条约》援引了《联合国宪章》第51条的规定，确认安理会采取的维持国际和平及安全的临时办法的效力。比利时、法国、卢森堡、荷兰、英国于1948年3月17日缔结的《布鲁塞尔条约》规定，如果任何一个缔约方在欧洲成为武力攻击的目标，其他缔约方应当遵照《联合国宪章》第51条的规定，向受攻击的缔约方提供力所能及的一切军事或其他援助。[4] 该规定在确认缔约方享有集体自卫权的同时，确认了安理会为维持国际和平及安全采取的临时办法的效力。

第四，一些双边条约确认安理会“必要办法”对国家自卫的作用力。如

---

[1] 转引自余民才：《国际法上自卫权实施机制》，中国人民大学出版社2014年版，第123页。

[2] 余民才：《国际法上自卫权实施机制》，中国人民大学出版社2014年版，第126页。

[3] 王铁崖、田如萱编：《国际法资料选编》，法律出版社1982年版，第928页。

[4] 顾德欣主编：《中国军事百科全书学科分册Ⅱ·国际军事关系》（第2版），中国大百科全书出版社2007年版，第480-485页。

《菲美共同防御条约》《日美共同合作和安全条约》《韩美共同防御条约》都有类似的规定。

第五，联合国会员国有此方面的国家实践。这里所说的"国家实践"是指国家在特定自卫中的态度与立场。这里的"国家"有的是当事国，出于维护国家自身利益的需要，要求对象国将其自卫纳入安理会的"必要措施"之中。有的是第三国要求。1948 年，印度曾向安理会表明其在国家行使自卫权与安理会采取"必要措施"上的态度立场，"根据《联合国宪章》，自卫权只能继续行使至安理会采取维持国际和平及安全的必要办法之前"。印度是本次武装冲突的当事国。〔1〕 1982 年，英阿马岛战争中，阿根廷主张，根据《联合国宪章》第 51 条，英国的军事行动必须在安理会采取措施通过决议后停止。阿根廷是本次武装冲突的当事国。

第六，一些国际法学者主张应当将国家自卫纳入安理会的"必要措施"之中。当安理会认定的维持国际和平及安全的必要措施与自卫权行使的当事国判断的自卫所必要和正当的措施之间发生冲突或矛盾时，"安理会的决定具有优先地位"。〔2〕

也有学者主张国家的自卫可以与安理会的"必要措施"同时实行，安理会的"必要措施"不能终止国家的自卫。霍尔伯斯坦认为，不能将《联合国宪章》第 51 条解释为一旦安理会采取措施，国家的自卫权就受到阻碍，这种解释不符合国家自卫权的属性，不符合《联合国宪章》第 51 条的原意，也不符合《联合国宪章》立法者的初衷。鲍威特甚至认为，遭受武力攻击的国家采取的自卫措施可以与安理会采取的"必要措施"相冲突。〔3〕

3. 将国家自卫纳入安理会"必要办法"的现实困境

有学者提出，将国家自卫纳入安理会的"必要措施"之中，应当满足一定的条件，即安理会的"必要办法"应当足以维持或恢复国际和平及安全。"安

---

〔1〕 印度在此次安理会会议上，属于冲突当事国。安理会讨论的是印度与巴基斯坦在克什米尔的武装冲突，印度主张，巴基斯坦以自卫名义进入克什米尔地区是无效的，因为安理会已经在此次武装冲突中采取"必要措施"。余民才：《国际法上自卫权实施机制》，中国人民大学出版社 2014 年版，第 125-126 页。

〔2〕 日本国际法学会编：《国际法辞典》，世界知识出版社 1985 年版，第 293-294 页。

〔3〕 余民才：《国际法上自卫权实施机制》，中国人民大学出版社 2014 年版，第 125 页。

理会行动对自卫行动的影响程度必须根据实际情况而定。”“只有在安理会成功地解决提交给它的国际争端并恢复国际和平与安全时，国家的自卫行动才应当终止。”[1]提出这种主张的学者认为，虽然《联合国宪章》设置了集体安全体制，安理会又在这一体制中发挥重要作用，安理会的“必要办法”是这一体制运行的组成部分。但国际关系实践当中，安理会的运行总是受到少数大国及其影响下的国际政治的影响与制约，简单地强制要求将实施自卫特别是单独自卫的国家的自卫措施纳入安理会的“必要办法”之中，实际上是将联合国的集体安全体制运行过程的公平与正义功能理想化了，忽视了国际关系与国际政治的复杂性。同时，强调将国家自卫纳入安理会的必要办法之中的前提条件，也有一定的法理依据。从法理层面来讲，《联合国宪章》赋予安理会维持国际和平及安全的职责，《联合国宪章》为此在其第39~41条明确规定了安理会的相关职权，《联合国宪章》第51条进一步规定了安理会对自称是实施自卫行动的国家行为的规制措施。进一步来讲，“采取必要的措施”是手段，“维持国际和平及安全”是目的，只有手段的作用达到实现目的的程度时，这样的手段才得以对联合国会员国的相关行动产生制约力。事实上，安理会在特定武装冲突中采取的措施有不同的种类：拒绝自卫主张，要求冲突各方停止军事行动；确认自卫权，宣示对情势的态度；承认一国的自卫权，并对侵略国采取《联合国宪章》第41条规定的非武力措施；承认一国的自卫权，并对侵略国采取《联合国宪章》第42条规定的军事行动措施。在有些情境下，安理会还可能拒绝承认当事国一方的自卫请求，或者没有对当事方的自卫主张作出裁判，或者不能或不愿意采取行动。相应地，安理会不同种类的措施会产生不同的影响。安理会采取的措施可能是外交的、经济的、和平的、军事的。这些措施的目的都是维持或恢复国际和平及安全。能否说明，只要没有达到目的，都属于不能致使国家的自卫行动停止的措施？1982年英阿马岛战争中，英国拒绝执行安理会采取的“必要措施”即通过的第502号决议。英国认为，安理会的“必要措施”不能禁止英国行使自卫权，因为安理会的措施没有使阿根廷的军队从本国的领土马尔维纳斯群岛上撤离，反而增加了军队和装备，因而这样的

[1] 转引自余民才：《国际法上自卫权实施机制》，中国人民大学出版社2014年版，第127页。

措施被证明是无效的。[1] 这里又产生了新的问题,安理会采取的"必要措施"是否足以"维持或恢复国际和平及安全"的判定主体与判定标准是什么?是由采取自卫行动的国家来判定?还是由安理会来判定?还是由采取自卫行动的国家及安理会以外的主体来判定?不同主体与标准会产生不同的效果与影响。

总之,将国家自卫纳入安理会维护国际和平与安全的"必要办法"之中,其国际法规定的明晰性与国际法理的充分性,是不言而喻的。但国际关系与国际政治的复杂性对这一规则的实施提出挑战。在这种情境下,国际社会面临遵守国际法并完善相关国际法规则与尊重国家主权与维护国家实际利益之间的两难选择。这样的选择困境在可以预见的未来国际关系及实践中,尚难看到解决的希望。

四、国家自卫权的行使限度

国家遭受武力攻击之后,实施自卫达到何种规模为合法或符合国际法的基本要求。《联合国宪章》对此没有明确的规定。国际习惯法上的自卫要件侧重实施自卫的必要性,同时暗含着相称性要求。国际法院在 1986 年的"尼加拉瓜案"中提出了自卫应当遵循"相称性"原则。反击一场武力攻击的合法与否,在一定意义上也取决于该自卫是否遵守了"必要"与"规模相称"的要求。国际法院在"格林纳达案"中表明了类似的看法。国际法院指出,即使美国对格林纳达的军事行动满足自卫的其他条件,但是在开始入侵格林纳达被视为不成比例后,美国军队在格林纳达仍然驻扎了一段时间,这不能说是符合自卫的比例性要求的。[2] 国际法院在"石油平台案"中又要求,美国必须证明其军事行动与"所受武力攻击是……成比例的"。国际法院所要求的在实施自卫中应当遵守的比例性原则,"对于降低武装冲突的烈度有积极意义"。[3] 强调自卫作战应当遵循比例性原则,旨在控制武力攻击国与实施自卫国将武

[1] 余民才:《国际法上自卫权实施机制》,中国人民大学出版社 2014 年版,第 126-127 页。

[2] 梁淑英主编:《国际法教学案例》,中国政法大学出版社 1999 年版,第 16 页。

[3] 赵劲松:《国际法院伊朗诉美国石油平台案简析》,载《黑龙江省政法管理干部学院学报》2006 年第 3 期。

装冲突的规模及其产生的危害限定在一定的范围内，避免造成“自卫过当”。国际法院的主张得到国际法学界的普遍认同。“相称性”原则也构成合法自卫的要件之一。国际法学界也有人称这一要件为“比例性原则”。但如何界定自卫的比例性原则的含义与要求，国际法院在“尼加拉瓜案”的判决中，也没有作进一步的解释。学界则存在不同的看法。“比例性是一个适用于特定情况的复杂概念，不可避免地存在不同意见。”〔1〕

论及自卫的比例性原则，首先而且始终应当考虑自卫与什么成比例？这里的成比例，主要强调的是两种行为结果之间的成比例。具体地说，就是实施自卫的国家的自卫效果，与实施武力攻击的国家用武力攻击造成的损害效果之间，要成比例。

国际法院的相关司法判决可以说明这一点。国际法院在“石油平台案”中指出，美国因一艘军舰触雷而攻击伊朗的石油平台是违反自卫的比例原则的，因为美国摧毁伊朗的“萨尔曼”和“纳赛尔”石油平台与其军舰触雷遭受严重损害是不成比例的。在“刚果领土内的武装活动案”中，国际法院表明了类似的裁判结论。针对乌干达与刚果的边界武装冲突，乌干达占领刚果的机场和城镇，国际法院在裁判中表明，乌干达的行动与其所声称引起自卫权的一系列越界攻击是不成比例的，因为乌干达占领刚果机场与城镇，距离乌干达与刚果的边界冲突有数百公里之遥。〔2〕

国际法学界也有类似的看法。“通常的观念是把比例视为防御行动的规模和范围不得超过攻击的规模和范围。”〔3〕“比例性是指非法使用武力与合法反击在‘规模和后果’上的对称性或近似性。”〔4〕《奥本海国际法》也主张，自卫的方式应直接针对侵害者的武力攻击采取行动；自卫的规模与强度应当与受到的武力攻击的规模与强度成比例，受害方不得以自卫为理由对侵害国采

〔1〕 余民才：《国际法上自卫权实施机制》，中国人民大学出版社 2014 年版，第 99 页。

〔2〕 余民才：《国际法上自卫权实施机制》，中国人民大学出版社 2014 年版，第 105 页。

〔3〕 Michael N. Schmitt, *Preemptive Strategies in International Law*, 24 Michigan Journal of International Law 532-533(2003).

〔4〕 Yoram Dinstein, *War, Aggression and Self-Defence*, 4th editon, Cambridge University Press, 2011, p. 231.

取惩罚性的报复措施。[1] 自卫"所采取的措施应当合理,其所要达到的目的应与要消除的危险相称"。[2] "反武力行动只要在抵御对方武装入侵的必要限度内就是合法的。"[3]正是从这种意义出发,"自卫的相称性原则"也被称为自卫的比例性原则。还有学者称,自卫的比例性原则是"自卫的本质"。[4]

国际法学界除对自卫规模应成比例之外,对自卫的比例性原则还有多种解读。

一是自卫与遭受武力攻击的目的成比例。"自卫的比例性自然是与武力攻击或阻止和反击武力攻击的目的成比例,即将防御性使用武力与武力攻击进行比较",要求二者之间成比例。比例性就是实现反击武力攻击之目的所必要的比例。[5] "自卫的比例性与自卫的目的和方式相关。"[6]有国际法学者提出,自卫目的成比例为大多数学者所认同。也有学者认为:"自卫的目的与如何实现该目的之间的界限有些模糊。"[7]

二是区域范围成比例。有国际法学者认为,自卫规模成比例要求自卫实施者将其自卫行动及效果限定在与遭受武力攻击相适应的区域范围。如一国遭受武力攻击的范围仅限于边境,则不应将自卫的范围扩展至攻击方的首都;一国遭受武力攻击仅限于孤立的海岛,则不得将自卫的范围扩展至攻击方的大陆本土;一国遭受武力攻击的范围仅限于空气空间,则不应攻击位于外空的攻击国的卫星;等等。[8]

三是自卫手段成比例。如一国遭受武力攻击时仅受到常规武器的攻击,就不得使用大规模杀伤性武器实施自卫。国际法院在关于使用核武器合法与

---

〔1〕［英］劳特派特修订:《奥本海国际法》(上卷·第1分册),王铁崖、陈体强译,商务印书馆1971年版,第309页。

〔2〕刘家新、齐三平主编:《中国军事百科全书学科分册·战争法》(第2版),中国大百科全书出版社2007年版,第76页。

〔3〕［德］W. G. 魏智通主编:《国际法》(第5版),吴越、毛晓飞译,法律出版社2012年版,第602页。

〔4〕Yoram Dinstein, *War, Aggression and Self-Defence*, 4th editon, Cambridge University Press, 2011, p. 269.

〔5〕余民才:《国际法上自卫权实施机制》,中国人民大学出版社2014年版,第99页。

〔6〕［英］劳特派特修订:《奥本海国际法》(上卷·第1分册),王铁崖、陈体强译,商务印书馆1971年版,第309页。

〔7〕余民才:《国际法上自卫权实施机制》,中国人民大学出版社2014年版,第99页。

〔8〕余民才:《国际法上自卫权实施机制》,中国人民大学出版社2014年版,第104-105页。

否的咨询意见中,并没有禁止自卫国家在特定情境下使用核武器。“比例性原则本身也许并不在所有情况下都排除核武器用于自卫。”法院提出:“不掌握充分的证据使它能够确定无疑地得出如下结论,即核武器的使用在任何情况下都必然不符合武装冲突法的原则和规则。”“对于一个国家在其生死存亡处于危急关头时进行自卫的极端情况下,使用核武器是否合法的问题,它无法得出确切的结论。”[1]武力使用法中的比例性原则与作战行为法中的比例性原则属不同语境下的战争法规则。“比例性原则不要求受害国只能使用与侵略者在数量上相等的军队,也不要求对侵略者造成的伤害完全等同于受害国所受的伤害。”“如果将比例性理解为使用同样的武器、同样的武力程度或同样的目标,受害国很可能被剥夺有效自卫的能力,因为使用比攻击更大规模的武力可能是必要的。”[2]

四是自卫的时间成比例。有国际法学者提出,自卫主体持续性反击持续性武力攻击,可认为自卫的时间方面是成比例的;自卫主体持续性反击一次性武力攻击,则不能认为自卫的时间是成比例的。[3] 如,以色列 1978~2000 年占领黎巴嫩部分领土,南非 1981~1988 年在安哥拉侵占缓冲区,同样受到谴责。

五、国家自卫权行使与安理会的作用

(一)国家采取自卫行动及对安理会的报告

《联合国宪章》第 51 条规定:“……会员国因行使此项自卫权而采取之办法,应立即向安全理事会报告,此项办法于任何方面不得影响该会按照本宪章随时采取其所认为必要行动之权责,以维持或恢复国际和平及安全。”

这里的报告即通报,行使自卫权的国家将其采取的自卫行动通报联合国安理会。

这种报告制度的设立,基于《联合国宪章》赋予安理会职责的相关规定,

---

[1] 刘家新、齐三平主编:《中国军事百科全书学科分册·战争法》(第 2 版),中国大百科全书出版社 2007 年版,第 125 页。

[2] 余民才:《国际法上自卫权实施机制》,中国人民大学出版社 2014 年版,第 100 页。

[3] 余民才:《国际法上自卫权实施机制》,中国人民大学出版社 2014 年版,第 105 页。

《联合国宪章》第 39 条规定,“安全理事会应断定任何和平之威胁、和平之破坏、或侵略行为是否存在”。这种报告制度的设立,既是国家自卫权受到联合国集体安全制度影响与规制的体现,也是特定情势下联合国集体安全体制启动运行的象征。报告制度“为安理会及时审查谁合法地行使自卫权或者使用武力是否合法提供了机会,有助于对国家最初自由地决定诉诸武力的不足加以补救”,[1]有助于安理会维持国际和平与安全职责的履行。

1. 报告的主体

在单独自卫情境下,报告的义务主体是联合国单个会员国。

在集体自卫情境下,报告的主体可能扩大至联合国的非会员国。《联合国宪章》第 51 条没有区分单独自卫与集体自卫的报告义务,而是要求行使单独自卫权与集体自卫权的联合国会员国均履行报告义务。从条约法视角看,非联合国会员国没有义务就其采取与实施的自卫向安理会履行报告的义务。

2. 报告的时间

《联合国宪章》要求行使自卫权主体“立即”报告。

何谓“立即”报告?《联合国宪章》没有明确的规定,国际法院判决与联合国的实践也没有涉及此方面问题。这里的“立即”是指联合国会员国一开始采取自卫行动就应当向安理会报告,或者在实施自卫的过程中向安理会报告,不应当指一国直至自卫结束才向安理会报告。

3. 报告的频次

联合国会员国就其自卫向安理会报告,是一次性报告还是多次持续性报告,如果是持续性报告,这些报告之间的间隔时间长短等问题,《联合国宪章》没有明确的规定,安理会也没有明确的要求。这与联合国维持和平行动及安理会授权采取的军事行动中的报告要求或规则,均不相同。在国家实践中,有的国家采取持续性报告的方式。伊朗和伊拉克两国之间于 1980 年至 1988 年发生长达 8 年的武装冲突,两个国家都反复把特定事件向安理会报告。美国在为通过波斯湾的美国船舶提供护航而卷入两伊战争时,也反复向安理会报告,用以证明其每次向伊朗使用武力都是合法的。厄立特里亚与埃塞俄比亚

---

[1] 余民才:《国际法上自卫权实施机制》,中国人民大学出版社 2014 年版,第 133 页。

于1998年至2000年发生边境武装冲突,两国亦向安理会反复援引自卫权。

4.报告的内容

关于联合国会员国就实施自卫向安理会报告的内容,《联合国宪章》没有明确的要求。从理论上来说,报告的内容应主要包括实施自卫的必要性、自卫行动与受到武力攻击的相称性。国际法学界有类似的观点。实施自卫的国家必须向安理会提供关于遭受武力攻击的确凿证据,[1]有关必要性、比例性和目的性的足够情报,使安理会能够对一国采取自卫行动的合法性作出证据充分的判断。[2]

5.报告的方式

联合国会员国就实施自卫向安理会报告的方式可以是口头的,也可以是书面的。

6.报告的属性

依照《联合国宪章》第51条的规定,联合国会员国就行使自卫权向安理会报告,属于会员国的义务。国际法院在"尼加拉瓜案"的判决中认为,如果联合国会员国没有向安理会报告其采取的自卫行动,则构成对《联合国宪章》第51条所载义务的违反。这种义务属于条约法上的义务,而非习惯法上的义务。因为《联合国宪章》明确设定了这一义务;而在关于国家自卫的习惯法上,并没有要求行使自卫权的一方履行报告的义务,在一般情况下也不存在受理报告的第三方,即便存在斡旋或调停的第三方,该第三方也不具备类似联合国安理会这样的权威机构的地位作用。国际法院在"尼加拉瓜案"的判决中也指出,报告的要求不应当被解释为习惯国际法规则的构成部分。"在习惯国际法中,尽管直接基于条约义务和条约组织的程序应予遵守,但它不是使用武力自卫的合法条件。"[3]

实施自卫的联合国会员国没有履行向安理会报告的义务,并不影响安理会对该会员国自卫行动合法与否的判定。换言之,实施自卫的联合国会员国

---

[1] Yoram Dinstein, *War, Aggression and Self-Defence*, 4th editon, Cambridge University Press, 2011, p. 213.

[2] 余民才:《国际法上自卫权实施机制》,中国人民大学出版社2014年版,第135页。

[3] 马呈元、张力编著:《国际法案例研习》,中国政法大学出版社2014年版,第10-16页。

向安理会报告其自卫行动与措施的义务,属于程序性义务,而非构成合法自卫的实质要件。这是因为:其一,《联合国宪章》并没有将这样的报告义务规定为合法自卫的实质要件。其二,联合国实践中,安理会没有因联合国会员国没有向安理会报告其自卫行动而撤销有关国家的自卫行动,或者对该国予以谴责。其三,国际法学者多从一国自卫的实际状况而非报告与否来判定该国自卫行动的合法与否。“未向安理会报告并不剥夺一国采取自卫的权利。”〔1〕“报告条件只是程序性的,没有遵守本身虽然违反《联合国宪章》第 51 条的义务,但并不致使合法自卫行动变成无效。”〔2〕联合国会员国“在面对公然侵略的情况下,自卫行动绝不能仅仅因为没有报告就转变为侵略行为”。〔3〕

(二)安理会对国家自卫行动的制约

1. 国家行使自卫权不需要安理会的事先同意或授权

自卫习惯国际规则强调自卫的必要性和紧迫性,并不要求行使自卫权的主体须征得第三方主体的同意。

《联合国宪章》第 51 条确认联合国会员国遭受武力攻击时,采取自卫行动属其固有权利;并没有规定在行使该权利之前,须征得联合国安理会的同意或授权。

在联合国实践中,没有哪个会员国因没有事先报告实施自卫而受到联合国的谴责与非议。

在国家实践中,主权国家将行使自卫权作为其固有权利。例如,黎巴嫩 1958 年在安理会控诉阿拉伯联合共和国(埃及和叙利亚)干涉时提出,在联合国采取适当行动结束阿拉伯共和国的渗透之前,它不会放弃与美国的集体自卫权。

安理会采取措施前国家行使自卫权符合《联合国宪章》起草者的立法目的。在《联合国宪章》制定过程,美国代表团在将第 51 条草案提交旧金山会议

---

〔1〕［美］迈尔克·N. 施密特主编:《塔林网络战国际法手册》,朱雁新、朱莉欣等译,西安政治学院科研部 2013 年印制,第 47 页。

〔2〕转引自余民才:《国际法上自卫权实施机制》,中国人民大学出版社 2014 年版,第 138 页。

〔3〕余民才:《国际法上自卫权实施机制》,中国人民大学出版社 2014 年版,第 138 页。

的小组委员会时解释说,该条“确立了在安理会有效处理情势之前完全的自卫权”。〔1〕

国际法学者多主张国家自卫权的自主属性。自卫权是国家主权的本质,是一种固有的或天然的权利,其行使是由于国家受到武力攻击,与安理会的作为无关。国家行使自卫权的基础是第51条,而不是安理会的指示。有学者从当代军事科技与作战手段运用特点角度论证国家在安理会采取措施之前及时行使自卫权的必要性。在现代常规或核战争技术条件下,任何国家都必须对事关其生存、独立或领土完整的非法攻击或威胁非常迅速地作出反应。也有学者从安理会易受大国影响的角度论证国家在安理会采取措施之前实施自卫的必要性。在大多数情况下,受到威胁的国家没有时间在自卫之前取得安理会的同意。如果受到高强度攻击,寻求安理会同意不可避免地引起时间延误,这对防御国家来说可能是灾难性的。

2. 安理会对国家自卫行动的断定

安理会有权断定一国对他国实施的武力使用行为,究竟属于自卫,还是属于侵略。1974年《关于侵略定义的决议》界定了侵略,列举了7种主要侵略行为。该决议第2、4条将一国使用武力行为是否构成侵略的权力赋予联合国安理会。因为国家的同一武力使用行为,虽然不能简单地说非侵略即自卫,但侵略与自卫毕竟是同一行为的两个方面。安理会断定一国武力使用行为是否属于侵略,应当按照《联合国宪章》的规定进行。

纽伦堡军事法庭在判决中表明,“依据自卫的主张而采取的行动在事实上是侵略性的还是防御性的,如果要执行国际法,就必须最终加以调查和裁决”。〔2〕 国际法院1986年就军事和准军事活动认为自己有权裁判一国的武力使用行为是否属于自卫或集体自卫问题。〔3〕

---

〔1〕 转引自余民才:《国际法上自卫权实施机制》,中国人民大学出版社2014年版,第127-128页。

〔2〕 [英]詹宁斯、[英]瓦茨修订:《奥本海国际法》(第1卷·第1分册),王铁崖等译,中国大百科全书出版社1995年版,第376页“注释211”。

〔3〕 国际法院关于在尼加拉瓜境内针对尼加拉瓜的军事与准军事行动的判决。马呈元、张力编著:《国际法案例研习》,中国政法大学出版社2014年版,第12页。

3. 国家自卫权不影响安理会行使《联合国宪章》第七章所赋予的权力

一国合法地行使自卫权,不会影响安理会依照《联合国宪章》第七章所享有的维持国际和平与安全职责的履行。国家行使自卫权和安理会采取使用武力行动,是《联合国宪章》规定的应对破坏国际和平情势的两种路径下的不同措施。《联合国宪章》没有规定面对同一国际情势,只能选择一种举措。

第三节　国家自卫权行使面临的挑战

一、网络攻击条件下国家自卫权的行使

一国遭受网络攻击,能否行使国家固有的自卫权?回答此问题的前提是,网络空间是否存在国家主权。若网络空间存在国家主权,那么遭受网络攻击的国家拥有通过自卫的方式维护其主权的权利;若网络空间不存在国家主权,那么国家就无权因网络空间遭受攻击而行使自卫权。

(一)网络空间存在国家主权

1. 网络空间的含义与特征

(1)网络空间的含义

关于"网络空间"的含义,尚未见到条约法的界定。《塔林手册》1.0 版对"网络空间"的界定,具有一定的影响力。网络空间是指:"由物理和非物理要素构成的环境,特点是使用计算机和电磁光谱来存储、修改和使用计算机网络交换数据。"[1]

有的国家以官方名义界定这一术语。美国政府将网络空间界定为包括互联网、电信网络、计算机系统和嵌入式处理器组成的相互依赖的信息基础设施。美国国防部提出,网络空间可定义为"一种在信息环境中由相互储存的信息技术基础设施和驻留数据组成的全球领域,其中包括互联网、电信网络、计

[1] [美]迈尔克·N. 施密特主编:《塔林网络战国际法手册》,朱雁新、朱莉欣等译,西安政治学院科研部 2013 年印制,第 222 页。

算机系统以及嵌入式处理器和控制器”。[1] 可以看出,两种界定类似。

学界也不乏界定网络空间的尝试。网络空间亦被称作“信息区域”,是指不同于真实的具有有形界限的物理空间,是跨越国界的一个虚拟存在。[2] 网络空间是一个由网址和密码构成的虚拟却又客观存在的新空间。[3]

这里值得注意的问题是,网络空间只是或纯粹是一个虚拟的空间,还是包括该虚拟空间赖以存在的基础设施在内而形成的共同空间。或者,能否将网络赖以存在的基础设施归于国家的传统主权空间,而仅仅将虚拟空间区分出来作为“网络空间”?《塔林手册》1.0 版和美国官方的定义均是指包含二者为一体的空间,而非纯粹的网络虚拟空间。因为网络基础设施与网络空间有时不能截然区分开来。而有的学者界定的网络空间,仅指“物理空间”以外的“虚拟空间”。

综合以上定义,网络空间是指由物理和非物理要素构成的通过使用计算机和电磁光谱来存储、修改和使用计算机网络交换数据的环境空间。

(2)网络空间的特征

网络空间的特征是相对于传统的或物理的或既有的陆地、海上、空气空间和外层空间而言的,因为人们常将网络空间称作继陆、海、空、外空之外的第五空间。

第一,从网络空间的构成看,其是有形空间和无形空间的混合体。这里的“有形空间”,是指网络空间赖以存在的网络基础设施及其形成的空间,这样的基础设施及其空间,依托于传统空间,同时构成网络空间的组成部分。这里的“无形空间”,是指由信息、网络等要素构成的虚拟空间。概括起来,网络空间的这一特征也可以表述为实体空间和虚拟空间组成的新型空间。

第二,从网络空间存在的资源看,其主要资源是信息和数据等。传统空间

---

〔1〕《美国国防部战争法手册》(下册),“战争法国际交流中心”项目组译,国防大学政治学院西安校区 2022 年印制,第 283 页。

〔2〕 黄瑶:《论禁止使用武力原则——联合国宪章第二条第四项法理分析》,北京大学出版社 2003 年版,第 189 页。

〔3〕 李鸿渊:《论网络主权与新的国家安全观》,载《行政与法》2008 年第 8 期。

总是存在一定的资源,这些资源对人类生存与活动具有一定的价值或有用性。网络空间存在的资源是其存储或运用的信息和数据。这些资源同样对人类生存与活动具有一定的价值或有用性。

第三,从网络空间存在资源的归属看,其具有专属性和共享性的特征。网络空间存在与运行的信息和数据,有的具有专属性,如涉及一国政治稳定、经济命脉、军事安全、科技尖端的信息数据等,此类数据往往归一国所有及管辖。有的数据则具有共享性,如新闻等。

2. 网络空间的主权划分与判定

(1)网络空间主权的含义

近代以来的国际法承认国家拥有主权。国家主权是指国家对内的最高管辖权和对外的独立自主权。传统国际法上,国家主权的行使空间及于陆、海、空等领域。网络空间形成之后,国家主权的行使客观上已经涉及网络空间。于是,国际法学提出网络主权的概念。

关于网络主权的含义,国内学界有学者从不同角度予以揭示。网络主权是指网络环境下国家主权的自然延伸和表现,对内是指国家独立自主地发展、监督、管理本国的互联网事务,对外是指防止本国互联网受到外部入侵和攻击。[1] 国家在网络空间存在主权,即一国享有在其网络空间活动、处理网络空间事务及对来自他国的网络攻击实施自卫的权利。[2] 这些界定基本遵循国际法对国家主权界定的模式,只是详略有所不同。本书将网络主权简要地概括如下:网络主权是国家主权在网络空间的自然延伸,是一国对本国境内的网络设施、网络主体、网络行为及相关网络数据和信息所享有的对内最高管辖权和对外独立权。

(2)网络空间主权划分的可行性

国家确定其网络空间主权、国际社会划分网络空间主权具有一定的可行性。

第一,传统国际法为划分确定网络空间主权奠定了法理基础。传统国际

---

〔1〕 李鸿渊:《论网络主权与新的国家安全观》,载《行政与法》2008 年第 8 期。

〔2〕 王舒毅:《网络空间国家主权初探》,载《保密工作》2012 年第 9 期。

法确认的属地管辖原则为构成网络空间的网络基础设施及网络空间国家专属资源的主权确认奠定了法理基础,即在一国领土上的网络基础设施,在划分网络空间主权过程中,原则上属于该网络基础设施所在国的主权范围;由一国专属的信息资源,原则上属于该国的主权范围。还有,传统国际法确认的属人管辖原则为网络空间的网络行为的规制提供了法理基础。即一国国民从事的网络行为原则上属于该国主权管控与规制的范围。

第二,联合国为划分确定网络空间主权奠定了国际组织主体基础。联合国在当代国际关系中的地位,在当代国际法形成过程中发挥的作用,有助于促进网络空间主权的划分与确认。联合国是当今世界国际关系中具有权威性和合法性的国际组织,迄今几乎所有的国家都是联合国的会员国。在联合国的平台上,会议、协商、谈判可以使诸多全球性议题向前推进或得到一定程度的解决。网络空间的全球规制亦是如此。如联合国国际专家组于 2013 年 6 月向联合国大会提交的一份关于《联合国宪章》适用网络空间的报告,获得国际社会的广泛共识,有力推动了网络空间国际法的形成。有学者认为,联合国框架下的网络空间规制可能形成网络空间全球治理的发展趋势。[1]

第三,国家关于网络空间存在主权的立场为划分确认网络空间主权提供实践支持。不少国家明确表示网络空间存在国家主权。强调网络空间存在主权的国家提出,网络空间不是完全的虚拟空间,因它不是凭空存在的,它的形成和运行需要依靠国家的信息基础设施,而这些信息基础设施具有传统意义上的主权属性,因而网络空间也应当具有明确的主权属性。也有国家反对网络空间存在主权的主张。

第四,国家规制网络空间行为的法规政策为划分确认网络空间主权提供规范基础。世界各国关于规制网络空间与网络行为的法律法规及战略策略,为国际社会确认、划分、规制网络空间及网络行为,形成国际共识、达成国际协议、制定国际条约,奠定了一定的法理基础。例如,2011 年 9 月,中俄等上海合作组织成员国在第 66 届联合国大会上向联合国提交的《信息安全国际行为准则》,主张网络空间存在主权,属于主权国家自己的互联网问题应当由该主权

---

〔1〕 鲁传颖:《试析当前网络空间全球治理困境》,载《现代国际关系》2013 年第 11 期。

国家自行决定与处理,各国在网络空间的主权应当受到国际社会的尊重和保护。该准则在此届联合国大会上被正式通过,并作为联合国正式文件发布。2014 年 6 月,中国与联合国在北京共同举办“信息与网络安全问题国际研讨会”,探讨网络空间的国际法适用及规则制定问题。中国主张,各国在网络空间应当遵守《联合国宪章》和公认的国际关系基本准则,尊重各国在网络空间的主权和政治独立。

第五,国际法学者对网络空间的主权划分作了有益的探讨。如编写《塔林手册》1.0 版的国际专家组承认网络空间存在国家主权。[1]

(3)网络空间主权的划设

第一,一国对其网络基础设施拥有主权。

这里所说的网络基础设施,是指信息系统运行所依赖的通讯、存储和计算机资源。一国对其网络基础设施拥有控制权即主权。一国有权对其领土内的网络基础设施享有主权,即一国对其领土内的网络基础设施享有排除其他任何国家干预的权利。无论这些网络基础设施归属于一国政府,还是归于该国私人实体,这些网络基础设施都应当受到该国法律法规的规制,享受该国法律的保护,使这些网络基础设施免遭攻击或破坏。[2] 一国对其拥有的或可控制的在其领土范围的网络基础设施,在依据国际法享有某些方面权利的同时,承担相应的义务。

第二,一国对其政治经济军事科技等领域的网络数据信息系统拥有优先管辖权。从所有权角度审视,网络空间的数据信息系统等资源可以划分为专属资源和共有资源。一国对其专属资源享有排他管辖权。

第三,一国对本国公民的网络行为拥有优先管辖权。传统国际法确认的属人管辖原则,在划分与确认网络空间主权过程中仍然具有指引价值。即一国国民从事的网络行为,原则上属于该国主权管控与规制的范围。

第四,各国在网络空间的法律地位平等。《联合国宪章》和《国际法原则

---

〔1〕 [美]迈尔克·N. 施密特主编:《塔林网络战国际法手册》,朱雁新、朱莉欣等译,西安政治学院科研部 2013 年印制,第 2 页。

〔2〕 [美]迈尔克·N. 施密特主编:《塔林网络战国际法手册》,朱雁新、朱莉欣等译,西安政治学院科研部 2013 年印制,第 2、3 页。

宣言》确认的国家主权平等原则在网络空间同样具有适用性,同时为网络空间主权划分与确认提供国际法基本准则。例如,主权国家有权自主选择网络发展道路、治理模式和公共政策,不受外来干涉。主权国家有权平等参与网络空间国际治理,共同制定国际规则。

(4)网络空间主权的特征

第一,网络空间主权的行使范围具有清晰性与模糊性共存的特征。国家主权行使的传统空间界限,无论构成国家领土的领陆、领水还是领空,具有一定的清晰性。国家领陆边界划分过程的争议或争端不影响领陆边界普遍的清晰性特征,而且一国与他国领陆边界的争议或争端的目的也是让争议部分更清晰。构成国家领土范围的"领网",与传统的领陆、领水和领空相比,具有空间虚拟的特征,加之网络空间主权划分主要的参照依据是,构成网络空间的基础设施及数据资源的作用功能,而有的数据资源只有在分享与交流中才能体现其价值功能,这种分享使网络空间主权划分具有一定的相对性而非绝对性,[1]或者说,网络空间主权划分本身具有清晰性与模糊性共存的特征,导致国家网络空间主权行使也显现清晰性与模糊性共存的特征。

第二,网络空间国家主权管辖对象具有相对性。信息资源是国家在网络空间行使主权的重要对象。网络空间的信息资源不同于自然界陆海空的有形物理资源,如石油、森林等物理资源,资源的所有对象相对明确,网络空间的信息资源的功能作用具有多维性。主权国家不可能对其网络空间的所有信息资源享有绝对的排他性主权,除涉及国家政治经济国防科技安全的信息资源外,主权国家之间实际上对更多的网络空间的信息资源分享主权。[2]

第三,国家管辖网络空间行为模式出现新变化。网络空间行为者的出入,具有一定的自由性和便捷性,不像行为者进入传统的陆地、海上或空中空间那样需要办理和持有特定的程序与证件。越来越普遍的网络身份认证类似传统国民的身份证明,对网络行为者出入特定的网络空间设置一定的前提条件。但此类要求与前提,与传统的进入特定的主权空间的要求存在明显的区别。

---

〔1〕 李鸿渊:《论网络主权与新的国家安全观》,载《行政与法》2008年第8期。

〔2〕 王舒毅:《网络空间国家主权初探》,载《保密工作》2012年第9期。

(5)国际法维护网络空间主权的意义

网络空间划分与确认国家主权,具有积极的现实意义。

首先,有利于国际法的调整。网络空间的出现催生新的国际关系,相应形成国际关系中的利益与责任,这就需要国际法的调整。近现代国际法中的大部分规则确立时,网络空间尚未形成。换言之,既有国际法中的大部分规则并非基于调整网络空间的国际关系而制定的。但基于网络空间形成的国际关系,除自身特征之外,也具有普通国际关系的一般属性,这就使调整网络空间形成之前的国际关系的国际法在网络空间也具有一定的适用性,如国家主权原则、不干涉内政原则、平等互利原则等。国际法学界对此有一定的共识性确认。按照编写《塔林手册》1.0 版的国际专家组的观点,网络空间并非国际法的真空地带。"国际专家组并不认同国际法未对网络空间作出规定,只能通过新的条约法对这一领域进行国际法规制的观点。相反,专家们一致认为,国际法的一般原则适用于网络空间。"[1]划分与确认网络空间主权,为既有国际法在网络空间的适用奠定了基础,有利于确定国家因网络行为产生的国际法上的权利与义务,有利于构建新型空间应有的国际秩序。

其次,有利于保护各国的国防安全和经济安全。网络空间已经成为当今世界各国赖以生存和发展的新领域,具有与陆上、空中、海域、外空等空间同等的政治、军事、经济和文化价值。划分与确认网络空间主权,有利于维护世界各国在该领域的利益。诸多国家关注网络空间国家利益的维护。如美国在 2011 年发布其第一部《网络空间国际战略》,推出维护其网络空间的国家安全战略。中国在 2013 年发布的《中国武装力量的多样化运用》提出,要维护国家在网络空间的安全利益。2020 年发布的《中国关于网络空间国际规则的主场》,提出国家有权筑牢网络边防,抵御网络入侵。

最后,有利于维护国际和平与安全。国家在网络空间的行动,有的直接影响他国的政治稳定、经济安全和军事安全,产生国际和平与安全方面的问题。这些问题需要国际法予以规制。美国提出,网络空间已经成为一个新的作战

---

〔1〕［美］迈尔克·N. 施密特主编:《塔林网络战国际法手册》,朱雁新、朱莉欣等译,西安政治学院科研部 2013 年印制,第 1 页。

空间。“国防部已经承认网络空间是一个作战领域；武装部队绝对能够在该领域展开防御和作战，如同在陆地、海洋、空中和太空领域一样。”〔1〕中国将维护网络空间安全问题列入国家“积极防御军事战略”的组成部分。〔2〕既有的战争法规则，特别是战争法中的一般原则，如禁止使用武力原则等，均具有一般的适用性。有的战争法原则可适用于包括网络空间在内的所有空间的作战行为。网络空间主权的划分与确认，使国家在国际法上的权利义务更明确，有利于规制国家的行为，有利于维护国际和平与安全。

（二）构成武力攻击的网络攻击

1. 网络攻击的界定

网络攻击可分为广义的网络攻击和狭义的网络攻击。广义的网络攻击是造成一定危害的网络行动。这一界定没有明确网络攻击的实施主体，也没有区分网络攻击的危害程度。狭义的网络攻击是指国家及其武装力量人员，通过扰乱、剥夺、削弱或破坏计算机和计算机网络内的驻留信息或计算机和网络本身，实施的可合理预见的会导致人员、物体的物理性或非物理性伤害的进攻性或防御性的网络行动。为研究问题便利，本书论及的网络攻击，除指明广义的外，一般指狭义的网络攻击。

关于网络攻击，各国及学界还有不同的表述。如网络战、网络空间作战等。本书将这些术语在相同含义上使用。《美国国防部战争法手册》对网络战作了描述。可将网络战理解为“使用网络空间力量”的作战，其主要目的是在网络空间或通过网络空间实现目标。具体来说，网络战是指利用诸如计算机、软件工具或网络等网络力量，来扰乱、剥夺、削弱或破坏计算机和计算机网络内的驻留信息或计算机和网络本身的作战行为。网络战可能涉及侦察、争夺援助阵地，以及提前部署军事力量或武器（诸如植入网络访问工具或恶意代码）。此外，网络战可能是一种获取特定军事目标情报的方法，如了解技术开

〔1〕《美国国防部战争法手册》（下册），“战争法国际交流中心”项目组译，国防大学政治学院西安校区2022年印制，第283页。

〔2〕具体内容参见2013年《中国武装力量的多样化运用》。2019年发布的《新时代的中国国防》也有类似的表述。

发信息,或者获取敌对方军事力量和意图的信息。[1] 这里所说的网络攻击指广义的网络攻击。

有中国学者沿用了《塔林手册》1.0 版关于网络攻击的界定。[2]

2. 网络攻击的特征

第一,网络攻击发生在网络空间。网络攻击发生在网络空间或依托网络系统实施。这里的网络空间包括由网络基础设施组成的“有形空间”,也包括由信息等要素构成的“无形空间”。网络攻击的效果体现在网络空间,但不限于网络空间。

第二,网络攻击的手段与方式是在网络空间传输信息指令。网络攻击针对计算机和计算机网络内的驻留信息或计算机和网络本身采用的攻击手段与方式通常包括扰乱、剥夺、削弱或破坏。[3] 《美国国防部战争法手册》对“网络攻击”中的“攻击”作了解释,认为“攻击”是一种口语化的表达,它是指诸如网络篡改、网络入侵、窃取私人信息或中断互联网服务等各种敌对或恶意网络活动。[4] 《塔林手册》1.0 版也对“攻击”一词作了说明。理解攻击中的“暴力行动”的关键应当聚焦其造成的影响,不应侧重行为的性质,而应侧重行为的后果。[5]

第三,网络攻击的目标既可能是传统的军事目标,也可能是民用目标。但其直接目标是计算机和计算机网络内的驻留信息或计算机和网络本身,只是这些直接目标的用途功能不同,导致网络攻击的目标区分为武装冲突法上的不同目标。

第四,对网络攻击主体的辨识存在困难。广义的网络攻击主体具有不确定性,狭义的网络攻击主体则是确定的。但确定网络攻击主体通常存在困难,

---

〔1〕《美国国防部战争法手册》(下册),“战争法国际交流中心”项目组译,国防大学政治学院西安校区 2022 年印制,第 283 页。

〔2〕朱雁新:《计算机网络攻击构成“使用武力”之分析》,载《西安政治学院学报》2011 年第 4 期。

〔3〕《美国国防部战争法手册》(下册),“战争法国际交流中心”项目组译,国防大学政治学院西安校区 2022 年印制,第 283 页。

〔4〕《美国国防部战争法手册》(下册),“战争法国际交流中心”项目组译,国防大学政治学院西安校区 2022 年印制,第 284 页。

〔5〕[美]迈尔克·N. 施密特主编:《塔林网络战国际法手册》,朱雁新、朱莉欣等译,西安政治学院科研部 2013 年印制,第 82 页。

因而区分广义的网络攻击和狭义的网络攻击相应地存在困难。

3. 不构成网络攻击的行为

网络攻击主体具有多样性。因此，非特定主体实施的“网络攻击”，不能归于武装冲突的网络攻击；进一步而言，被描述为“网络攻击”的行动，也未必就是触发战争权的网络攻击，未必是引发国家自卫权的网络攻击。《美国国防部战争法手册》提出，以下行为不构成网络攻击或网络战：其一，只利用计算机网络空间而展开的，并且其主要目的并非在网络空间内或通过网络空间实现目标或作用的活动。例如，通过计算机网络指挥控制、利用空中交通管制系统的行动以及利用计算机大规模发布信息的行动。其二，将敌方的网络空间力量作为攻击目标，但未在网络空间内或通过网络空间实现目标的作战，而是在网络空间之外的攻击行动，如对网络中心的轰炸或对无线通信的干扰等，均不构成网络攻击。[1]

有的网络攻击行为不构成诉诸战争权意义上的使用武力，但构成国家相互间的敌对行为，如和平时期网络空间的窃取情报行为。对此类网络攻击行为，受害国可以采取不构成使用武力的必要的适当的行为来对抗，如外交抗议、经济封锁或其他报复行为。至于此类行为是否需要援用国家自卫权来应对，美国国防部提出，在美国，这样的决策由国家作出，因为一国在国际法上拥有这样的权利和责任。

4. 网络攻击构成武力攻击的判定

(1) 武力攻击是使用武力中的严重情形

《联合国宪章》第 2 条第 4 项和第 51 条分别确立了禁止使用武力原则、国家的自卫权和集体自卫权。从《联合国宪章》的相关规定看，使用武力和武力攻击之间既相联系又相区别。使用武力比武力攻击的含义更广泛，武力攻击则属于使用武力中较严重的情形。因为禁止使用武力原则禁止国际关系中使用武力或武力威胁解决国际争端，而一国只有在遭受武力攻击的情势下才可以行使自卫权。美国有学者持这种观点，即一般使用武力的情形并不必然引

[1] 《美国国防部战争法手册》(下册)，“战争法国际交流中心”项目组译，国防大学政治学院西安校区 2022 年印制，第 283-284 页。

发一国自卫权的行使。“使用武力达到某种范围、持续时间和强度时，即构成《联合国宪章》第51条意义上的武力攻击，并导致有关国家可以行使固有的自卫权利。”[1]编写《塔林手册》1.0版的国际专家组也持相同的观点。使用武力和武力攻击是两个具有不同规范目的的标准。运用“使用武力”标准，旨在判定一国是否违反《联合国宪章》第2条第4项；而设定“武力攻击”的标准旨在判断目标国是否能对“使用武力”的主体作出反击而不违反禁止使用武力的规定。该专家组认为，仅有一方使用武力的事实不能证明另一方“使用武力”予以反击的合法性。当一国面临尚未达到“武力攻击”程度的“使用武力”时，应当诉诸其他合法手段反击他国的“使用武力”，如反制措施或符合必要性原则的反制行动，而不能使用达到“武力攻击”程度的“使用武力”。[2]

(2)网络攻击构成武力攻击的条件要素

判定网络攻击构成武力攻击可以从主体、规模和后果三个要素来考量。国际法院在“尼加拉瓜案”的判决中提出了判定是否构成武力攻击的标准。法院认为，武力攻击可以包括两种情形：一是一国武装部队越过国际边界的行动；二是一国向另一国领土派遣武装团队，若此类行动达到一定的规模并产生一定的后果，即可列入武力攻击的范围。[3] 国际法院提出的判定是否构成武力攻击的标准实质上包括三个要素：一是“主体”要素，因该案的武装冲突属于国际性武装冲突，故构成武力攻击的主体要素为国家，加之，国际法院设置的两种武力攻击情形都是一国的武装部队或类似一国的武装部队所实施的攻击行为，这样的行为均被看作国家行为；二是“规模”要素；三是“后果”要素。网络攻击是否构成武力攻击也取决于网络攻击的攻击主体、攻击规模和攻击后果。

①网络攻击构成武力攻击的主体条件

国际法院在“尼加拉瓜案”中罗列的武力攻击情形，从主体角度看，是一

---

〔1〕［美］小沃尔特·加里·夏普：《网络空间与武力使用》，吕德宏译，北方妇女儿童出版社、国际文化出版公司2001年版，第133页。

〔2〕［美］迈尔克·N.施密特主编：《塔林网络战国际法手册》，朱雁新、朱莉欣等译，西安政治学院科研部2013年印制，第34页。

〔3〕马呈元、张力编著：《国际法案例研习》，中国政法大学出版社2014年版，第12页。

国武装部队的行动或类似一国武装部队的行动。构成武力攻击的网络攻击主体也应当满足这样的条件，即攻击行动由一国武装部队成员或类似武装部队成员实施。

非国家行为者对他国实施网络攻击，且攻击行为达到武力攻击的规模和后果，是否构成对他国网络空间的武力攻击？从传统国际法的法理层面看，这种行为不属于国家行为，而是一种行为者的个体行动，虽然不能引发自卫权的行使，但被攻击国有权要求实施网络攻击的自然人所属国家承担一定的国家责任。因为从国家主权层面看，一国对本国国民享有属人优先管辖权，也引发国家的相应责任。至于此类国家责任的具体形式，有待于国际社会的探索确定。

②网络攻击构成武力攻击的规模标准

国际关系中网络攻击要构成武力攻击，攻击行动应当达到一定的规模。国际法院在"尼加拉瓜案"的判决中提出，武力攻击与使用武力相联系，即"武力攻击"以"使用武力"为前提，但国家遭受的"武力攻击"与这种攻击所使用的武器无关。[1] 传统的武力攻击具有爆炸性、可视性及物理破坏性等特征。在网络攻击条件下，这种认为"武力攻击"与所使用的武器无关的看法，得到一些国家的认同。如美国在《白宫网络战略》中就认同了这样的看法。因此，在网络攻击条件下，网络攻击本身就可以说构成一种使用武力的方式，只要这种攻击达到一定的规模，就构成网络攻击条件下武力攻击的规模要求。

一些零星的网络行动均对他国产生一定规模与后果的损害，这些损害尚不构成"武力攻击"，这样的看法得到国际法学界的认可。但对一些零星的网络行动或网络攻击可否集合成武力攻击，国际法学界存在不同的认识。编写《塔林手册》1.0 版的部分专家认为：如果这些零星的网络行动是由同一主体实施，则构成武力攻击；反之，不构成武力攻击。

---

〔1〕 转引自［美］迈尔克·N. 施密特主编：《塔林网络战国际法手册》，朱雁新、朱莉欣等译，西安政治学院科研部 2013 年印制，第 36 页。

③网络攻击构成武力攻击的后果要素

网络攻击要构成武力攻击,应当产生一定的危害后果。在网络攻击条件下,如何判定网络攻击的损害后果,也是一个貌似简单实际上非常复杂的问题。

第一,评估某种网络攻击是否构成武力攻击时,凡是一切可合理预见的网络行动的后果均应考虑。编写《塔林手册》1.0版的国际专家组同意这样的判定。他们提出,如果一项网络行动对一个净水化工厂的系统实施攻击,可以预见饮用其未净化的水可能导致人员或牲畜的死亡,如果用这种水实施灌溉,会出现对植物的损害后果。因而这些后果均应当予以预见或考察。[1]

第二,对没有导致伤害、死亡、损害或者破坏,但具有广泛的负面影响的网络攻击,也应判定构成武力攻击。编写《塔林手册》1.0版的国际专家组在此问题上没有形成共识性意见。一些专家认为,对人员的伤害或对财产的物理损害是将网络行动定性为武力攻击的先决条件。另一些专家则认为,结果的性质,即伤害性或破坏性的后果并不重要,随后影响的程度才是关键。他们设想的事例主要有两种情形:一是对一国国际证券交易系统实施网络攻击,引发市场瘫痪。有专家认为,这样的后果对一国的经济体系和经济秩序安全是灾难性的,这样的网络攻击足可以定性为武力攻击;也有专家认为,不能将单纯的经济损失作为判定是否构成武力攻击的依据。

第三,对一国关键性基础设施的系统或主体部分实施网络攻击,并导致严重后果,应当认定其构成武力攻击。有专家提出,这类网络攻击即便没有造成非物理性破坏后果,也应当定性为武力攻击。

第四,对网络攻击后果的评判,应当考虑主观因素,但不应局限于主观因素。刑法学中的主观故意与过失是构成犯罪的考量因素之一。考察或评判网络攻击是否构成武力攻击,也需要考量网络攻击者的主观因素。编写《塔林手册》1.0版的国际专家中,有的专家认为需要考量主观因素;有的专家则认为,

---

〔1〕 [美]迈尔克·N.施密特主编:《塔林网络战国际法手册》,朱雁新、朱莉欣等译,西安政治学院科研部2013年印制,第36-37页。

只要考量网络攻击的损害后果就足够了。[1]

（三）网络攻击条件下自卫规则的运用

1. 网络攻击条件下行使自卫权的主体与前提

（1）网络攻击条件下行使自卫权的主体

在网络攻击条件下，行使自卫权的主体依然是国家。①由国家机构实施的网络攻击，满足武力攻击的主体要求，目标国有权实施自卫。②由国家指挥的非国家机构实施的网络攻击，满足武力攻击的主体要求，目标国有权实施自卫。国际法院在“尼加拉瓜案”中持这样的观点。国际法院认为，一国对他国的武力攻击，既包括一国正规的武装部队对他国的武力攻击，也包括一国派遣的武装分子、武装组织、非正规军或雇佣军对他国实施的武装行动，而且从后果方面考量，后者从事的武装行动相当于前者从事的武装行动，“或其实质上已经参与武装冲突”。网络攻击中，判定某一行动是否构成武力攻击时，主体方面的考量可以参照国际法院设定的传统动能武器交战中的规则。例如，国家指挥一私人组织或团体，对他国实施网络攻击，且攻击行动的规模和后果达到武力攻击的程度，就应当被视为国家的武力攻击。

非由国家指挥的非国家机构实施的网络攻击，是否满足武力攻击的主体要求，国际法学界存在争议。

否定的依据有：其一，《联合国宪章》中的国家自卫权的行使主体均为国家，前提条件是遭受其他国家的武力攻击。其二，《联合国宪章》中禁止使用武力原则适用于国际关系，而非一方为国家、一方为非国家的非国际关系。其三，国际法院的以往判决实践，如国际法院关于隔离墙的咨询意见、关于刚果武装行动判决，均持否定意见。[2] 其四，如果以采取网络攻击的非国家行为体的组织程度作为标准，判定其是否属于一种有组织的行动，这样的判定缺乏国际法依据，因为国际法的相关规定具有不确定性。其五，如果实施网络行动

〔1〕［美］迈尔克·N. 施密特主编：《塔林网络战国际法手册》，朱雁新、朱莉欣等译，西安政治学院科研部2013年印制，第37–38页。

〔2〕参见国际法院关于隔离墙的咨询意见第139段，关于刚果武装行动判决词第146~147页。转引自［美］迈尔克·N. 施密特主编：《塔林网络战国际法手册》，朱雁新、朱莉欣等译，西安政治学院科研部2013年印制，第39页。

的行为体不属于任何组织，而是一个个体，如何判定其行为属性具有难度。加之，这种行为到底属于网络犯罪行为，抑或属于网络空间的武力攻击，缺乏明确的国际法标准。此外，在这种情况下，受害国的自卫行动若指向行为体所属的国家，也缺乏明确的国际法依据。

持肯定意见的学者承认以上依据的客观存在，但提出相反的依据有：其一，从《联合国宪章》第51条的规定来看，行使自卫权的主体是国家，但该条并没有明确规定武力攻击的实施者必须是国家。其二，"9·11"之后国际社会出现新的发展动向，非由国家指挥的非国家机构实施的武力攻击，目标国也可以行使自卫权。美国就认为，非国家行为体实施的武力攻击规模与后果类似国家行为体实施的武力攻击时，国家有权行使自卫权。其三，美国的看法及做法得到诸多国际法主体的赞成，如联合国安理会于2001年9月12日通过的第1368号决议，于2001年9月28日通过的第1373号决议，表明美国的看法得到安理会的赞成。综合以上情况，持肯定意见的学者认为，国家实践确立了对恐怖分子等非国家行为体实施的武力攻击的自卫权。在网络时代，或在网络空间条件下，一些非国家行为体，如信息技术公司或互联网服务提供商，实施的网络攻击如果达到武力攻击的规模与后果，可被视为网络恐怖集团对他国的武力攻击，目标国有权采取自卫行动。[1]

(2)网络攻击条件下行使自卫权的前提

依照《联合国宪章》第51条的规定，国家行使自卫权的前提条件是遭受武力攻击。在网络攻击条件下，若一国遭受的网络攻击相当于遭受动能武力攻击的危害，一国有权行使自卫权。可以说，在网络攻击条件下，国家自卫权的行使已经从遭受"动能武力攻击"这一前提条件演变发展至遭受网络攻击形态的"武力攻击"，或者说国家自卫权的行使前提是受到网络攻击的侵害。这种判定的前提是国家遭受的足以引发自卫权行使的"武力攻击"与"武力攻击"采用的手段无关，而与"武力攻击"的规模和后果有关。这样的判定得到国际法院、一些国家和国际法学者的认可。如此前论述提及的国际法院在"尼

[1] [美]迈尔克·N.施密特主编：《塔林网络战国际法手册》，朱雁新、朱莉欣等译，西安政治学院科研部2013年印制，第39页。

加拉瓜案”的判决中曾认为,国家遭受的“武力攻击”与这种攻击使用的武器无关。美国在《白宫网络战略》中认同这样的看法。编写《塔林手册》1.0版的国际专家也持这样的看法。在这种情境下,如果坚持自卫权的行使前提是遭受传统动能武器攻击,对因网络攻击而遭受相当于传统动能武器损害的国家来说,是不公正的。

这里的网络攻击应当是已经产生危害的网络攻击,不能是臆想的网络攻击。网络攻击也不存在类似动能武器中的“导弹已经发射而被攻击国尚未遭受损害”的情势。至于一国在他国网络系统中埋置木马病毒,而这些木马病毒尚未被激活并未产生危害的情势下,一国能否行使国家自卫权,国际法学界存在不同的观点。

一国对他国的网络攻击,造成第三国损害,第三国有权采取自卫行动。在一国对他国的网络攻击的危害涉及第三国的情势下,编写《塔林手册》1.0版的国际专家组中的多数专家认为,第三国有权采取自卫行动。这里又涉及网络攻击者的主观故意与过失问题,但多数专家更多地考虑网络攻击的后果。只要第三国遵循自卫的必要性和相称性原则就可以了。而且,第三国自卫权的行使,并不需要对象国遭受的攻击必须达到武力攻击的程度,只要第三国遭受一定的网络攻击的损害后果就足够了。[1]

网络攻击引发国家自卫权,得到一些国家或学者的认可。美国主张,如果一国的网络行动构成对他国的“武力攻击”,就会引发单独或集体自卫权的行使。[2]《美国国防部战争法手册》提出,除网络攻击的后果因素外,在判定是否构成使用武力的网络攻击时,还应当考虑其他因素,如网络攻击的实施主体、实施位置、实施目的等,这些因素也可能对网络攻击是否构成诉诸战争权中的使用武力的判定产生影响。[3] 美国前参联会主席副法律顾问小沃尔·加里·夏普主张:“所有故意在别国主权领土中造成任何破坏性后果的计算机

---

〔1〕［美］迈尔克·N.施密特主编:《塔林网络战国际法手册》,朱雁新、朱莉欣等译,西安政治学院科研部2013年印制,第38页。

〔2〕［美］迈尔克·N.施密特主编:《塔林网络战国际法手册》,朱雁新、朱莉欣等译,西安政治学院科研部2013年印制,第3页。

〔3〕《美国国防部战争法手册》(下册),“战争法国际交流中心”项目组译,国防大学政治学院西安校区2022年印制,第286页。

网络攻击,都是《联合国宪章》第2(4)条意义上的非法使用武力,并导致有关国家可以依法行使固有的自卫权利。"[1]他没有提及网络攻击的主体,但对自卫权的行使要件作了勾勒:网络攻击行为者主观的故意,在他国领土上实施网络攻击行为,法律属性属于非法使用武力,行为后果是造成破坏性。"美国始终认为,国家的固有自卫权可能适用于任何非法使用武力的行为。因此,任何构成对一国非法使用武力的网络攻击,都可能带来在自卫行动中采取必要和相称措施的权利。"[2]

中国学者黄瑶博士早在2003年就提出判定网络攻击是否构成武力攻击的标准,即以攻击对象和后果作为重要的判定标准。[3] 朱雁新博士也提出以攻击后果作为网络攻击是否构成武力攻击的判定标准。"对网络攻击是否构成'使用武力'的界定没有抽象的统一标准,应综合考虑计算机网络攻击的武器、后果和目的等因素,并在现有的国际法框架下进行个案分析。"[4]李伯军依据《联合国宪章》第51条的规定,将网络攻击引发国家行使自卫权要件概括为:一是发生构成武力攻击的网络攻击,二是网络攻击的实施主体一般是国家,三是行使自卫权的主体是国家。[5]

如果一国对他国领土主权范围的网络基础设施实施网络行动,没有构成对他国的武力攻击,但构成对他国权益的损害,他国有权采取反制措施。

编写《塔林手册》1.0版的国际专家组认为,截至2012年,国际社会发生的两大网络攻击行为是否构成武力攻击,值得研究讨论。一是2007年针对爱沙尼亚的网络攻击,被认为构成"网络攻击",但国际社会和爱沙尼亚均没有将其视为武力攻击。二是2010年针对伊朗的"网震"行动,使伊朗的离心机系统遭受损害。一些专家认为,这样的网络攻击已经达到武力攻击,伊朗可以为

---

〔1〕 [美]小沃尔特·加里·夏普:《网络空间与武力使用》,吕德宏译,北方妇女儿童出版社、国际文化出版公司2001年版,第99页。

〔2〕 《美国国防部战争法手册》(下册),"战争法国际交流中心"项目组译,国防大学政治学院西安校区2022年印制,第287页。

〔3〕 黄瑶:《论禁止使用武力原则——联合国宪章第二条第四项法理分析》,北京大学出版社2003年版,第191页。

〔4〕 朱雁新:《计算机网络攻击构成"使用武力"之分析》,载《西安政治学院学报》2011年第4期。

〔5〕 李伯军:《论网络攻击与国际法上国家自卫权的行使》,载《西安政治学院学报》2012年第2期。

此行使自卫权。

(3)网络攻击条件下国家自卫行动的立足点

国家的自卫行动可以从遭受攻击的国家的领土发出,也可以从实施攻击国的领土发出,还可以从公海、国际空域、外层空间发出,并指向这些区域中实施武力攻击的实体。[1]

如果一国对他国或其他实体的自卫行动发自第三国的领土,而第三国又同意一国的做法,第三国不再属于中立国,第三国与自卫权的行使国可能构成交战关系。如果一国在第三国领土范围内采取防御性军事行动,这样的行动未经第三国的同意,如何判定此类行动的法律属性? 对此,编写《塔林手册》1.0 版的国际专家组存在不同的看法。

有专家认为,从国家主权角度看,国家对其领土范围的人、物和行为有控制的权利和义务;加之,国家负有其领土范围不被实施违反国际法行动的义务。当国家没有履行好这样的义务时,应当承担相应的法律责任,此类责任包括作为他国自卫行动的指向国或行为对象。如果使用国际社会的惯常表述,即网络攻击行为地国,在不能够(如缺乏专业知识或技术)或不愿意采取有效行动,制止或打击对他国实施的网络攻击,则应当接受自卫行动的实施。

也有专家认为,受害国应当首先要求网络攻击行为地国或领土国制止含有武力攻击的行为,也必须给网络攻击行为地国或领土国处置情况的机会。因为国际法要求尊重领土国的国家主权;同时,在程序上也可以预防目标国草率得出领土国不能够或不愿意的判断结论。如果网络攻击行为地国或领土国没有得到控制其领土上武力攻击行为的信息,或者没有足够时间控制其领土上的武力攻击行为,就被冠上"不能够或不愿意",这对领土国是不公正的。如果受害国需要对网络武力攻击进行反击,以使其损害后果最小化,受害国亦可以迅即实施自卫行动。[2]

---

[1] [美]迈尔克·N. 施密特主编:《塔林网络战国际法手册》,朱雁新、朱莉欣等译,西安政治学院科研部 2013 年印制,第 38、40 页。

[2] [美]迈尔克·N. 施密特主编:《塔林网络战国际法手册》,朱雁新、朱莉欣等译,西安政治学院科研部 2013 年印制,第 41 页。

2. 网络攻击条件下自卫的方式

一国因网络空间遭受武力攻击而引发自卫权时，自卫的方式限于网络，抑或可以使用传统的动能武力来进行自卫？

网络空间的武力攻击，并不要求自卫主体一定使用与网络攻击相对应的方式来满足自卫的相称性要求。在网络攻击几乎无懈可击的情形下，自卫主体也可以选择动能行动，以反击攻击方的网络攻击行动。

编写《塔林手册》1.0 版的国际专家认为，在网络空间，攻击方已经实施类似武力攻击的网络攻击，遭受攻击方有权实施自卫行动，但是否选择达到武力攻击的网络攻击的自卫，或者动能类型的自卫行动，应当考虑“必要性”原则。如果遭受网络攻击的受害方可以在网络空间采取类似设置防火墙的防御性措施，以消除或减弱攻击方的攻击规模和后果，受害方就没有达到采取类似武力攻击的防卫行动的“必要性”条件；反之，如果防御性措施不足以减轻或消除进攻方的网络攻击，受害方就满足了采取网络攻击或其他动能行动的自卫“必要性”条件。[1]

3. 网络攻击条件下自卫的比例要求

自卫的比例性原则要解决的问题是，一旦采取自卫行动，包括网络空间的行动，如何判定这样的行动是适宜的。也可以说，如何以总体相称的标准来规制自卫行动的规模、范围、持续时间和烈度等使用武力环节。

比例性原则是一个目的明确的原则，但又是一个缺乏量化标准的原则。国际实践中，针对一国的武力攻击，自卫可能需要超出武力攻击的烈度才能阻止这种攻击；也可能使用低于武力攻击烈度的武力，就足以阻止攻击国的武力攻击。网络攻击条件下自卫的比例原则的遵循，也可以参照这方面既有的国际实践。

4. 网络攻击条件下自卫的报告制度

网络攻击条件下国家行使自卫权，依然应当遵守《联合国宪章》第 51 条的规定，向联合国安理会报告。一旦联合国安理会采取维持国际和平与安全的

---

〔1〕［美］迈尔克 · N. 施密特主编：《塔林网络战国际法手册》，朱雁新、朱莉欣等译，西安政治学院科研部 2013 年印制，第 41、42 页。

有效措施,一国的自卫行动应当接受联合国安理会维持国际和平与安全的有效措施的规制。

二、预先自卫及其影响

(一)预先自卫的含义

1. 预先自卫的概念

关于预先自卫的概念,国际法没有明确的规定,学界的界定不完全一致。

有学者认为,预先自卫是国家在预见到将要发生来自外来的武力攻击时使用武力提前对外来方进行打击以保护自己的权利。[1]

这一界定将“预先自卫”与“预先自卫权”视为一体,类似国内有的学者对自卫的界定。[2] 尽管国际法学界不乏将“自卫”与“自卫权”交替使用的现象,[3]但严格说来,二者的区别显而易见。前已述及,自卫是一种“行为”,自卫权则是一项“权利”。如果沿用这样的模式,将预先自卫界定为“权利”,就变相地肯定了其在国际法上的地位,的确不适宜,因为预先自卫并没有像自卫那样得到国际法的确认。

也有学者认为,预先自卫是一种对于即将来临的攻击采取先发制人的军事打击的主张。[4] 这样的界定有其合理的一面,表明预先自卫并没有得到国际法的确认,只是一些国家或学界的主张。但该界定也有不妥之处。如果是“预先自卫的观点”“预先自卫的理论”,尚可以将其界定为“主张”,但“预先自卫”已经被有的国家运用于国际实践,不限于“主张”层面。当然,也可以说,“主张”的界说,仅仅强调其不属于权利,并不否认这样的“主张”可能以“行动”来实现。

---

〔1〕 孙琦:《预先性自卫的国际法研究》,西安政治学院2003年硕士学位论文,第3页。

〔2〕 王铁崖主编:《国际法》,法律出版社1995年版,第121页。

〔3〕 龚瑜主编:《国际法学论点要览》,法律出版社2002年版,第97页。

〔4〕 黄瑶:《论预先性自卫的合法性问题》,载《法学杂志》2003年第3期。类似的界定还有:“预防性自卫是指一种为对付虽未实际上发动武力攻击,但即将发生武力攻击的情况下而采取先发制人的使用武力的主张。”王献枢:《伊拉克战争的非法性》,载《法学评论》2004年第1期。“预防性自卫(preventive self-defence)是一种认为对于即将来临的或迫在眉睫的武力攻击采取先发制人的打击的主张。”张帅梁:《自卫权的行使与武力反恐的合法性问题——以预防性自卫为视角》,载《安阳师范学院学报》2008年第1期。

还有学者认为："预先性自卫通常是指国家对于尚未实际开始、但是预见到将立即受到武力攻击而事先使用武力。"[1]预先自卫指一旦确定一国遭到另一国武力威胁后或相信另一国将会对它发动武力攻击，就可以先发制人，对另一国使用武力。[2] 值得肯定的是，这一界定将其定性为"使用武力"，即一种行为。但其表述尚待优化。

综合学界不同的界说，本书认为：预先自卫是指一个国家对尚未实际开始但可以合理地认为已迫在眼前的武力攻击使用武力的行动。从这一定义可以看出：预先自卫的行动主体是国际法上的主要主体国家；预先自卫的实施时间或行为前提是一国预见其将遭受武力攻击，也可以说不以现实中实际遭受武力攻击为前提，而以对国际形势的判定为前提；预先自卫属于使用武力，即运用国家武装力量对预见的将要对其实施武力攻击的国家实施打击。

2. 预先自卫与相关术语辨析

在研究预先自卫问题的过程中，学界出现了许多相关的概念，主要有：预防性自卫[3]、先发制人自卫权[4]、先发制人[5]、先发制人战略[6]、先发制人论[7]等。

对以上概念之间的相互关系，学者们的看法见仁见智。有学者认为，它们的含义是相同的，常常交替使用，只是表述不同而已；[8]有学者则认为，它们是不同的。

事实上，以上概念的外延与侧重点虽有差别，但其内涵基本相似，因而有必要对这些概念的使用予以规范，以便为深入研究问题提供必要的基础。国

---

〔1〕 余民才：《国际法上自卫权实施机制》，中国人民大学出版社 2014 年版，第 196 页。

〔2〕 李明倩：《浅析"先发制人"自卫权对集体安全制度的影响》，载《武汉科技大学学报（社会科学版）》2006 年第 1 期。

〔3〕 [英]詹宁斯、[英]瓦茨修订：《奥本海国际法》（第 1 卷 · 第 1 分册），王铁崖等译，中国大百科全书出版社 1995 年版，第 310 页。

〔4〕 李明倩：《浅析"先发制人"自卫权对集体安全制度的影响》，载《武汉科技大学学报（社会科学版）》2006 年第 1 期。

〔5〕 吴晓春：《先发制人——遏制战略的新层次》，载《国际政治研究》2003 年第 2 期。

〔6〕 吴慧：《从国际法角度析"先发制人"战略》，载《国际关系学院学报》2004 年第 2 期。

〔7〕 袁松：《"先发制人论"与国际法的发展方向》，载《河南省政法管理干部学院学报》2005 年第 1 期。

〔8〕 熊力：《质疑"预防性自卫——以伊拉克战争为背景》，载《管理科学》2007 年第 2 期。

际法学领域的研究可使用“预先自卫”概念，这是因为：第一，自卫与自卫权问题属于国际法学的研究范畴，预先自卫与自卫密不可分，自然亦属于国际法学研究的范畴。第二，预先自卫较好地体现了这一概念各层次的含义。在预先自卫与预防性自卫的选择问题上，似以选择预先自卫为佳。因为这里无论是“预防”，还是“预先”，多源于英文的“anticipatory”[1]，只是翻译不同而已。在汉语中，“预防”是指“事先防备”，“预先”是指“在事物发生之前或进行之前”。[2] 这两个词都可以反映特定情形下自卫的特点，但“预防”本身已含有行为动作，与其所要修饰的“自卫”行为属性发生了冲突，因而用“预先”更适宜。[3] 至于国际政治与战略学研究领域，则可继续使用“先发制人战略”等概念。例如，美国在战略层面对预先自卫和“先发制人自卫”作了区分。2006 年的美国《国家安全战略》重申：“对那些企图获得大规模杀伤性武器从而对美国构成威胁的‘流氓国家和恐怖分子’实施先发制人自卫。”提出“必须将紧迫威胁这一概念与当今对手的能力和目的相适应”，“威胁越是严重，无所作为的风险就越大——即便敌方攻击的时间、地点仍不确定，采取行动保卫自己的理由也是有说服力的”。2010 年，美国的《国家安全战略》宣布，“美国必须保留在必要时单方面行动以保卫国家和我们的利益的权利”。2015 年美国的《国家安全战略》强调：“在我们的持久利益需要时，如有必要，美国将单方面使用军事力量。”[4]这种战略层面的指针与预先自卫相距甚远，不是本书侧重探讨的问题。中国学者吴慧提出，美国的“先发制人”战略不能从国际法上国家的自卫权规则中找到依据。[5] 如果将“先发制人的攻击”置于国际法范围来审视，毫无疑问，该行为缺乏国际法依据，也可以说属于明显违反当代国际法禁止使用武力原则的行为。

---

〔1〕 也有用“preventive”来表示的。王献枢：《伊拉克战争的非法性》，载《法学评论》2004 年第 1 期。

〔2〕 中国社会科学院语言研究所词典编辑室编：《现代汉语词典》，商务印书馆 1978 年版，第 1043 页。

〔3〕 有学者对预先自卫和预防性自卫作了区分，认为：“针对无攻击手段或无意图实施武装攻击的预期攻击都进行打击，是预防性打击，不属于合法的预先自卫。”［美］迈尔克·N. 施密特主编：《塔林网络战国际法手册》，朱雁新、朱莉欣等译，西安政治学院科研部 2013 年印制，第 45 页。

〔4〕 ［美］达斯汀·考巴等编：《军事行动法手册》（美国陆军第 18 版），朱雁新等译，国防大学政治学院西安校区 2022 年印制，第 6 页。

〔5〕 吴慧：《从国际法角度析“先发制人”战略》，载《国际关系学院学报》2004 年第 2 期。

(二)预先自卫缺乏明确的国际法依据

预先自卫合法与否,实际上给国际社会带来的是严格遵循既有国际法与维护国家安全之间的现实冲突问题。从法理层面看,国际法对预先自卫的否定是明确的。从国家的态度与立场看,发展中国家更倾向于严格遵守国际法关于国家自卫权行使的相关规则,而以美国为代表的发达国家则强调预先自卫的合法属性。学界也没有形成普遍的共识性看法。

1. 预先自卫缺乏明确的国际习惯支撑

肯定预先自卫为合法行为的国家和学者认为,预先自卫属于国际习惯,或者说预先自卫的合法性有国际习惯法作支撑。这里所说的国际习惯依据是指1837年的"卡罗林号案"形成的国际习惯。美国提出,预先自卫源于1837年的"卡罗林号案"以及后来时任美国国务卿丹尼尔·韦伯斯特与时任英国外交办公室阿什伯顿勋爵的往来信件。[1]

如果以"卡罗林号案"作为预先自卫形成国际习惯的依据,存在三个问题需要澄清:第一,从该案例可以看出,英国面对美国的指责,辩解的理由是其行为依据"传统'预先自卫权'的习惯法",也就是说,英国认为此案之前,预先自卫作为国际习惯就已经存在,而后人却以此案作为预先自卫国际习惯形成的依据。第二,此案当中英国人与美国人争议的似不是同一问题。如上所述,英国提出其行为依据是"传统'预先自卫权'的习惯法";而美国人说的却是自卫问题,提出行使自卫权的条件应当仅限于"刻不容缓的、压倒一切的、没有选择手段和余地的、没有考虑的时间的"危险,并且这种行为是基于自卫的必要性才是正当的,因而"必须以这种必要性为限,并要严格地加以遵守"。《奥本海国际法》也将此案作为行使自卫权之条件确立的典型案例。[2] 第三,该案件最后以英国的致歉而终了,这说明英国也承认自己的理由是不成立的,即英国人所说的已经存在的预先自卫权本身是缺乏法理依据的,更无法作为预先自卫国际习惯形成的依据。

---

〔1〕[美]达斯汀·考巴等编:《军事行动法手册》(美国陆军第18版),朱雁新等译,国防大学政治学院西安校区2022年印制,第6页。

〔2〕[英]詹宁斯、[英]瓦茨修订:《奥本海国际法》(第1卷·第1分册),王铁崖等译,中国大百科全书出版社1995年版,第309页。

1837 年之前国际社会是否存在确认预先自卫合法的国际习惯？目前尚未看到学界有确定的说法。国内学界倒是有关于预先自卫理论渊源的探讨，但只是提出古罗马思想家西塞罗最早提出了“先发制人”的思想，近代思想家霍布斯发展了这一思想，[1]而这些思想为预先自卫提供了理论依据，使预先自卫规则处于萌芽状态。但上述学者并没有明确提出 1837 年之前国际社会就存在确认预先自卫合法的国际习惯。

国外也有学者对 1837 年的“卡罗林号案”作出形成预先自卫国际习惯的解释。编写《塔林手册》1.0 版的国际专家提出：“虽然这一事件实际上与对攻击（攻击是正在发生的）采取预先自卫毫无关系，但韦伯斯特的设想已经发展成为预先性防御行为时间门槛的经典表述。”[2]纽伦堡审判中曾引用“卡罗林号案”，也可以被看作对自卫时间窗口表述的赞同，甚至是对预先自卫的赞同。美国陆军颁布的《军事行动法手册》提出，国际习惯法上的自卫权本身就含有“预先自卫”的权利，这是主权国家所固有的、不能被谈没了的权利。还提出：预先自卫中的武力使用之所以合法，是因为预计到了紧迫的武力攻击。[3]

实际上，国际社会是不存在单一的明确的预先自卫国际习惯的，所谓的预先自卫国际习惯，是从自卫的国际习惯推导或引申出来的。1837 年的“卡罗林号案”是关于自卫的国际习惯的源头，它关于实施自卫行动的必要性条件设定，没有《联合国宪章》自卫权的行使条件那样明确。“刻不容缓的、压倒一切的、没有选择手段和余地的、没有考虑的时间的”危险，究竟是已经遭受武力攻击，还是尚未遭受武力攻击，是难以说清楚的。

关于预先自卫国际习惯的否定说则明确表示，预先自卫在国际法上从来就未居于合法的境地。[4]

此外，有学者也提到预先自卫总体上是非法的，但这种总体上的非法是一

---

[1] 袁松：《“先发制人论”与国际法的发展方向》，载《河南省政法管理干部学院学报》2005 年第 1 期。

[2] [美]迈尔克·N. 施密特主编：《塔林网络战国际法手册》，朱雁新、朱莉欣等译，西安政治学院科研部 2013 年印制，第 43-44 页。

[3] [美]达斯汀·考巴等编：《军事行动法手册》（美国陆军第 18 版），朱雁新等译，国防大学政治学院西安校区 2022 年印制，第 4、5 页。

[4] 龚向前：《论国际法上的自卫》，载《武汉大学学报（哲学社会科学版）》2004 年第 3 期。

直存在的，还是《联合国宪章》生效以后成为非法，持该类观点的学者没有进一步论述。

2. 预先自卫不构成禁止使用武力原则的例外

这一问题是在前一问题基础上的继续。如果预先自卫属于国际习惯，那么《联合国宪章》及其关于国家自卫权规则的生效能否使所谓的预先自卫国际习惯归于非法地位。

这里面对的问题是，国际条约的效力能否否定国际习惯的效力？这一问题在自卫权的条约法依据与国际习惯依据的冲突及其解决部分已经作过论述。出于研究与论证的需要，下文对相关问题再作梳理与论述。

首先，有必要明确《联合国宪章》第 51 条的规定是否涉及预先自卫问题。否定预先自卫的学者一般以《联合国宪章》第 51 条的规定为根据。“Nothing in the present Charter shall impair the inherent right of individual or collective self-defence if an armed attack occurs against a Member of the United Nations, until the Security Council has taken measures necessary to maintain international peace and security…”（联合国任何会员国受武力攻击时，在安全理事会采取必要办法，以维持国际和平及安全以前，本宪章不得认为禁止行使单独或集体自卫之自然权利……）从第 51 条可以看出，《联合国宪章》肯定和维护的是国家的自卫权，不得削弱、不得禁止的是国家拥有的“自卫”这一自然权利，并没有明确涉及国家的“预先自卫权”问题。在迄今的国际条约和国际习惯中，尚未见到将“预先自卫权”作为国家“自卫权”的有效组成部分的规则。

其次，从国际条约与国际习惯效力等级关系看，有必要弄清楚《联合国宪章》能否废止一项国际习惯。

关于国际法渊源之间的效力等级问题，学界主要有三种观点：第一种观点认为，包括国际条约与国际习惯在内的国际法渊源之间不存在效力等级关系，《国际法院规约》第 38 条对国际法渊源的排序只是为了表述方便。“国际法中，习惯法和条约法效力相同，在采取成文法国家的国内法律秩序中，习惯法只不过具有补充的效力，而在国际法律秩序中，习惯法非常重要，与条约法在等级顺序上不存在任何差异。"[1]第二种观点认为,国际法渊源之间具有效力等级关系,至于各法律渊源之间的效力等级优次,尤其是国际条约与国际习惯这两类渊源之间的等级优次,又有国际条约优先说和国际习惯优先说之分。有学者认为国际条约的效力等级高于国际习惯,同时作了限定。"相对条约法而言,习惯法,例如国家豁免原则具有相对稳定性。而条约可以形成、变更或确认习惯法。那种认为习惯法属于任意法的观点至少要作出限制性解释,即国际习惯法甚至可能成为强行法,例如民族自决权。"[2]"《国际法院规约》第38条把国际条约列为各项法律渊源的第一项,特别表明了国际法院在裁判案件时适用国际条约的重要性。因为,条约对缔约国有拘束力,而按照'约定必须遵守'(Pacta Sunt Servanda)的国际法原则,国家必须遵守条约。"[3]《奥本海国际法》的观点与以上观点相左。"习惯是国际法以及一般法律的最古老和原始的渊源。因此,虽然国际法院必须首先考虑对各方有拘束力的任何可适用的条约规定,但在发生疑问时,条约要以国际习惯法为背景加以解释,而且国际习惯法在它包含有一项强制法规则而条约却与之相抵触的范围内就将优于条约。""在历史上,条约是国际法的第二个渊源。""因此,条约应以国际习惯法为背景加以解释和适用。进而言之,不仅习惯是国际法的原始渊源,而且,条约是一个自身效力和形式都来自习惯的一个渊源。""特别重要的是《联合国宪章》。它除了一项包含该组织的组织法的条约外,已经成了国际社会的基本法律文件。它的原则越来越被认为是国际关系中一般适用的原则,并且已经发展到渗透在国际法的许多分支中。在国家依据《宪章》所承担的义务和它依据任何其他国际协定所承担的义务发生冲突时,前者占优势。尽管有这种优势,《宪章》仍然是一项多边条约,不过是一项具有某些特殊性质的条约而已;因此,一般适用于解释条约的原则和规则也适用于《宪章》。"[4]第三种观点认为,国际条约与国际习惯是否存在效力等级关系不能一概而论。如

---

〔1〕[韩]柳炳华:《国际法》(上卷),朴国哲、朴永姬译,中国政法大学出版社1997年版,第210页。

〔2〕[德]沃尔夫刚·格拉夫·魏智通主编:《国际法》(第2版),吴越、毛晓飞译,法律出版社2002年版,第86页。

〔3〕王铁崖主编:《国际法》,法律出版社1995年版,第27页。

〔4〕[英]詹宁斯、[英]瓦茨修订:《奥本海国际法》(第1卷·第1分册),王铁崖等译,中国大百科全书出版社1995年版,第15-20页。

果从法理方面来看，国际法上的效力次序是一般法律原则的效力高于国际习惯和国际条约的效力，国际习惯法的效力高于国际条约，当然有的国际法原则本身由国际习惯构成，或者由国际条约规定，这样的情形另当别论；如果从国际法的适用方面来看，国际法的效力层级是，国际条约的效力高于国际习惯，国际习惯的效力高于一般法律原则。“条约和习惯法何者地位优先不能一概而论。尚不发达的国际社会只能按具体的法律性质和现实做出具体的判断。如果是强制规范，不论是条约法还是习惯法都要优先适用。”“首先习惯法为强制规范时，承认其绝对优先。从而不论一般法或特别法按时间先后确定优先适用。与该强制规范冲突的其他规范均为无效。普通习惯法和其他条约法冲突时，因为没有等级标准，所以不是一方使另一方无效的问题，而是两个规范中适用哪一个的问题。在决定两个规范的优先适用时没有一般的规范，看具体情况具体决定。只是习惯法和条约法的冲突，大致上与当事者不同的条约间的冲突及优先顺序类似，所以可以类推适用，即类推适用《维也纳条约法公约》第 41 条的规定。在特别法和一般习惯法对立的条件下，在两个规范的当事者相同时优先适用后面的规范；当事者不相同时适用共通于当事者条约。两种规范无法区分时，优先适用一般习惯法。但这些只是一般标准，也应考虑具体情况的特殊性。”〔1〕

综上可以看出，对国际条约与国际习惯之间效力等级的关系，学者虽有不同的看法，但都承认强行法优于一般法。因此，要论证《联合国宪章》是否废止了假定的预先自卫国际习惯，应当先弄清楚《联合国宪章》确立的禁止使用武力原则及其例外，是否属于国际强行法；同样需要考察，预先自卫是否属于国际强行法。然后再来看二者之间的效力关系。

前已述及，国际强行法在 1969 年《维也纳条约法公约》中第一次被正式使用。该公约第 53 条规定：“条约在缔结时与一般国际法强制规律抵触者无效……一般国际法强制规律指国家之国际社会全体接受并公认为不许损抑且仅有以后具有同等性质之一般国际法规律始得更改之规律。”从以上规定中可以推断出强行法的构成条件：第一，国际社会全体接受；第二，公认为不许损

〔1〕［韩］柳炳华：《国际法》（上卷），朴国哲、朴永姬译，中国政法大学出版社 1997 年版，第 29 页。

抑;第三,仅以后具有同等性质之原则才可以予以更改。[1] 以这些要件来判断,《联合国宪章》中的禁止使用武力原则毫无疑问属于国际强行法的范围。这在禁止使用武力原则一章也曾予以论证。而且,禁止使用武力原则比部分学者认可的预先自卫国际习惯形成的时间要晚得多。国际社会在确认国家之间和平共处、禁止使用武力原则时,自然已经考虑到早期的预先自卫国际习惯,从这个意义上可以说,认为《联合国宪章》废弃了国家的"预先自卫权"在理论上是可以站住脚的,除非国际社会将"预先自卫权"上升到国际强行法的地位来否定或更改《联合国宪章》中的禁止使用武力原则。而且,《联合国宪章》在设定禁止使用武力原则的例外时,只是确认国家自卫权的行使属于禁止使用武力原则的例外,并没有肯定预先自卫也属于禁止使用武力原则的例外。

禁止使用武力原则的强行法地位不言而喻。但《联合国宪章》第 51 条关于国家自卫权的规定,是否也具有国际强行法的地位,是否也可以替代或"编纂"假设存在的预先自卫国际习惯?在这个问题上,国际社会有不同的态度与立场。有学者肯定《联合国宪章》第 51 条的相关规则,否定了预先自卫的合法性。而包括美国在内的一些国家认为,对《联合国宪章》第 51 条作出"扩张性解释更为适宜"。"预先自卫中的使用武力之所以合法,是因为预计到了紧迫的武力攻击。因此,在使用武力自卫以击退紧迫之攻击前,并不需要已经遭受到打击。"[2] 美国还提出,不仅美国,还有"一些国家主张按照习惯国际法的预先自卫原则,对《联合国宪章》第 51 条的明文规定作出扩张解释"。此类观点不是以《联合国宪章》第 51 条整合编纂修正假设存在的预先自卫国际习惯,而是以自卫的国际习惯解释《联合国宪章》第 51 条,为预先自卫拓展国际法空间。

3. 预先自卫肯定说扩张了遭受武力攻击的前提条件

受到武力攻击是国家行使自卫权的必要条件,而预先自卫是在一个国家尚未实际对另一个国家实施武力攻击的情形下实施的。本书已经论述关于

[1] 程晓霞主编:《国际法》,中国人民大学出版社 1999 年版,第 23 页。

[2] [美]达斯汀 · 考巴等编:《军事行动法手册》(美国陆军第 18 版),朱雁新等译,国防大学政治学院西安校区 2022 年印制,第 4-5 页。

“武力攻击”的问题,这里有必要再分析这方面问题。武力攻击是仅指已发生的武力攻击,还是也包括迫近的武力攻击,在国际法学界一直存在争议。对此问题的不同回答形成了对《联合国宪章》第 51 条解释方面的两种对立派别:一派为限制解释论,也称严格解释论;另一派为扩大解释论。

限制解释论将“受武力攻击时”解释为“只有受到武力攻击时”,认为武力攻击就是已发生的武力攻击,尚未发生的攻击或威胁不包括在内。我国著名国际法学家王铁崖主编的《国际法》也肯定这样的观点,认为“国家进行武装自卫的前提只能是也必须是遭到武装攻击”。[1] 限制解释论中因对已发生武力攻击的认识不同又可分为两种意见:一种意见认为,武力攻击就是武力实际攻击发生后并且在受害国的领土内产生效果。编写《塔林手册》1.0 版的国际专家也承认,“从字面上看,《联合国宪章》第 51 条是指‘发生武装攻击’的情况,显然它包含武装攻击后果已经具体化了的事件”。而在网络攻击条件下,它是指“网络攻击已经导致损害或伤害的情况”。[2] 另一种意见则认为,武力攻击不限于武力攻击发生且产生危害后果之后,而是武力攻击发生之时。[3] 我国国际法学家周鲠生曾说,“自卫权的行使限于实际遇到外来武装进攻的场合才是合法的”。[4] 英国国际法学家布朗利也认为,要求一个国家在武力攻击于该受威胁国家的领土内已开始发生之前不能进行武力反击是不切实际的。[5]

扩大解释论认为武力攻击不仅可以是已发生的武力攻击,而且也可以是迫近的武力攻击或威胁。鲍威特就认为,自卫权只适用于武力攻击的说法是不正确的。如果认为自卫只有在受武力攻击(已完成的行为)时才是有效的,这等于说《联合国宪章》禁止自卫。根据传统国际法,自卫权总是“预期性的”,即对迫近的和实际的攻击或威胁行使自卫权都是有效的。[6]

---

〔1〕 王铁崖主编:《国际法》,法律出版社 1995 年版,第 123-124 页。

〔2〕 [美]迈尔克 · N. 施密特主编:《塔林网络战国际法手册》,朱雁新、朱莉欣等译,西安政治学院科研部 2013 年印制,第 43 页。

〔3〕 余民才:《“武力攻击”的法律定性》,载《法学评论》2004 年第 1 期。

〔4〕 周鲠生:《国际法》(上册),商务印书馆 1976 年版,第 199 页。

〔5〕 转引自余民才:《“武力攻击”的法律定性》,载《法学评论》2004 年第 1 期。

〔6〕 余民才:《“武力攻击”的法律定性》,载《法学评论》2004 年第 1 期。

是否遭受武力攻击的判定问题，是判断使用武力属于自卫还是预先自卫的焦点所在，是区分自卫与预先自卫的分水岭。这里需要思考两方面问题：一是扩大解释论者依然在通过对《联合国宪章》第51条的解释为预先自卫的合法性寻找依据，使人感到在《联合国宪章》之外并不存在确认预先自卫合法的国际习惯，不然的话，直接以这样的国际习惯就可以说明问题，而不必再通过对《联合国宪章》第51条的扩大解释来论证这一问题。二是预先自卫对《联合国宪章》第51条的解释，实质上强调与拓展尚未遭受武力攻击情况下武力使用的合法性问题，否则“预先”就不能成立或没有立足之地了。如此一来，本已受到质疑的“扩大解释论”仅仅留下“扩大”的解释部分，其不法性不言而喻。也许有的学者会说，预先自卫也承认对《联合国宪章》第51条的“限制解释”部分，只是在此基础上“扩大”至一国尚未遭受武力攻击，就可以行使自卫权。如果那样的话，与“预先自卫”这一术语的含义就大相径庭了，或者说就不是本书所说的“预先自卫”了。

4. 预先自卫肯定说夸大动机正义的价值

肯定预先自卫为合法的学者在论证过程中提出的论据之一是，在现代军事科技发展的背景下，特别是类似核武器可能被使用的背景下，如果阻止一国享有预先自卫的权利，可能造成一国一旦遭受武力攻击，就很难有能力行使自卫权。在网络攻击条件下，网络行动的迅捷性也为肯定预先自卫的学者提供新的论据。有的专家认为，即便第51条没有明确规定对预期武装攻击的防御行为，一国也不能在敌方准备攻击时坐视不管。简单地说，就是因为现实需要，所以它是合法的；或者说，由于动机是正义的，行为结果是合法的。

这样的论证方式在法理上自然是站不住脚的。

首先，这一论证方式没有解决预先自卫本身是否属于国际习惯的命题。其次，这样的论证没有解决如下问题：一国对他国的预先自卫，如果建立在错误预判的基础上，对他国的损害、对国际法的损害，该如何应对。即便如此，美国还是主张：“预先自卫是参联会主席标准交战规则的一项基本内容，它包含在敌对意图概念中，意在使指挥官明白，他们不是、不应在受到第一波打击后才有实施自卫的权利和义务。”[1]

5. 预先自卫尚未取得国际法学界的共识性确认

预先自卫在国际法学界没有取得共识性确认。有学者提出，“预先自卫”是不能成立的。在未受到实际的武力攻击之前，向“可能”对其实施武力攻击的对方使用武力，不属于自卫。如果把这种武力的使用包括到自卫的范围里，就会混淆甚至颠倒自卫与侵略，为侵略提供“自卫”的口实。[2]《奥本海国际法》认为，在一般情况下，预先自卫是非法的，但不能得出唯一的结论。如果威胁达到严重性，而先发制人的行动确有必要且是唯一的选择，预先自卫也符合比例原则的要求，就难以得出这种预先自卫是非法的结论。但各国对此类行动多援引自卫而非预先自卫为辩护理由，认为预先采取行动以阻止它们所认为迫在眼前的攻击威胁是正当的。[3]

（三）预先自卫的国际法规制

对预先自卫的国际法规制，可以从两方面来理解。对于否定预先自卫的学者来说，预先自卫本是一种国际不法行为，不存在什么规制问题，硬要谈规制，就是将其纳入自卫的范围，或者以国际法上的自卫规则来规制预先自卫。对预先自卫持肯定说的学者中，不少人提出了规范预先自卫制度的设想建议。可以将这样的设想建议理解为，在肯定这种“自卫”行为合法的前提下，使其更为完善。

1. 规制预先自卫的建议

肯定预先自卫为合法的学者，提出的规制预先自卫的建议可梳理概括如下：

（1）预先自卫的前提须明显可信

预先自卫的国家所认识到的威胁必须是客观存在的，这可能是进攻国作出的公开发动武力攻击的声明，或者虽然未发表这类声明，但将实施攻击的迹

---

〔1〕［美］达斯汀·考巴等编：《军事行动法手册》（美国陆军第18版），朱雁新等译，国防大学政治学院西安校区2022年印制，第6页。

〔2〕俞正山主编：《武装冲突法》，军事科学出版社2001年版，第33页。

〔3〕［英］詹宁斯、［英］瓦茨修订：《奥本海国际法》（第1卷·第1分册），王铁崖等译，中国大百科全书出版社1995年版，第310页。

象明显。

(2)预先自卫的实施时机须具有紧迫性

预先自卫的紧迫性是指实施预先自卫的国家如果不立即采取这样的自卫行动,就可能面临毁灭性的打击,危害本国安全或加剧本国人民的生命危险,以至丧失采取有效措施消除威胁的最佳机会。[1] 有学者反对在此问题上“严格的时间分析”,而强调“最后可能的机会之窗”,这样的“时机之窗”可能在攻击之前的片刻显现,也可能在攻击之前早已显现,关键是受害国如不行动即丧失有效自卫的机会。“也就是说,仅当武装攻击即将到来,在防卫自身的最后机会,才能实施预先自卫。”[2]至于加害国武装攻击的方式,无论其采取网络攻击的方式,还是采取动能攻击的方式,均不是“时机之窗”强调的事项。

(3)预先自卫的手段选择具有唯一性

在手段的选择方面,预先自卫必须是唯一的选择,即和平的手段均已用尽,采取预先自卫是唯一的选择。

(4)预先自卫遵循相称性原则

预先自卫应当遵循相称性原则,即采取的预先自卫措施与面临的威胁程度相适应。预先自卫引起的损害不能超过敌国武力攻击可能造成的损失。国家必须保证其武力只是用来消除受武力攻击的危险,而不用于其他目的。[3]

(5)实行预先自卫的国家负有报告的义务

实行预先自卫的国家必须向联合国安理会报告,安理会有权采取必要措施维持和恢复国际和平,安理会可以组成并派遣特定的委员会对事实进行适当的调查,如果认定当事国的预先自卫行为是不适当的,可以要求其停止该类行为。[4]

(6)由特定机关对采取预先自卫行动的国家进行裁决

当一国已实施预先自卫,由谁来判定当事国的行为是否合法?被一些学

---

[1] 王敏颖:《试论当代国际法上的预防性自卫》,载《法制与社会》2008年第10期。

[2] [美]迈尔克·N.施密特主编:《塔林网络战国际法手册》,朱雁新、朱莉欣等译,西安政治学院科研部2013年印制,第44-45页。

[3] 王敏颖:《试论当代国际法上的预防性自卫》,载《法制与社会》2008年第10期。

[4] 彭玮琳:《论国际法上的预先性自卫》,载《党政干部论坛》2007年第S1期。

者提到的机关主要有两个：一是联合国安理会，二是国际法院。主张由联合国安理会进行裁决的理由主要有：①根据《联合国宪章》及有关国际文件的规定，安理会有断定侵略行为及非法使用武力行为是否存在的职能。②根据《联合国宪章》的规定，联合国会员国行使自卫权应当受到安理会权威的制约，倘若将安理会的制约因素进一步扩展至对某些复杂的情形下实施预先自卫的判断上，也应属合理。但也有学者担心安理会行使这一权力可能出现问题，如大国情节使这样的裁决难保公平，故可由国际法院来行使这样的裁决权。[1]

2. 对规制预先自卫建议的质疑

以上建议不可谓不全面，也体现了对预先自卫权持肯定说的学者对这一权利滥用的担心和预防。即便如此，建议的目的是要将预先自卫权归于国家拥有的“自然的”“固有的”权利之列，实际上是要将这一权利赋予世界强国或区域性强国。这一权利的赋予难免让人联想到国家战争权的恢复。国际社会历经多年努力限制、废弃的权利，将可能改头换面以“预先自卫权”形式重新粉墨登上国际法舞台，这将给世界和平与安全带来难以抑制的负面影响，以致世界永无宁日。

以上建议的有些要素也值得进一步论证。首先，关于预先自卫应当遵循的“相称性原则”，从理论上来说，一个已经实施的行为与一个尚未实施的行为之间不存在什么相称性问题。后者为零行动，前者总是大于零的，任何大于零的行动与零行动谈相称均没有意义，也无所谓相称。其次，如果一定要设置规则的话，那么惩治战争犯罪的规则是应当设置的最重要规则。如果将“预先自卫权”作为国家的一项合法权利，那么该项权利的不当行使毫无疑问地违反了现行国际法确认的禁止使用武力原则，也可以说势必构成侵略。这样，惩治战争犯罪则不可避免提上议程，对滥用这一“权利”的国家及其相关责任人员的追究与惩治必须落到实处。

---

〔1〕 丁成耀：《对国际法上“自卫权”的探讨——兼评美国发动伊拉克战争的“自卫”理由》，载《法制与社会发展》2003年第4期。

第五章 国家的集体自卫权

第一节 国家集体自卫权概述

一、国家集体自卫权的缘起

国家集体自卫权首次被《联合国宪章》纳入现代国际法体系之中。国际法上自卫权的概念可以溯及古代区域武力使用规则。但集体自卫权概念的使用则不多见，明确地将集体自卫权纳入当代国际法体系之中的，是《联合国宪章》第51条的规定。

《联合国宪章》制定初期，没有确认国家集体自卫权的条款，《敦巴顿橡树园建议案》中甚至没有自卫条款。《联合国宪章》的制定者拟通过联合国集体安全体制维护国际和平与安全，并满足国家政治独立与领土安全诸方面的安全需求。参与《联合国宪章》制定的国家，担心联合国的集体安全体制难以满足国家的安全需求，加之，安理会5个常任理事国一票否决制度的设立，加重了这些国家对联合国会员国自身安全需求的担忧。美洲地区的"泛美体系"〔1〕和阿拉伯地区的"阿拉伯国家联盟"，〔2〕曾试图通过区域国际组织的集体安全

---

〔1〕 泛美体系是指18世纪至19世纪美洲国家为反对西班牙和葡萄牙殖民统治而签订的一系列政治、经济、军事条约的总称，其目的是号召美洲各国人民团结起来，建立全美洲的联盟或联邦，以共同争取和维护美洲各国的主权和独立。《辞海》（第3卷），上海辞书出版社1979年版，第2060页；《战争与战略》，《苏联军事百科全书》总编译组译，中国社会科学出版社1983年版，第236-237页。

〔2〕 阿拉伯国家联盟是指为加强所有阿拉伯国家之间的联合与合作而组成的区域性国际组织。以1945年3月22日在开罗签订的《阿拉伯国家联盟公约》为条约基础。日本国际法学会编：《国际法辞典》，世界知识出版社1985年版，第416页；王铁崖、田如萱编：《国际法资料选编》，法律出版社1982年版，第850页。

体制弥补联合国的集体安全体制。在1944年的敦巴顿橡树园会议上,为顾及区域国际组织对区域集体安全的需求,有的建议曾提出:“本宪章不得认为排除区域办法或区域机关,用以应付关于维持国际和平及安全而宜于区域行动之事件者。”但该建议同时要求:“如无安全理事会之授权,不得依区域办法或由区域机关采取任何执行行动。”〔1〕这样的处理可以说在一定程度上既顾及区域国际组织关于区域安全的需求,也维护了即将构建的联合国集体安全体制更高的权威。但这样的处理仍然没有消除区域国际组织维护区域安全的顾虑。“泛美体系”成员国希望获得更多的自主权,并且以1823年的门罗主义〔2〕和1945年的《查普特庇克议定书》〔3〕论证其要求的正当性。在这种情况下,美国代表团提出一项修正案,承认联合国会员国在受到武力攻击时,能够行使“单独或集体自卫之自然权利”,这一修正案既能维护联合国集体安全制度的作用,又能满足区域国际组织的要求,最终获得一致通过,从而形成《联合国宪章》第51条的内容。〔4〕

二、国家集体自卫权的界定

(一)国家集体自卫权的含义

集体自卫权是国际法学界依据《联合国宪章》第51条“集体自卫之自然

〔1〕[苏]克里洛夫:《联合国史料》(第1卷),张瑞祥等译,中国人民大学出版社1955年版,第272-273页。

〔2〕门罗主义是美国传统外交的基本原则之一。最初由美国时任总统门罗于1923年12月2日致国会的咨文中提出与阐明。该项原则首先标榜的是非殖民主义,即美洲大陆是美洲人的大陆,而非欧洲国家的殖民对象,其次标榜反对干涉主义,即反对欧洲国家将其政治制度输入美洲国家,反对欧洲国家对美洲国家任何形式的压迫与干涉。20世纪初,美国以对美洲国家负有道义责任为由,将该项原则演变为美国对美洲国家干涉的依据。日本国际法学会编:《国际法辞典》,世界知识出版社1985年版,第31-32页;顾德欣主编:《中国军事百科全书学科分册Ⅰ·国际军事关系》(第2版),中国大百科全书出版社2007年版,第38-40页。

〔3〕美洲国家于1945年3月3日通过的《关于互助及美洲合作的宣言》,因在墨西哥城的查普特庇克召开会议通过而得名。主要内容包括:任何国家对美洲国家的任何进攻,都应被认为是对在该议定书上签字的其他国家的侵略行为;当有理由确信其他任何国家对美洲的一个国家发生了侵略行为或正在准备进行侵略时,该议定书签字国为了就其适当的措施取得一致意见,应当进行协商;该宣言及建议是维持国际和平与安全的区域性协议,当建立普遍性的国际组织时,应与该宣言的目的和原则一致。王铁崖总主编:《中华法学大辞典·国际法学卷》,中国检察出版社1996年版,第63页;日本国际法学会编:《国际法辞典》,世界知识出版社1985年版,第633页。

〔4〕日本国际法学会编:《国际法辞典》,世界知识出版社1985年版,第878页。

权利”的表述提炼形成的概念。

何谓集体自卫权,《联合国宪章》没有解释,安理会的相关决议对此概念也未作解释或说明。科学、合理、恰当、正确地界定集体自卫权,确定集体自卫权的行使要件,有助于充实完善武装冲突法特别是其所包含的武力使用法的基本理论与规则,有利于理解辨析国际社会相关问题的渊源与法律属性。

根据《联合国宪章》的相关规定及国际法学界的相关研究,本书作如下界定:集体自卫权是指一国遭受武力攻击时,受其请求或与其具有特定盟约关系的国家,通过使用武力或其他方式,协助受攻击国进行自卫的权利。

有学者认为,集体自卫是指“当联合国会员国遭受实际的武力攻击时,其他国家根据被攻击国的请求或同意或依条约义务,向该国提供军事援助,直接参加击退正在发生的武力攻击的联合行动”。〔1〕 也有学者主张:“对于集体自卫权的普遍理解是,本身未受到武力攻击的国家,经受攻击国的请求,有权援助受攻击国。”〔2〕

(二)国家集体自卫权与相关概念辨析

1. 集体自卫权与单独自卫权

集体自卫权不同于单独自卫权。集体自卫权与单独自卫权同属国家固有的权利,但二者之间存在区别。其一,行使权利的主体不同。集体自卫权的行使主体是遭受武力攻击以外的国家,单独自卫权的行使主体是遭受武力攻击的国家。其二,行使权利的法理基础不同。行使集体自卫权的基础与前提是与遭受武力攻击国家之间临时的或已有的同盟关系,行使单独自卫权的前提与基础是遭受武力攻击。其三,行使权利的时机与位次不同。集体自卫权的行使在单独自卫权的行使之后。其四,行使自卫权的手段不同。集体自卫可能使用武力,而单独自卫在一般情况下势必使用武力。

2. 集体自卫权与联合国集体安全体制

集体自卫权不同于联合国集体安全体制。其一,在国际安全体制中的地

〔1〕 许光建主编:《联合国宪章诠释》,山西教育出版社1999年版,第358页。

〔2〕 黄瑶、伍利斌:《集体自卫权与台湾》,载王海平主编:《中国军事法学研究前沿(2012年卷)》,法律出版社2013年版,第378-385页。

位不同。集体自卫权下的“集体自卫”属于单个国家的联合体,体制上仍然属于单个国家自保的安全体制;联合国集体安全体制下的“集体”是相对于单独或安全自保的复合体。其二,二者的隶属关系不同。集体自卫权下的集体自卫受制于联合国集体安全体制,一旦联合国安理会采取必要的措施以维护或恢复国际和平与安全,行使集体自卫权的国家应当将其自卫行动纳入联合国的集体安全体制之中。其三,二者的目的不同。集体自卫权的行使目的是保护请求国或同盟国的安全,联合国集体安全体制建立、运行的目的是维护国际和平与安全。当然,维护国家和平与安全包括联合国会员国及非会员国的安全,但后者的目的具有一般性和普遍性,而非前者的具体指向性。

3. 集体自卫权与区域安全保障体制

集体自卫权不同于区域安全保障体制。集体自卫权与区域安全保障体制均为《联合国宪章》所确认,集体自卫权为《联合国宪章》第 51 条所确认,区域安全保障体制为《联合国宪章》第八章的“区域办法”所确认。但二者之间存在区别。其一,二者的法律属性不同。集体自卫权是国家固有的一项权利,其权利行使具有国家的主权与自主性;区域安全保障体制是指普遍安全保障体制之下通过公认的区域办法来维持和确保区域和平与安全的体制,履行职责的主体为维持和平与安全的区域机关。其二,二者的目的不同。集体自卫权的行使目的是维护个别国家的安全;区域安全保障体制运行的目的是维护区域和平与安全。其三,二者受联合国集体安全体制规制的条件与时机不同。集体自卫权是在行使过程与行使之后受到联合国集体安全体制的规制,被纳入联合国集体安全体制之内,区域安全保障体制则是运行之前就受到联合国集体安全体制的规制。

《联合国宪章》第 51 条在确认国家自卫权的同时,将国家的集体自卫权也确认为国家的固有权利。1990 年 8 月 6 日联合国安理会通过的第 661 号决议决定因伊拉克入侵科威特而对伊拉克实施经济制裁,在该决议的序言中特别提及,确认联合国会员国所拥有的“单独或集体自卫的固有权利”,这是安理会首次在其决议中认可国家的集体自卫权。[1] 2014年7月1日，日本政府正式决定通过修改宪法解释以解禁其国家的集体自卫权。这些国际现象均引发国际国内对集体自卫权问题的关注。

（三）国家集体自卫权行使的目的与实质

国家行使集体自卫权的直接目的应当是维护武力攻击受害国的领土完整和政治独立，集体自卫权的行使有益于维护区域安全与世界和平。集体自卫权的行使也有益于维护集体自卫权行使国的国家安全。日本学者提出，集体自卫的目的是维护集体自卫权行使国本国的权益。集体自卫的目的或实质，是"以发生对他国的武力进攻为契机的自卫防卫，即行使集体自卫权是以保卫本国的和平与安全的利益为目的，也就是说行使集体自卫权是为了本国的和平与安全，这种权利的行使是伴随着排除对他国的武力攻击而发生的"。[2]

三、对国家集体自卫权的确认与限制

（一）集体自卫权属于国家的一项权利

1.《联合国宪章》确认联合国会员国享有集体自卫权

《联合国宪章》第51条将国家的集体自卫权作为国家的一项固有或天然权利。

国际法学界有学者质疑国家集体自卫权的"固有"或"天然"属性，认为国家自卫权的"固有"或"天然"属性可以得到论证与确认，而国家集体自卫权的"固有"或"天然"属性则难以令人信服。因为无论是古代区域武力使用规则，还是近代国际法史，均难以看到明确确认国家集体自卫权的规则与事件。

2. 国际法文件确认国家享有集体自卫权

《联合国宪章》赋予联合国会员国的"集体自卫权"得到其他国际法文件的确认。1946年《国家权利义务宣言草案》第12条规定：各国受武力攻击时，有行使单独或集体自卫之权利。1955年万隆国际会议通过的《亚非会议最后

---

〔1〕 黄瑶：《论禁止使用武力原则——联合国宪章第二条第四项法理分析》，北京大学出版社2003年版，第301页。

〔2〕［日］寺泽一、［日］山本草二主编：《国际法基础》，朱奇武等译，中国人民大学出版社1983年版，第452页；日本国际法学会编：《国际法辞典》，世界知识出版社1985年版，第878页。

公报》也载明:尊重每一国家按照《联合国宪章》单独地或集体地进行自卫的权利。

3. 区域国际组织文件确认国家集体自卫权

《北大西洋公约》《美洲国家组织宪章》等区域国际组织文件均确认区域组织内的国家享有集体自卫权。

4. 国家集体自卫权的国际习惯属性问题

国家的集体自卫权是否属于国际习惯法的内容,国际法学界存在分歧。编写《塔林手册》1.0 版的国际专家认为,《联合国宪章》第 51 条明确规定的国家集体自卫权,"反映了习惯国际法"。[1]

(二)国家集体自卫权的限制与恢复

既然集体自卫权是国家的固有权利,该权利应当属于国家主权的组成部分。国家主权从总体而言,得到近代国际法的确认与维护,构成近代国际法的基础,也是不能被国际社会或其他国家随意剥夺的。

1. 国家集体自卫权因国家责任可以受到限制

作为国家主权组成部分的集体自卫权在特定情境下可以受到限制。下文以日本的国家集体自卫权来说明这一问题。

国家集体自卫权因国家特定情形下承担的国家责任可以受到限制。日本的国家集体自卫权是因日本应当承担相应的国家责任受到限制的。

国际法上的国家责任,是指"国家对国际不法行为所承担的责任。也就是说,如果国家的行为违反国际法的义务,以致损害他国利益,国家必须承担国际法上的责任"。[2]

国家责任的构成条件包括构成国际不法行为的主观要素和客观要素。"构成国际不法行为的主观要素,是该行为可归因于国家而成为该国的国家行为。"[3]依照《关于国家责任的条文草案》,一国国家机关的行为可归因于国家。一国的国家元首是国家机构的组成部分,其行为自然属于国家机关的行

[1] [美]迈尔克・N. 施密特主编:《塔林网络战国际法手册》,朱雁新、朱莉欣等译,西安政治学院科研部 2013 年印制,第 46 页。

[2] 王铁崖主编:《国际法》,法律出版社 1995 年版,第 123 页。

[3] 王铁崖主编:《国际法》,法律出版社 1995 年版,第 124 页。

为,也自然属于国际法所指的“国家行为”。构成国际不法行为的客观要素,指一国的行为违背国际法义务。第二次世界大战中,日本发动的侵略中国和亚洲诸国的战争,违背其应当承担的国际法上的义务,构成国际不法行为的客观要素。一国的行为如不符合国际义务对它的要求,该国即违背国际义务。〔1〕日本是1928年《非战公约》的缔约国,〔2〕有义务废弃战争作为国家政策的工具,不通过发动战争作为解决国际纠纷的手段或工具。“一国的行为如构成违背国际义务,即为国际不当行为,不论该义务的起源为习惯法、条约或其他。”〔3〕日本对中国和亚洲其他国家的侵略行为构成对国际条约法上的义务的违背。

一国应当对其国际不法行为承担相应的国家责任。国家责任的形式包括不同种类,如限制主权、赔偿和道歉等。其中限制主权是最严重的一种国家责任形式。“在一国对他国进行武装侵略,以致严重破坏国际和平与安全、侵犯他国主权和领土完整而犯下国际罪行的情况下,该国必须承担被限制主权的法律责任。”〔4〕第二次世界大战后,同盟国为了惩罚日本法西斯侵略者,防止其侵略势力再次兴起,根据《波茨坦公告》等国际协定,在一定时期内对日本实行军事占领和军事管制,这就对日本的国家主权予以一定时期的限制。除了这种全面地限制主权的方式之外,国际法许可对应当承担国家责任的国家采取局部限制主权的方式。如同盟国1947年缔结的对意大利和约,规定该国拥有的武装力量数量不得超过实行自卫所必需的限度。同样,《日本宪法》中的“和平条款”也是同盟国局部限制日本主权的体现。

同盟国对日本国家主权限制的国际法文件主要体现在《波茨坦公告》之中。〔5〕《波茨坦公告》第6条要求“永久剔除”“欺骗及错误领导日本人民使

---

〔1〕 王铁崖、田如萱编:《国际法资料选编》,法律出版社1982年版,第47、50页。

〔2〕 该公约于1929年7月25日由德、美、法、英(包括英联邦七个单位)、意、日、波、捷等15个签字国家同时在华盛顿交存批准书而生效。国际战争法研究所编:《战争法条约集》,西安政治学院训练部2001年印制,第26页。

〔3〕 王铁崖、田如萱编:《国际法资料选编》,法律出版社1982年版,第50页。

〔4〕 王铁崖主编:《国际法》,法律出版社1995年版,第130页。

〔5〕 该公告于1945年7月26日由中、美、英三国在德国波茨坦联合发表,同年8月8日苏联正式声明加入。

其安欲征服世界者之威权及势力”；第7条规定，在有证据证明日本制造战争的力量毁灭、新秩序建立之前，“日本领土经盟国之指定，必须占领，俾吾人在此陈述之基本目的得以完成”。可以看出，第二次世界大战后同盟国对日本的占领和对日本宪政体制的改造，均是对日本国家主权的限制，这种限制的目的在《波茨坦公告》中是载明的；加之，作为日本国家态度的《日本投降书》，表明无条件接受《开罗宣言》和《波茨坦公告》的一切要求，1945年8月14日日本政府照会中、美、英、苏4国政府，表明接受《波茨坦公告》的要求。同时，第二次世界大战之后，日本天皇因战争犯罪行为应当承担国际法上的责任，日本政府为避免日本天皇承担战争犯罪的责任，接受驻日盟军为其拟定的和平宪法条款，向国际社会表明放弃国家的集体自卫权。

2. 恢复被限制的国家集体自卫权需要国际社会相应的确认

被限制的国家主权在特定条件下可以得到恢复。关于国家责任的解除，国际法尚未形成明确的规则。也就是说，倘若一国的国家主权受到限制，作为国家主权组成部分的国家集体自卫权受到限制，关于限制的期限，国际法没有明确的规定。日本学者提出，国家的“国际责任应该解除，但解除的方法在今天仍没有明确的规定”。[1] 从日本国内实践可以看出，日本政府正在借助这种国际法上的规则的不明确性自行免除国际法上的责任。

国家责任的解除应当与确定特定国家承担相应国家责任的国际法文件相关联，应当以确定国家相应责任的国际法文件为基本依据，应当得到确定国家相应责任的国际组织的同意。从《开罗宣言》《波茨坦公告》的相关规定看，日本“制造战争的力量”，即“欺骗及错误领导日本人民使其妄欲征服世界者之威权及势力”，是应当被“永久剔除”的，相应地，对其国家集体自卫权的限制也需要相当长的期限，而且，这种限制的解除应当通过第二次世界大战后形成的国际安全体制确定。

可以说，日本政府无权单方面修改其宪法中的和平条款，也无权通过政府解释宪法逃避第二次世界大战后同盟国为维护国际和平和区域安全而对其施

---

〔1〕［日］寺泽一、［日］山本草二主编：《国际法基础》，朱奇武等译，中国人民大学出版社1983年版，第379页。

加的限制其主权的宪法规制，日本政府的这类行为应当得到国际社会特别是第二次世界大战前后所形成的同盟国家的确认方可生效。日本学者承认，“随着国际形势的变化，集体自卫将脱离由联合国集体安全保障的客观管辖，成为促成恢复结盟体制的主要原因”。[1] 看来，日本政府明知解除其宪法中的和平条款，解除集体自卫权方面的限制，意味着脱离联合国集体安全保障的管辖而趋向结盟，仍然执意地往下走。从国际政治的角度看，日本政府的这种行为不能不引起第二次世界大战中遭受日本侵略的国家的高度警惕。

第二节　国家集体自卫权的行使要件

一、集体自卫权的行使主体

《联合国宪章》第 51 条在确认联合国会员国拥有自卫权的同时，确认其拥有集体自卫权，而且将这两项权利都归于国家的“固有权利”。这就意味着国家集体自卫权的行使主体是国家。

（一）集体自卫权的行使主体属于国家

集体自卫权的行使主体应当归于国家。这是以《联合国宪章》第 51 条为依据的，因《联合国宪章》将集体自卫权行使的主体归于联合国会员国，即归于国家，会员国在当代已经具有普遍性。此外，由于《联合国宪章》在确认这一权利时并没有将行使权利的主体限定在“仅有联合国的会员国”范围内，而是使用了“固有权利”的说法，应当认为这样的权利在一般情况下，是国际社会的每一国家均可以享受的，除非经特别程序与规则排除特定国家享有这一权利。如前所述，《日本宪法》是第二次世界大战后特殊背景下制定的，也可以说是第二次世界大战结束后为落实《波茨坦公告》宗旨和由美、英、中、苏等 11 国组成的远东委员会的协议与要求的产物，同时是日本当时政要为确保其天皇不受战争犯罪审判而妥协的产物。经过这种特定程序与规则，排除了日本享有包括集体自卫权在内的交战权。《日本宪法》第 9 条规定：“日本国民

---

[1] ［日］寺泽一、［日］山本草二主编：《国际法基础》，朱奇武等译，中国人民大学出版社 1983 年版，第 452 页。

真诚地谋求基于正义与秩序的国际和平，永远放弃以国家权力发动的战争，武力威胁或行使武力作为解决国际争端的手段。为达到前项目的，不会保持陆海空军和其他力量，不承认国家交战权。”[1]

区域组织不是集体自卫权的行使主体，而区域组织内的国家是集体自卫权的行使主体。这样的结论亦依据《联合国宪章》的规定。虽然《联合国宪章》第八章规定了区域办法，集体自卫权载入《联合国宪章》也是基于一些区域组织的要求，但《联合国宪章》中的集体自卫与区域办法是两个不同的法律概念，具有不同的地位。《联合国宪章》第八章的区域办法或机关，在体制上属于联合国体制的组成部分，在职能上具有在本区域内维持或恢复和平及安全的集体安全保障的职能，在范围上具有严格的区域性。而集体自卫是独立于联合国体制之外的单独安全保障办法，是在联合国集体安全体制有效运作之前有关国家采取的临时性救急措施。此外，集体自卫权也不是以区域办法或区域机关为基础的。因此，把现存的区域组织与集体自卫组织等同起来，或者把区域办法与集体自卫结合起来均是不恰当的。[2]

鉴于此，在集体自卫权的行使主体问题上，“区域防卫论”的主张应当受到质疑。这种学说认为，集体自卫是以《联合国宪章》第八章规定的区域办法为前提条件的，即以区域或起综合作用的共同组织为集体自卫的主体。这种观点通过以下逻辑进行论证：如果不承认区域防卫和区域办法在本质上的一致性，就等于承认它对所有的联合国会员国都拥有自主的救援权利，联合国集权性的集体安全保障体制的特点也就成了有名无实的东西。[3] 这样的论证难以令人信服。

（二）集体自卫权的行使主体不包括武力攻击的受害国

集体自卫权的行使主体不包括武力攻击的受害国。因为受害国行使的权利是单独自卫权而非集体自卫权。[4] 在集体自卫权的行使主体问题上，“正

---

〔1〕 2014年7月1日，以时任首相安倍晋三为主导的日本内阁通过关于“解禁集体自卫权”的重大修改。

〔2〕 许光建主编：《联合国宪章诠释》，山西教育出版社1999年版，第357页。

〔3〕 [日]寺泽一、[日]山本草二主编：《国际法基础》，朱奇武等译，中国人民大学出版社1983年版，第450-452页。

〔4〕 [意]安东尼奥·卡塞斯：《国际法》，蔡从燕等译，法律出版社2009年版，第483页。

当防卫论”的主张是可取的。这种观点认为：集体自卫不是为了本国进行防卫，而是为了他国进行防卫；集体自卫下防卫行动的前提是，他国的领土主权遭受非法侵犯。[1]

二、集体自卫权的行使前提

(一)集体自卫权行使的前提是一国遭受武力攻击

1. 一国遭受武力攻击引发集体自卫权的行使

(1)《联合国宪章》确认集体自卫权的行使前提是一国遭受武力攻击

《联合国宪章》第51条在规定一国自卫权行使的前提时，提到集体自卫权的行使，故集体自卫权的行使前提应当与一国行使单独自卫权的前提相同或一致。

《联合国宪章》确认联合国会员国的集体自卫权，与确认国家单独自卫权一样，是对联合国集体安全机制的一种补充。如前所述，《联合国宪章》制定者设计的集体安全体制的功能及作用范围引发了部分参与国的顾虑与担心，于是出现确认国家单独与集体自卫权的提案，并得到同意与通过。

联合国会员国以外的其他国家遭受武力攻击，可否引发国家集体自卫权的行使，这在法理上不存在障碍。既然集体自卫权与单独自卫权一样，构成国家的固有权利，那么，联合国会员国以外的国家遭受武力攻击，同样可以引发国家集体自卫权的行使。《联合国宪章》没有必要也没有权力明确确认联合国会员国以外的国家的集体自卫权问题。

这里所说的武力攻击必须是现实存在的。这样的前提条件与一国行使自卫权的前提条件是相同的，主要有两方面含义：一是一国遭受武力攻击必须是现实的武力攻击，而不能是假想的或不存在的[2]或可能出现的武力攻击，前已述及，国际法渊源上不存在预先集体自卫规则与习惯。在这个问题上，中国政府也明确表示，援引集体自卫权使用武力，必须是受援国真正受到武力攻

[1] [日]寺泽一、[日]山本草二主编：《国际法基础》，朱奇武等译，中国人民大学出版社1983年版，第450-452页。

[2] 1956年，苏联以集体自卫的名义派遣部队进入匈牙利，而匈牙利并没有遭受武力攻击；苏联也没有提及匈牙利为武力攻击受害者的问题。苏联的此次集体自卫行为的合法性自然为国际社会所否定。

击,否则为国际非法行为。[1] 二是一国遭受的武力攻击应当是以武力为方式的攻击,而不是武力以外的加害行为。国际法院在"尼加拉瓜案"中对武力攻击的限定与要求予以确认。法院指出,各国无权对没有构成"军事侵略"的行为给予"集体"的武力回应。尼加拉瓜向萨尔瓦多的反政府游击队提供武器和后勤支持,属于非法干涉萨尔瓦多的国家内政,但尚未构成武力攻击。故美国不得借此理由提起对尼加拉瓜的集体自卫。[2] 编写《塔林手册》1.0 版的国际专家也提出:"习惯国际法不允许一国仅以其自己对形势的判断而介入别国的集体自卫行动。"[3]在网络攻击条件下,一国遭受构成武力攻击的网络攻击在法理上亦可引发国家集体自卫权的行使。三是一国遭受的武力攻击应当是《联合国宪章》意义上的武力攻击,而不能将他国的反侵略行动作为自己遭受武力攻击的说辞。

在集体自卫权行使的前提问题上,关于一国遭受武力攻击的含义,是指某一单独国家或数国遭受武力攻击,还是指行使集体自卫权的所有国家均须遭受武力攻击,学界存在不同的认识。有观点认为,集体自卫权的行使前提应当是,行使集体自卫权的每个国家均遭受武力攻击;如果只有一个国家或数个国家遭受武力攻击,前来援助的其他国家不能被认为是在行使集体自卫权,至多是以维护国际和平与安全的共同义务作为其行动的理由,因为其他国家没有遭受武力攻击或威胁,不存在武装防卫的权利。[4] 这种观点为国际法学界多数学者所否定,没有得到国际社会的普遍认可。一般认为,集体自卫权的行使前提是,单一国家或数国遭受武力攻击,而不是行使集体自卫权的国家遭受武力攻击,更不是行使集体自卫权的所有国家均遭受武力攻击,遭受武力攻击的国家行使的是自卫权而非集体自卫权。对集体自卫权行使前提的限制性解释,同《联合国宪章》制定时的立法意旨不相吻合,不符合《联合国宪章》生效

---

〔1〕《薛捍勤在 42 界联大六委关于不使用武力特委会报告的发言》,载中国国际法学会主编:《中国国际法年刊:1988》,法律出版社 1989 年版,第 697 页。

〔2〕梁淑英主编:《国际法教学案例》,中国政法大学出版社 1999 年版,第 6-22 页。

〔3〕[美]迈尔克·N. 施密特主编:《塔林网络战国际法手册》,朱雁新、朱莉欣等译,西安政治学院科研部 2013 年印制,第 46-47 页。

〔4〕D. W. Bowett, *Self-Defence in Interantioal Law*, Manchester University of Press, 1958, p. 136.

以来的国家实践,可能削弱禁止使用武力原则的有效性。[1]

(2)区域国际组织文件确认集体自卫权的行使前提是区域组织成员国遭受武力攻击

《北大西洋公约》第5条规定:“各缔约国同意对于欧洲或北美之一个或数个缔约国的武力攻击,视为是对所有成员国的武力攻击。因此,缔约国同意如果此种武力攻击发生,每一缔约国按照联合国宪章第51条所承认之单独或集体自卫权利之行使,应单独并会同其他缔约国采取视为必要之行动,包括武力之使用,协助被攻击之一国或数国以恢复并维持北大西洋区域之安全。”《美洲国家组织宪章》第5条(己)项规定:“对一个美洲国家的侵略行为就是对所有其他美洲国家的侵略行为。”第25条规定:“如果任何一个美洲国家的领土不可侵犯性或完整或主权或政治独立遭受到一种武装攻击或一种非武装攻击的侵略行为……则美洲国家为了促进美洲大陆团结原则或集体自卫,应适用为此订立的特别条约所规定的手段及程序。”[2]

2. 非国家实体遭受武力攻击不引发集体自卫权的行使

所谓非国家实体,指占据一定的区域,拥有一定的居民,建立一定的管理组织而不享有国家主权的政治实体组织。所谓非国家实体遭受武力攻击,是指非国家实体占据或控制的区域遭受武力打击。

非国家实体包括民族解放运动组织、叛乱团体、特定规模的恐怖主义组织等。总体来看,非国家实体遭受武力攻击之所以不得引发集体自卫权的行使,主要是因为非国家实体不具备国际法上国家构成的全部要素,不具有国际法上的国家资格,不具备国际法上的国家主权。有学者提出,“非国家实体不是集体自卫权的保护对象”。[3]

这里所说的民族解放运动组织是指殖民地、附属国人民为摆脱殖民统治与压迫而争取独立的政治组织。当代国际法尊重民族自决权,《联合国宪章》

---

〔1〕 黄瑶:《论禁止使用武力原则——联合国宪章第二条第四项法理分析》,北京大学出版社2003年版,第297页。

〔2〕 本段条约均参见王铁崖、田如萱编:《国际法资料选编》,法律出版社1982年版。

〔3〕 黄瑶、伍利斌:《集体自卫权与台湾》,载王海平主编:《中国军事法学研究前沿(2012年卷)》,法律出版社2013年版,第378-385页。

和《国际法原则宣言》对此均有规定。民族解放运动组织可能占据一定的区域，领导与管辖一定数量的人民，民族独立与解放战争具有合法性，《国际法原则宣言》也倡导支持民族独立与解放运动。"每一国均有义务依照宪章规定，以共同及个别行动，促进各民族享有平等权利及自决权原则之实现，并协助联合国履行宪章所赋关于实施此项原则之责任"。但这里规定的"责任"主要有两项：一是"促进各国间友好关系及合作"，二是"妥为顾及有关民族自由表达之意旨，迅速铲除殖民主义"。并没有明确规定联合国会员国可以通过集体自卫的方式支持民族独立与解放运动组织。毕竟，这种组织还没有享有国家主权。[1]

作为非国家实体的叛乱团体，遭受武力攻击后，也不得引发集体自卫权的行使。叛乱团体在特定条件下构成交战团体，是以武力方式与一国合法政府组织相对抗的叛乱组织。依照《1949 年 8 月 12 日日内瓦四公约关于保护非国际性武装冲突受难者的附加议定书》的规定，构成此类团体的要素包括：具有一定的政治组织，统率一定力量的武装部队，对一定区域行使控制权，能进行持久而协调的军事行动。一国叛乱组织遭受武力攻击的情形大致可以分为三种，这三种情形均不得引发集体自卫权：一是来自一国中央政府的武力打击，这样的打击旨在实现国家统一，有国际法上国家主权原则等作依据，他国不得因此以集体自卫的名义对这种打击予以干涉，这样的干涉行为构成对一国主权的侵犯，及对一国领土的侵略，属非法使用武力的行为。二是来自外国的武力攻击，这样的攻击构成对叛乱组织所属国的侵略，一国合法中央政府可以请求或依据既有国际条约的规定，同意他国行使集体自卫权，而叛乱组织不享有国家主权，无权请求他国行使集体自卫权。三是一国内部其他叛乱组织的攻击，这样的攻击可能引发非国际性武装冲突，而不能引发国际法上的集体自卫权的行使。

在一国实现统一的武装冲突过程中，他国不得借口一方的请求而行使集体自卫权。美国 1965 年以应南越的请求从事集体自卫为由，参加越南战争以

---

〔1〕 有的民族独立与解放运动组织已经取得独立并获得国家主权，不在这里讨论问题的范围之内。刘家新、齐三平主编：《中国军事百科全书学科分册 · 战争法》(第 2 版)，中国大百科全书出版社 2007 年版，第 77 页。

“保护南越免于北越的颠覆”。这样的“集体自卫”行动没有得到学界的认可，被认为实质上是对越南内政的干涉，其合法性被国际社会否定。〔1〕

掌握一定区域控制权、统治一定的居民、拥有一定武装的恐怖主义组织，遭受武力打击后，因恐怖主义组织不具有国际法上的国家资格，其存在的合法性没有得到国际法的承认，因而也无法引发集体自卫权的行使。有的国家将别的国家定性为恐怖主义国家，这样的定性属于国际政治行为而非国际法上的行为。被说成恐怖主义的国家遭受武力攻击后，因定性行为在国际法上的无效性，自然可以引发集体自卫权的行使。

3. 国际组织遭受武力攻击不引发国家集体自卫权的行使

国家以外的包括国际组织在内的其他国际法主体遭受武力攻击，能否引发国家集体自卫权的行使？有学者提出，国际组织遭受武力攻击，同样可以引发国家自卫权的行使。〔2〕 其依据主要是，国际组织有不同的种类，其中包括“拥有武装力量的国际组织”，如联合国组织。这种类型的国际组织遭受武力攻击之后，有权实施自卫，如联合国维持和平部队遭受武力攻击后，依据联合国采取维持和平行动的三项原则之一，其有权采取自卫行动。

这样的说法值得再斟酌。其一，《联合国宪章》和区域国际组织迄今并没有明确规定与确认，某一国际组织遭受武力攻击后，可以引发国家集体自卫权的行使。其二，国家单独自卫与集体自卫所针对的不法行为是侵害国家主权、领土完整、政治独立或其他重大法律利益的行为，而有的国际组织虽然具有国际法上的人格权，但没有自己的领土，不能单独承受领土遭受攻击的不法侵害或侵略行为。特定国际组织的工作机构所在地遭受武力攻击，借助其组织机构所在地国家遭受武力攻击而引发国家集体自卫权的行使更为适宜。虽然《联合国宪章》也有关于托管地的规定，但这样的托管地不能被看作特定国际组织如联合国的“领土”，这样的托管地与国际法意义上的领土是不对等的。其三，联合国维持和平部队遭受武力攻击后的自卫行动不同于国家的自卫行动，联合国维持和平行动部队的自卫行动也不属于国际法意义上的集体自卫

〔1〕［美］路易斯·亨金：《国际法：政治与价值》，张乃根等译，中国政法大学出版社 2005 年版，第 184 页。

〔2〕杨颖琛：《集体自卫权研究》，西安政治学院 2014 年硕士学位论文，第 27 页。

行动。其四,若确认国际组织遭受武力攻击,可以引发国家的集体自卫权的行使,会带来新的国际法问题。"现代国际组织名目繁多,数以千计,令人目不暇接。"[1]如果这些国际组织遭受武力攻击,均可能引发国家集体自卫权的行使,将会造成天下大乱。其五,不承认国际组织遭受武力攻击引发国家集体自卫权的行使,并不意味着承认可以对国际组织实施武力攻击,只是想说明,国际法及国际组织法的基本原则已经对此类组织施加了基本的保护,应当通过其他相关国际法而非国家集体自卫权的行使来解决此类问题。

(二)集体自卫权的行使应当以受害国的请求或特定条约义务为依据

集体自卫的引发可以基于预先签订的双边国际条约或区域性多边国际条约,也可以基于遭受武力攻击国的临时请求;亦有学者主张可基于安理会的呼吁与授权行使集体自卫权。

1. 基于双边或多边条约的集体自卫

基于特定条约的集体自卫,指基于预先签订的双边条约或区域性多边条约而实施的集体自卫。有些国家签订具有集体自卫属性的双边国际条约,相互承诺当一国遭受侵略或武力攻击时,另一国给予援助。历史上这种类型的条约有:1945 年后苏联与保加利亚、捷克斯洛伐克、芬兰、匈牙利、波兰、罗马尼亚、南斯拉夫等国签订的防御同盟性质的双边条约,1951 年美国与菲律宾签订的相互防御条约,1960 年美国与日本签订的安全保障互助合作条约,1953 年美国与韩国之间签订的相互防御条约等。[2]

有些区域范围的国家签订具有集体自卫属性的多边国际条约,相互承诺当条约体系所覆盖的任何一国或数国遭受侵略或武力攻击时,可以将这样的攻击视为对条约体系内其他国家的武力攻击,其他国家有权对遭受武力攻击的国家给予援助。历史上这方面的多边国际条约主要有:1947 年美洲国家组织签订的《美洲国家间关于相互协助的里约热内卢条约》[3]、1948 年《美洲国

---

[1] 饶戈平主编:《国际组织法》,北京大学出版社 1996 年版,第 49 页。

[2] 黄瑶:《论禁止使用武力原则——联合国宪章第二条第四项法理分析》,北京大学出版社 2003 年版,第 302 页。

[3] 其中第 3 条第 1 款规定:"对任何一个美洲国家的攻击都将被视为对所有美洲国家的攻击,每个国家应尽力提供援助以对付该攻击,行使《联合国宪章》第 51 条承认的单独或集体自卫的固有权利。"

家组织宪章》[1]、1949 年北大西洋公约组织签订的《北大西洋公约组织宪章》[2]、1950 年阿拉伯国家联盟签订的《阿拉伯国家联盟共同防御及经济合作条约》[3]等。

如果有双边或多边条约作为行使集体自卫权的基础,这样的双边或多边条约可以被看作涵盖了武力攻击受害国的请求,可以被看作以明示的条约形式的事先请求。这样的"事先请求"与"实际遭受武力攻击"的集体自卫权的行使要件并不矛盾,因为该请求是伴随一国遭受武力攻击这样的客观事实而满足生效条件的,即条约中的事先约定并不等于事先请求,但条约中事先约定的条件满足时,这样的请求就生效了。

基于双边或多边条约行使集体自卫权的国家或组织依据的双边或多边条约应当是合法有效的。关于区域组织多边国际条约的法律效力,中国政府认为,如果根据国际协定行使集体自卫权,其前提必须是该项国际协定本身合法有效,并且不得违反《联合国宪章》和强行法规范。[4]《联合国宪章》没有排除缔结符合联合国宗旨的集体自卫条约的可能性。但是,那些以社会制度和政治哲学为基础的封闭式的政治军事同盟,那些违背联合国宗旨、干涉一国内政与统一、以集团军事对抗和军备竞赛为主要职能的集体防卫组织及协约,不能被视为合法的组织与条约。[5]

---

[1] 其中第 24 条规定:"一个国家对美洲国家的领土完整或领土的不可侵犯性或对其主权或政治独立的每一侵略行为应认为是对其他美洲各国的一种侵略行为。"第 25 条规定:"如果任何美洲国家的领土不可侵犯性或完整或主权或政治独立遭受到一种武装攻击或一种非武装攻击的侵略行为,或被一种大陆以外的冲突,或被一种两个或两个以上美洲国家间的冲突,或被任何其他可能危及美洲和平的事实或情势所影响时,则美洲国家为了促进美洲大陆团结原则或集体自卫,应适用为此订立的特别条约所规定和手段及程序。"王铁崖、田如萱编:《国际法资料选编》,法律出版社 1982 年版,第 885-886 页。

[2] 其中第 5 条规定:"各缔约国同意对于欧洲或北美之一个或数个缔约国的武力攻击,视为是对所有成员国的武力攻击。因此,缔约国同意如此种武装攻击发生,每一缔约国按照联合国宪章第 51 条所承认之单独或集体自卫权利之行使,应单独并会同其他缔约国采取视为必要之行动,包括武力之使用,协助被攻击之一国或数国以恢复并维持北大西洋区域之安全。此等武装攻击及因此而采取之一切措施,均应立即呈报联合国安理会,在安理会采取恢复并维持国际和平及安全之必要措施时,此项措施应终止。"王铁崖、田如萱编:《国际法资料选编》,法律出版社 1982 年版,第 928 页。

[3] 其中第 2 条规定,"保卫彼等的独立和主权"。王铁崖、田如萱编:《国际法资料选编》,法律出版社 1982 年版,第 850 页。

[4] 《薛捍勤在 42 界联大六委关于不使用武力特委会报告的发言》,载中国国际法学会主编:《中国国际法年刊:1988》,法律出版社 1989 年版,第 697 页。

[5] 许光建主编:《联合国宪章诠释》,山西教育出版社 1999 年版,第 358 页。

基于双边或多边条约行使集体自卫权的国家或组织遭受的武力攻击应当是《联合国宪章》第51条意义上的武力攻击,不得将对他国实施武力攻击之后,他国实施的自卫作为己方遭受武力攻击的依据。如果这样,就混淆了武力攻击的含义,就会将他国的反侵略、反武装干涉行为作为己方遭受武力攻击的说辞,就会严重危害国际安全与和平。

2. 基于遭受武力攻击国的临时请求的集体自卫

集体自卫权的提起,可以遭受武力攻击国家的请求为前提。换言之,若没有双边或多边集体自卫条约作基础,一国在遭受武力攻击的前提下,可以请求第三国以行使集体自卫权的方式协助本国。这里的武力攻击受害国享有武力攻击的判断权及宣布权。[1]

武力攻击受害国的判断权应当受到《联合国宪章》及相关国际法文件的制约,应当以国际关系中发生的客观事实为基础。

武力攻击受害国的宣布权即请求援助的权利亦应受到一定的规制与保障。

其一,武力攻击受害国的援助请求必须基于其自由的真实的意思表示。这样的援助请求不能是第三国强迫之下的意思表示,也不能由第三国先提出援助之后武力攻击受害国再表示同意。如果武力攻击受害国的宣布权是在被胁迫或变相胁迫的情势下提出的,则以行使集体自卫权名义使用武力的国家,缺乏合法使用武力的基础,或者说构成非法使用武力。国际法院在1986年的"尼加拉瓜案"中对此条件与前提予以确认和强调。法院指出,一国因集体自卫向他国援助之前,应当以受害国的请求为前提。"自卫必须由受害者进行和宣布,没有一条习惯法规则允许其他国家根据自己对情势的估计而行使集体自卫权,集体自卫只有在权利受到侵犯的国家自己声明为武力攻击受害者时才可以提出……第三国为受害国利益提出集体自卫的合法性问题仍然取决于受害国的请求……没有规则允许未经受害国请求而行使集体自卫。受武力攻击侵害的国家自己声明受到攻击是它提出请求的补充条件。"[2]国际法院在

---

〔1〕 黄瑶:《论禁止使用武力原则——联合国宪章第二条第四项法理分析》,北京大学出版社2003年版,第303页。

〔2〕 马呈元、张力编著:《国际法案例研习》,中国政法大学出版社2014年版,第10-15页。

此案的判决过程中也曾存在不同意见。绝大多数法官都认为,集体自卫权的行使必须在受害国提出援助请求后才是许可的。但詹宁斯法官在他的异议意见中对此提出不同看法。他认为,在特定情势下,受害国的政府可能已经不复存在,或者大规模的攻击导致明确的对外通信中断,使向外请求援助的信息难以传递;加之,所有武力攻击都是违反《联合国宪章》规定的,均构成对所有其他国家的侵略行为,因而应当赋予每个国家回应攻击的权利。国际法院最终还是采纳了多数法官的意见。

也有学者反对设立这一要件,论证过程还是以其设想的特殊情境为依据。如通信中断使国家的请求意愿难以实现,或者受害国遭受惨重损害使原有政府难以表达请求的愿望等。但国际法院的判决、通信科技的发展都使这些学者的论证显得乏力。如果不设立这样的要件,有些国家就会滥用集体自卫权。如 1983 年 10 月,美国以集体自卫的名义入侵格林纳达。事实上,此前格林纳达并没有受到武力攻击,格林纳达也没有向美国发出援助请求。美国此次所谓的“集体自卫”受到国际社会的普遍谴责。[1]

其二,武力攻击受害国提出援助请求的对象应当具有明确的指向。这是因为,请求的明确指向便于控制武力使用的范围,便于遵循集体自卫权行使过程中的相称性原则。

其三,武力攻击受害国请求援助权利的行使应当具有公开性。这是因为,集体自卫权属于《联合国宪章》确认的联合国会员国所固有的权利,这种权利的行使应当受到国际社会的监督。国际法院在“尼加拉瓜案”中提出,应当以明示的方式来表示,即武力攻击的受害国必须声明这样的主张。中国政府也主张,援引集体自卫权,应当根据“明确的请求”。这种请求既不能来自在国际法上没有合法地位的政府,也不能是在所谓“集体自卫”实施之后提出。[2]如果武力攻击受害国以秘密的方式向第三国提出请求援助的意思表示,第三国行使的集体自卫权容易受到国际社会的质疑或误解。

---

〔1〕 黄瑶:《论禁止使用武力原则——联合国宪章第二条第四项法理分析》,北京大学出版社 2003 年版,第 298-299、303 页。

〔2〕《薛捍勤在 42 界联大六委关于不使用武力特委会报告的发言》,载中国国际法学会主编:《中国国际法年刊:1988》,法律出版社 1989 年版,第 697 页。

3. 关于安理会呼吁与授权引发集体自卫问题

安理会的呼吁与授权不可以作为引发集体自卫权行使的情形。

安理会的呼吁不得替代武力攻击受害国的请求，不得作为引发集体自卫权的情形。联合国安理会的呼吁能否代替武力攻击受害国的请求而引发联合国会员国的集体自卫权的行使？这种情况在国际实践中曾经出现并受到关注。海湾战争时期安理会通过的第661号决议特别提及并确认联合国会员国拥有的"单独或集体自卫的权利"。但这不应作为引发集体自卫权行使的一种新的独立方式。这是因为：首先，如果确认安理会的呼吁引发集体自卫权的行使，会造成集体自卫权行使请求中双重请求主体的出现。武力攻击受害国的明示请求作为引发集体自卫权的条件，已经成为国际社会的共识。如果将安理会的呼吁亦作为一种请求方式，会造成请求中的双重主体出现。而一旦出现双重请求主体，又产生哪个主体的请求优先或为有效请求的问题。海湾战争前，在安理会的第661号决议作出后，科威特流亡政府也曾呼吁美国及其他国家的援助，如果加上安理会第661号决议的授权与呼吁，就可以看出双重请求主体引发的请求效力与请求对象等问题。其次，安理会的呼吁与请求以何种形式表示亦存在问题。海湾战争中，安理会仅在一项授权决议的序言中发出援助科威特的呼吁，而该授权决议的主旨是对入侵科威特的伊拉克实施经济制裁，而不是呼吁或请求联合国的会员国以集体自卫的方式援助科威特。再次，安理会的呼吁可以被看作安理会在联合国的集体安全体制中发挥作用及履行《联合国宪章》赋予的职责，而联合国的集体安全体制与国家自卫权及集体自卫权属于两种不同的安全体制，如果以联合国的集体安全体制取代国家自卫权与集体自卫权，将违背《联合国宪章》确认国家自卫权与集体自卫权的初衷。现时代，安理会授权本身已经具有特定的国际法效力，这样的授权可以直接引发联合国会员国的武力使用，故安理会不必再借助呼吁行使集体自卫权的方式来促使其会员国在特定情境下使用武力。最后，现实中安理会往往被少数大国操纵和利用，如果赋予安理会在集体自卫中的请求权或呼吁权，易造成这种权利的滥用。

三、集体自卫权的行使形式与手段

(一)集体自卫权的行使形式

集体自卫权的行使形式是指行使集体自卫权的主体与武力攻击受害国之间的联系及组织结构。集体自卫权的行使形式可以分为有组织的集体自卫和单个国家的集体自卫。

1. 有组织的集体自卫

有组织的集体自卫是指依托区域组织体制进行的集体自卫行动。此种形式的集体自卫具有以下特征:一是以多边条约作为行使集体自卫权的前提。二是他国对体制内一国的武力攻击被视为对制定缔结条约的所有国家的武力攻击,故体制内受武力攻击以外的国家均享有集体自卫权。三是集体自卫往往通过军事组织实施。如北大西洋组织曾建立联合军事司令部,迄今仍然存在。

以区域组织为依托的集体自卫,仅限于区域组织之内。该类组织对区域组织以外的国家行使集体自卫权,应当被看作单个国家的集体自卫。

2. 单个国家的集体自卫

单个国家的集体自卫是指单一的或若干国家以双边或多边条约为前提,或者以武力攻击受害国的请求为前提实施的集体自卫。这种类型的集体自卫与以区域组织为依托的集体自卫相比较,主要区别在于前者不依托区域集体自卫条款及区域组织。

(二)集体自卫权的行使手段

1. 集体自卫可以使用武力

集体自卫的行使手段,可以是武力的,也可以是非武力的。集体自卫不得排除武力手段,因其前提条件之一是一国遭受武力攻击,以武力手段回击武力攻击国的不法行为,是自卫的应有之义。实践中,在集体自卫中直接参与武装冲突的情况相对较少,国家一般避免派遣其武装部队直接和公开地军事介入其他国家之间的武装冲突。有时武力攻击受害国援引集体自卫请求第三国军队进入其领土,但实际冲突中又没有使用此类国家的军队,或者没有在武力攻击受害国的领土以外使用这些军队。至于美国在越南战争中以集体自卫的名义对柬埔寨和老挝直接使用武力,以及在尼加拉瓜直接使用武力的情况,均属于极端的事例。[1]

2. 集体自卫可以采取非武力的手段

集体自卫也可以采取非武力的手段,如对加害国的政治抵制、经济制裁、道义谴责、外交抗争等,也可以包括对武力攻击受害国以经济物质方面的援助等措施。

四、集体自卫权的行使期间

(一)集体自卫权的行使应当晚于单独自卫权的行使

单独自卫权的行使时间早于集体自卫权的行使时间。因为一国遭受武力攻击后,就有权进行自卫。而集体自卫权的行使则不同,其应当在一国遭受武力攻击之后,在遭受武力攻击国家的申请或者依条约约定的情况下行使,无论哪种情况,理论上均会晚于单独自卫权的行使时间。

(二)集体自卫权的行使应当顺应安理会的决议

集体自卫权应当因联合国安理会的适当决议而终止。依照《联合国宪章》的规定,在联合国安理会作出适当决议后,应当依照安理会决议来维护国际和平与安全。集体自卫权的行使应伴随安理会决议的作出、执行而作调整或终止。这是因为联合国"会员国为行使此自卫权而采取的办法,应立即向联合国安全理事会报告"。

在这一问题上,有学者指出,主张行使单独或集体自卫权而使用武力的国家,不能作为其行为合法与否的裁判者,这样的裁判权应当由联合国大会、安理会或者国际法院来行使。[2] 这样的建议具有合理性,但现实中往往是以武力攻击受害国及其援助国先行行使单独与集体自卫权,安理会的判定与裁断是事后作出的。

至于行使集体自卫权的国家,以安理会的决议及措施不能真正恢复国际

---

〔1〕 余民才:《国际法上自卫权实施机制》,中国人民大学出版社 2014 年版,第 143 页。

〔2〕 Oscar Schachter, *Internaioal Law in Theory and Practice*, Martinus Nihoff Publishers, 1991, p. 88.

和平与安全、不能体现国际法上的正义与公平价值、过分地显现了政治色彩等理由为依据，不将集体自卫纳入安理会的恢复国际和平与安全的措施之中，法理上像单独自卫一样，存在一定的瑕疵；而从维护国家及国家集团的利益的角度而言，不能不承认联合国安理会的“适当措施”有时难免受少数大国的国际政治的影响。

五、集体自卫权的行使限制

（一）集体自卫权的行使区域

集体自卫权的行使主体应当不限于与遭受武力攻击的国家属于同一地域。《联合国宪章》没有涉及集体自卫权行使主体的区域问题。考虑到判定一国能否成为集体自卫权的行使主体，往往是以武力攻击受害国的请求、双边与多边条约作判定标准，而不是以区域的远近作为判定标准，所以集体自卫权的行使主体与武力攻击的受害国可以不处于同一区域。[1] 也有学者提出：“一国代表别国行使集体自卫权时，必须在别国的请求和同意的范围内行使。也就是说，参加集体自卫的权利要遵守受害国制定的条件和限制。”在一国遭受网络攻击背景下，“受害国可将援助仅限于非动能措施，或限于被动而非主动的网络防御”。[2]

（二）集体自卫权行使的比例要求

集体自卫权的行使应当遵循单独自卫权行使过程中所遵循的比例原则。单独自卫中的比例原则最早源于“加罗林号事件”中美国时任国务卿丹尼尔·韦伯斯特的表述。在“尼加拉瓜案”中，当事双方都赞同合法自卫的标准之一是使用武力的比例性，国际法院在判决中也指出，自卫中遵循比例原则是国际习惯法上确立的一项规则，合法的自卫应当遵守必要的标准，所采取的措施应当符合比例原则。该案涉及的是集体自卫权问题，故集体自卫亦应当遵循比例原则。

---

〔1〕［意］安东尼奥·卡塞斯：《国际法》，蔡从燕等译，法律出版社2009年版，第483页。

〔2〕［美］迈尔克·N.施密特主编：《塔林网络战国际法手册》，朱雁新、朱莉欣等译，西安政治学院科研部2013年印制，第47页。

集体自卫中的比例原则，主要指所使用武力的强度和规模与所遭受的武力攻击的严重性相称。国际法院在“尼加拉瓜案”判决中有这样的意向。根据国际法院的司法判决和学界多数学者的看法，将这里的比例原则理解为自卫的强度和规模与受攻击的情境相适应更为适宜。

第六章　安理会采取的武力行动

第一节　安理会采取武力行动的含义与效用

一、安理会采取武力行动的含义

安理会采取武力行动是指联合国安理会为维持和恢复国际和平与安全，根据《联合国宪章》的规定所采取的使用武力的行动。[1]

安理会采取武力行动具有以下特征：

安理会采取武力行动的主体是联合国安理会。联合国安理会是代表联合国实施武力行动的机构，因此，安理会采取武力行动的实质主体是联合国。安理会采取武力行动的主体与自卫、集体自卫、安理会授权武力行动以及民族独立和民族解放战争的主体均不相同。

安理会采取武力行动的目的是维持和恢复国际和平与安全。这样的目的与自卫、集体自卫及民族独立和民族解放战争的直接目的是不相同的，而与安理会授权武力行动的目的具有相同性。在一定意义上可以说，安理会授权武力行动是安理会为实现维持和恢复国际和平与安全的目的而采取的另一种措施。

安理会采取武力行动有《联合国宪章》的明确规定作依据。如《联合国宪章》第39条至第43条的规定，就是安理会采取武力行动的直接依据。

---

〔1〕 刘家新、齐三平主编：《中国军事百科全书学科分册·战争法》（第2版），中国大百科全书出版社2007年版，第78页。

安理会采取武力行动的属性是和平行动以外的武力使用行动。这样的行动构成《联合国宪章》第2条第4项禁止使用武力原则的例外情形，是国际法与国际社会明确确认的合法使用武力的情形。

二、安理会采取武力行动的效用

（一）国际关系领域集体安全体制理论的有益实践

国际安全是指“国际关系总体上不存在危险，各国际行为体的重要利益不受威胁，国际社会的正常活动得以维持的国际关系状态”。[1] 国际安全的保障主体是国家和非国家行为体，直至第一次世界大战结束之前，国际安全的保障主要是以“个体”或“个体联盟”的方式实现的。以集体安全代替“个体”或“个体联盟”，是近代国际法发展的产物。集体安全体制的形成，是传统国际法向现代国际法发展的标志之一。[2] 联合国集体安全体制是继国际联盟制度之后，国际社会探索建立集体安全体制的最新成果。

（二）有效弥补单一安全体制的不足

个体安全保障是指国家凭本国力量或联合友邦来防御其他国家进攻，以维护本身安全的一种办法。在个体安全保障模式下，国家特别是世界强国，往往以战争或武力作为推行国家政策的工具，当国家之间的冲突纠纷激烈到一定程度时，往往通过武力解决这样的冲突以寻求或恢复国际关系中的“平衡”，以强凌弱的现象时有发生。从国际法理层面看，国际法确认国家有主权，而在传统国际法环境下，强国又可以通过战争或武力限制挤压弱国的主权，战争或武力成为维护与破坏国际秩序的工具，甚至成为实现国家政策的国际法上的权利。以安理会采取武力行动为组成部分的联合国集体安全体制，在禁止国际关系中使用武力原则的前提下，尝试构建以联合国集体使用武力代替以往的国家或国家联盟个体使用武力的方式，以维持国际和平与安全。理论上，这一体制可以克服传统个体安全保障模式的不足；实践中，这一体制在维

---

〔1〕 赵丕主编：《中国军事百科全书学科分册·国际军事安全》（第2版），中国大百科全书出版社2008年版，第17页。

〔2〕 梁西：《国际组织法（总论）》（第5版），武汉大学出版社2001年版，第178、177页。

护国际和平与安全方面发挥了积极的作用。

（三）存在脱离国际社会现实的倾向

国际社会中国家主权观念的根深蒂固的影响、国家发展之间的不平衡、国家利益之间的差异与冲突、国家之间缺乏信任、大国强国之间国际关系的复杂性等客观情况的存在，使联合国集体安全体制运行过程面临种种困难与挑战。相应地，这一体制的设计显现了脱离国际社会现状的过多理想色彩。迄今，安理会采取武力行动尚未能真正付诸实践。美国承认，由于国际社会从来没有缔结《联合国宪章》第 43 条要求的“特别协定”，《联合国宪章》第 42 条“也就从未按设想落实过。也就是说，安理会无法要求军事执行行动以应对非法的威胁或使用武力”。[1]

第二节　安理会采取武力行动的前提

一、国际关系存在《联合国宪章》规定的情势

（一）国际关系存在侵略的情势

1. 侵略的含义

侵略是非法使用武力的最严重和最危险的形式。依照联合国大会通过的《关于侵略定义的决议》，侵略的主体是国家或国家集团，这里的国家不论是否得到国际社会的承认，也不论是否属于联合国会员国；侵略的对象亦是国家或国家集团；侵略所侵害的客体是国家的主权、领土完整或政治独立；侵略的手段是使用武力。

2. 安理会对侵略行为的断定

《关于侵略定义的决议》列举了 7 种类型的侵略行为。依照《联合国宪章》第 39 条和《关于侵略定义的决议》第 2 条的规定，对侵略行为的断定主体是联合国安理会；安理会断定侵略行为是否存在，应当依据《关于侵略定义的决议》。如果安理会根据其他有关情况，包括有关行为或其后果不甚严重，则

---

〔1〕［美］达斯汀·考巴等编：《军事行动法手册》（美国陆军第 18 版），朱雁新等译，国防大学政治学院西安校区 2022 年印制，第 3 页。

不得断定已经发生了侵略行为。

实践中,安理会在断定国际关系情势的过程中,有的决议提到“侵略”。1982 年 4 月 2 日,阿根廷与英国之间因马尔维纳斯群岛(福克兰群岛)发生武装冲突,次日,安理会通过的第 502 号决议载明,“非常不安地注意到”“关于阿根廷武装部队入侵的报告”。[1] 这里,安理会只是提及其收到关于“入侵”的报告,并没有断定特定国际关系与国际区域存在侵略的情势。1990 年 8 月 2 日,安理会就伊拉克与科威特之间的武装冲突通过第 660 号决议,谴责伊拉克对科威特的入侵行为。这里,安理会的谴责表明安理会认定伊拉克对科威特的使用武力行为属于侵略行为。

侵略情势的存在是安理会采取武力行动的前提条件之一。如果国际关系中存在安理会断定的“侵略行为”,则安理会可越过和平措施直接采取强制军事行动或使用武力。在安理会的第 678 号决议中,其所认定的伊拉克对科威特侵略情势的存在,构成其授权联合国会员国对伊拉克使用包括武力在内的“一切可采取的手段”的依据。

(二)国际关系存在和平之破坏的情势

1. 和平之破坏的含义

“和平之破坏”是指“有损国家之间和平状态的行为”。[2]

《联合国宪章》及后来的国际法文件没有规定“和平之破坏”的定义。有学者以和平之存在与保持的状态来推定和平之破坏的含义。“一般来说,和平意味着没有战争;国家之间的和平则意味着各国相互尊重主权平等和独立、不干涉他国内政、不以武力解决国际争端、在互惠互利的条件下友好往来共处的和谐状态。”[3]

2. 安理会对和平之破坏情势的断定

(1)和平之破坏情势的断定职责

《联合国宪章》赋予安理会维持国际和平的首要责任。《联合国宪章》第

---

〔1〕 联合国文件 S/RES/502。
〔2〕 王铁崖总主编:《中华法学大辞典·国际法学卷》,中国检察出版社 1996 年版,第 274 页。
〔3〕 王铁崖总主编:《中华法学大辞典·国际法学卷》,中国检察出版社 1996 年版,第 274 页。

39 条规定,“安全理事会应断定任何和平之威胁、和平之破坏或侵略行为之是否存在”。

(2) 和平之破坏情势的种类

从联合国成立后安理会对“和平之破坏”情势的断定实践来看,和平之破坏主要有以下类型。[1]

第一,侵略行为构成和平之破坏。如前所述,1982 年,英国与阿根廷因马尔维纳斯群岛(英国称为福克兰群岛)的主权归属而发生武装冲突。联合国安理会的相关决议提及收到关于阿根廷入侵该岛的报告,从而“确定在福克兰群岛(马尔维纳斯群岛)地区已经发生对和平的破坏”。[2] 1990 年伊拉克入侵科威特之后,安理会的相关决议对此“感到震惊”,“确定伊拉克入侵科威特构成对国际和平与安全的破坏”。[3]

第二,国际性武装冲突构成和平之破坏。1980 年,伊朗和伊拉克之间爆发为期 8 年的两伊战争。1987 年,安理会通过关于两伊战争的第 598 号决议,该决议“确定伊朗和伊拉克之间的冲突确实破坏了和平”。[4]

第三,非国际性武装冲突构成和平之破坏。1950 年 6 月 25 日,朝鲜战争爆发。联合国安理会在当年连续通过了 4 个关于朝鲜问题的决议。其中的第 82 号决议指出,基于这样的武装冲突,断定其“构成对和平之破坏”。[5]

(3) 和平之破坏情势的断定形式

安理会一般通过其决议来表明对“和平之破坏”国际情势的断定。例如,以上提及的安理会关于国际情势中“和平之破坏”情势的断定,均是通过安理会决议的形式来表示的。

(三) 国际关系存在和平之威胁的情势

1. 和平之威胁的含义

所谓和平之威胁是指危及国家之间和平状态的行为。与和平之破坏一

〔1〕 朱世宏:《论保护责任中的武力使用》,法律出版社 2016 年版,第 135 页。

〔2〕 联合国文件 S/RES/502。

〔3〕 联合国文件 S/RES/660。

〔4〕 联合国文件 S/RES/598。

〔5〕 联合国文件 S/RES/82。在朝鲜战争问题上,安理会的决议因受以美国为首的西方国家的影响而遭受诟病。包括中国、苏联等国家在内的联合国会员国认为,这样的决议构成对朝鲜内政的干涉。

样,《联合国宪章》及其以后的国际法文件,没有对和平之威胁的含义予以界定。有学者主张,和平之威胁应指一切危及国家之间和平状态的存在和维持的行为。[1]

对于"和平之威胁",是仅指紧迫的"和平之威胁",还是也包括潜在的"和平之威胁",联合国会员国有不同的理解与主张。有学者认为,国际社会不得随意扩大对"和平之威胁"的解释,否则,将扩大联合国安理会干预国际关系中特定国家与情境的机会,为联合国安理会采取武力行动(或授权采取武力行动)提供口实与机会,这与禁止使用武力原则是背道而驰的。"扩大和平威胁概念外延的目的在于扩大国际组织所期望的干预可能性。"[2]实践中,安理会没有接受"和平之威胁"包括潜在的"和平之威胁"的主张。[3]

2. 安理会对和平之威胁情势的断定

(1)安理会断定的和平之威胁情势的种类

第一,一国内战构成和平之威胁的情势。1991 年,塞拉利昂发生内战。1997 年安理会通过决议,认为该国内战中的"暴力行为持续不断,人民生命受到损失,人道主义状况不断恶化,并对邻国带来影响,认定塞拉利昂局势对该地区的国际和平与安全构成威胁"。[4] 1991 年,南斯拉夫发生武装冲突,安理会鉴于内战造成"严重人员伤亡和物质损失,以及对该区域各国,特别是毗邻国家边境地区造成的后果",通过决议认为"此一局势的继续构成对国际和平与安全的威胁"。[5] 1992 年,索马里境内发生武装冲突,安理会先后通过第 733、751、794 号决议,指出该国境内的冲突造成严重的生命损失、广泛的物质破坏、大量的难民流动与越界,以及人道主义援助物资的分配工作受到种种人为阻碍,注意到这样的局势给该区域的稳定与和平所带来的严重后果,并忧虑这种局势的持续与进一步恶化,从而断定其"构成对国际和平与安全的

---

〔1〕 王铁崖总主编:《中华法学大辞典·国际法学卷》,中国检察出版社 1996 年版,第 275 页。

〔2〕 [德]沃尔夫刚·格拉夫·魏智通主编:《国际法》(第 2 版),吴越、毛晓飞译,法律出版社 2002 年版,第 603 页。

〔3〕 许光建主编:《联合国宪章诠释》,山西教育出版社 1999 年版,第 303 页。

〔4〕 联合国文件 S/RES/1132。

〔5〕 联合国文件 S/RES/713。

威胁”。[1]

第二,一国政府对平民的严重镇压行为构成和平之威胁的情势。1991年,伊拉克境内出现安理会认为的政府对平民的镇压事件,包括对库尔德人的镇压。安理会通过第688号决议,对此情势表明“严重关切”,鉴于这样的镇压行为“导致大量难民流向并越过国际疆界,而且导致越界事件”,从而断定其情势“威胁该区域的国际和平与安全”。[2]

第三,一国政府的种族灭绝行为构成和平之威胁的情势。1995年,安理会认为卢旺达境内广泛发生种族灭绝和其他有计划的、公然的违反国际人道主义法的行为,通过第955号决议,对此表示“严重关切”,“断定这一情况对国际和平与安全仍然构成威胁”。[3]

第四,一国政府的严重侵犯人权行为构成和平之威胁的情势。1999年刚果民主共和国发生内战,安理会通过第1234号决议,对该国境内的“所有侵犯人权和违反国际人道法的行为”表示关切,强调该国的冲突对该“区域和平、安全与稳定构成威胁”。[4] 2006年,针对苏丹达尔富尔发生的严重侵犯人权和违反国际人道法的情势,安理会通过第1706号决议,认定苏丹局势继续对国际和平与安全构成威胁。

第五,外国干涉行为引发和平之威胁的情势。1999年,刚果民主共和国的内战与外国干涉交织一起,安理会通过决议,关切“冲突各方采取和煽动种族仇视和暴力的行为”,强调该国这样的冲突“对该区域的和平、安全与稳定构成威胁”。[5]

(2)安理会断定的和平之威胁情势的特点

安理会对和平之威胁情势的断定,与对和平之破坏的情势断定相比较,具有以下特点:其一,和平之威胁多由非国际性武装冲突的情势引发,而非国际性武装冲突中存在的特定情势;其二,和平之威胁,不限于武装冲突的情势,在

---

[1] 联合国文件 S/RES/733,联合国文件 S/RES/751,联合国文件 S/RES/794。

[2] 联合国文件 S/RES/688。

[3] 联合国文件 S/RES/955。

[4] 联合国文件 S/RES/1234。

[5] 联合国文件 S/RES/1234。

一国没有发生非国际性武装冲突的情势下，如果发生严重的侵犯人权行为、发生严重的人道灾难、种族灭绝行为、大量的难民流动及越界，也可能被断定构成对国际和平与安全的威胁。

二、安理会已经采取临时办法

（一）安理会采取临时办法的含义与目的

1. 安理会采取临时办法的含义

这里所说的安理会采取的临时办法，即《联合国宪章》第 40 条规定的"临时办法"，是指安理会为防止特定情势恶化，促请有关当事国执行的集体保障措施。[1] 中国学者有类似的界定。临时办法是指根据《联合国宪章》第 40 条的规定，为防止特定情势恶化，安理会在依《联合国宪章》第 39 条作成建议或决定采取第 41 条和第 42 条的强制性执行行动之前，促请关系当事国遵行安理会所认为必要或合宜的临时措施。[2]

2. 安理会采取临时办法的目的

安理会采取临时办法的时机。《联合国宪章》第 40 条规定，安理会的临时办法是"在依第三十九条规定作成建议或决定办法以前"形成的。按照这一规定，安理会在采取武力行动之前，应当先采取和平行动；在采取和平行动之前，应当先采取"临时办法"。

采取临时办法的目的是"防止情势之恶化"。对此目的，学界有着不同的解释。日本有学者提出，临时办法的目的在于维持现状，防止情势恶化，减轻并缓和对国际和平秩序的危害与侵犯。[3] 中国有学者认为，安理会在依第 40 条行动时，重点是要求当事各方尽快结束武装冲突，以防止已经十分严峻的局势进一步恶化。[4]

（二）安理会采取临时办法的内容

《联合国宪章》没有规定临时办法的具体内容，因而可以说临时办法的内

---

〔1〕 日本国际法学会编：《国际法辞典》，世界知识出版社 1985 年版，第 659 页。
〔2〕 王铁崖总主编：《中华法学大辞典 · 国际法学卷》，中国检察出版社 1996 年版，第 384 页。
〔3〕 日本国际法学会编：《国际法辞典》，世界知识出版社 1985 年版，第 659 页。
〔4〕 许光建主编：《联合国宪章诠释》，山西教育出版社 1999 年版，第 285 页。

容完全决定于安理会的权限。在旧金山会议上，有的国家曾建议，安理会的临时办法包括停止军事冲突，从特定地区撤离武装部队，接受某种形式的国际政治安排，终止因敌对行动而采取的报复性措施等。[1]

有学者依据联合国的宗旨，对临时办法的内容作了解释。在发生武装冲突之前，临时办法的主要内容是“促请”争端国家不要进行战争动员，不要向国境集结兵力，不采取其他挑衅行动，以防止争端的扩大，防止武装冲突的爆发。在武装冲突之中，临时办法的主要内容是“促请”“停战、撤兵及执行复员措施”；“促请”划定停战线，设立中立区乃至非军事区；监督维持和平行动措施的执行；等等。[2]

有学者认为，20 世纪 50 年代后期发展起来的“联合国维持和平行动”，也可以归于安理会临时办法的范畴。[3]

(三)安理会采取临时办法的效力

安理会采取的临时办法，究竟是建议性的，还是具有强制性，《联合国宪章》第 40 条似乎作出两种不同的规定。其一，安理会采取的临时办法具有一定的强制性。因安理会“得促请关系当事国遵行安全理事会所认为必要或合宜之临时办法”。“安全理事会对于不遵行此项临时办法之情形，应予适当注意。”其二，安理会采取的临时办法具有一定的建议性。因《联合国宪章》第 40 条规定，“此项临时办法并不妨碍关系当事国之权利、要求或立场”。关于安理会“临时办法”的效力，学界有不同的认识。一种观点认为，安理会“临时办法”的效力取决于安理会自身的意向，即安理会可以在“建议”和“有拘束力的决定”之间自行抉择。如果安理会表明它的决议是建议性的，该决议就不是命令性的；反之，该决议就应被视为必须执行的。另一种观点认为，安理会关于“临时办法”的决议，仅仅具有建议的属性，不具有强制执行力。[4]

仔细研读《联合国宪章》的相关规定，安理会采取的临时办法应当是建议性的。因《联合国宪章》在要否采取临时办法的问题上，要求安理会“得促请

---

〔1〕 许光建主编：《联合国宪章诠释》，山西教育出版社 1999 年版，第 296 页。

〔2〕 日本国际法学会编：《国际法辞典》，世界知识出版社 1985 年版，第 659 页。

〔3〕 黄惠康：《论联合国维持和平部队的法律基础》，载《中国社会科学》1987 年第 4 期。

〔4〕 许光建主编：《联合国宪章诠释》，山西教育出版社 1999 年版，第 297-298 页。

关系当事国遵行安全理事会所认为必要或合宜之临时办法”，这里实际上规定的是安理会的职责或义务。至于安理会采取的临时办法的法律效力如何，《联合国宪章》还是给了联合国会员国选择的权利，只是要求安理会“应予适当注意”“不遵行此项临时办法之情形”。“但临时办法的效力优于第39条作出的建议。”[1]

三、安理会已经采取和平行动

(一)安理会和平行动的含义与属性

1. 安理会和平行动的含义

这里所说的安理会和平行动，指安理会为维持或恢复国际和平与安全，依照《联合国宪章》第41条的规定，促请联合国会员国实施的武力以外的集体保障措施。

2. 安理会和平行动的属性

(1)安理会和平行动是一种法律行动

安理会和平行动属于履行职责过程中的一种执法行动，是安理会断定国际关系中存在侵略、和平之破坏、和平之威胁的情势之后，并采取了“临时办法”，而在采取武力行动之前实施的执法行动。这种执法行动以《联合国宪章》第39、41条等为依据，以维持或恢复国际和平与安全为目的，以安理会通过的相关决议为法律形式，以促请联合国会员国的配合行动为实施路径。

(2)安理会和平行动不同于和平解决国际争端的举措

和平解决国际争端是指国家或国际组织，通过谈判、斡旋、调停、和解、仲裁、司法解决等和平方法，解决国家间争端的国际行动。

安理会和平行动与和平解决国际争端相比较，主要存在以下区别：

第一，解决国际争端的前提不同。安理会依据《联合国宪章》第41条采取和平行动，基于对国际关系特定情势的断定，即国际关系中存在“和平之威胁”“和平之破坏”的情势。如果国际关系中不存在这样的情势，则安理会无权对特定会员国采取和平的制裁行动。和平解决国际争端的前提是国际关系

---

[1] 王铁崖总主编：《中华法学大辞典·国际法学卷》，中国检察出版社1996年版，第384页。

中存在国家之间的争端，这样的争端可能被安理会断定为“和平之破坏”或“和平之威胁”，也可能仅限于国家之间存在争端的情势。

第二，解决国际争端的主体不同。安理会和平行动中，解决国际争端的主体是联合国安理会；和平解决国际争端中，解决国际争端的主体是国际争端的当事国或包括国际组织在内的第三方。

第三，解决国际争端的依据不同。安理会和平行动中，解决国际争端的依据是《联合国宪章》第39、41条等；和平解决国际争端中，解决国际争端的依据是国际法确认的基本原则及其他国际法规则。

第四，解决国际争端在国际法中的地位不同。以安理会和平行动解决国际争端，属于联合国集体安全体制运行中的重要环节。《联合国宪章》第39条规定：“安全理事会应……并应作成建议或抉择依第四十一条及第四十二条规定之办法，以维持或恢复国际和平及安全。”这里，安理会在断定出现上述三种情形之一时，并非必须决定采取强制办法，而是可以在三种行动方式之间作选择：即依《联合国宪章》第36条或第37条提出关于和平解决争端的建议，促请各当事国遵行安理会认为必要或合宜的临时办法，决定采取《联合国宪章》规定的强制军事行动。[1] 但无论如何，安理会和平行动属于联合国集体安全体制的重要环节。而和平解决国际争端不属于联合国集体安全体制运行过程的应有之义。

(二)安理会和平行动的主要内容

《联合国宪章》第41条规定：“安全理事会得决定所应采武力以外之办法，以实施其决议，并得促请联合国会员国执行此项办法。此项办法得包括经济关系、铁路、海运、航空、邮、电、无线电及其他交通工具之局部或全部停止，以及外交关系之断绝。”

可以看出，《联合国宪章》规定的和平行动即和平制裁的种类，可以分为：经济制裁、交通通信阻断和外交制裁。

值得说明的是，安理会采取的和平措施包括但不限于以上方面。《联合国宪章》第41条使用的是“得包括”，说明这些和平措施是安理会采取和平行动

[1] 许光建主编：《联合国宪章诠释》，山西教育出版社1999年版，第284页。

的主要内容,这样的列举不能被视为对安理会权力的限制。此外,《联合国宪章》列举的诸种和平措施与办法,也不存在力度强弱之分或依次递进的用意。“所有这些办法,均可由安理会做出抉择。”[1]

(三)安理会和平行动的效力

这里所说的安理会和平行动的效力,指安理会采取的和平行动对联合国会员国的约束力。

安理会和平行动对联合国会员国具有约束力。《联合国宪章》第25条构成安理会决议约束力的法理基础。“联合国会员国同意依宪章之规定接受并履行安全理事会之决议。”此外,《联合国宪章》第2条第5项规定:“各会员国对于联合国依本宪章规定而采取之行动,应尽力予以协助,联合国对于任何国家正在采取防止或执行行动时,各会员国对该国不得给予协助。”如果安理会以决议方式通过其所采取的和平行动的内容,联合国会员国有义务执行这样的决议。

有学者将《联合国宪章》第25条规定的义务称作联合国会员国应当作为的义务,即联合国会员国通过执行联合国的决议而履行其会员国的义务;《联合国宪章》第2条第5项的义务为不作为义务,即联合国会员国通过不从事被限定的行动而履行联合国会员国的义务。这两种义务排除了联合国会员国在国际关系上的中立地位,或者说《联合国宪章》限制了联合国会员国在国际法上的中立权。[2]

(四)安理会和平行动未取得法律效果

《联合国宪章》第42条规定:“安全理事会如认第四十一条所规定之办法为不足或已经证明为不足时,得采取必要之空海陆军行动,以维持或恢复国际和平及安全……”

有学者认为,在安理会采取的和平方法与强制军事行动之间,并不存在递进关系,而是一种并列关系。“为了维持或恢复国际和平与安全,安理会得采用其中一种强制办法,或同时采用两种办法,或先采用非武力的办法,然后视

〔1〕 许光建主编:《联合国宪章诠释》,山西教育出版社1999年版,第303页。

〔2〕 [法]夏尔·卢梭:《武装冲突法》,张凝等译,中国对外翻译出版公司1987年版,第296页。

需要再决定采用武力的办法。”[1]

第三节 安理会采取武力行动的实施

一、缔结特别协定

（一）特别协定的含义

这里所说的特别协定，指联合国集体安全体制下的特别协定，即联合国安理会与联合国会员国之间，为维持或恢复国际和平与安全，根据《联合国宪章》第43条的规定，达成联合国会员国为联合国提供军队、协助及便利等事项的协议。国际法上的特别协定，除联合国集体安全体制下的特别协定外，还有国际仲裁法意义上的特别协定，指国家之间为通过仲裁或司法程序解决其争端达成适用仲裁程序及选择仲裁司法机关的协议。[2]

（二）特别协定的主体与内容

1. 特别协定的主体

特别协定的主体是联合国安理会和联合国特定会员国。其中，前者代表联合国，后者则代表主权国家自身。并非所有的联合国会员国都是特别协定的主体，只有与安理会签订特别协定的国家，才构成特别协定的一方主体。这里所说的联合国会员国，既可指单个的联合国会员国，也可指愿意签订特别协定的会员国集体。对此，《联合国宪章》第43条有相应的规定。“此项协定应由安全理事会与会员国或由安全理事会与若干会员国之集团缔结之”。在安理会与联合国会员国缔结特别协定过程中，安理会应当发挥主动性作用。“此项特别协定应以安全理事会之主动，尽速议订。”区域国际组织可能成为特别协定的类似联合国会员国的一方主体。《联合国宪章》第43条没有将区域机关作为特别协定的一方主体，该条所说的“会员国之集团”，不能被看作这里所说的区域机关。依照《联合国宪章》第52条的规定，区域机关似可作为特别

［1］ 许光建主编：《联合国宪章诠释》，山西教育出版社1999年版，第317页。
［2］ 王铁崖总主编：《中华法学大辞典·国际法学卷》，中国检察出版社1996年版，第536页。

协定的一方主体。“本宪章不得认为排除区域办法或区域机关、用以应付关于维持国际和平及安全而宜于区域行动之事件者”。依照该规定,在应对区域事件过程中,为了维持国际和平及安全,若联合国安理会决定采取武力行动并为此需签订特别协定,区域机关似可以作为特别协定的一方主体。此外,第43条提及的“若干会员国之集团”是否属于区域机关的另一种说法,这里也难以得出确定的结论。

2. 特别协定的内容

依照《联合国宪章》第43条的规定,特别协定的内容主要是签订协定的联合国会员国为安理会采取武力行动提供军队、协助及便利。为联合国提供军队的会员国,在特别协定中还应规定,所提供军队的“数目及种类”,“其准备程度和一般驻扎点”。为联合国提供协助及便利的会员国,在特别协定中应规定“便利及协助的性质”,《联合国宪章》指明的便利包括联合国军队的“过境权”。

(三)特别协定的效力

特别协定对联合国特定会员国具有约束力。

特别协定是缔结协定的联合国会员国参加安理会采取武力行动的基本遵循。如果联合国会员国签订了特别协定,就应按照协定履行相应的义务;反之,如果联合国会员国没有签订特别协定,则不必履行特别协定中所载的义务。有学者考证历史文献,认为“制宪历史”表明,安理会不能要求会员国提供超出特别协定规定的军队、便利和协助。[1] 如果联合国会员国没有缔结《联合国宪章》第43条规定的特别协定,则没有义务参加《联合国宪章》第42条规定的安理会采取的军事行动。[2]

联合国会员国与安理会缔结的特别协定,应当经本国规定的批准程序批准之后方对本国产生义务。“此项特别协定……并由签字国各依其宪法程序批准之。”

---

〔1〕 黄瑶:《论禁止使用武力原则——联合国宪章第二条第四项法理分析》,北京大学出版社2003年版,第254页。

〔2〕 [美]汉斯·凯尔森:《国际法原理》,王铁崖译,华夏出版社1989年版,第41页。

国际政治斗争严重影响特别协定的制定。冷战时期,因以美苏为首的两大阵营之间的对抗,《联合国宪章》第43条要求的作为安理会采取武力行动前提的特别协定,在现实国际关系与联合国体制下始终难以达成,因而安理会采取的武力行动就难以付诸实施。

“大国一致原则”制约特别协定的制定与实施。《联合国宪章》第27条规定了安理会的投票规则。“安全理事会每一理事国应有一个投票权。”“安全理事会关于程序事项之决议,应以九理事国之可决票表决之。”安全理事会对程序事项之外的其他一切事项的决议,“应以九理事国之可决票包括全体常任理事国之同意票表决之”。《联合国宪章》第27条对安理会理事国作为争端当事国时的投票权作了限制。“对于第六章及第五十二条第三项内各事项之决议,争端当事国不得投票”。[1] 冷战因素的影响,加之《联合国宪章》要求安理会投票过程遵循“大国一致原则”,使安理会采取武力行动所需要制定的特别协定难以达成。

(四)安理会常任理事国可于特别协定缔结之前采取必要措施

《联合国宪章》第106条规定:“在第四十三条所称之特别协定尚未生效,因而安全理事会认为尚不得开始履行第四十二条所规定之责任前,1943年10月30日在莫斯科签订四国宣言之当事国及法兰西应依该宣言第五项之规定,互相洽商,并于必要时,与联合国其他会员国洽商,以代表本组织采取为维持国际和平及安全宗旨所必要之联合行动。”该条可以被看作安理会采取武力行动之前的过渡性规则。如果联合国安理会无法通过与联合国会员国缔结特别协定以采取武力行动,则可以通过联合国安理会常任理事国洽商,必要时还可与五个常任理事国以外的联合国会员国洽商,以代表联合国采取维持国际和平及安全的联合行动。

---

〔1〕《联合国宪章》第六章是关于争端之和平解决的。《联合国宪章》第52条是关于区域办法的。第52条规定:“一、本宪章不得认为排除区域办法或区域机关、用以应付关于维持国际和平及安全而宜于区域行动之事件者;但以此项办法或机关及其工作与联合国之宗旨及原则符合者为限。二、缔结此项办法或设立此项机关之联合国会员国,将地方争端提交安全理事会以前,应依该项区域办法,或由该项区域机关,力求和平解决。三、安全理事会对于依区域办法或由区域机关而求地方争端之和平解决,不论其系由关系国主动,或由安全理事会提交者,应鼓励其发展。四、本条绝不妨碍第三十四条及第三十五条之适用。”

该条提及的《莫斯科四国宣言》是指1943年10月30日由中、苏、美、英在莫斯科签署发表的《关于普遍安全的宣言》,法国后来加入该宣言。该宣言的内容包括,签署国为维持国际和平与安全,应当相互磋商,以便采取共同行动。[1]

在旧金山会议上,由美国提出的一项议案,引发许多国家的顾虑和不安。“因为该建议案的规定可以理解为第43条项下的特别协议需全部缔结后,过渡安排才不再实施。”[2]有的国家担心这样的过渡期可能极为漫长,也可能因为联合国的一些会员国拒不合作而无限期地延长。也有一些国家对建议案中模棱两可的提法表示不满,如“代表本组织采取的联合行动”就可以生成不同的理解。[3] 加之,有的国家对五大国就特定国际情势能否达成一致的意见也表示顾虑。

《联合国宪章》的这一规定为朝鲜战争中美国操纵安理会、以联合国名义组织开展武力行动提供了一定的依据。但美国并没有遵守规定,因为五大常任理事国并没有就朝鲜战争特定情势的处置通过洽商达成一致意见。

二、组建联合国部队

(一)联合国部队的含义与组成

1. 联合国部队的含义

联合国部队可以从狭义和广义两方面来界定。狭义的联合国部队是指服务于《联合国宪章》的宗旨,置于联合国指挥之下,实施联合国安理会组织采取武力行动的军队。广义的联合国部队是指服务于《联合国宪章》的宗旨,置于联合国指挥之下的军队。[4] 广义的联合国部队除实施联合国安理会组织采取武力行动的军队之外,还包括联合国维持和平部队,也可以包括联合国备用部队。下文所说的联合国部队指狭义的联合国部队。

实施联合国安理会组织采取武力行动的军队,依据《联合国宪章》第43条

[1] 王铁崖总主编:《中华法学大辞典·国际法学卷》,中国检察出版社1996年版,第427页。
[2] 许光建主编:《联合国宪章诠释》,山西教育出版社1999年版,第658页。
[3] 许光建主编:《联合国宪章诠释》,山西教育出版社1999年版,第658-659页。
[4] 日本国际法学会编:《国际法辞典》,世界知识出版社1985年版,第851页。

组建,由与安理会缔结特别协定的联合国会员国提供,由联合国统一指挥,主要职责是协助安理会维持或恢复国际和平与安全,即对侵略者、和平的破坏者使用武力。

在联合国维持国际和平与安全的实践中,曾组建以"联合国军"命名的联合国部队,这就是 1950 年朝鲜战争时期,以美国为首的 16 个国家出兵组成的"联合国军",其中美国军队的人数占绝大多数,而且联合国对这支军队的指挥权也交给美国政府。有学者认为,这种军队组织体制与形式很难说是联合国集体安全体制的理想和有效方式,而是具有明显的意识形态色彩,具有"强烈的反共同盟的色彩"。[1] 朝鲜战争后,由于大国之间的分歧、国家之间矛盾及利益冲突,加之朝鲜战争中"联合国军"影响的消极性,关于这种联合国部队的组成、规模以及兵力的分担等问题,国际社会再也没有达成协议及付诸现实行动。

2. 联合国部队的组成

实施联合国安理会组织采取武力行动的军队,由与联合国签订特别协议的联合国会员国提供的军队组建,联合国会员国的空军部队随时供给联合国安理会调遣。《联合国宪章》第 45 条规定:"为使联合国能采取紧急军事办法起见,会员国应将其本国空军部队为国际共同执行行动随时供给调遣……"

(二)联合国部队的组织指挥

1. 军事参谋团的组成

军事参谋团是指由特定人员组成旨在军事上辅助联合国安理会而设立的机构,是联合国安理会的辅助机构。[2] 军事参谋团首先由安理会各常任理事国的参谋总长或其代表组成。如果联合国会员国依照有关特别协定向安理会提供了军队,而在军事参谋团又没有常任代表,则由军事参谋团邀请这些会员国的代表参加军事参谋团,以便在军事参谋团履行责任过程中更有效率地工作。

军事参谋团可以设立区域分团。经安理会的授权,并与区域内有关机关

---

〔1〕 日本国际法学会编:《国际法辞典》,世界知识出版社 1985 年版,第 851 页。

〔2〕 王铁崖总主编:《中华法学大辞典·国际法学卷》,中国检察出版社 1996 年版,第 325 页。

商议后，军事参谋团得设立区域分团。

对军事参谋团的组成，旧金山会议上曾存在分歧，主要问题在于两个方面：一是军事参谋团是由安理会全体会员国的参谋总长组成，还是仅由安理会常任理事国的参谋总长组成；二是如何保证联合国其他会员国在军事参谋团中的代表性。中、英、美、苏“四发起国”加上法国，坚决主张军事参谋团应主要由安理会常任理事国代表组成，并表明在适当时候可以吸收有关国家代表参加军事参谋团的工作。各国代表最终接受此方面的主张与建议，从而形成《联合国宪章》第 47 条的相关规定。[1]

2. 军事参谋团的职责

第一，协助制定武力使用的计划。“武力使用之计划应由安全理事会以军事参谋团之协助决定之。”

第二，军事战略指挥职责。“军事参谋团在安全理事会权力之下，对于受该会所支配之任何军队，负战略上之指挥责任”。

第三，军事问题上的意见建议职责。军事参谋团对安理会贡献以下方面的意见和建议：（1）安理会维持国际和平及安全所需要的军事问题。“设立军事参谋团，以便对于安全理事会维持国际和平及安全之军事需要问题”，向安理会“贡献意见并予以协助”。（2）受安理会支配军队的使用及统率问题。（3）就军备控制和裁军体制的建议问题。“为促进国际和平及安全之建立及维持，以尽量减少世界人力及经济资源之消耗于军备起见，安全理事会借第四十七条所指之军事参谋团之协助，应负责拟具方案，提交联合国会员国，以建立军备管制制度。”

《联合国宪章》没有完全明确受安理会支配军队的统率权问题。“关于该项军队之统率问题，应待以后处理。”

联合国军事参谋团的实践运行并未发挥理想的功能与作用。1946 年 1 月 25 日，联合国军事参谋团正式成立。为履行《联合国宪章》赋予的第一方面的职责，军事参谋团于 1946 年奉安理会的指示召开会议，研究实施《联合国宪章》第 43 条的有关问题，并于 1947 年 4 月向安理会提交了题为《关于由联合

---

〔1〕 李铁城主编：《联合国的历程》，北京语言学院出版社 1993 年版，第 171 页。

国成员国向安理会提供部队的组织的一般原则》的报告，同年 6 月还向安理会提交了关于联合国部队的兵力与组成的分析报告。两项报告列举了联合国五大常任理事国在联合国部队组成问题上达成的共识，以及相关问题上未能达成一致意见的方面。由于常任理事国之间分歧太大，军事参谋团的报告未予通过。从 1948 年至整个冷战期间，军事参谋团的工作基本上处于停滞状态。冷战结束后，军事参谋团体制的规定也未得到应有的遵守。从联合国的实践看，“军事参谋团体制并未发挥宪章制定者所设想的重要作用，以至于形同虚设”。[1]

3. 军事参谋团与安理会的关系

军事参谋团隶属安理会，军事参谋团协助安理会采取军事强制行动。

三、安理会采取武力行动的种类与效力

（一）安理会采取武力行动的种类

《联合国宪章》第 42 条规定：“……此项行动得包括联合国会员国之空海陆军示威、封锁及其他军事举动。”

有学者提出，安理会采取武力行动与非武力行动之间，是一种“择权”关系而非“递进”关系。《联合国宪章》第 39 条赋予安理会维持国际和平与安全方面的职责，第 41 条和第 42 条分别规定了两种不同的措施，安理会可以在这两种措施之间抉择，或者同时选择两种类型的措施，或者先采用非武力的办法，然后根据国际现实需要再决定采取武力的办法。[2]

实践中，由于《联合国宪章》第 43 条的特别协定难以达成，使第 42 条采取武力行动形同虚设。[3] 安理会采取武力行动在无法实施的情形下，已经悄然演变为安理会授权使用武力行动。

（二）安理会采取武力行动的效力

安理会采取武力行动，对联合国会员国具有一定的约束力。

---

[1] 许光建主编：《联合国宪章诠释》，山西教育出版社 1999 年版，第 336-337 页；李铁城主编：《联合国的历程》，北京语言学院出版社 1993 年版，第 214-216 页。

[2] 许光建主编：《联合国宪章诠释》，山西教育出版社 1999 年版，第 316-317 页。

[3] 戴轶：《安理会授权使用武力的国际法问题研究》，中国社会科学出版社 2019 年版，第 14 页。

联合国会员国要履行安理会决议的一般性义务。《联合国宪章》第 25 条规定:“联合国会员国同意依宪章之规定接受并履行安全理事会之决议。”这样的规定使联合国会员国承担安理会决议包括安理会采取武力行动方面的决议的义务。

联合国会员国负有执行安理会采取武力行动决议方面的义务。《联合国宪章》第 48 条专门规定联合国会员国在执行安理会采取武力行动方面的义务,安理会一旦作出相关决定,联合国全体会员国应当实施执行安理会为维持国际和平及安全之决议所必要之行动,而且联合国会员国应当以其直接行动及经其加入为会员国之有关国际机关之行动履行此方面的义务。

根据《联合国宪章》的相关规定,联合国会员国此方面的义务包括:第一,供给为维持国际和平及安全所必需之军队的义务。《联合国宪章》第 43 条规定:“联合国各会员国为求对于维持国际和平及安全有所贡献起见,担任于安全理事会发令时,并依特别协定,供给为维持国际和平及安全所必需之军队……”如前所述,派遣国家军队以组建联合国部队的义务,主要由安理会会员国承担。如果要求非会员国依第 43 条供给军队以履行其义务,这样的国家在履行此项义务之前,可以请求遣派代表,参加商定安理会关于使用其军事部队的决议。第二,联合国会员国彼此协助安理会执行强制军事行动的义务。《联合国宪章》第 49 条规定:“联合国会员国应通力合作,彼此协助,以执行安全理事会所决定之办法。”第三,供给为维持国际和平及安全所必需之协助及便利的义务。《联合国宪章》第 43 条第 1 款规定:“联合国各会员国为求对于维持国际和平及安全有所贡献起见,担任于安全理事会发令时,并依特别协定,供给为维持国际和平及安全所必需之军队、协助及便利,包括过境权。”

第七章　安理会授权使用武力

第一节　安理会授权使用武力的界定与构成

一、安理会授权使用武力的界定

（一）安理会授权使用武力的不同表述

以往，国内学者将安理会授权使用武力多表述为“安理会授权的军事行动”。如俞正山教授主编的《武装冲突法》使用的是“联合国安理会采取或授权的军事行动”[1]，《中国军事百科全书学科分册·战争法》（第2版）也使用“联合国安理会采取或授权的军事行动”[2]。也有学者使用“安理会授权使用武力”来表述相关内容。[3]

联合国官方在表述安理会授权使用武力时，使用的名称不完全一致。在联合国发布的相关调查报告和提案中，使用较多的是“安理会授权使用武力”[4]。在联合国官方网站，使用较多的表述是“安理会授权采取的军事

---

〔1〕 俞正山主编：《武装冲突法》，军事科学出版社2001年版，第35页。

〔2〕 刘家新、齐三平主编：《中国军事百科全书学科分册·战争法》（第2版），中国大百科全书出版社2007年版，第78页。

〔3〕 戴轶：《安理会授权使用武力的国际法问题研究》，中国社会科学出版社2019年版，第1页。

〔4〕 在联合国发布的报告中多使用这一名称。如1994年时任秘书长加利起草的《和平议程》，1995年时任秘书长加利提出的《〈和平纲领〉补编：秘书长在联合国50周年提出的立场文件》，2000年时任秘书长安南发表的《联合国秘书长千年报告》，2001年干预和国家主权委员会发表的《保护的责任》，2004年威胁、挑战和改革问题高级别小组发表的《一个更安全的世界：我们共同的责任》，2005年时任秘书长安南发表的秘书长报告《大自由：实现人人共享的发展、安全和人权》，2008年安理会特别调查报告等。戴轶：《安理会授权使用武力的国际法问题研究》，中国社会科学出版社2019年版，第3页。

行动”。

“使用武力”与“军事行动”相比较,使用武力的含义更确切。因为军事行动的种类与属性有不同的含义,《联合国宪章》第42条所说的军事行动即指使用武力;结合《联合国宪章》第2条第4项所确立的禁止使用武力原则,这里用使用武力也具有对应性;《联合国宪章》第51条关于国家自卫权的规定,也用的是“使用武力”而非“军事行动”。

(二)安理会授权使用武力的含义

联合国改革名人小组曾对安理会授权使用武力作出说明。安理会授权使用武力是指安理会根据《联合国宪章》第七章为处理各国关注的各种安全威胁而批准采取的军事行动。[1] 这个说明指出,授权使用武力的授权主体是安理会,授权的依据是《联合国宪章》第七章,授权适用的情势是“各国关注的各种安全威胁”,授权的属性是“批准”行为,授权采取的行动是“军事行动”。这里没有提及授权的对象。

国外有学者对安理会授权使用武力予以界定。克里斯丁·亨德森提出:“授权是联合国安理会为履行维持国际和平与安全的义务,在大国权力的基础上,通过对《联合国宪章》条款进行功能性解释所创设的一种授权国家或者国家联盟使用武力强制措施的办法。”[2]这里,授权的主体亦是安理会;授权的目的是安理会为履行维持国际和平与安全的义务;授权的前提或基础是“大国的权力”;授权的依据是《联合国宪章》,但这样的依据不是《联合国宪章》本来的规定,而是以对相关条款所作的功能性解释为依据;授权的对象是“国家或国家联盟”;授权行动的属性是“使用武力的强制措施”。

中国有学者对安理会授权使用武力予以界定。中国学者李鸣提出:“联合国安理会授权使用武力,是指安理会建议会员国使用武力恢复国际和平与安全的一种方式。”[3]这里,授权的主体是安理会;授权的对象是联合国会员国;授权的目的是恢复国际和平与安全;授权的属性是一种“建议”行为,授权对

---

〔1〕 ICISS, The Responsibility to Protect, International Development Research Centre, 2001.

〔2〕 转引自戴轶:《安理会授权使用武力的国际法问题研究》,中国社会科学出版社2019年版,第2页。

〔3〕 李鸣:《联合国安理会授权使用武力问题探究》,载《法学评论》2002年第3期。

象对授权主体的建议有选择的权利。该定义没有提及授权使用武力的法律属性。中国学者戴轶提出,安理会授权使用武力是指,安理会将其武力行动的执行权以授权的方式交由会员国代为实施的行为。这里,授权的主体是安理会,授权的对象是联合国会员国,授予的是“执行权”而非决定权,授权后的行为属性是“武力行动”。该定义没有提及授权的依据。戴轶教授对安理会授权使用武力还有说明:安理会授权使用武力是安理会在维持国际和平与安全的实践中依据现实需要而创造出来的一种武力使用方式。[1] 也有学者明确了《联合国宪章》的依据,提出了安理会授权使用武力的对象。“安理会授权使用武力,是指联合国安理会为了恢复国际和平与安全,依据《联合国宪章》第七章,授权会员国对某一国家或者某一非国家行为体使用武力的一种方式。”[2]联合国安理会为维持和恢复国际和平与安全,根据《联合国宪章》的规定,授权采取的军事行动。[3] 在这一界定中,联合国安理会采取与授权采取的行动在一起;采取与授权的主体均是联合国安理会;授权的依据均是《联合国宪章》;授权的内容为采取“军事行动”,这里的“军事行动”与“使用武力”在含义上是相通的。该界定缺少授权的对象、授权的形式及授权的属性。

综合以上定义,本书认为,安理会授权使用武力是指安理会为维护国际和平与安全,以决议形式建议批准联合国会员国代表联合国采取的武力行动。

安理会授权使用武力与联合国的维持和平行动不是同一概念。联合国官方网站也对两类行动的联系与区别进行了分析。二者的联系在于,都是经过联合国安理会批准的。二者的区别在于,安理会授权使用武力对当事国具有一定的强制性,联合国维持和平行动需经当事国的同意或邀请;安理会授权使用武力实际上由行动参加国全面控制,而联合国维持和平行动由安理会领导并由联合国秘书长监督指导。

---

[1] 戴轶:《安理会授权使用武力的国际法问题研究》,中国社会科学出版社 2019 年版,第 5、35 页。

[2] 詹颖:《安理会授权使用武力问题研究》,西安政治学院 2007 年硕士学位论文,第 1 页。

[3] 刘家新、齐三平主编:《中国军事百科全书学科分册 · 战争法》(第 2 版),中国大百科全书出版社 2007 年版,第 78 页。

二、安理会授权使用武力的构成

（一）授权主体是联合国安理会

安理会授权使用武力的授权主体是联合国安理会。《联合国宪章》赋予联合国安理会维持国际和平与安全的职责，安理会在断定国际关系中存在和平之威胁、和平之破坏或者侵略行动的情势下，有权采取包括使用武力在内的强制措施，以恢复国际和平与安全。国际现实中，安理会在不能采取武力行动的局面下，将采取包括使用武力在内的强制行动授权联合国会员国来实施。安理会作为授权使用武力的授权主体，为国际社会所接受。

（二）授权对象主要是联合国会员国

安理会授权使用武力的授权对象主要是联合国会员国。从《联合国宪章》的规定和安理会授权使用武力的实践来看，安理会授权使用武力的对象包括两种类型：一是区域组织，二是联合国会员国。对前一类主体的授权，在《联合国宪章》第八章中有明确的规定，安理会在授权使用武力的实践中，也有对区域组织授权的实践；对后一类主体的授权，主要是安理会授权使用武力实践的产物。现实中，安理会授权使用武力的授权对象主要是联合国会员国。

安理会在实践中没有将其授权使用武力的对象扩展至非联合国会员国。一方面，现时代，联合国的会员国可以说已经遍及全世界；另一方面，从法理层面看，因非联合国会员国一般不受《联合国宪章》的制约，安理会授权使用武力的决议对非联合国会员国没有约束力。加之，有学者认为，安理会授权使用武力的决议对联合国会员国仅仅是一种“建议”而非义务性规定，非联合国会员国自然可以不受这种“建议”的制约。非联合国会员国面对安理会的授权决议，也有选择权，倘若自愿接受安理会授权使用武力的决议，可以采取受联合国安理会制约的使用武力行动。

安理会授权的对象可以是区域国际组织。根据《联合国宪章》第八章关于“区域办法”的规定，区域范围内的争端在提交联合国安理会之前，应当依照区域办法，或者由区域机关和平解决。安理会也可以将特定区域的国际争端交由区域机关依照区域办法和平解决。安理会对职权内的执行行动，在适当情形下，应利用此项区域办法或区域机关。可以看出，依照《联合国宪章》第八章，“区域机关”或区域国际组织可以作为安理会授权使用武力的对象。值得注意的是，如果没有安理会的授权，“不得依区域办法或由区域机关采取任何执行行动”。

（三）授权目的是维持国际和平与安全

安理会授权的目的是维持或恢复国际和平与安全。安理会在授权使用武力决议中，多次这样声明。

（四）授权行动包括使用武力

安理会授权使用武力的行动属性，是包含使用武力在内的执行行动。安理会在授权决议中一般都没有明确地表示要采取武力行动，而是将武力行动包含在允许行动的范围之内。安理会常常将可以使用武力行动表述为“可以采用一切手段”。

第二节　安理会授权使用武力的法理依据

一、安理会授权使用武力缺乏明确的《联合国宪章》依据

安理会作为联合国的组成机构，其职权的行使应当符合《联合国宪章》的相关规定。安理会每次通过的授权使用武力决议都载明其依据《联合国宪章》第七章，这也表明安理会注重其授权使用武力行为的合法性。

在安理会授权使用武力的合法与否问题上，学界共识性观点认为，安理会所说的依据《联合国宪章》第七章，缺乏明确的条款依据。黄瑶博士就提出：“当安理会授权会员国采取武力行动时，它经常不指出其所依据的特定条款，只是泛指‘依据《宪章》第七章’行动。”〔1〕

（一）《联合国宪章》第七章没有明确赋予安理会授权使用武力的权力

如上所述，安理会在提及其授权使用武力的依据时，往往表明其授权是依据《联合国宪章》第七章的规定。自海湾战争后，安理会的每一次授权使用武

〔1〕 黄瑶：《论禁止使用武力原则——联合国宪章第二条第四项法理分析》，北京大学出版社2003年版，第265页。

力都在其授权决议文本中写明,“根据《联合国宪章》第七章采取行动”。[1]但安理会并没有载明其授权决议依据《联合国宪章》第七章的具体条款。

通览《联合国宪章》第七章,找不到明确的关于“授权”的字样。可以说,《联合国宪章》第七章第39条至第51条的所有具体条款均不能成为安理会授权使用武力的依据。

《联合国宪章》第七章的名称是“对于和平之威胁、和平之破坏及侵略行为之应付办法”,自第39条至第51条共13条。

1. 第39条没有关于安理会授权使用武力的相关规定

《联合国宪章》第39条规定:“安全理事会应断定任何和平之威胁、和平之破坏或侵略行为之是否存在,并应作成建议或抉择依第四十一条及第四十二条规定之办法,以维持或恢复国际和平及安全。”

可以看出,为了实现联合国维持或恢复国际和平及安全的目的,《联合国宪章》赋予安理会三项权力:

(1)特定国际情势的断定权

《联合国宪章》赋予安理会断定国际关系中是否存在任何和平之威胁、和平之破坏或侵略行为情势[2]的职权。

有学者提出,安理会曾将海地问题归于“和平之威胁”的情势,将海湾战争前的伊拉克入侵科威特归于“和平之破坏或侵略行动”所造成的情势。[3]

(2)对联合国采取“武力以外之办法”或“空海军行动”的建议权

《联合国宪章》赋予安理会依据《联合国宪章》第41条或第42条作成采取和平行动或武力行动的建议权。

(3)在采取和平强制行动或武力行动之间的抉择权

《联合国宪章》赋予安理会在《联合国宪章》第41条规定的武力以外的和

---

[1] 安理会的授权决议中多有类似表述。例如,第678(1990)号决议载明:“兹根据《联合国宪章》第七章……”第794(1992)号决议载明:“根据《联合国宪章》第七章采取行动……”

[2] 这里所说的“情势“是指威胁和平、破坏和平或侵略三种情势之一而不是要求三种情势同时出现。加之,《联合国宪章》并没有对这三种情势作解释,而学界的解释不具有国际法上的约束力,这种状况造成相当一些国家的担忧。许光建主编:《联合国宪章诠释》,山西教育出版社1999年版,第282-284页。

[3] 李鸣:《联合国安理会授权使用武力问题探究》,载《法学评论》2002年第3期。

平强制行动与第 42 条规定的采取武力行动之间的抉择权。

安理会的建议权和抉择权是两种不同的“决策方式”,因而对联合国会员国产生不同的法律效果。对联合国会员国而言,安理会提出的“建议”不具有法律义务的性质,可以选择执行建议或不执行建议。而安理会作出的“抉择”,实际上是一种“决定权”,这种权力在法律上具有义务性或强制性,联合国会员国有义务予以“履行”。[1] 对此,《联合国宪章》的规定及其制定历史都可以证明。《联合国宪章》第 25 条要求会员国“同意依宪章之规定接受并履行”安理会的“决议”;第 48 条也规定会员国应当按照安理会的决定,执行安理会为维持国际和平与安全之“决议所必要之行动”。不仅《联合国宪章》有这样的规定,其制定历史也证实了这一点。安理会在运行过程中通过的决议的内容都是按照两种性质划分的。安理会要求会员国必须做或不做的事情,就用“决定”一词;反之,安理会的决议就用“建议”或“吁请”等措辞。[2] 安理会有权在作成建议和决定采取强制措施之间作出选择,以示和平之维持或和平之恢复。[3]

安理会的授权决议属于“建议”性质的决议。从安理会授权决议的表述及执行都可以作出这样的认定与判断。例如,最有代表性的第 678 号决议有这样的表述:“授权会员国与科威特政府合作……采用一切必要手段……恢复该地区的国际和平与安全。”该表述既没有将建议的对象指定为联合国会员国的某一个或某一些国家,也没有将接受建议的会员国所要采取的措施限定为武力手段,而是指出愿意与科威特合作的会员国,可以采取包括军事力量在内的一切手段。如果说授权是安理会具有“决定”性质的决议,就意味着联合国每一个会员国都有义务采取“一切必要手段”(包括武力手段)与科威特合作。这样的理解不符合第 678 号决议的精神,也不符合该决议的实施情况。[4]

《联合国宪章》第 43 条的规定也表明授权仅具有建议性质。如前所述,第

---

〔1〕 李鸣:《联合国安理会授权使用武力问题探究》,载《法学评论》2002 年第 3 期。

〔2〕 李鸣:《联合国安理会授权使用武力问题探究》,载《法学评论》2002 年第 3 期。

〔3〕 许光建主编:《联合国宪章诠释》,山西教育出版社 1999 年版,第 283 页。

〔4〕 李鸣:《联合国安理会授权使用武力问题探究》,载《法学评论》2002 年第 3 期。

43 条规定安理会根据第 42 条决定采取执行行动时，必须与会员国签订特别协议。这表明安理会强制性地要求会员国提供武力时，需要会员国以“特别协议”为形式的明示同意，安理会与会员国之间的这种协议是会员国承担法律义务的前提。而安理会的授权决议则不需要这样的条件，这也证明了安理会授权使用武力的建议性质。

安理会授权决议的建议属性，并不意味着安理会授权决议不具有法律意义。安理会无论是“建议”还是“决定”，都表示安理会对有关行动的认可或同意。基于《联合国宪章》赋予安理会在维持国际和平与安全方面的职责，安理会的授权决议亦构成判定有关国际行动合法与否的标准或基础。[1]

2. 第 40 条没有关于安理会授权使用武力的相关规定

《联合国宪章》第 40 条规定的是在实施第 41 条或第 42 条的办法之前的临时办法。这样的临时办法不能被看作安理会授权使用武力的依据。因为《联合国宪章》第 40 条对安理会的临时办法作出诸方面的限制性规定：其一，这样的临时办法限于与第 39 条规定的“和平之威胁、和平之破坏或侵略行为”相关的当事国；其二，这样的临时办法是在遵行安理会依据第 39 条所作成的建议或决定的办法之前实施的，即在第 41 条的武力以外的办法和第 42 条的武力行动办法之前实施的；其三，安理会认为这样的临时办法是必要或合宜的；其四，安理会对不遵行这样的临时办法的处置措施限于予以“适当注意”，而非建议或决议授权使用武力。

3. 第 41 条没有关于安理会授权使用武力的相关规定

《联合国宪章》第 41 条规定的是“武力以外之办法”，即以非武力措施或者说以和平强制行动的办法制裁国际和平与安全的威胁者或破坏者，自然不得作为安理会授权使用武力的依据。

4. 第 42 条没有关于安理会授权使用武力的相关规定

按照《联合国宪章》第 41 条的规定，安理会认为第 41 条所述的非武力措施不足时，有权采取军事行动恢复国际和平与安全。而这样的军事行动又以第 43 条的“特别协定”为条件，即以安理会与其会员国之间签订的会员国愿意

---

[1] 李鸣：《联合国安理会授权使用武力问题探究》，载《法学评论》2002 年第 3 期。

向安理会“供给为维持国际和平及安全所必需之军队、协助及便利”的特别协定为条件。一句话,《联合国宪章》第 42 条规定的是安理会采取武力行动的办法,如果将此条作为安理会授权使用武力的依据,那么,安理会采取武力行动与安理会授权使用武力就没有什么区别了。有学者认为,第 42 条为安理会授权采取武力行动提供了明确的依据。“联合国安理会授权使用武力这样一种特许机制,不论是明示做出的,还是默示做出的,宪章第 42 条已经提供了足够的合法性依据。”这样的说法难以令人信服,不能从同一规则中引申出两种不同性质行为的法律依据。

5. 第 43 条至第 48 条没有关于安理会授权使用武力的相关规定

《联合国宪章》第 43 条至第 48 条是关于第 40 条规定的采取武力行动的程序规则,不能被视为采取武力行动之外的授权使用武力的规则。

此外,《联合国宪章》第 49 条和第 50 条也是关于联合国会员国及非会员国在实施第 41 条至第 48 条的实体与程序规则过程中的义务性规则。

6. 第 51 条不能作为安理会授权使用武力的依据

《联合国宪章》第 51 条是关于国家自卫权的规则。有学者提出,第 51 条属于安理会授权使用武力的依据,而且以海湾战争的第 678 号决议和利比亚战争中的第 1973 号决议作为论证的事例。[1] 这样的说法是不成立的。第 51 条明确规定,自卫权属于国家固有的权利,行使这样的固有权利无须安理会授权。有学者指出:“从严格意义上说,根据自卫权而行使武力是不需要经过安理会的程序的。”[2]安理会依据第 51 条所作的授权决议可以强化联合国会员国行使自卫权的合法性,但将其作为安理会授权的依据,则经不起实践的检验。因为安理会的授权决议中包括对一国国内武装冲突的干涉,如对索马里、南斯拉夫、卢旺达和海地等国家内战的干涉,这些国家发生的非国际性武装冲突,不存在遭受他国“武力攻击”的情况,安理会在这种情势下授权联合国会

〔1〕 Oscar Schachter, *United Nations Law in the Gulf Conflict*, American Journal of International Law, Vol. 85, p. 459–460 (1991).

〔2〕 戴轶:《安理会授权使用武力的国际法问题研究》,中国社会科学出版社 2019 年版,第 89 页。

员国对当事国使用武力,无法与第 51 条相关联。[1] 可以说,当安理会就一国行使自卫权或集体自卫权的问题作出决议之后,要求相关国家将自己的行为纳入安理会相关决议的范围与轨道上来。但相关国家"纳入"之前的行动不属于安理会授权范围的行动;"纳入"之后的行动也不能被视为安理会授权采取的武力行动,无论行动的形式,还是行动的内容,都得不出这样的结论。

7. 第八章中关于"授权"的规定不得作为安理会授权使用武力的依据

《联合国宪章》明确使用"授权"的是在第八章第 53 条,而该条不得作为安理会授权会员国采取武力行动的依据。第八章的"授权"是适用于"区域办法或区域机关"的规则。

"区域办法或区域机关"是以区域组织为基础并与之密切相关的概念。区域组织可被看作"区域性国际组织"的简称,是对应全球性国际组织而言的,指由某一区域的国家组成,其职权也以该地区为限的国际组织。[2] 在旧金山会议上,埃及代表曾将"区域组织"界定为"一个地区内若干国家,由于地理邻近、利益相同、或文化、语言、历史及思想类似,对于和平解决彼此间争端、维护本地区内和平及安全、维护彼此利益、发展经济与文化关系负有共同责任,而组成的永久性组织"。[3] 埃及代表的建议没有得到会议的确认。但有学者认为,该建议中提到的"地理邻近""利益相同""文化、语言、历史及思想类似""共同责任"等,都是区域组织不可缺少的要素。[4] 梁西先生也提出:"区域组织的成员国,往往在民族、历史、语言、文化或精神上具有密切联系,培育了某种共同意识;或者在现实生活中具有彼此关心的政治、军事、经济或社会问题,形成了某种相互依赖关系。"[5] 这种情况构成区域组织的一方面特征。区域办法亦可称"区域协定",[6] 指区域性多边条约,是区域组织的成员

[1] 黄瑶:《论禁止使用武力原则——联合国宪章第二条第四项法理分析》,北京大学出版社 2003 年版,第 267 页。

[2] 梁西:《国际组织法(总论)》(第 5 版),武汉大学出版社 2001 年版,第 25 页。

[3] 转引自许光建主编:《联合国宪章诠释》,山西教育出版社 1999 年版,第 369 页。

[4] 许光建主编:《联合国宪章诠释》,山西教育出版社 1999 年版,第 369 页。

[5] 梁西:《国际组织法(总论)》(第 5 版),武汉大学出版社 2001 年版,第 230 页。

[6] 日本国际法学会编:《国际法辞典》,世界知识出版社 1985 年版,第 59 页。

国调整其相互关系、以和平方式解决争端的基本依据。[1] 区域机关指区域组织依照区域性多边条约建立的旨在维持本地区和平与安全的具有国际法律人格的常设机构。

在规范“区域办法或区域机关”时,《联合国宪章》第 53 条规定:“安全理事会对于职权内之执行行动,在适当情形下,应利用此项区域办法或区域机关。如无安全理事会之授权,不得依区域办法或由区域机关采取任何执行行动;但关于依第一百零七条之规定对付本条第二项所指之任何敌国之步骤,或在区域办法内所取防备此等国家再施其侵略政策之步骤,截至本组织经各关系政府之请求,对于此等国家之再次侵略,能担负防止责任时为止,不在此限……”这里所说的“执行行动”,指第 41 条和第 42 条规定的安理会运用经济制裁和使用武力维持国际和平与安全的行动。在采取此类“执行行动”的问题上,《联合国宪章》第 53 条规定,安理会在适当情况下,可以通过授权方式,由区域组织来采取执行行动。但区域组织在以下三种情况下采取执行行动时,不需要安理会的授权:一是根据《联合国宪章》第 107 条的规定,对第二次世界大战中的轴心国所采取的行动;二是为防备第二次世界大战战败国东山再起采取的行动;三是以集体自卫方式采取的行动。[2]

从安理会授权使用武力的历次决议援引的法律依据来看,一般都是笼统地说“根据《联合国宪章》第七章”,并没有将第八章的授权作为其法律依据。

(二)安理会授权使用武力“明示说”曲解了《联合国宪章》的相关规定

安理会授权使用武力“明示说”,是指国际法学界而非联合国官方提出的认为安理会授权使用武力的行为,在《联合国宪章》中有明确规定的学术观点。此类观点没有得到国际法学界的共识性确认。

1. 第 39 条的“作成建议”不能作为安理会授权使用武力的依据

有学者提出,《联合国宪章》关于安理会“作成建议”的规定,包含安理会授权使用武力的规定。[3] 这样的解说有点牵强。因为第 39 条所说的“作成

---

[1] 许光建主编:《联合国宪章诠释》,山西教育出版社 1999 年版,第 368 页。

[2] 许光建主编:《联合国宪章诠释》,山西教育出版社 1999 年版,第 378-379 页。

[3] 转引自戴轶:《安理会授权使用武力的国际法问题研究》,中国社会科学出版社 2019 年版,第 87 页。

建议”是指依据《联合国宪章》第41条及第42条规定的办法作成建议，而第41条规定的办法属于“武力以外之办法”，第42条规定的办法为使用武力之办法，即“包括联合国会员国之空海陆军示威、封锁及其他军事举动”。此处“作成建议”是指在两种措施之间作成建议，而非在第42条的措施上，即在安理会自己采取武力行动与安理会授权联合国会员国采取武力行动之间作成建议。

2. 不得对第43条至第45条的规定作割裂解读

有学者认为，《联合国宪章》第43条规定的安理会与联合国会员国之间签订的特别协议，不是构成《联合国宪章》第42条采取武力行动的必要前提条件，而《联合国宪章》第42条中的“其他军事举动”，包括安理会授权使用武力。“行动不必一定是指在安理会控制和指挥下的武力行动，涉及这种控制和指挥的《联合国宪章》其他条款不应与第42条连读。”〔1〕英国学者蒂莫西·希利尔也有类似的论证方式。“《联合国宪章》没有指出第42条取决于根据第43条所达成的协议。”〔2〕而第42条的规定，可以理解为联合国安理会有权采取两种军事行动，一种是执行武力行动，另一种是授权使用武力。这样的解读与《联合国宪章》的立法宗旨及条约解读的一般规则相悖，没有获得国际社会的共识。

3. 第48条不能作为安理会授权使用武力的依据

有学者提出，《联合国宪章》第48条可作为安理会授权使用武力的依据。〔3〕《联合国宪章》第48条第1款规定：“执行安全理事会为维持国际和平及安全之决议所必要之行动，应由联合国全体会员国或由若干会员国担任之，一依安全理事会之决定。”如果不从第七章此前的规定全面连续解读，而是将第48条单独地割裂地解读，这样的解读也许有点道理。但从第七章的总体规则及连续性规定可以看出，此条属于联合国会员国在安理会采取武力行动中的义务，而不能片面、独立地解读，那样势必曲解了第48条的含义。该条实质

---

〔1〕 转引自戴轶：《安理会授权使用武力的国际法问题研究》，中国社会科学出版社2019年版，第104页。

〔2〕 [英]蒂莫西·希利尔：《国际公法原理》（第2版），曲波译，中国人民大学出版社2006年版，第253页。

〔3〕 戴轶：《安理会授权使用武力的国际法问题研究》，中国社会科学出版社2019年版，第88页。

上是以上条款的总结和概括，因为会员国的支持才是联合国集体安全行动的力量之源泉和最终保障。此外，有学者提出，第 48 条规定的联合国会员国的义务具有强制性，而安理会授权使用武力决议，对联合国会员国来说属于选择性义务，不能将两种不同法律属性的义务混为一谈。[1]

（三）《联合国宪章》是否暗含安理会授权使用武力的权力需要进一步论证

1. "暗含权力说"的含义

安理会在其授权决议中往往笼统地称其行为依据《联合国宪章》第七章的规定。而纵观第七章第 39 条至第 51 条的规定，并没有出现任何"授权"的字样。在明示权力之外能够找到安理会授权的具体依据吗？关于安理会授权使用武力的依据，国际法学界有种观点叫作"暗含权力说"，以此论证安理会授权使用武力的合法性，这样的观点及论证方式均值得质疑。

所谓"暗含权力说"，是指一种认为安理会授权使用武力不具有《联合国宪章》明确规定的依据，而此方面依据暗含于《联合国宪章》的相关条款之中的观点。具体来说，安理会授权使用武力的依据暗含于《联合国宪章》第 39、41、42、48 条等条款中。这种观点的论证逻辑大致可以作如下表述：第 39、41、42、48 条等条款赋予安理会维护国际和平与安全的职责，安理会有权断定国际关系是否存在"和平之威胁""和平之破坏""侵略行为"的情势，安理会可以依照明示的规定直接采取武力行动以维持或恢复国际和平与安全，也可以通过《联合国宪章》暗含的权力授权联合国会员国间接采取武力行动，以维护国际和平与安全。

2. "暗含权力说"的论证方式

持这种观点的学者作如下论证：其一，《联合国宪章》暗含的授权使用武力的权力与《联合国宪章》的宗旨相适应。联合国的首要宗旨是维护国际和平与安全，避免"后世再遭今代人类两度身历惨不堪言之战祸"。安理会授权联合国会员国采取武力行动，有利于维持国际和平与安全，有利于实现联合国的首要宗旨。其二，《联合国宪章》暗含的授权使用武力的权力与《联合国宪章》赋予安理会的职责相吻合。《联合国宪章》赋予安理会维持国际和平与安

[1] 戴轶：《安理会授权使用武力的国际法问题研究》，中国社会科学出版社 2019 年版，第 88-89 页。

全的职责,若安理会享有授权使用武力的权力,有利于这种职责的履行。其三,《联合国宪章》暗含的授权使用武力的权力与国际组织暗含权力的法理基础不冲突。国际组织拥有暗含的权力,这在国际组织法的学理论证中得到肯定。所谓国际组织暗含的权力,是指"组织构成文件或类似条约规定的明示权力以外而为实施组织宗旨与职能所必需的权力,也是行使明示权力所必需的或至关重要的权力"。[1] 其四,联合国组织暗含一定的权力为联合国的实践所确认。《联合国宪章》并没有明确规定联合国拥有维持国际和平行动的权力,而联合国维持国际和平行动已经成为联合国维持国际和平与安全的重要行动模式。这表明联合国确认其拥有《联合国宪章》所暗含的权力。同理,安理会授权使用武力的权力在《联合国宪章》中也没有明确的规定,而这样的权力屡屡为安理会的授权使用武力实践所确认。其五,联合国组织暗含一定的权力为国际法院判决实践所确认。国际法院在"本组织经费案"里,实质上是以联合国暗含的权力作为判决依据的,该案的判决认定联合国维持和平行动支付的经费都是为实现联合国的宗旨、职责而产生的,而不论设定这些费用的机关是否超越了其职能范围,也不论这些费用是否属于"行动"或"普通"预算的范围,还是属于"行政"或特别"预算"的范围,法院以 9 : 5 对联合国安理会提出的问题作出肯定的答复。[2]

不能否认,"暗含权力说"的论证有一定的法理基础,其论证逻辑有一定的严密性,但这并不意味着国际法学界对"暗含权力说"予以普遍接受与确认。"学界关于暗含权力是否存在的争论从未停止过,反对的观点仍然存在。""相比于几乎同期产生的联合国维持和平行动,安理会授权使用武力机制仍然在不断地被质疑。"[3]

3."暗含权力说"的国际条约解释权受到质疑

"暗含权力说"对安理会授权使用武力的合法性论证,实质上是对《联合国宪章》的解释。"推论暗含权力实际上是一个解释国际组织的构成条约及

---

[1] 饶戈平、蔡文海:《国际组织暗含权力问题初探》,载《中国法学》1993 年第 4 期。
[2] 马呈元、张力编著:《国际法案例研习》,中国政法大学出版社 2014 年版,第 209-210 页。
[3] 戴轶:《安理会授权使用武力的国际法问题研究》,中国社会科学出版社 2019 年版,第 109 页。

附属文件的过程,国际法庭往往也是把它当作条约解释问题来处理。”[1]这又涉及一个经常被提及的问题,何类主体享有解释《联合国宪章》的权力?有学者从普遍的角度否定了“暗含权力说”对《联合国宪章》的解释权。国际组织的条约需要解释,从法理层面来讲不存在争议。但哪类主体对国际条约享有立法性质的解释权,却是一个没有定论而又反复被争议的问题。就《联合国宪章》的解释而言,哪类主体拥有立法性质的解释权呢?

(1)联合国安理会应当享有对《联合国宪章》的解释权

国际社会中特定国际组织自行制定国际条约或解读国际条约与惯例的现象是存在的,但迄今没有建立或形成专门解读《联合国宪章》的国际组织。类似联合国大会这样的国际组织,可以以决议方式对《联合国宪章》的条款作出解释。而联合国安理会应当享有《联合国宪章》的解释权。

首先,安理会在联合国集体安全体制中的地位与作用使其应当享有对《联合国宪章》的解释权。安理会是联合国集体安全体制的主要执行机构,是联合国为维持国际和平与安全而行使决策权力的核心机构,在维持国际和平与安全方面负有最重要的责任,理应享有对《联合国宪章》的解释权。有学者提出,安理会是联合国的重要机构,当然具有解释《联合国宪章》的职权。[2]

其次,安理会事实上享有《联合国宪章》的解释权。安理会的多次授权使用武力决议,以事实或实践解释了《联合国宪章》。如安理会在授权使用武力的决议中反复载明“依据《联合国宪章》第七章采取行动”,实际上就是对《联合国宪章》的一种解释。

最后,安理会对《联合国宪章》的解释,在一定范围或程度上得到联合国会员国的认可。从安理会授权使用武力的实践来看,安理会对《联合国宪章》的解释得到联合国一些会员国的认可;即便有的会员国对安理会的授权使用武力的决议存在争议或分歧,但并没有否认安理会拥有解释《联合国宪章》的职权。当然,安理会解释《联合国宪章》也面临一定的问题。安理会对《联合

---

〔1〕 饶戈平、蔡文海:《国际组织暗含权力问题初探》,载《中国法学》1993 年第 4 期。

〔2〕 戴轶:《安理会授权使用武力的国际法问题研究》,中国社会科学出版社 2019 年版,第 112 页。

国宪章》的解释无疑都带有安理会会员国的利益考量。在这种情境下,将安理会对《联合国宪章》解释的结果强加于联合国其他会员国,对其他会员国来说也是不公正的。

(2)国际法院可以享有对《联合国宪章》的解释权

国际审判组织一般拥有国际条约的解释权。国际法院是联合国的主要司法机关,根据《联合国宪章》设立,以司法手段协助联合国实现其主要宗旨,即"以和平方法且依正义及国际法之原则,调整或解决足以破坏和平之国际争端或情势"。国际法院主要通过行使诉讼管辖权和咨询管辖权履行其职责。前一项职权基于联合国会员国以单方的或与他国形成双方或多方的同意争端提交国际法院管辖的公开声明,后一项职权基于联合国或其他国际组织的申请或委托。可以看出,国际法院的两项职权均与解释《联合国宪章》相关联。前一项职权的关联性在于国际法院可以在裁判过程中依照《联合国宪章》相应地对《联合国宪章》作出解释;后一项职权的关联性在于可以接受联合国或其他国际组织或受联合国会员国的委托,直接解释《联合国宪章》。如国际法院"关于联合国某些经费问题的咨询意见",实际上就是对《联合国宪章》的解释。如果没有特定主体的委托,国际法院不得自行解释《联合国宪章》。

(3)《联合国宪章》缔约国有权解释《联合国宪章》

从法理层面来说,缔约国有权解释其所缔结的国际条约。联合国会员国作为《联合国宪章》的缔约国,有权解释《联合国宪章》。缔约国解读条约也需要遵循国际条约法上的一般规则。不过,缔约国解释国际条约也存在一定的问题。国际实践中,缔约国在解释其所缔结或加入的国际条约时,难以摆脱国家利益的影响,不同缔约国之间的解释也难以形成共同的意志,这类解释难免发生冲突。

二、安理会授权使用武力为国际社会所认可

(一)安理会肯定其授权使用武力的合法性

安理会授权使用武力的重复性实践是对其合法性的确认。冷战结束至

2011 年,安理会作出的与使用武力相关的“授权”决议共有 5 次:[1]

(1)1990 年安理会通过的第 678 号决议,“授权会员国与科威特政府合作”,“采取一切必要手段维护和执行安理会第 660 号决议和所有随后有关的决议,恢复该地区的国际和平与安全”。国外有学者认为,1990 年的海湾战争是安理会第一次与使用武力相关的授权实践。至少,海湾战争中安理会通过的第 678 号决议明确使用了“授权”的术语。该决议被认为是多国部队对伊拉克实施武力行动的法律基础。[2]

(2)1993 年 3 月 26 日安理会通过的第 814 号决议及后来的第 837 号决议,决定在索马里维持和平行动期间,授权维和部队使用武力维持和平,为索马里的重建和人道主义援助行动提供安全保障。

(3)1993 年安理会通过的第 816 号决议,授权联合国会员国“在波斯尼亚—黑塞哥维那共和国领空采取一切必要措施,以确保飞行禁令获得遵守”。

(4)1994 年安理会通过的第 940 号决议,“授权会员国组成在统一指挥和控制下的多国部队,在此框架下,使用一切必要手段促使海地摆脱军事统治……迅速回归合法选举之总统以及恢复海地政府之合法权威”。

(5)2011 年在利比亚问题上,安理会于 3 月 17 日通过的第 1973 号决议,授权相关会员国“采取一切必要措施”,以履行保护利比亚人民免受人道灾难的责任。

可以看出,自 1990 年海湾战争后,至叙利亚国内冲突爆发之前,随着海湾战争中安理会授权使用武力的实践,在安理会授权使用武力方面,次数逐渐增多,频率逐渐加快,适用范围逐渐扩大。这样的重复性实践表明安理会对其授权使用武力合法性的确认。

(二)联合国大会没有否认安理会授权使用武力的合法性

依照《联合国宪章》的规定,由联合国会员国组成的联合国大会,有权讨

---

[1] 李鸣认为,安理会在涉及武力上明确采用“授权”措辞的决议共 3 次。李鸣:《联合国安理会授权使用武力问题探究》,载《法学评论》2002 年第 3 期。戴轶、李文彬提出与授权相关的决议共有 6 次。戴轶、李文彬:《试论安理会授权使用武力的法律规制》,载《现代国际关系》2008 年第 4 期。

[2] Oscar Schachter, *United Nations Law in the Gulf Conflict*, American Journal of International Law, Vol. 85, p. 452 (1991).

论《联合国宪章》范围内的“任何问题或事项”,有权讨论《联合国宪章》规定的“任何机关”的职权。虽然《联合国宪章》对联合国大会讨论的事项作了一定的限制,但安理会履行其职责后,应当立即通知联合国大会。“当安全理事会对于任何争端或情势,正在执行本宪章所授予该会之职务时,大会非经安全理事会请求,对于该项争端或情势,不得提出任何建议。”当安理会停止处理关于维持国际和平与安全的任何事件时,“应立即通知大会”。迄今,没有看到联合国大会通过谴责或制止安理会授权使用武力的决定。而在联合国的官方网站上,安理会授权使用武力已经被明确列入“强制执行”的效力范围。

(三)联合国会员国没有普遍否认安理会授权使用武力的效力

在安理会授权使用武力实践及创制过程中,从海湾战争到利比亚战争,西方大国特别是美国起到决定性作用,但海湾战争之后的历次授权使用武力行动,世界上其他大国面对安理会的授权决议案,或同意或弃权,使安理会授权使用武力得到反复实施,广大发展中国家也没有形成普遍反对的态度与立场,均使安理会授权使用武力产生一定的国际法效力。究其原因,安理会授权使用武力客观上使安理会采取武力行动以保障集体安全体制的执行力得到一定程度的实现,对包括侵略行为在内的危害国际和平与安全行为构成一定的威慑与反击作用,从而在一定程度上实现了维护国际和平与安全的目标。

有学者提出,安理会授权使用武力行动及其形成的机制并没有将所有的联合国会员国吸引进来。实践中,往往是关系本国利益或接受美国劝说的国家才参与接受授权的使用武力的行动之中。即便是海湾战争中,接受安理会授权的国家多达 29 个,“但在反对伊拉克入侵科威特问题上,每一个参与国都有自卫的国家利益,而没有共享对国际和平的承诺”。[1] 这样的观点不无道理。即使在安理会采取武力行动的机制下,能否让所有会员国普遍参加,也不得而知,《联合国宪章》也没有要求所有会员国参与到采取武力行动的机制中来。至于参与其中的国家,到底是出于纯粹地维护国际和平与安全的目的,还

---

〔1〕 门洪华:《和平的纬度:联合国集体安全机制研究》,上海人民出版社 2002 年版,第 280-281 页。

是伴有维护与争取国家利益的目的，也难以清晰地分辨。此外，安理会授权使用武力客观上有利于维护国际和平与安全，是不言而喻的。

（四）国际法学界肯定安理会授权使用武力的意义

安理会授权使用武力是国际关系领域集体安全体制的一种新的尝试。有学者提出，安理会授权使用武力是对《联合国宪章》中安理会采取军事行动制度的修正与改革。安理会授权使用武力已经事实上取代《联合国宪章》第42条，成为安理会武力措施的唯一施行方式。安理会授权使用武力机制是联合国集体安全机制在实践中依据现实情形发展出来的一种派生性特定机制。“派生机制和原生机制是继承与发展的关系”，该派生机制没有脱离原生机制下的联合国集体安全机制的范畴。[1]

安理会授权使用武力是当代国际关系现实的无奈选择。安理会授权使用武力实际是联合国集体安全体制下，联合国安理会的权力向国际关系中大国权力或利益的让渡。现行的联合国集体安全体制已经考虑到大国的意志与利益。“大国一致原则”就是对这种国际关系体系构建过程的考量与体现。与国际联盟相比，联合国安理会名义上拥有自己的军队即联合国军，名义上拥有了超越单一国家的强制力。现实中，联合国军难以组建，安理会的强制力也受到影响。安理会不得不将采取军事行动的权力授予愿意采取武力行动的国家。即便如此，大国利益的差异、大国意志难以扭转，使联合国集体安全体制中的联合国军的建立以及安理会采取军事行动均难以落实。安理会为履行维护国际和平与安全的职责所需，不得不接受变通的办法。从国际法理层面看，大国通过其国际关系中的优势地位，获得一定的国际利益，但只要不违反国际强行法和国际法基本原则，也是被认可的。

国际法学界在肯定安理会授权使用武力的意义的同时，也指出安理会授权使用武力存在的问题。例如，安理会授权使用武力的实践效果并不尽如人意，以致被看作霸权主义和强权政治的“合法”外衣。

---

〔1〕 戴轶：《安理会授权使用武力的国际法问题研究》，中国社会科学出版社2019年版，第79、82页。

第三节　安理会授权使用武力的规制

一、限定安理会授权使用武力的适用范围

(一)安理会不断拓展其授权使用武力的适用范围

冷战结束后,安理会自第 678 号决议授权联合国会员国打击伊拉克侵略科威特的行为开始,不断拓展其授权使用武力的适用范围。

2008 年,安理会通过一系列授权决议,将使用武力的范围扩展到一国存在的影响国际区域安全的情势。安理会针对索马里海盗行为的授权使用武力,属于此种类型。2008 年 6 月 2 日安理会通过的第 1816 号决议认为,索马里近海和公海上的海盗活动已对该地区的国际和平与安全构成威胁,因此,安理会决定授权外国军队在索马里政府同意的情况下,进入其领海追捕海盗,并按照 1982 年《联合国海洋法公约》有关在公海上打击海盗的步骤和权限,采取包括“使用武力”在内的一切必要手段打击索马里海盗和武装劫船行为。为了进一步打击索马里海盗,此后安理会又陆续通过了第 1838(2008)号决议、第 1846(2008)号决议、第 1851(2008)号决议、第 1897(2009)号决议以及第 1918(2010)号决议等。而且,安理会在第 1816 号授权决议中明确提及使用武力,这较以往授权决议的表述是一个新的发展。有学者称其为日益倾向采用明式授权的方式。[1] 在关于波黑及索马里的授权使用武力决议中,针对的是一国“人道主义危机”的授权,表明安理会通过授权对一国国内的特定情境予以武力干涉。针对一国存在恐怖主义活动的授权使用武力,也是授权使用武力扩大适用范围的体现。

(二)安理会授权使用武力适用范围的扩大引发国际社会的争议

情势认定是联合国集体安全行动的起点,是安理会职责的组成部分,又是安理会采取强制措施的前提和基础。

《联合国宪章》第七章将安理会要断定的情形分为两种:一是情势,二是

---

〔1〕 李伯军:《联合国安理会授权会员国使用武力的新变化——以武力打击索马里海盗为例》,载《湘潭大学学报(哲学社会科学版)》2011 年第 2 期。

争端。从理论上讲,争端与情势是两个既密切联系又有不同的概念。国际法上的情势是指国际关系中关乎国际和平与安全的特定情形。国际法上的争端可从不同视角予以界定,这里是指“国家间基于各自政策和立场的不同而产生的法律上或事实上的意见分歧或利益上的冲突”。[1] 情势包含争端,凡争端都是情势,而所有的情势不一定都构成争端。从程度方面看,争端的程度较情势要严重,即有的情势发展到更恶化的程度时,方才构成争端。《联合国宪章》将争端与情势分为两种:一类是一般的争端和情势,另一类是其“继续存在足以危及国际和平与安全之维持”的争端和情势。对待情势和争端,《联合国宪章》所倡导的总的原则是以和平方法且依正义及国际法之原则“予以调整或解决”。同时,《联合国宪章》对两种类型的情势与争端又规定了不同处理措施与规则。对前一种类型的争端和情势,《联合国宪章》规定当事国自行选择和平的方法予以解决,安理会只在必要时行使调查权、促请权。“任何争端之当事国,于争端之继续存在足以危及国际和平与安全之维持时,应尽先以谈判、调查、调停、和解、公断、司法解决、区域机关或区域办法之利用,或各该国自行选择之其他和平方法,求得解决。”这种情境下安理会的职责是,“认为必要时”,“应促请各当事国”以和平方法解决其争端。对后一种类型的争端和情势,须由安理会加以处理。当安理会认为某项争端的继续存在,在事实上足以危及国际和平与安全之维持时,应决定按照其认为的适当解决条件是否采取行动或建议。

安理会授权使用武力的实践已经超出安理会采取武力行动所适用的争端与情势的范围。安理会授权使用武力的实践可以分为三种类型:一是授权联合国会员国打击一国的侵略行为,典型案例是海湾战争中联合国安理会第678号授权决议;二是授权联合国会员国对一国行为予以制裁,典型案例是对南联盟、索马里、海地的制裁性授权;三是授权联合国会员国对一国国内情境予以干涉。而一国国内的情境又可以分为三种:针对一国的“人道主义危机”,如针对波黑、索马里国家的“人道主义危机”;针对一国的内政进行干涉授权,如对阿尔巴尼亚内政的干涉;针对一国存在的国际刑事犯罪行为的授权,如针对

---

〔1〕 许光建主编:《联合国宪章诠释》,山西教育出版社1999年版,第221页。

索马里海盗的授权。

国际社会要求安理会授权使用武力实践限制在一定的范围之内。从国际社会对安理会授权使用武力的一般态度与立场来看，针对侵略行为的授权使用武力，如安理会第678号授权决议，得到广泛的肯定与接受。针对打击国际犯罪活动的授权使用武力，如关于打击索马里海盗行为的授权决议，也得到国际社会的赞同。针对打击国际恐怖主义活动的授权使用武力，能够得到国际社会的一定程度的认可。而针对一国内政的授权使用武力决议，则往往受到质疑甚至反对。

（三）安理会授权使用武力适用范围的限制

1. 完善安理会情势认定规则的必要性

第一，完善安理会情势认定规则有助于确保联合国集体安全体制正常运行。第二次世界大战之后形成的联合国集体安全体制，是对人类历史上长期存在的单边安全制度的完善，也是对第一次世界大战后形成的集体安全制度的完善。与国际联盟组织的集体安全制度相比，联合国集体安全体制增设了强制执行制度。在这样的强制执行制度中，安理会发挥重要的作用。《联合国宪章》赋予安理会国际关系中情势认定或情势断定的职权，但安理会依据什么标准或法律规定来行使此方面的职权，对联合国集体安全体制发生作用的关键性条款，《联合国宪章》和相关国际法均没有明确的规定。对于这种状况，有学者提出，自从《联合国宪章》生效之日起，这方面的制度就是不完善的。[1]也有学者认为，《联合国宪章》第39条规定的"和平之威胁、和平之破坏或侵略行为"，只是确立了一个框架性标准或尺度，而缺乏具有操作性的认定标准。[2]《联合国宪章》赋予安理会断定国际关系中是否存在威胁国际和平与安全的权力，安理会有效行使该项职权，避免受到联合国会员国的阻挠与非议，就应当拥有国际社会形成共识的情势判定标准与规则，作为"认定权"与"断定权"的行使依据。因此，完善安理会情势认定的国际法规则，对维护联合国集体安全体制具有现实必要性。

---

〔1〕［韩］柳炳华：《国际法》（下卷），朴国哲、朴永姬译，中国政法大学出版社1997年版，第376页。
〔2〕戴轶：《安理会授权使用武力的国际法问题研究》，中国社会科学出版社2019年版，第221页。

第二,限制安理会授权使用武力行为的必要。《联合国宪章》赋予安理会维护国际和平与安全的职责,国际社会现实使安理会采取武力行动的职权难以落实与保障,安理会创设了授权使用武力的行为机制,但联合国的运行机制表明,联合国内部没有其他组织对安理会行使包括授权使用武力在内的职权予以限制或监督,而大国机制的作用以及现实社会中少数西方大国作用的肆意发挥,严重干涉安理会权力的行使与作用的正常发挥,这就有必要制定明确可行的国际情势认定规则,以保障安理会正常行使其职权。

2. 完善安理会情势认定规则的基本思路

目前还没有看到完善安理会情势认定规则的具体设想。学界的相关建议可供参考。

(1)尊重与把握国际社会形成的共识性尺度

安理会授权使用武力的情势认定,应当注意国际社会共识性标准的运用与把握。如对反击侵略行为的授权使用武力实践,得到国际社会较广泛的认可,而《关于侵略定义的决议》的拘束力理应得到持续尊重。联合国实践中,关于“侵略行为”的含义相对确定。《关于侵略定义的决议》是联合国为安理会断定“侵略行为”确立的国际标准。虽然《关于侵略定义的决议》在国际法上的效力问题,一直是国际法学界讨论的热点问题。不少学者对联合国大会的这一法律文件的法律效力存疑。但《关于侵略定义的决议》在国际法渊源中的地位与作用还是毋庸置疑的,它构成一些具有普遍效力的国际公约的法理基础,可以为安理会特定情势下授权使用武力提供标准。

(2)兼顾国际社会不同国家的权益诉求

在对国际和平与安全的情势判定方面,现时代,发达国家与广大发展中国家具有不同的权益诉求。发达国家更注重非传统安全问题,发展中国家更注重传统安全问题。安理会授权使用武力的实践更多地为发达国家所牵引,在授权实施过程中发达国家也占据更多话语优势地位。联合国安理会作为维护国际和平与安全的重要机构,应当兼顾发达国家与发展中国家的不同诉求,应当注重国际社会“综合安全”问题,过分地迁就西方少数发达国家的诉求,难以公正地履行《联合国宪章》赋予的职责。

(3)平衡维持国际和平与遵循不干涉内政原则之间的矛盾

《联合国宪章》为维持国际和平与安全设置了集体安全体制,在这种体制下,联合国安理会享有断定“和平之威胁”“和平之破坏”“侵略”诸情势的职权,实践中还形成以授权使用武力维持国际和平与安全的做法。《联合国宪章》在设置集体安全体制的同时,也规定为实现联合国宗旨应当遵循的国际法基本原则,其中包括《联合国宪章》第 2 条第 7 项的不干涉内政原则。“本宪章不得认为授权联合国干涉在本质上属于任何国家国内管辖之事件”。而《联合国宪章》在确认这一国际法基本原则的同时,又规定该原则在特定情势下向联合国集体安全体制的功能与效力让渡。“但此项原则不妨碍第七章内执行办法之适用”。尊重国家主权原则向联合国集体安全体制功能与效力的让渡,是指向安理会采取武力行动机制的效力让渡。联合国维持国际和平与安全的实践中,这种安理会采取武力行动的机制难以运行,形成了安理会授权使用武力的现实做法。尊重国家主权原则是否也应当向安理会授权使用武力让渡,法理上难以得出确定的结论。这就要求联合国安理会平衡维持国际和平与遵循不干涉内政原则之间的矛盾。

有学者提出,联合国建立初期所说的国际和平与安全,属“传统安全”,主要指国家领土方面的安全。《联合国宪章》第 39 条所说的情势,指国家之间的争端和冲突。国际关系中“威胁”和“破坏”国际和平与安全的主体是国家,对象是国家领土安全,方式是战争或战争威胁。[1] 而当代国际和平与安全面临新的问题,如联合国高级别名人小组在其《威胁、挑战和改革高级别小组的报告》中提出,联合国成立半个多世纪后,国际社会威胁国际和平与安全的形式出现诸多新的变化:威胁的主体不仅有传统的国家,也有新生的非国家行为体;威胁的对象不仅有传统的国家安全,还有新生的全人类的安全;威胁的形式不仅有传统的国家之间的战争,还有一国内部的战争或暴力,以及贫穷、传染病、环境退化、核武器放射性武器化学武器和生物武器的扩散、国际恐怖主义以及跨国有组织犯罪。当代国际和平与安全问题能否取代传统国际和平与安全问题,值得更广泛深入的研究以及相应的国际实践来验证。这要求安理

〔1〕 戴轶:《安理会授权使用武力的国际法问题研究》,中国社会科学出版社 2019 年版,第 223 页。

会在授权使用武力实践中，注重相关矛盾的把握与平衡，避免受少数西方大国的影响与干扰。

二、完善安理会授权使用武力决议的内容

安理会授权使用武力决议通常对授权的空间、授权的事项、授权的期限等规定得不是非常明确，为领受任务的联合国会员国的越权留下演绎和引申的空间。[1] 完善安理会授权使用武力决议的内容，有利于规范安理会的授权使用武力行为，有利于规范联合国会员国实施安理会授权使用武力的行为，有利于保障安理会维护国际和平与安全职责的履行，有利于保障实施安理会授权决议的联合国会员国利益的实现，有利于维护安理会授权使用武力对象国的国家利益。

（一）明确授权使用武力的具体目标

安理会授权使用武力的总体目标无疑是“维持国际和平与安全”。这样的总体目标在安理会的授权使用武力决议中应当进一步分解与具体化。安理会授权使用武力应当结合授权适用的情势，表明授权的直接或具体目标。安理会还可以将其授权使用武力的目标分解成不同阶段的目标。[2]

（二）明确授权使用武力的空间范围

安理会授权使用武力决议应当载明特定授权事项适用的效力范围，尽力避免使用类似“维持该地区国际和平及安全”的笼统表述。如果领受任务的国家在执行授权过程中需要扩大行动的区域空间，应当另外申请安理会授权或者向安理会报告。

（三）明确授权使用武力的效力期限

安理会授权使用武力决议应当对每一项授权决议的时间效力，即对执行授权决议的开始和终止时间作出明确的规定。有学者提出，“对持续时间长需要多次通过决议的安全事项，安理会应对每一次授权决议都设立‘功能性最后

---

〔1〕 戴轶：《安理会授权使用武力的国际法问题研究》，中国社会科学出版社 2019 年版，第 236 页。
〔2〕 戴轶：《安理会授权使用武力的国际法问题研究》，中国社会科学出版社 2019 年版，第 239 页。

期限'(functional deadline)"。[1] 安理会授权使用武力实践中,第678号决议由于缺乏授权期限而被有的学者诟病为"一授了之"。随后的授权决议,如安理会在针对波黑局势、索马里局势、卢旺达局势的诸项授权决议中,均增加了授权时限的条款。如在针对索马里局势的第886号决议中,安理会将任务期限限至1994年5月31日止;在针对卢旺达局势的第929号决议中,"决定同秘书长合作的会员国的任务期限限于本决议通过后的两个月"。此类事项还存在完善的空间。

(四)限定领受任务的联合国会员国国家利益的诉求范围

毋庸讳言,领受任务的国家在执行安理会的授权决议过程中并非单纯地为了国际道义而行动,其中势必掺杂着国家的特定利益诉求。安理会授权使用武力的决议应当限定国家利益诉求的许可范围,不能给个别国家借用授权决议而肆意谋取与扩大国家利益留下明显的空间,使执行安理会授权使用武力的决议的行为成为变相的侵略,或威胁国际和平与安全,或造成新的更严重的人道灾难,而安理会授权使用武力的决议成为个别国家此类非法行为的保护伞。

三、强化安理会授权使用武力的实施监督

联合国安理会作出授权使用武力决议之后,授权决议的执行应当置于安理会的控制之下,还是安理会只要作出授权决议,就履行完毕《联合国宪章》第七章赋予安理会的职责。这一问题是在安理会授权使用武力的实践出现问题之后,由国际法学者提出的。

(一)完善安理会授权使用武力决议执行监督机制的必要性

安理会授权使用武力实践中,领受任务的联合国会员国往往脱离授权主体即安理会的控制,按照本国或特定国家联盟的利益需求,自行实施使用武力行动。这样的行动实质上成为借助安理会授权名义而由少数国家或国家联盟采取的单边使用武力的行动,造成国际秩序新的混乱,有时造成新的更严重的

[1] 戴轶:《安理会授权使用武力的国际法问题研究》,中国社会科学出版社2019年版,第239页。

人道主义灾难，使安理会授权使用武力的目的与价值难以实现。这种现象常为国际社会所诟病。完善安理会授权使用武力决议执行监督机制，有利于强化安理会在该类行动中的作用，防止一些国家对安理会授权使用武力决议的曲解与滥用，切实发挥安理会授权使用武力行动维护国际和平与安全的作用。

（二）完善安理会授权使用武力监督机制的基本路径

从根本上解决这方面问题，可能要将领受任务的会员国的军队组成联合国军，交由联合国统一指挥。但这已经不属于对安理会授权使用武力的监督。基于学界的研究，较现实的路径可以概括为三种情形：一是由安理会担任监督主体，对自身通过的授权使用武力决议的执行履行监督职责。值得注意的是，这里并不存在安理会自己监督自己的问题，因为领受任务的主体是联合国会员国而非安理会自身。二是组建隶属于安理会的专门组织机构，跟踪监督领受任务的会员国的执行行动。三是由安理会秘书长亲自履行监督职责。[1]不同路径的合理性与可行性还有待进一步研究论证。同时，不同监督主体的监督内容也需要国际社会进一步探讨。如关于安理会授权使用武力决议的实施期限，就应当明确纳入监督的范围。向安理会报告授权情况，也应当属于完善安理会授权使用武力监督机制的组成部分。《联合国宪章》第八章在规定安理会授权区域机关采取执行行动时，要求区域机关向安理会报告其执行授权行动的情况。“关于为维持国际和平及安全起见，依区域办法或由区域机关所已采取或正在考虑之行动，不论何时应向安全理事会充分报告之。”可以看出，区域机关以外的授权对象也应当向安理会报告其执行授权的情况。不同监督主体均应向安理会报告其实施情况，以接受安理会的监督。执行授权的联合国会员国应当向安理会报告执行情况，授权决议应当载明报告的内容和报告的期限，而且应当明确此类报告义务属于强制性而非选择性义务。

四、规范安理会授权使用武力决议执行的效果评估

（一）安理会授权使用武力决议执行效果评估的意义

效果评估有利于安理会授权使用武力决议执行机制的完善。这里所说的

---

〔1〕 戴轶：《安理会授权使用武力的国际法问题研究》，中国社会科学出版社2019年版，第241-243页。

效果评估,是指安理会授权使用武力决议执行之后,对授权决议执行的有效性进行审查,以便确认成就、指出问题以至追究责任的系列活动。效果评估是执行机制的有机组成部分。一个完整的授权使用武力机制应该包括行动结束后的评估机制。[1] 自安理会授权使用武力的实践以来,此方面决议的执行情况如何,一直缺乏评估及相应的制度。

效果评估有利于总结经验、吸取教训,以便安理会在随后的授权决议执行过程中更有效地实现授权决议设定的目标。效果评估有利于检验安理会授权使用武力决议所载目标的实现程度。

(二)确定安理会授权使用武力决议执行效果评估的主体[2]

有学者建议此类评估的主体应当由联合国大会来承担。其理由主要有:其一,《联合国宪章》赋予联合国大会参与安理会讨论有关事项并作出建议的权力。《联合国宪章》第 10 条规定,联合国"大会得讨论本宪章范围内之任何问题或事项"。第 11 条规定,"凡对于需要行动之各该项问题,应由大会于讨论前或讨论后提交安全理事会""大会对于足以危及国际和平与安全之情势,得提请安全理事会注意"。其二,《联合国宪章》赋予联合国大会对安理会职权行使的审查权。《联合国宪章》第 15、24 条均有相关规定。"大会应收受并审查安全理事会所送之常年及特别报告;该项报告应载有安全理事会对于维持国际和平及安全所已决定或施行之办法之陈述"。"安全理事会应将常年报告、并于必要时将特别报告,提送大会审查"。此类建议及其论证具有一定的合理性。

(三)确定安理会授权使用武力决议执行效果评估的基本内容

安理会授权使用武力决议执行效果评估的基本内容应当包括授权的具体目标与目的,授权的区域空间范围,授权的效力期限,领受任务的联合国会员国向安理会报告执行情况,安理会对授权决议执行情况的监督实施,以及安理会向联合国大会关于执行授权决议的报告等。

---

〔1〕 戴轶:《安理会授权使用武力的国际法问题研究》,中国社会科学出版社 2019 年版,第 239、243 页。

〔2〕 戴轶:《安理会授权使用武力的国际法问题研究》,中国社会科学出版社 2019 年版,第 243 页。

第八章　民族独立和解放战争

第一节　民族独立和解放战争概述

一、民族独立和解放战争界定

（一）民族独立和解放战争的含义

民族独立和解放战争是指殖民地、附属国的民族及人民为实现民族独立和民族解放，而与殖民国、保护国之间发生的武装冲突。

民族独立和解放战争在学术界的称谓大同小异。如俞正山教授主编的《武装冲突法》称“民族独立或民族解放战争”[1]，许江瑞研究员编著的《战争法》称“民族独立与民族解放战争”[2]，《中国军事百科全书学科分册·战争法》（第2版）称“民族独立和解放战争”[3]。意大利安东尼奥·卡塞斯所著的《国际法》以“民族解放运动”为题，表述第二次世界大战后“代表某一群体的‘人民’与殖民国家进行斗争”的“独特景象”。[4]

（二）民族独立和解放战争与相关术语辨析

1. 民族独立和解放战争与民族自决权

（1）民族自决权是民族独立和解放战争的法理依据

民族自决权是指殖民地、附属国的民族依照国际法享有的为实现民族独

---

〔1〕 俞正山主编：《武装冲突法》，军事科学出版社2001年版，第34页。

〔2〕 许江瑞编著：《战争法》，中央广播电视大学出版社2010年版，第70页。

〔3〕 刘家新、齐三平主编：《中国军事百科全书学科分册·战争法》（第2版），中国大百科全书出版社2007年版，第77页。

〔4〕 ［意］安东尼奥·卡塞斯：《国际法》，蔡从燕等译，法律出版社2009年版，第187页。

立和民族解放而自行决定其政治地位及经济、社会与文化发展模式的权利。民族独立和解放战争以民族自决权为法理依据。

(2)民族独立和解放战争是实现民族自决权的方式步骤

民族自决是指殖民地、附属国的民族为实现国际法上民族自决权而开展与从事的自行决定其政治地位及经济、社会与文化发展模式的运动与行为。

为实现民族自决权而从事民族自决的运动与行为方式,从大的方面可以分为武装冲突的方式和非武装冲突的方式。民族独立和解放战争属于实现民族自决权而采取的武装冲突的方式。因此,在特定情境下,民族独立和解放战争是实现民族自决权的必要前提、途径、过程或方式步骤;同时,民族独立和解放战争又是实现民族自决权内容的组成部分。

2. 民族独立和解放战争与人民自决权

(1)人民自决权的含义

人民自决权是指殖民地、附属国及摆脱了殖民压迫国家的民族及人民依照国际法享有的实现民族独立和民族解放以及自行决定其政治地位及经济、社会与文化发展模式的权利。

人民自决权与民族自决权既相联系,又有区别。狭义的人民自决权与民族自决权的含义相同;广义的人民自决权包含民族自决权,同时包含民族自决权之外的自决权,即摆脱了殖民压迫国家的民族及人民依照国际法享有的实现民族独立和民族解放以及进一步自行决定其政治地位及经济、社会与文化发展模式的权利。民族自决权侧重被殖民统治的民族所享有的自决权利。人民自决权可泛指被殖民统治的民族中的人民以及其他被压迫人民所享有的自决权利。换言之,人民自决权可分为未形成国家的民族及人民的自决权和已形成国家的民族及人民的自决权。未形成国家的民族及人民的自决权实质上指实现独立的独立权。独立权是国际法赋予非自治地区的人民的权利,非自治的标准根据1960年联合国大会第1514(XV)号决议是指存在歧视性的政治、法律、文化制度。已形成国家的民族及人民的自决权指不受外界干涉,在保障基本权利的条件下,自由选择政治制度的自决权。[1] 也可以将其理解为

〔1〕[韩]柳炳华:《国际法》(上卷),朴国哲、朴永姬译,中国政法大学出版社1997年版,第327页。

已经摆脱殖民统治的民族的再自决。当然,再自决的民族未必均经受过殖民统治,或者说,再自决的民族指世界范围的所有民族,有的民族未必经受过殖民统治。

(2)民族独立和解放战争以人民自决权为法理依据

人民自决是指包括殖民地、附属国的民族及人民在内的一切国家的人民为实现国际法上人民自决权而开展与从事的自行决定其政治地位及经济、社会与文化发展模式的运动与行为。

这里所说的"人民"可以指两种政治情境下的"人民":一是处于殖民统治下的人民;二是既包括处于殖民统治下的人民,又包括摆脱了殖民统治的人民。两种"自决"的目标既相联系,又相区别。前一种"自决"的目标是摆脱殖民统治而实现民族独立与解放,即经常所说的"外部自决";后一种"自决"的目标,既包括"外部自决",也包括"外部自决"之外,自行决定其在国家中的政治地位、决定国家的管理与治理方式,以及决定国家经济、文化和社会发展的模式,即通常说的"内部自决"。关于"自决"方式,前一种主要呈现为武装冲突的民族独立和解放战争,后一种除武装冲突的方式外,还包括非武装冲突的公民投票、舆论调查、协商谈判等。

现实中,相关概念的实际使用并没有得到严格的区分。从个别学者将自决权等同于自决原则的情况可见一斑。"所谓自决原则或自决权,是指内聚性民族团体(cohesive national groups)('各民族')自己选择政治组织形式以及其他团体的关系的权利。这种选择的结果,可能是成为一个独立国家,也可能是与其他团体联合组成一个联邦国家,还可能是在一个单一制国家(非联邦国家)内部实行自治或者接受同化。"〔1〕

二、民族独立和解放战争应当具有符合国际法规则的主体资格

(一)民族独立和解放战争的主体是殖民地、附属国的民族及人民

民族独立和解放战争的主体是殖民地、附属国的民族还是人民,是国际法学界常常争论的问题。

---

〔1〕[英]伊恩·布朗利:《国际公法原理》,曾令良、余敏友等译,法律出版社2007年版,第515页。

其实,二者之间并没有本质的区别。可以说,民族独立和解放战争的直接主体是殖民地、附属国的民族,而殖民地、附属国的人民则是直接主体即民族的落脚点。因为民族是指文化、语言、历史与其他人群在客观上有所区别的一群人。而人民既可以从政治概念出发指区别于敌人的民众,也可以泛指社会主体成员的民众,这里主要是指后者。

在与自决、自决权、自决原则相关的国际法文献中,民族和人民都有被使用的情形,二者之间既有联系,有时也略有区别。如在强调一特定群体自殖民统治或被占领土下解放独立出来时,主要使用"民族"概念;而强调选择决定一个国家的政治、经济、文化和社会制度时,主要使用"人民"的概念。在后一种情形下,使用"民族"的情况也不少。

相关国际法文件使用"人民"一词的主要包括:《联合国宪章》第 1 条第 2 项提及的自决原则的主体是"人民"。"发展国际间以尊重人民平等权利及自决原则为根据之友好关系,并采取其他适当办法,以增强普遍和平"。1960 年联合国大会通过的《给予殖民地国家和人民独立宣言》所提及的自决权,也是人民的自决权,该宣言明确规定:"所有的人民都有自决权。"[1] 1966 年通过的《经济、社会及文化权利国际公约》第 1 条规定的行使自决权的主体仍然是"人民","所有人民都有自决权"(All peoples have the right of self-determination)。而这里的"人民"有被译作"民族"的。1966 年《公民权利和政治权利国际公约》第 1 条也有与《经济、社会及文化权利国际公约》同样的规定。

相关国际法文件使用"民族"一词的主要包括:1970 年《国际法原则宣言》将自决权的主体表述为"民族"。该宣言所载的第五项原则是"各民族享有平等权利与自决权之原则"。国际法学界也有将民族独立和解放主体确定为人民的观点与说法。日本国际法学会编的《国际法辞典》就指出,相关决议认为,自决权的主体是人民。[2] 国内学者许江瑞提出,自决权的行为主体是受殖民统治的国家和人民。[3]

无论是"民族"还是"人民",主要是指殖民地、附属国的民族及人民。"在

---

〔1〕 王铁崖、田如萱编:《国际法资料选编》,法律出版社 1982 年版,第 11 页。
〔2〕 日本国际法学会编:《国际法辞典》,世界知识出版社 1985 年版,第 240 页。
〔3〕 许江瑞编著:《战争法》,中央广播电视大学出版社 2010 年版,第 72 页。

外国军事占领下的民族同样也享有此项权利,不管其在获得(或恢复)独立之前还是之后。”“任何一个主权国家内被完全拒绝参与政府的种族团体有权获得外部自决(即实现独立,加入一个既存国家等)”。[1]

（二）民族独立和解放战争的主体应当由其代表性组织来体现

1. 民族独立和解放组织是民族独立和解放战争主体的法理体现

民族独立和解放战争的主体可以由其代表性组织即民族独立和解放组织来体现或代表。

所谓民族独立和解放组织,“指殖民地或被外国统治下的民族为行使民族自决权、争取民族独立、建立主权国家而组织的政治实体”。[2]

将民族独立和解放战争的主体归结或表述为民族独立和解放组织,主要基于国际法主体资格的特征与要求方面的考虑。《1949年8月12日日内瓦四公约关于保护国际性武装冲突受难者的附加议定书》将民族独立与解放运动引发的武装冲突定性为国际性武装冲突,而国际性武装冲突是国家之间的武装冲突,“民族”或“人民”显然不能作为此类武装冲突的国际法上的主体。

国际法主体是具有独立参加国际关系并直接承受国际法上权利和义务的能力的集合体。从这一定义可以看出,国际法主体一般应当具备三个要件:一是独立参加国际关系的能力,二是直接承受国际法上权利和义务的能力,三是一个集合体。这三项条件密切联系,缺一不可。[3] 常见的国际法主体包括国家和政府间国际组织。民族独立和解放组织显然与政府间国际组织难以关联。因而,只能与主要的国际法主体即国家相关联。

需要强调的是国际法主体必须是集合体。我们也可以说,“民族”和“人民”也是一个集合体概念,而这里使用“民族独立和解放组织”来代表或体现“民族”和“人民”更具有科学性和合理性。国际法上代表国家的组织是特定国家的政府,这里的“民族独立和解放组织”属于要求独立和解放的民族及人民所组成国家与政府的前身,属于政府的影子。毕竟,“民族”和“人民”均不

---

〔1〕［意］安东尼奥·卡塞斯:《国际法》,蔡从燕等译,法律出版社2009年版,第83页。

〔2〕慕亚平、周建海、吴慧:《当代国际法论》,法律出版社1998年版,第123页。

〔3〕王铁崖主编:《国际法》,法律出版社1995年版,第84页。

能亲自作为其代表参加国际社会的活动。

将民族独立和解放组织作为国际法主体,还在于民族独立和解放组织一般具有如下特征:(1)该组织属于被殖民压迫和奴役的民族为争取独立进行斗争而成立或形成的一定组织,该组织已经发展形成一定区域及至全国性组织。建立这样的组织,可以与其他国际法主体交往或联系,以便享有国际法上的权利,承担国际法上的义务。(2)该组织正在领导本民族及人民开展有组织的武装斗争,占据一定的领土,或以占据一定的领土为奋斗目标,并已经实际上控制一定的地域或根据地。民族独立和解放战争实践中,曾立足于已经夺取或控制本国部分领土而从事斗争的民族独立和解放组织包括:阿尔及利亚的民族解放阵线、津巴布韦的两个民族解放运动组织、厄立特里亚的两个民族解放运动组织、西撒哈拉的波利萨里奥阵线。与一国叛乱组织相比较,民族独立和解放组织需要控制一定的领土,以便作为其斗争的落脚点,但并不以控制特定领土为主要目标。民族独立和解放组织以其政治目标即把自己从殖民统治、种族制度或外国人占领中解放出来为主要目标。有的民族独立和解放组织还可能依托外国领土开展武装行动,如巴勒斯坦解放组织、西南非洲人民组织和非洲人国民大会。[1] 提供这种领土的国家,依据国际法上的民族自决权原则,不构成对他国内政的干涉。(3)这样的政治组织和机构作为其在国际上的代表而存在,在一定范围内具有独立享有权利和履行义务的权利能力和行为能力。有学者认为,当一个民族正在为争取独立、建立自己的国家而进行斗争,形成自己的政治组织,纵令这个组织设立在国外,也可以作为国际法的主体对待。[2] “民族解放组织是民族国家政权的前身,能够代表争取独立的民族独立地进行国际交往,有一定的行使国际法上的权利和履行国际法上义务的能力。”[3]

民族独立和解放组织还不同于国际法上的主要主体国家。民族独立和解放组织与国家相比,在国际法上的地位存在差别。国际法学界之所以说民族独立和解放组织只具有国际法上“准主体”资格,是因为民族独立和解放组织

---

〔1〕［意］安东尼奥·卡塞斯:《国际法》,蔡从燕等译,法律出版社 2009 年版,第 187 页。

〔2〕邵津主编:《国际法》,北京大学出版社 2000 年版,第 9 页。

〔3〕慕亚平、周建海、吴慧:《当代国际法论》,法律出版社 1998 年版,第 123 页。

与国际法上的国家主体相比,还存在以下差别:(1)占据领土的范围不同。民族独立和解放组织尚未占据国家的全部领土。(2)有效统治与管辖的范围不同。民族独立和解放组织尚未建立起自己的独立国家,未能在全国范围内实行有效的统治,只能在国家的部分区域行使管辖权。(3)享有国际法上权利和履行国际法上义务的能力不同。国家具有国际法上完全权利能力和行为能力,而民族独立和解放组织只是在一定范围内具有独立享有权利和履行义务的权利能力和行为能力。"在取得正式独立成为新国家之前,民族解放组织只是一个过渡性主体或准国际法主体。"[1]

关于民族独立和解放组织是否属于国际法主体,国际法学界的认识并不一致。西方一些学者对争取解放的民族组织作为国际法的主体或准主体资格持怀疑或否定态度。

2. 民族独立和解放组织是民族独立和解放战争运动中的常见主体

国际关系实践中,要求独立与解放的民族及人民也常常以民族独立和解放组织来代表其表达诉求。如阿尔及利亚人民反对法国殖民统治而于1954年成立的民族解放阵线,津巴布韦人民为反对殖民主义、白人种族主义、争取民族独立而于20世纪60年代先后成立的津巴布韦人民联盟和津巴布韦民族联盟,莫桑比克人民为反对葡萄牙殖民统治而于20世纪60年代形成的莫桑比克解放阵线,以及南非的非洲人国民大会、巴勒斯坦的解放组织、1975年成立的独立东帝汶革命阵线等,都分别代表各自要求独立与解放的民族及人民,表达其独立与解放的诉求。

3. 民族独立和解放组织在国际法上的准国际法主体地位得到国际社会的承认

第一次世界大战期间,捷克斯洛伐克和波兰人民为民族独立和解放在巴黎成立了民族委员会,该委员会先后获得英、法等国的承认,并作为协约国的同盟者直接参加了后来召开的巴黎和会。第二次世界大战后,在制定《联合国宪章》的旧金山会议中,当时代表尚未独立的印度和菲律宾的民族独立和解放组织,被同意参加只有国家才能参加的国际会议,并成为联合国创始会员国。

[1] 慕亚平、周建海、吴慧:《当代国际法论》,法律出版社1998年版,第124-125页。

阿尔及利亚、巴勒斯坦和西南非洲等的民族独立和解放组织曾被世界大多数国家承认是其民族及人民的合法代表。这些民族独立和解放组织直接同外国签订条约,以正式代表身份或观察员身份参加国际会议和国际组织。巴勒斯坦国成立之前,曾得到120多个国家的承认,并向80多个国家和国际组织派驻了代表或常驻观察员。[1]

《1949年8月12日日内瓦四公约关于保护国际性武装冲突受难者的附加议定书》确认民族独立和解放组织缔结国际条约的权利。该议定书第96条第3款明确规定民族独立和解放组织有权缔结该议定书,若此类组织表示接受议定书的约束,议定书对其及其对立面产生约束力。代表民族独立和解放组织的当局,"……得通过向保存者送致单方面声明的方法,承诺对该冲突适用各公约和本议定书"。在保存者收到该声明时,该声明对该冲突具有下列效果:各公约和本议定书对作为冲突一方的该当局立即发生效力,该当局承担各公约和本议定书缔约一方所承担的同样权利和义务,各公约和本议定书对冲突各方具有同等的拘束力。

民族独立和解放组织的国际法主体资格地位在国家司法实践中也有被确认的事例。意大利最高法院在1985年6月28日就"Arafat and Salah"案的判决中,确认巴勒斯坦等民族独立和解放组织享有有限的"国际人格"。"它们在国际共同体中被赋予了主体资格,其有限的目的在于,与领土国在完全平等的基础上,根据民族自决原则——被认为是具有强制性特征的习惯国际法规则,讨论在政治上为其控制的民族的自决条件。"[2]但该判决又同时指出,政府承认,无论是事实承认还是法律承认,均属于政治范畴,并不构成承认对象是否构成国际法律人格的条件或要素。

三、民族独立和解放战争的作战对象是殖民国与保护国

民族独立和解放战争是殖民地、附属国与殖民国、保护国之间的战争。殖民地、附属国是相对于独立国而言的。独立国是行使全部主权的国家。殖民

---

〔1〕 慕亚平、周建海、吴慧:《当代国际法论》,法律出版社1998年版,第124页。

〔2〕 [意]安东尼奥·卡塞斯:《国际法》,蔡从燕等译,法律出版社2009年版,第189页。

地是指领土被侵占、丧失主权和独立,受宗主国的经济剥削、文化入侵与政治奴役的国家和地区。附属国是基于殖民关系或封建关系而遗留或存在的国家形态。附属国又包括附庸国和被保护国两种。附庸国是指隶属于他国宗主主权的国家,其附庸关系依具体情况而有所差异。有的附庸国完全被剥夺了对外关系的权力,有的则享有一定的对外关系权。被保护国是指一个弱国依国际条约而将其重要的对外事务交由另一强国处理,使两者之间形成保护与被保护关系的国家。[1] 从广义上讲,殖民地也包括附庸国和被保护国。殖民国也被称作殖民国家,是指通过军事、政治、经济等手段奴役和剥削落后国家和地区,使其成为自己的殖民地或半殖民地的国家。世界范围最早的殖民国家是葡萄牙和西班牙,最大的殖民国家是英国。至 19 世纪末 20 世纪初,世界上三分之二的国家和地区曾经沦为殖民国家的殖民地和半殖民地。这里所说的保护国是指代表被保护国行使外交、国防或其他方面的全部或部分权力或权利的国家。这里的权力或权利是以保护国与被保护国之间的条约或其他法律文件为依据的。[2] 国际法上的保护国还可以作其他含义的解释。[3]

四、民族独立和解放战争属国际性武装冲突

(一)国际条约确定民族独立和解放战争属国际性武装冲突

《1949 年 8 月 12 日日内瓦四公约关于保护国际性武装冲突受难者的附加议定书》明确将民族独立和解放战争定性为国际性武装冲突,规定其适用武装冲突法。该议定书通过明确议定书的适用范围,将民族独立和解放战争归于国际性武装冲突。该议定书规定,适用于日内瓦四公约共同第 2 条所指的各场合,即适用于两个或两个以上缔约国之间所产生的一切经过宣战的战争或任何其他武装冲突,即便一国不承认有战争状态。该议定书第 1 条第 4 款规

---

〔1〕 王铁崖主编:《国际法》,法律出版社 1995 年版,第 91 页。

〔2〕 王铁崖总主编:《中华法学大辞典 · 国际法学卷》,中国检察出版社 1996 年版,第 673、25 页。

〔3〕 国际法上的保护国,还可以作别的解释。如武装冲突法上的保护国是指战争或武装冲突期间,在交战国间充当利益保护者的中立国或非交战国。刘家新、齐三平主编:《中国军事百科全书学科分册 · 战争法》(第 2 版),中国大百科全书出版社 2007 年版,第 223 页。《1949 年 8 月 12 日日内瓦四公约关于保护国际性武装冲突受难者的附加议定书》规定了保护国的含义:"'保护国'是指经冲突一方提名和敌方接受并同意行使各公约和本议定书所赋予保护国的职务的中立国家或其他非冲突一方的国家。"

定,共同第2条所规定的场合,“包括各国人民在行使庄严载入联合国宪章和关于各国依联合国宪章建立友好关系及合作的国际法原则宣言的自决权中,对殖民统治和外国占领以及对种族主义政权作战的武装冲突”。该议定书实际上通过国际立法对日内瓦四公约共同第2条所规定的国际性武装冲突作了解释,使其涵盖民族独立和解放战争。

民族独立和解放战争在国际法上曾经被视为殖民地、附属国与宗主国之间展开的宗主国内战,不属于国际法调整的范围,其他国家无权干涉。20世纪60年代以后,随着世界范围各殖民地、附属国独立高潮的出现,民族独立和解放战争的合法性得到越来越广泛的承认,其武装冲突的属性在国际法上也相应发生变化,逐渐被确认为国际性武装冲突。[1]

(二)国际法学界承认民族独立和解放战争的国际属性

中国学者承认民族独立和解放战争的国际属性。王铁崖总主编的《中华法学大辞典·国际法学卷》,在民族解放战争的术语下阐释这方面问题,认为其属于民族独立和解放组织的准国家与殖民统治国之间的武装冲突。[2]《中国军事百科全书学科分册·战争法》也揭示了民族独立和解放战争的国际性武装冲突属性。[3] 在民族独立和民族解放战争中,交战的一方是殖民统治国,具有国际法主体资格,另一方是代表民族独立和解放运动的民族独立和解放组织。如前所述,该类组织在国际法上具有准国家的主体资格,其准国家主体身份与地位已经得到国际社会的广泛承认。苏联学者编的《国际法辞典》将“民族解放战争”解释为具有双重属性的武装冲突。民族解放战争是指“殖民地、附属国或摆脱了殖民压迫的国家的人民,为争取或捍卫国家主权,保证自由和独立的发展,为反对殖民主义者和国内反动派而进行的战争”。[4] 这里,苏联学者将殖民地、附属国人民为争取国家主权、为反对殖民主义者的战争定性为国际性武装冲突;而将摆脱了殖民压迫的国家的人民为捍卫国家主

---

〔1〕 王铁崖总主编:《中华法学大辞典·国际法学卷》,中国检察出版社1996年版,第422页。

〔2〕 王铁崖总主编:《中华法学大辞典·国际法学卷》,中国检察出版社1996年版,第422页。

〔3〕 刘家新、齐三平主编:《中国军事百科全书学科分册·战争法》(第2版),中国大百科全书出版社2007年版,第77-78页。

〔4〕 [苏]克利缅科等编:《国际法辞典》,程晓霞等译,中国人民大学出版社1987年版,第71页。

权、保证自由和独立的发展，与国内反动派进行的战争定性为非国际性武装冲突。

第二节 民族独立和解放战争具有国际法上的合法性

一、民族独立和解放战争的合法性依托国际法的民族自决权原则

民族独立和解放战争属于自卫作战以外的合法使用武力的情形。《联合国宪章》在禁止使用武力的原则之外，明确确认的合法使用武力的情形有两种类型：一是集体安全体制下由安理会采取的武力行动，二是国家享有的自卫和集体自卫行动。由准国家享有的民族独立和解放战争在《联合国宪章》中找不到明确规定作依据，但《联合国宪章》之后的诸多国际法文献肯定了这种使用武力方式的合法性。

民族独立和解放战争旨在获得被殖民被压迫民族的解放和独立，旨在实现国际法上民族解放和民族独立的权利。这样的权利得到国际法的确认与维护。

民族独立和解放战争的合法性依托国际法的民族自决权原则。所谓民族自决权原则，是指国际法所确认的所有民族及人民自由决定其政治地位及自由从事其经济、社会与文化发展权利的原则。1970 年《国际法原则宣言》规定，“各民族享有平等权利与自决权之原则”。

（一）现代国际法对民族自决权逐渐确认的过程

国际法意义上的民族自决权可以追溯到欧洲启蒙运动时期自然法学家的思想。民族自决权首先源于个人自决权的思想理论。18 世纪初期，以康德为代表的启蒙思想家曾论述个人自决问题。康德在其伦理学理论的阐述中强调人的个人意志的“自治”和“自决”，认为不能决定自己目标和未来的人不是一个真正的人。[1] 这种个人的自决被康德的后继者发展为集体的自决，而民族自决是集体自决的方式之一。费希特就曾提出，一个人的完全自决最终要求

---

〔1〕 Philip Spencer, *Howard Wollman*, *Nationalism——A Critical Introduction*, Sage Publications, 2002. p. 6.

民族的自决。[1] 卢梭在其《社会契约论》中强调个人自由神圣性的同时,也表明集体自由和自决的正当性。[2] 这样的思想也是 19 世纪欧洲形成民族国家的指导原则。意大利国际法学家安东尼奥・卡塞斯也认为,"自决在法国大革命提出"。[3]

第一次世界大战后,基于列宁和威尔逊的提倡,民族自决权曾作为一项战后处理民族问题的原则被应用,在某些条约中也有体现,得到国际社会一定范围的承认。列宁在领导俄国革命斗争过程中制定和论述了关于民族问题的纲领,强调民族自决的原则,对国际法上民族自决原则的形成产生了积极的影响。列宁认为,民族自决"就是民族脱离民族集体的国家分离,就是组织独立的民族国家"。"从历史的和经济的观点看来,马克思主义者的纲领上所谈的'民族自决',除了政治自决、国家独立、建立民族国家之外,不能有什么别的意义。"[4]但有学者认为,这一时期,一般将民族自决权原则作为政治原则而非法律原则来对待。[5] 第二次世界大战之前,"民族自决"只是一个政治口号或政治目标。如 1919 年《凡尔赛条约》中的民族性原则就是政治技术而非法律方面的原则。[6]

第二次世界大战之后,民族自决思想与主张逐渐被纳入国际法的范畴,"民族自决"逐渐演化成"民族自决权",这样的权利得到国际法的确认,成为被殖民或被压迫民族争取独立和解放的一项权利。

(二)《联合国宪章》及诸多国际法文献确认民族自决权及民族自决权原则

在《联合国宪章》中,人民自决原则是以联合国的"宗旨"出现的。《联合国宪章》第 1 条第 2 项规定:"发展国际间以尊重人民平等权利及自决原则为根据之友好关系,并采取其他适当办法,以增强普遍和平。"第十一章、第十二章还专门就"非自治领土"和"国际托管制度"作了相应规定。对非自治领土,

---

〔1〕［英］埃里・凯杜里:《民族主义》,张明明译,中央编译出版社 2002 年版,第 135 页。

〔2〕［法］卢梭:《社会契约论》,何兆武译,商务印书馆 1980 年版,第 69 页。

〔3〕［意］安东尼奥・卡塞斯:《国际法》,蔡从燕等译,法律出版社 2009 年版,第 81 页。

〔4〕中共中央马克思恩格斯列宁斯大林著作编译局编译:《列宁全集》(第 20 卷),人民出版社 1958 年版,第 397 页。

〔5〕日本国际法学会编:《国际法辞典》,世界知识出版社 1985 年版,第 239 页。

〔6〕［韩］柳炳华:《国际法》(上卷),朴国哲、朴永姬译,中国政法大学出版社 1997 年版,第 328 页。

了规定。1990 年联合国大会通过的《普遍实现民族自决权利和迅速给予殖民地国家和人民独立对于切实保障和尊重人权的重要性》第 2 条规定："重申各国人民为求独立、领土完整、民族统一以及从殖民统治、种族隔离和外国占领下获得解放，以包括武装斗争在内的一切可利用的手段进行斗争，都是合法的。"[1] 1981 年《非洲人权和民族权宪章》第 20 条（乙）项规定，"被殖民或受压迫的民族有诉诸国际社会所确认的任何手段使自己摆脱统治权的束缚获得自由"。诸如此类的规定都清楚地表明民族自决使用武力的合法性。

二、国际法实践确认民族独立和解放战争的合法性

有学者认为，民族自决权的思想理论运用的典型事例当首推美国独立战争和法国资产阶级革命。这两次运动被认为是最早实践人民自决原则的重要历史事件，它们标志着人民受压迫、受剥削，任人宰割、任人摆布的观念和制度不再是天经地义的了。1917 年的俄国十月革命后，"民族自决原则"作为苏联的外交政策在第一号法令中得以宣布，这是国家层面首次以立法形式对"民族自决原则"的确认。[2]

1961 年，联合国设立《给予殖民地国家和人民独立宣言》执行情况的特别委员会，该委员会为实现各民族自决权采取积极措施。1962 年至 1965 年，联合国每年审议和确认人民自决权原则的遵循与实施情况。

20 世纪 40 年代后期，民族独立和解放战争首先在非洲爆发，阿尔及利亚是第一个掀起民族解放运动的国家。到 20 世纪 50～60 年代，民族独立和解放运动形成燎原之势，到 20 世纪 80 年代，殖民统治之下追求独立解放的民族基本实现其独立与解放的目标。国际社会对以战争及其他方式获得民族独立与解放的国家予以普遍承认。1960 年，17 个取得民族独立与解放的国家参加联合国；1962 年，6 个取得民族独立与解放的国家参加联合国；1966 年，4 个取得民族独立与解放的国家参加联合国；1971 年，5 个取得民族独立与解放的国家参加联合国；1975 年，6 个取得民族独立与解放的国家参加联合国。总体来

---

〔1〕 A/RES/45/130.

〔2〕 白桂梅：《国际法》，北京大学出版社 2015 年版，第 192 页。

看,第二次世界大战后,取得民族独立与解放而加入联合国的国家近90个。〔1〕

国际法院分别在“西南非洲案”“西撒哈拉案”“巴勒斯坦隔离墙案”的咨询意见及“东帝汶案”的判决中指出,民族自决权不仅是联合国倡导和促进的一项指导性原则,而且是国际法上的一项权利。〔2〕

国际法院在“西南非洲案”中认为,委任统治国“尽最大限度促进该领土居民的物质与精神福祉以及社会进步”是其应当履行的法律义务。〔3〕这实际上确认了民族自决原则在国际法上的效力。

三、国际法学界认可民族独立和解放战争的合法性

民族独立和解放战争已经构成禁止使用武力的例外情形。这样的例外在国内外学界基本上形成共识。〔4〕

有学者指出,一系列国际法文献,以及随着亚非新独立国家加入联合国,联合国对殖民地问题的处理逐渐发生变化,使民族自决权的法律依据更明确充分。〔5〕

有学者认为,1960年《给予殖民地国家和人民独立宣言》,从其标题或内容看,都是确认殖民地被压迫民族摆脱殖民统治、建立民族独立国家的权利,即实际上确认“民族自决权”。〔6〕西方学者中不少人认为,该项宣言使民族自决权确立为殖民地独立的合法权利。〔7〕

有学者指出,《国际法原则宣言》关于民族自决权的相关规定表明国际社

---

〔1〕王铁崖主编:《国际法》,法律出版社1995年版,第63页。

〔2〕《国际公法学》编写组编:《国际公法学》(第2版),高等教育出版社2018年版,第97页。

〔3〕[英]伊恩·布朗利:《国际公法原理》,曾令良、余敏友等译,法律出版社2007年版,第516页。

〔4〕在国内学界,承认这种例外的学者和成果主要有:王铁崖主编:《国际法》,法律出版社1995年版,第619页;邵津主编:《国际法》,北京大学出版社2000年版,第415页;刘家新、齐三平主编:《中国军事百科全书学科分册·战争法》(第2版),中国大百科全书出版社2007年版,第77页;俞正山主编:《武装冲突法》,军事科学出版社2001年版,第34页;许江瑞编著:《战争法》,中央广播电视大学出版社2010年版,第70页。在国外,承认这种例外的学者和成果主要有:日本国际法学会编:《国际法辞典》,世界知识出版社1985年版,第239-240页;Malcolm N. Shaw, *International Law*, 5th edition, Peking University Press, 2005, p. 443-446.

〔5〕日本国际法学会编:《国际法辞典》,世界知识出版社1985年版,第239-240页。

〔6〕王铁崖主编:《国际法》,法律出版社1995年版,第63页。

〔7〕日本国际法学会编:《国际法辞典》,世界知识出版社1985年版,第240页。

会承认民族独立和解放战争是实现民族自决权的合法手段，承认支援被压迫民族的民族独立和解放斗争是一国应尽的国际义务，凡是阻挠或破坏、武力镇压被压迫民族实现民族自决的行为，属于违反国际法的行为。[1]

有的西方学者曾认为，1945 年之前，自决原则并无任何法律内容，而只是一个含糊不清的政策与道德概念。1945 年之后，西方学者对民族自决概念的认识发生变化。现如今，西方学者普遍认为，民族自决原则是一项法律原则。该原则具有的一般性与政治性属性并不影响或改变其法律属性或法律内容。[2]

依照《联合国宪章》，镇压民族解放运动的行为属于非法使用武力的行为，争取民族独立与解放的武装斗争被视为行使正当的防卫权。[3]

第三节　民族自决和民族自决权的国际法规制与难题

一、国际法文献禁止以民族自决方式分裂国家领土

如前所述，民族独立和解放战争的合法性依托国际法对民族自决原则和民族自决权的确认。国际法在确认民族自决原则和民族自决权的同时，确认通过民族独立和解放战争实现民族自决与行使民族自决权的合法性。

然而，随着民族自决原则及民族自决权含义的演化，国际社会在确认民族自决原则和民族自决权，以及遵循民族自决原则、行使与实现民族自决权方面，面临新的现实问题。概括地说，这样的问题就是民族自决权及其行使手段、方式或途径方面的保障与限定问题。

国际法上以民族自决权为依据的民族独立和解放战争只能适用于殖民地和非自治领土，而不得适用于一独立主权国家内部。在非殖民化过程，殖民地和受压迫人民依据国际法上的民族自决权原则，通过武力从事民族自决，行使

---

〔1〕 王铁崖主编：《国际法》，法律出版社 1995 年版，第 63 页。

〔2〕 [英]伊恩·布朗利：《国际公法原理》，曾令良、余敏友等译，法律出版社 2007 年版，第 515、516 页。

〔3〕 [韩]柳炳华：《国际法》(上卷)，朴国哲、朴永姬译，中国政法大学出版社 1997 年版，第 328 页。

民族自决权,实现民族独立和解放,对这样的情境、依据、方式及结果,国际法与国际社会的确认均不存在疑问。

有国际法文献将民族自决限定于民族“外部自决”,即限定于被殖民统治的民族和人民,禁止旨在分裂国家的民族自决活动。

1960年《给予殖民地国家和人民独立宣言》第六项在肯定民族自决权的同时,专门规定:“任何旨在部分地或全面地分裂一个国家的团结和破坏其领土完整的企图都是与联合国宪章的目的和原则相违背的”。[1] 1970年《国际法原则宣言》更是明确宣布,关于各民族享有平等权利与自决权之原则,对民族自决权的肯定“不得解释为授权或鼓励采取任何行动,局部或全部破坏或损害……自主独立国家之领土完整或政治统一”。国际法文献肯定民族充分行使自决权的相关规定,得不出赞成以自决方式分裂国家领土完整的结论。国际法文献中确实存在肯定民族充分行使自决权的相关规定。1966年《公民权利和政治权利国际公约》和《经济、社会及文化权利国际公约》肯定民族享有内部自决权。如《公民权利和政治权利国际公约》第1条第1款规定:“所有人民都有自决权……自由决定他们的政治地位,并自由谋求他们的经济、社会和文化的发展。”这两个条约于1976年生效,是人民自决权具体的条约规定。有的学者以这两个条约为依据主张民族自决权可以无限制地行使。有的学者提出,国际法在肯定民族“外部自决”权的同时,也肯定民族的“内部自决”权。民族内部自决是指在不改变国家领土属性、不自立为新国家的情境下,改善一民族在国内法上或国内政治体制中的政治地位的法律活动。或者说“在既存国家框架内追求政治、经济、社会及文化发展”。[2] 民族自决之内部自决权利的实质是分享既有的国家立法权或国家体制、国家制度的决定权;所有种族团体都有权通过法律程序平等地参与国家机关的活动。但这样的内部自决能否进一步发展到一国家内部的民族通过自决方式走向独立,即从原有国家中分离出去?国际社会又存在肯定与否定的不同声音。

可以说,国际法上的民族自决权既指一民族享有外部自决的权利,即一被

---

〔1〕 王铁崖、田如萱编:《国际法资料选编》,法律出版社1982年版,第11页。

〔2〕 转引自[意]安东尼奥·卡塞斯:《国际法》,蔡从燕等译,法律出版社2009年版,第83页。

放原则。”民族独立和解放战争的合法性依托人民自决权原则中的“殖民地解放原则”。[1]

有学者从国家价值的角度论述限制人民自决范围的观点。“政治稳定性及国家领土完整具有重要的价值，国家不能接受这些价值遭到漠视。在国家看来，无差别地向所有的族群赋予自决权会严重地威胁到和平，使国家分崩离析，由此产生的众多的实体难以生存。”[2]

有学者从国家分离与民族独立和解放结果的区别的角度，论证民族自决导致国家分裂的不法性。国家分离与殖民地解放在表面上或形式上具有相似性。殖民地和非自治领土与统治国之间原来是一体的，分离之后，民族独立与解放组织形成新的国家，似乎是从已有国家中分离出的国家。然而，二者在本质上是不同的。殖民统治者一开始就是违反殖民地人民的意志而强行统治的。1960 年联合国大会第 1514(XV)号决议声明，区别国家分离与殖民地解放的标准是，是否存在歧视性的政治、法律或文化制度。而殖民地及非自治地区的领土一开始就不具有与统治国本土相同的地位。1970 年《国际法原则宣言》也声称，殖民地或其他非自治领土根据《联合国宪章》具有与其管理国领土不同的地位。“现实国际社会的领土分离，并不是法律调整的现象，而是一种政治社会现象。”“国家分离在现实国际法中是一种法外现象。分离一旦成功，有效地成立新国家，该国家获得国际社会成员承认后，不会产生问题。”[3] 在一般情况下，如果某民族在维护一国领土完整的范围内行使自决权，是被允许的；而某民族一旦摆脱殖民统治或托管状态而获得独立之后，则不能再行使自决权，除非出现一些有争议的极端情况。[4]

一些政治家反对民族自决过程中的国家分离活动。第一次世界大战期间，时任美国总统的威尔逊在其“十四点原则”中主张的人民“自决”就包含“民主主义原则”或“内部自决”的思想。威尔逊认为，自决概念以被统治者的

---

〔1〕［韩］柳炳华：《国际法》（上卷），朴国哲、朴永姬译，中国政法大学出版社 1997 年版，第 329、327 页。

〔2〕［意］安东尼奥·卡塞斯：《国际法》，蔡从燕等译，法律出版社 2009 年版，第 85-86 页。

〔3〕［韩］柳炳华：《国际法》（上卷），朴国哲、朴永姬译，中国政法大学出版社 1997 年版，第 330 页。

〔4〕 Malcolm N. Shaw, *International Law*, 5th edition, Peking University Press, 2005, p. 444-445.

同意为基础，核心内容是人民自由地选择他们的政府，决定其政府形式。[1]这里，威尔逊只是强调民族自决的意义，并没有明确赞成民族可以从国家中分离出来。1919年，时任美国国务卿的兰辛指出，如果不受限制地适用民族自决原则，"国家边界与国民忠诚的坚定性，以及政治的稳定性将荡然无存"。[2]1952年，时任美国国会议员的埃利诺·罗斯福从任何法律权利均应受到限制的理论推论人民自决的范围应当被限制，"正如个人自由概念推至极致就意味着无政府状态一样，无限制地适用自决原则将导致一派乱象"。[3]

五、规制民族自决和民族自决权面临的难题

一国民族及人民已经从殖民统治或被保护中获得独立和解放，以及原本没有被殖民统治的民族及人民，有无权利进一步实现民族自决，包括以和平的或武力的方式实现民族自决，以确定其政治、经济、文化、社会制度，甚至为实现这样的自决，而不惜从原有国家分离出去，所有这样的诉求、方式及结果，还是否属于民族自决权或人民自决权的应有之义？国际社会出现分歧。换言之，"人民"行使自决权有无限度，即人民行使其自决权，仅限于非殖民化过程，仅针对外来侵略者的殖民或种族统治的"外部自决"，还是可以深入或延续到非殖民过程之后的"内部自决"？国际社会发生争议，面临难题。

针对印度在签署1966年《公民权利和政治权利国际公约》《经济、社会及文化权利国际公约》作出的保留声明，荷兰在其反对意见中却指出：任何限制该项权利的范围或附加条件的企图都将损害自决权的概念，并将严重削弱其普遍接受的性质。[4]当时的法国、联邦德国、美国也有类似的看法。

科索沃的独立公投挑战国际社会原有的对民族自决权行使效力的认知。南斯拉夫社会主义联邦共和国存在时期，南联邦的宪法规定国家由六个共和

---

〔1〕 白桂梅：《国际法》，北京大学出版社2015年版，第192页。

〔2〕 [意]安东尼奥·卡塞斯：《国际法》，蔡从燕等译，法律出版社2009年版，第82页。

〔3〕 转引自[意]安东尼奥·卡塞斯：《国际法》，蔡从燕等译，法律出版社2009年版，第86页。

〔4〕 白桂梅：《国际法》，北京大学出版社2015年版，第193-194页。

国[1]和两个自治省[2]组成。1991年,南斯拉夫逐渐解体,各个加盟共和国先后宣告独立。1992年塞尔维亚和黑山两个共和国联合成立南斯拉夫联盟共和国,科索沃被包含其中。1989年塞尔维亚公投修宪时,缩小了科索沃自治省的自治权,使其成为塞尔维亚共和国的一个自治省。科索沃省以阿尔巴尼亚人为主,对这种状况表示强烈抗议。1991年科索沃进行了独立公投,99.98%的投票者赞成独立,并宣布成立独立的科索沃共和国,但这样的公投结果没有得到南斯拉夫联盟共和国的承认。1998年南联盟军队对1996年建立的科索沃军队进行了攻击并造成严重的人道危机。1999年3月北约开始对南联盟实行空袭。1999年6月南联盟军队撤离科索沃之后,北约停止对南联盟的空袭轰炸,科索沃由联合国托管。2008年,科索沃议会通过议员投票并宣布独立,依据是1991年公民公投结果所反映的"民意"。

关于科索沃的公投独立行动,塞尔维亚不予承认,始终坚持对科索沃拥有主权。但科索沃的公投行动及其独立宣告获得美国和西方其他一些国家的承认。

2010年7月22日,国际法院应联合国大会要求,就"科索沃自治政府单方面宣布独立是否符合国际法"发表咨询意见。国际法院肯定了科索沃自治政府的合法性。这实际上肯定了一国范围内某一民族行使民族自决权、从国家中分离出去的合法性。国际法院在这一案例中的咨询意见受到国际政治的影响不可谓不严重。而且,这样的咨询意见给克里米亚的公投活动提供了司法佐证。

克里米亚的独立公投进一步挑战民族自决权的国际法认知。克里米亚1783年并入俄罗斯版图,1954年以前一直由俄罗斯管辖。1954年2月苏联最高苏维埃主席团通过决议,将克里米亚划归乌克兰管辖。1991年苏联解体后,克里米亚以自治共和国的身份加入乌克兰,得到国际社会的承认。俄罗斯议会曾于1992年5月21日单方面通过《关于废除1954年2月决议的决定》,1993年5月9日又通过《关于收回克里米亚的重要海军基地城市塞瓦斯托波

[1] 六个共和国包括塞尔维亚、斯洛文尼亚、克罗地亚、波斯尼亚和黑塞哥维那、北马其顿和黑山。
[2] 两个自治省包括科索沃和伏伊伏丁。

尔市的法令》。乌克兰总统、议会和中央政府均指责俄罗斯议会的做法是干涉乌克兰的内政，一再重申克里米亚是乌克兰不可分割的一部分。1992 年克里米亚议会通过《独立法令》和《克里米亚宪法》，规定克里米亚拥有通过公投决定其法律地位的权利。1993 年克里米亚的俄罗斯族人提出脱离乌克兰问题。2014 年 3 月 16 日，克里米亚举行公民公投。公投的问题之一是，是否支持克里米亚成为俄罗斯联邦领土并获得联邦主体权利。公投结果表明，有 95% 的公民赞成克里米亚加入俄罗斯。

关于克里米亚的公投及其加入俄罗斯的行动，乌克兰中央从一开始对克里米亚问题的态度就非常明确，决不允许克里米亚脱离乌克兰，指出中央法律的效力高于克里米亚法律的效力，要求克里米亚限期修改其宪法和法律中与《乌克兰宪法》及其法律不相符合的条款，乌克兰议会于 2014 年 3 月 17 日通过决议废除克里米亚 1992 年通过的《克里米亚宪法》，并通过《克里米亚自治共和国法》，规定"克里米亚自治共和国是乌克兰版图内的一个行政区或自治单位，存在于前克里米亚州地域范围内"。而俄罗斯认为，这样的公投符合国际法和《联合国宪章》。2014 年 3 月 18 日，俄罗斯总统普京与克里米亚议会主席、塞瓦斯托波尔签署关于克里米亚和塞瓦斯托波尔加入俄罗斯的协议，规定自 2014 年 3 月 18 日起，克里米亚和塞瓦斯托波尔各以联邦主体身份加入俄罗斯。俄罗斯事实上于 2014 年 3 月 18 日接管克里米亚共和国和塞瓦斯托波尔。

国际法学者中也有肯定民族自决可以分离新国家的观点。有学者认为，联合国机构的相关实践已经将民族自决原则确定为国际法的组成部分。[1]

---

〔1〕［英］伊恩·布朗利：《国际公法原理》，曾令良、余敏友等译，法律出版社 2007 年版，第 516 页。

第九章　人道主义干涉

第一节　人道主义干涉的含义与特征

一、人道主义干涉的含义

人道主义干涉依照干涉主体的不同可以区分为集体人道主义干涉和单边人道主义干涉。集体人道主义干涉以《联合国宪章》第七章为依据,由联合国安理会授权实施。单边人道主义干涉以干涉主体寻找的依据为依据,这里的依据可能是相关国际文件,也可能是其他理由。需要说明的是,划分“集体”与“单边”的标准不是参与干涉国家的数量,而是是否通过联合国这一集体安全体制决定,经过联合国集体安全体制,经过安理会授权的人道主义干涉通常被称作集体人道主义干涉,[1]实施这样的授权行动及干涉行动的国家可能是一国或多国;反之,如果没有安理会的授权,参与干涉的国家再多,也属于单边人道主义干涉。

人道主义干涉还可以区分为广义的人道主义干涉和狭义的人道主义干涉。广义的人道主义干涉既包括集体人道主义干涉,也包括单边人道主义干涉;狭义的人道主义干涉仅包括单边人道主义干涉,也有学者称单边人道主义干涉为单方面的人道主义干涉。[2]

本章讨论的主要是单边人道主义干涉,即狭义的人道主义干涉。广义的

---

〔1〕 余民才主编:《国际法专论》,中信出版社 2003 年版,第 213 页。

〔2〕 余民才主编:《国际法专论》,中信出版社 2003 年版,第 213 页;杨泽伟:《国际法析论》,中国人民大学出版社 2003 年版,第 49 页。

人道主义干涉中的集体人道主义干涉，在安理会授权使用武力或保护责任中的武力使用诸章中予以讨论。在没有限定干涉主体的情况下，本章提及的人道主义干涉均指狭义的单边人道主义干涉。

学界对人道主义干涉的含义迄今尚无统一的界定。本书认为，人道主义干涉是指特定主体声称为阻止他国发生的严重侵犯基本人权、缓解他国严重的人道危机，不经他国政府邀请或同意，而对他国使用武力威胁或武力。

二、人道主义干涉的特征

（一）干涉主体是国家、国家集团或国际组织

国际实践中人道主义干涉的主体可能是国家、国家集团或国际组织。这里的国际组织是指联合国及其安理会以外的国际组织。有的干涉主体为区域国际组织，而这样的区域国际组织实施的干涉行为也可能基于区域组织条约的规定或授权。但这样的规定与授权只能对该区域组织范围的国家有效，不能对区域组织以外的国家产生效力。这里的国家不包括经安理会授权的联合国会员国。也有学者在探讨干涉主体时将非国家实体作为人道主义干涉的主体。[1] 这里，出于研究范围的考虑，将此类主体也排除在外。

（二）干涉对象是被认为出现严重侵害国民人权的国家

在国际社会现实当中，被干涉对象可能确实出现严重的人道危机。如南斯拉夫联邦共和国解体后，关于科索沃的国际地位，塞尔维亚联盟共和国与科索沃自治省之间出现严重分歧，塞尔维亚在科索沃自治省内采取的措施被国际社会看作引发严重的人道主义危机。因此，南联盟被当作人道主义干涉的对象。

（三）干涉者所表明的干涉理由是一国出现严重人道灾难

干涉者声称，在一国出现严重人道主义危机，或一国出现严重的侵害人权的问题时，若该国政府不愿意或不能够解决这样的问题，可对该国实施武力威胁或使用武力的干涉行为，其目的在于防范或阻止非人道事件的恶化或继续蔓延。

---

〔1〕 陈一峰：《论当代国际法上的不干涉原则》，北京大学出版社2013年版，第141页。

(四)干涉者声称保护的对象是被干涉国国民

从形式上看,人道主义干涉所保护的对象是非干涉国本国的国民,或者说人道主义干涉所要保护的是被干涉国的国民。基于保护干涉国本国国民发起的干涉,不在此处的讨论范围内。

(五)干涉的手段是使用武力威胁或使用武力

对一国的干涉可以采取不同的手段。这里研究的仅仅是使用武力威胁或使用武力的手段。这两种手段以外的其他干涉手段,如政治的、外交的、经济的干涉或制裁手段,不是本章关注的干涉手段。当然,这并不意味着使用其他干涉手段具有合法性。

(六)干涉违背被干涉国的意愿

干涉者的干涉行为没有得到被干涉者的邀请。如果干涉者经被干涉国合法政府的同意或邀请,则与尊重国家主权原则不矛盾。当然,如何判定"同意"或"邀请"的真实性与有效性,也是国际法上经常遇到的问题,但这样的问题不是本章研究的问题。

联合国的人道主义救援行动,基于联合国属性、救援获得授权、被救援对象的同意,加之,此类行动往往不存在使用武力或使用武力威胁,也不在本章的研究范围内。

第二节　人道主义干涉缺乏国际法依据

人道主义干涉是否具有合法性,需要在现行国际法体系下依照相应的规则来判定。

《国际法院规约》第38条规定:法院对于陈诉各项争端,应依国际法裁判之,裁判时应适用:不论普通或特别国际协约,确立诉讼当事国明白承认之规条者;国际习惯,作为通例之证明而经接受为法律者;一般法律原则为文明各国所承认者……司法判例及各国权威最高之公法学家学说,作为确定法律原则之补助资料者。该规约为国际法院裁判确定的依据可以作为判断国际行为合法与否的一般遵循。

有学者提出判定某种国际行为合法性的标准,需要考虑:在有关法律系统中是否有合法的单方面行动之存在的可能性,如果有,再考虑该具体行动是否符合合法行为的构成要件。因而,“一个合法的单方面行动,需要具备:相关的法律制度在一定条件下允许采取单方面行动;该单方面行动的环境是适当的;尽管存在程序上的瑕疵,该单方面行动的目的符合有关法律规范的本质要求”。[1]

相比之下,《国际法院规约》规定的判定国际行为合法与否的标准更明确可行。

一、人道主义干涉不具有条约法上的依据

(一)一般国际法的相关规定不支持人道主义干涉

当代的一般国际法应当首推《联合国宪章》关于联合国组织法之外的相关规则。《联合国宪章》涉及武力使用的条款主要有第42条和第51条,这两条均不构成对人道主义干涉的支持。

1.《联合国宪章》第42条不得作为人道主义干涉的依据

《联合国宪章》第42条关于武力使用的规定,即关于“空海陆军示威、封锁及其他军事举动”的规定,是安理会采取武力行动的基本依据,或者说是联合国集体安全体制下,为维护国际和平与安全,《联合国宪章》赋予安理会使用武力职权的直接依据。这样的规定自然不得作为单个国家、国家集团或联合国以外的国际组织使用武力的依据。

联合国成立以来的运行实践中形成的安理会依据《联合国宪章》第七章授权使用武力的习惯,也不得作为人道主义干涉的依据。换言之,人道主义干涉的主体不得将《联合国宪章》第七章作为其使用武力威胁或使用武力的依据。因为这里的习惯依据也是安理会授权使用武力的依据,而非个别国家、国家集团或联合国以外的国际组织的武力使用依据。

2.《联合国宪章》第51条不得作为人道主义干涉的依据

《联合国宪章》第51条是国家行使自卫权或集体自卫权的依据。这类权

---

〔1〕 转引自宋新平主编:《武装冲突法研究》,军事科学出版社2012年版,第83页。

利的行使前提是一国受到武力攻击。人道主义干涉不具备自卫权行使的前提条件，自然不得将该条规定作为其使用武力威胁或使用武力的依据。

（二）区域国际组织条约的相关规定未对人道主义干涉提供支持

有的区域国际组织条约存在授权区域组织成员国使用武力的相关规定。如《北大西洋公约》第 5 条和《美洲国家组织宪章》第 24、25 条等，但以上规定均不得作为区域组织或其成员国使用武力威胁或使用武力对其他国家实施人道主义干涉的依据。这是因为，实施人道主义干涉的国家或国际组织没有受到武力攻击，并不具备单独或集体自卫的前提条件。

二、人道主义干涉未获得国际习惯的支持

（一）国际社会对《联合国宪章》之前是否形成相关国际习惯缺乏共识

1. 19 世纪至 20 世纪前期的人道主义干涉实践

（1）19 世纪的人道主义干涉

被西方学者视为最早实施人道主义干涉的实例是 19 世纪前期英、法、俄三国对土耳其的干涉。15 世纪中期，希腊被置于奥斯曼帝国的统治之下。1821 年 3 月，希腊本土爆发对土耳其苏丹统治的起义。起义者解放了希腊大部分地区，召开国民议会，通过宪法，宣布希腊独立。土耳其苏丹政府联合其藩属国埃及于 1825 年对希腊起义实施镇压。英、俄、法三国对土耳其及埃及的镇压起义活动进行干涉。1828 年至 1829 年，俄罗斯单方对土耳其实施干涉性战争。1829 年 9 月，俄罗斯与土耳其签订《亚得里亚那堡和约》，土耳其承认希腊有条件独立。[1]

俄国 1877 年因保加利亚人道危机对土耳其的干涉。14 世纪后期，土耳其人征服了保加利亚。1876 年 4 月，保加利亚掀起反抗土耳其的武装斗争，1876 年 5 月，土耳其新政府残酷镇压保加利亚起义，在普罗夫迪夫一处就杀死 1.5 万人。俄国于 1877 年 4 月对土耳其政府的镇压行动进行干涉。经过一年的战争后俄土签订《圣斯特法诺和约》，最终确定保加利亚为一自治公国。[2]

---

〔1〕 王绳祖主编：《国际关系史》（上册），武汉大学出版社 1983 年版，第 58-62 页。

〔2〕 鲁毅主编：《近代国际关系史辞典》，世界知识出版社 2018 年版，第 101-102 页。

类似的人道主义干涉实践还有,1856 年英国和法国对西西里的干涉;1860~1861 年英、法、奥、普、俄对叙利亚的干涉;1866~1868 年英、法、俄等国对克里特岛的干涉;1876~1878 年英、法、俄等国对波斯尼亚、黑塞哥维那、保加利亚和马其顿的干涉;1898 年美国对西班牙在古巴行动中的干涉。[1]

(2)20 世纪前期的人道主义干涉

20 世纪前期,国际社会亦发生人道主义干涉的实践:

①1971 年印度干涉巴基斯坦。1947 年印度、巴基斯坦分治时,巴基斯坦分成东巴基斯坦和西巴基斯坦两部分。两个区域之间的语言、文化历史、地理和经济发展等方面存在很大差异。1971 年,代表东巴基斯坦人利益的人民联盟在巴基斯坦第一次全面选举中成为第一大党,但人民联盟上台执政的要求遭到拒绝。1971 年 3 月,东巴基斯坦发生示威游行,要求代表西巴基斯坦人利益的政府按照选举结果移交政府的管理权。巴基斯坦军队对东巴基斯坦示威游行人员及其支持者进行大规模的镇压,大量的东巴基斯坦难民逃离家园前往印度。1971 年 11 月,印度谴责巴基斯坦军队犯下屠杀和种族灭绝暴行,以"拯救东巴人民免受痛苦为由"对巴基斯坦的局势进行军事干涉。最终印度取得胜利,东巴基斯坦宣布独立并建立孟加拉国。

②1978~1979 年越南干涉柬埔寨。1978 年 12 月,越南以柬埔寨红色高棉政府实行"灭绝人性"的政策、将柬埔寨变成"人间地狱"为由,出动重兵对柬埔寨进行军事干涉,占领柬埔寨首都金边,扶持建立了亲越政权。

③1979 年坦桑尼亚干涉乌干达。1979 年 1 月,坦桑尼亚以乌干达阿明政府在其国内推行恐怖统治为由,联合乌干达反阿明政府军队,对乌干达实施干涉性军事行动,占领乌干达首都坎帕拉,乌干达政府领导人阿明逃亡。

2. 19 世纪至 20 世纪前期的人道主义干涉没有形成国际习惯

19 世纪的人道主义干涉没有形成国际习惯。这主要基于以下原因:其一,19 世纪,国家拥有战争权,国家不需要人道主义的名义即可对外发动包括干涉性战争在内的战争,因而,此类干涉并不构成在全面限制或禁止国家战争权的前提下,基于人道主义的理由实施的非法使用武力的例外。其二,19 世

[1] 杨泽伟:《国际法析论》,中国人民大学出版社 2003 年版,第 52-53 页。

纪的人道主义干涉实例更多借助其他名义,如借助宗教、自卫权的名义等。越南对柬埔寨的干涉、坦桑尼亚对乌干达的干涉,在联合国安理会的讨论中,干涉者提出的理由均是行使"自卫权"。越南还提出"柬埔寨人民的革命战争"理论作依据。[1] 至于这类名义之下干涉的实质则更为复杂,以致从历史角度叙述此种类型的干涉行动时,往往也没有将其置于人道主义干涉的名义之下。因而有学者指出,当一国以人道主义名义干涉他国时,通常追求的是干涉国各自的国家利益。人道主义不能为此类行动提供完全正当的理由,人道主义干涉只是最受欢迎的借口而已。[2] 其三,上述人道主义干涉实例在国际法学界也没有得到共识性确认。印度对巴基斯坦的干涉、越南对柬埔寨的干涉,先后受到国际社会的批评。联合国大会先后通过决议,要求印度和越南从被干涉国撤离其军队。[3] 其四,不干涉内政原则已经于 19 世纪产生并很快形成很大的国际影响,而人道主义干涉与不干涉内政原则是相违背的。换言之,人道主义干涉没有因其干涉名义的正当性而获得不干涉内政原则普遍约束力的例外。

(二)《联合国宪章》之后没有形成确认人道主义干涉的国际习惯

《联合国宪章》生效之后,特别是"冷战"结束以后,国际社会影响较大的人道主义干涉行为有美、英、法对伊拉克的干涉和北约对南联盟的干涉。这两次人道主义干涉行动的合法与否,在国际社会引发广泛的争议。但两次干涉行动的合法性均没有得到国际社会的共识性确认,因而也没有形成人道主义干涉的国际习惯。

1. 美、英、法对伊拉克人道主义干涉的合法性没有得到国际社会的确认

1991 年 2 月,海湾战争基本结束。国际社会有报道,伊拉克政府在镇压其北部的库尔德人和南部的什叶派起义过程中实施了广泛而严重侵犯人权的行为,造成约 200 万伊拉克难民逃往伊拉克与土耳其、伊朗的边界。1991 年 4 月 5 日,安理会通过第 688 号决议。该决议表明安理会尊重《联合国宪章》第 2

---

〔1〕 宋新平主编:《武装冲突法研究》,军事科学出版社 2012 年版,第 79 页。

〔2〕 杨泽伟:《国际法析论》,中国人民大学出版社 2003 年版,第 53 页。

〔3〕 Oscar Schachter, *International Law in Theory and Practice*, Martinus Nihoff Publishers, 1991, p. 124-125.

条第7项的不干涉内政原则,尊重伊拉克的主权、领土完整和政治独立;同时谴责伊拉克严重侵犯其国内平民人权的行为;指出伊拉克在一些区域对其国内平民的镇压,威胁该地区的和平与安全;要求伊拉克停止对其国民的镇压行为,并允许国际人道主义组织进入这些地区以实施所需要的人道救助行动;授权联合国秘书长通过联合国机构的努力,派遣一使团到该地区,以实施必要的人道主义救助。

1991年4月16日,美、英、法三国和土耳其联合宣布,为了保障伊拉克的库尔德人重新返回其家园,将在伊拉克设立一个安全区,该安全区禁止伊拉克军队进入;同时设立一个更大的区域作为"禁飞区",禁止伊拉克飞机进入该区域。

美、英、法的此次人道主义干涉行动的合法性没有得到国际社会的确认。首先,此次干涉行动没有得到安理会的授权。美国曾宣称,此次干涉行动依据安理会第688号决议,因该决议曾表明要"在伊拉克北部建立几个营地,以使救济供应品可以大量而有秩序地分发"。但该决议将这种目的的实现赋予联合国的相关机构来完成,而没有授权联合国的会员国自行完成。其次,这样的干涉行动受到伊拉克的正式抗议,伊拉克谴责干涉国侵犯了自己的主权、领土完整和政治独立。尽管伊拉克后期曾屈服于美、英、法的压力而减弱了其抵抗声音,但至少表明,美、英、法的干涉行动也不是在伊拉克政府邀请下实施的。最后,国际法学界对此次干涉行动的合法性没有形成共识性确认。《奥本海国际法》曾引用1991年伦敦经济高级会议发表的7国宣言,来说明上述国家的行动反映了国际社会对这种干涉行动的合法性的支持。[1] 但有学者指出,伦敦经济高级会议的7国政府不能代表整个"国际社会",因而不能证明人道主义干涉被习惯国际法认可。[2]

2. 北约对南联盟人道主义干涉的合法性没有得到国际社会的确认

《联合国宪章》之后具有广泛影响的人道主义干涉实践当属北约因科索沃问题对南联盟的干涉。1998年年初,南联盟的科索沃区域发生的大规模暴

---

〔1〕 [英]詹宁斯、[英]瓦茨修订:《奥本海国际法》(第1卷·第1分册),王铁崖等译,中国大百科全书出版社1995年版,第383页。

〔2〕 余民才主编:《国际法专论》,中信出版社2003年版,第216-217页。

力冲突受到国际社会的广泛关注。1998 年 3 月,安理会依照《联合国宪章》第七章通过第 1160 号决议。该决议没有明确断定科索沃情势构成对国际和平与安全的威胁;只是呼吁南联盟和科索沃领导人政治解决科索沃问题;对双方实行强制性武器禁运;强调当事者双方若不能建设性控制科索沃局势,安理会将考虑采取其他措施。安理会通过第 1160 号决议之后,科索沃局势不仅没有得到"建设性"控制,反而进一步恶化。双方冲突造成大量平民伤亡,成千上万的平民逃离家园涌向邻国。1998 年 9 月,安理会依照《联合国宪章》第七章通过第 1199 号决议。该决议断定科索沃局势的恶化构成"对该地区和平与安全的威胁",要求南联盟和科索沃双方停止敌对行动,采取措施促进人道主义待遇,应当采取行动与办法以维持或恢复该地区的和平与稳定。1998 年 10 月,安理会就科索沃问题通过第 1203 号决议,要求核实南联盟和科索沃冲突各方遵守安理会第 1199 号决议的情况,重申科索沃情势构成对该地区和平与安全的持续威胁。此后,科索沃冲突不断升级。1998 年秋季,北约就科索沃局势对南联盟发出使用武力的威胁。1999 年 3 月,北约对南联盟实施空中打击。这种武力干涉行动持续 78 天,前期受到南联盟的严正抗议和顽强抵抗,但最终以南联盟的妥协退让而结束。

北约就科索沃问题对南联盟的军事干涉行动没有得到国际社会的合法性确认,没有形成国际惯例。第一,该干涉行为没有得到安理会的授权。安理会虽然断定南联盟与科索沃的冲突构成对该区域和平与安全的威胁,但没有授权联合国会员国采取措施消除这种威胁。如前所述,安理会就南联盟的科索沃问题曾先后通过第 1160、1199、1203 号决议,但这些决议没有授权联合国会员国,亦没有授权北约这样的区域国际组织实施安理会的决议。联合国时任秘书长曾向北约咨询安理会对科索沃实施强制性军事干涉的必要性,但这样的咨询仅仅是探讨安理会而非北约采取军事强制行动的必要性,更不构成对北约的授权。第二,北约的军事干涉行动受到南联盟的严正抗议和顽强抵抗,表明这样的干涉行动没有受到南联盟的邀请与同意。第三,北约的官方声明没有证明其武力干涉南联盟的合法性。1998 年 10 月 9 日,北约时任秘书长索拉那在致北约理事会的信中提出:"南联盟没有遵守国际社会的迫切要求……

在可预见的将来,不能期望安理会作出另外一个含有对科索沃实施明显的强制行动的决议;安理会第 1199 号决议已经明确提到科索沃形势的恶化及重要性构成了对该地区和平与安全的威胁。”但这样的形势判断得不出北约武力干涉南联盟行动合法的结论。北约无权在预见安理会不会采取军事行动的前提下,自己采取军事干涉行动。第四,此次人道主义干涉实践也没有被西方国家普遍接受为国际习惯。“对这样的实践,北欧国家的看法是:‘冷战’时期的国家实践说明,未经安理会授权的人道主义干涉并未成为国际习惯法。”〔1〕英国官方文件表明,当代绝大多数学者反对将人道主义干涉作为历史性权利的理由之一是:“过去两个世纪尤其 1945 年以来的国家实践只提供了少数人道主义干涉个案,而经过认真考察,真正的人道主义干涉案例一个也没有。”〔2〕第五,权威国际公法学者没有就北约的人道主义干涉的合法性形成共识。事实上,只有英美部分学者对此次干涉的合法予以论证和确认。西方一些知名法学家和广大的发展中国家的国际法学者对北约干涉南联盟行动的合法性持否定态度。如布朗利教授就曾指出:“人道主义干涉的权利是否依然存活是极端令人生疑的。”他认为,这种干涉通常基于一种附带的政治内容,并牵涉相当大的生命损失,它的存在受新闻媒体的操纵而变得模糊不清。事实仍然是这种干涉的合法性在习惯国际法中未获支持。有中国学者提出,由于人道主义干涉存在滥用的危险,它一直没有作为国际法的一部分被国际法学者充分承认。

三、人道主义干涉违反国际法基本原则

(一)人道主义干涉违反禁止使用武力原则

有学者提出,关于人道主义干涉合法与否的争论,实质上是对如何理解禁止使用武力原则的争论。〔3〕

---

〔1〕 丹麦国际问题研究所:《丹麦关于〈人道主义干预——法律和政治分析〉简介》,载杨成绪主编:《新挑战——国际关系中的“人道主义干预”》,中国青年出版社 2001 年版,第 220 页。

〔2〕 United Kingdom Foreign office Policy Document No. 148, *British Yearbook of International Law*, Vol. 57, p. 614 (1986).

〔3〕 余民才主编:《国际法专论》,中信出版社 2003 年版,第 213-214 页。

《联合国宪章》第2条第4项的规定,从一般意义上使国际关系中使用武力威胁或使用武力的行动均归于非法。《联合国宪章》明确规定了两种情形属于非法使用武力的例外,即国家的自卫行动和安理会采取的武力行动属于合法使用武力的情形。在安理会维持国际和平与安全的实践中,安理会授权使用武力的情形得到联合国会员国的普遍确认。使用武力进行民族独立和民族解放运动,也得到联合国大会通过的众多决议性文献以及国家实践的确认,成为非法使用武力的例外情形之一。除以上四种情形之外,在禁止使用武力原则之下,其他使用武力的情形均属于非法使用武力。[1]

西方有支持人道主义干涉合法的学者,对禁止使用武力原则作了这样的解释:该原则只禁止与《联合国宪章》宗旨不相符的使用武力威胁或使用武力的情形,即该原则只禁止与联合国宗旨不符的使用武力威胁或使用武力的情形,只禁止侵害任何会员国或国家之领土完整或政治独立的使用武力的情形。反之,凡与《联合国宪章》宗旨相符的使用武力的情形,凡目的不在于侵害一国领土完整或政治独立的情形,均是该原则不加禁止的行为,均是可以使用武力威胁或使用武力的情形。[2] 有学者甚至提出,当今国家的实践使对《联合国宪章》第2条第4项采取的绝对禁止使用武力的立场毫无意义,应当根据国家实践对《联合国宪章》第2条第4项进行符合当代国际社会现实要求的解释,应当承认以武力阻止大规模屠杀平民及侵害人权的行为属于《联合国宪章》禁止使用武力的一个例外。[3]

这种对《联合国宪章》禁止使用武力原则的宽泛解释与解释条约的一般原则不符,与《联合国宪章》的宗旨不符,没有得到国际组织、国家及国际法学界知名公法学家的认同。对《联合国宪章》第2条第4项绝对禁止使用武力的解释立场“为绝大多数国家和大多数国际法学者所采取”。[4]

---

〔1〕 这种对禁止使用武力原则的解释,被称作“绝对禁止说”。余民才主编:《国际法专论》,中信出版社2003年版,第214页。

〔2〕 这种对禁止使用武力原则的解释,被称作“相对禁止说”。余民才主编:《国际法专论》,中信出版社2003年版,第214页。

〔3〕 Daniel Wolf, *Humanitarian Intervention*, Michigan Yearbook on International Legal Studies Annual, 1988, p. 339-340.

〔4〕 余民才主编:《国际法专论》,中信出版社2003年版,第214页。

因此,禁止使用武力原则下的例外不包括人道主义干涉,人道主义干涉是违背《联合国宪章》禁止使用武力原则的。

(二)人道主义干涉违反不干涉内政原则

不干涉内政原则是指国家或国际组织不得以任何借口干涉别国或国际组织成员国的内外事务,不得把自己的意志强加于别国的国际法规则。[1]《奥本海国际法》有类似的界定:"干涉是指一个国家对另一个国家的事务的强制或专横的干预,旨在对该另一个国家强加某种行为或后果。"[2]

不干涉内政原则为《联合国宪章》所确认。《联合国宪章》第2条第7项规定:"本宪章不得认为授权联合国干涉在本质上属于任何国家国内管辖之事件,且并不要求会员国将该项事件依本宪章提请解决;但此项原则不妨碍第七章内执行办法之适用。"该规定表明,联合国这样的国际组织尊重其会员国主权,不干涉其成员国主权范围的事项。同时表明,《联合国宪章》确认的不干涉内政原则是有条件的,即不影响《联合国宪章》设计的集体安全体制,不影响安理会依照《联合国宪章》履行维护国际和平与安全的职责。

不干涉内政原则为《国际法原则宣言》所确认,构成当代国际法上的基本原则。1970年《国际法原则宣言》规定,缔约各国在国际关系上负有"依照宪章不干涉任何国家国内管辖事件之义务"。任何国家或国家集团在该项原则下,均无权以任何理由直接或间接干涉其他国家的内政或外交事务。任何国家或国家集团对其他国家的武装干涉及对国家人格或其政治、经济及文化要素之一切其他形式的干预或试图威胁,都属于违反国际法的行为。

不干涉内政原则为一些区域国际组织文件所确认。1948年《美洲国家组织宪章》第15条规定:"国家或国家集团都没有权以任何理由直接地或间接地干涉任何其他国家的内政或对外事务。对国家的人格或其政治、经济和文化的因素,前述原则不仅禁止用武装力量而且禁止用任何其他干涉形式或企图威胁。"第17条规定:"一国领土不可侵犯;领土无论任何理由不得直接地或间

〔1〕李双元、黄惠康主编:《国际法》,中南工业大学出版社2000年版,第57页。

〔2〕[英]劳特派特修订:《奥本海国际法》(上卷·第1分册),王铁崖、陈体强译,商务印书馆1971年版,第314页。

接地成为即使暂时的军事占领的客体或成为另一国家采用其他武力手段的客体。”1975 年欧洲安全合作会议通过的《赫尔辛基最终文件》将不干涉原则作为与会各国之间的指导原则。该文件规定：“不论其相互间关系，与会国应避免任何直接或间接、个别或集体的干涉属于另一与会国国内管辖的内外事务。”该文件还对不干涉内政的形式与内容作了规定。一国“不得对另一参与国进行任何形式的武装干涉或威胁武装干涉。同样，在任何情况下它们不得使用军事、政治、经济或其他措施强迫他国，以使他国主权权利之行使屈服干涉国自身的利益，或使得干涉国取得利益。此外，它们不得直接或间接地协助恐怖主义行为、旨在暴力推翻另一与会政权的颠覆或其他行为”。[1] 以下三个区域国际条约均提出不干涉的概念：1976 年《东南亚友好合作条约》、[2] 2008 年《东南亚国家联盟宪章》、[3] 2000 年《非洲联盟组织法》。

国际司法判例确认不干涉内政原则的拘束力。国际法院在“尼加拉瓜案”判例中，对不干涉内政原则予以确认和诠释。国际法院将干涉分为允许的干涉和禁止的干涉。“一项禁止的干涉必须是针对一个国家依据国家主权原则被允许自由决定的事项的行为。”国际法院对一个国家依据国家主权原则自由决定事项的范围进行了列举。“这些事项之一就是政治、经济、社会和文化制度的选择和对外政策的制定。”国际法院认为，如果使用强迫的方法对上述属于国家自由决定的事项进行干涉，就属于不法的干涉。国际法院认为：“使用武力干涉的情况下，不论是军事行动的形式或者是间接地支持另一个国家内部的颠覆或者恐怖主义军事行动，强迫的要素尤为明显。”法院认为，在直接或间接军事干涉的情况下，军事行动本身就足以证明构成干涉了，手段性质本身的严重性使考察其他语境因素变得不必要。[4] 至于干涉行为的构成，国际法院采取的是两要件标准，一是干涉对象的国家主权性，二是干涉手段的强迫性。

不干涉内政原则已经形成国际习惯。早在 18 世纪，德国的国际法学者沃

---

〔1〕 转引自陈一峰：《论当代国际法上的不干涉原则》，北京大学出版社 2013 年版，第 118 页。

〔2〕 王铁崖总主编：《中华法学大辞典 · 国际法学卷》，中国检察出版社 1996 年版，第 104 页。

〔3〕 张锡镇：《〈东南亚国家联盟宪章〉解读》，载《亚洲纵横》2008 年第 1 期。

〔4〕 马呈元、张力编著：《国际法案例研习》，中国政法大学出版社 2014 年版，第 16 页。

尔夫和瑞士学者瓦泰尔均提出不干涉原则。[1] 现代国际法上,《国际联盟盟约》(已失效)将尊重并保持各联盟会员国的领土完整和政治独立作为会员国的义务。当会员国的领土完整和政治独立遇到侵犯或面临侵犯的威胁时,解除危机的方式是由国际联盟来筹划的。而当代国际法上,中国倡导的和平共处五项原则包括互不干涉内政。和平共处五项原则已经为世界范围众多国家所接受和确认。和平共处五项原则最早出现在1954年4月29日《关于中国西藏地方和印度之间的通商和交通协定》的序言中。1954年6月28日,中印两国总理发表联合声明,重申上述五项原则。1954年6月29日,中国和缅甸两国总理也发表了类似的联合声明。1955年4月6日至10日在印度新德里召开的亚洲国家会议,"完全支持中印两国总理宣布的并得到其他许多国家支持的五项原则""完全相信,这五项原则构成了各国相互了解和和平共处的坚实基础"。会议号召世界所有国家的人民全心全意地支持这些原则。1955年4月18日至24日在印度尼西亚召开的由亚洲和非洲29个国家参加的亚非会议,通过《关于促进世界和平和合作的宣言》,该宣言规定了十项原则作为有关国家和平相处、友好合作的基础,其中包括"不干预或干涉他国内政"。亚非会议后,中国先后与印度尼西亚、锡兰(今斯里兰卡)、尼泊尔、阿富汗、也门、越南、匈牙利、捷克斯洛伐克、朝鲜、苏联等共同发表的建交公报,都确认了包含互不干涉内政的和平共处五项原则。20世纪60年代,中国先后与缅甸、尼泊尔、阿富汗、柬埔寨、印度尼西亚等签订的和平友好条约,也对包含互不干涉内政的和平共处五项原则予以确认。20世纪70年代,又有大批第三世界国家承认和平共处五项原则,美国、日本等发达国家也都明确承认和平共处五项原则。当今世界,绝大多数国家不仅承认和平共处五项原则的意义,而且承认这些原则是指导当代国际关系的基本准则,是国际法的基本原则。[2] 总之,包含于和平共处五项原则之中的不干涉内政原则已经为世界各国所确认。美国作为当代国际社会的重要一极,也表明其"政策始终支持不干涉原则","在批准了《联合国宪章》《美洲国家组织宪章》和其他将不干涉作为合作基础的

---

〔1〕 陈一峰:《论当代国际法上的不干涉原则》,北京大学出版社2013年版,第146、16-18页。
〔2〕 王铁崖主编:《国际法》,法律出版社1995年版,第64-68页。

多边国际协定后，不干涉成为美国法律的一部分”。[1]

人道主义干涉是对不干涉内政原则的严重违反。干涉行为采取国际社会明确禁止的强制手段干涉一国的主权，侵害一国的领土完整和政治独立，严重背离不干涉内政原则的精神。

四、国际组织和世界多数国家反对人道主义干涉行为

（一）联合国等国际组织没有支持人道主义干涉

关于北约对南联盟的人道主义干涉，无论是联合国大会，还是安理会，从没有通过决议公开支持。1999 年 9 月召开的第 54 届联合国大会曾对人道主义干涉的合法性与正当性进行了广泛的讨论。

有学者提出联合国支持北约对南联盟的人道主义干涉。他们的观点基于以下两点论证：一是联合国没有通过谴责北约干涉南联盟的决议，而俄罗斯曾在联合国提出这样的建议草案，谴责北约的干涉行为违反《联合国宪章》第 2 条第 4 项、第 24 条和第 53 条，但联合国大会表决时并没有通过此类建议案；[2]二是联合国的高级官员曾发表讲话，支持北约对南联盟的人道主义干涉。时任联合国秘书长安南在联合国 1999 年的年度工作报告中指出：“新兴的国际法日益清楚地表明，各国政府决不能躲在主权的屏障后践踏人民的人权而期待其他国家坐视不管。”[3]此外，安南还曾说过：“只要我是联合国秘书长，联合国作为一个机构，将一直把人权置于万事之首。”[4]

有学者指出，凭借以上的论证来说明联合国支持北约对南联盟的人道主义干涉，是缺乏说服力的。[5] 这是因为：联合国安理会关于俄罗斯提案的表决受早期舆论的影响较大，早期舆论主流是关于南联盟在科索沃造成人道灾难的危害，而随着事件的进展，尤其是人们对北约人道主义干涉真相的了解，

---

[1] ［美］达斯汀·考巴等编：《军事行动法手册》（美国陆军第 18 版），朱雁新等译，国防大学政治学院西安校区 2022 年印制，第 1-2 页。

[2] 该决议的表决情况为 12 票反对，3 票赞成。投赞成票的国家有俄罗斯、中国和纳米比亚。U. N. Doc. S/pv. 3989，26Mar. 1999，P. 6.

[3] 转引自余民才主编：《国际法专论》，中信出版社 2003 年版，第 218-219 页。

[4] 转引自金克胜：《国际法发展动向与“人道主义干涉”》，载《世界经济与政治》2000 年第 4 期。

[5] 余民才主编：《国际法专论》，中信出版社 2003 年版，第 219 页。

这种舆论影响国家态度与立场的状况有所改变;安理会高级官员关于北约人道主义干涉的态度,也随事件的发展和不同场合的需要相应改变。如安南也曾提醒那些支持北约在科索沃行动的人们谨记:“未经安理会授权的行动,威胁着建立在联合国宪章基础之上国际安全体制的真正核心。”安南在第54届联合国大会所作的1999年联合国年度报告中,对北约的单边人道主义干涉表示了强烈的保留。[1]

一些国际组织也表明不应当进行单边人道主义干涉。2000年在纽约召开的“非政府组织千年论坛”,通过了《我们人民千年论坛的宣言和行动议程》,该议程在人道主义干涉问题上表明:“在没有国际社会支持和同意的情况下,不应进行武装干涉;一旦国际社会提出要求,干涉应当停止。”[2]

美国提出,根据2001年12月“干预和国家主权委员会”通过的《保护的责任》报告,在一国不能或不愿意采取必要措施避免严重的人道灾难的情势下,或者应当对其国内所发生的严重侵犯公民人权承担责任的情景下,“人道干涉这一正在形成的概念对不干涉原则和尊重国家主权是有影响的”。[3]

(二)世界多数国家反对人道主义干涉行为

广大发展中国家,强烈反对将人道主义干涉合法化。这些发展中国家担忧美欧的强权干涉,强调以生存权为核心的人权观念,强调应当遵循现行国际法禁止使用武力和禁止干涉国家内政的基本原则,指出人道主义干涉损害了国际关系的法律秩序,二战后以《联合国宪章》为代表的国际法及以联合国为代表的集体安全体制一旦遭受破坏,将给国际社会带来深重的灾难,将使国际社会重新陷入秩序混乱状态。俄罗斯驻联合国代表在第55届联大讲话中表明,对于联合国面临的“干涉的困境”,我们认为这是有人企图以“人道主义干涉”和“有限主权论”为名使用武力来建立世界秩序,我们主张世界应根据安理会的决议采取联合行动。1999年3月26日,在安理会关于北约对南联盟空

---

〔1〕 Nicholas J. Wheeler, *Saving Strangers: Humanitarian Intervention in International Society*, Oxford University Press, 2003, p. 286.

〔2〕 范国祥:《从“千年论坛”看非政府组织的特点》,载《国际问题研究》2001年第4期。

〔3〕 [美]达斯汀·考巴等编:《军事行动法手册》(美国陆军第18版),朱雁新等译,国防大学政治学院西安校区2022年印制,第2页。

袭行动的辩论会上，中国代表的立场是，北约的行为“公然违反《联合国宪章》和国际法原则，是对安理会权威的挑战”。中国外交部随后发表声明，强烈要求立即停止对南联盟的军事袭击行动，主张通过谈判和平解决争端，主张尊重各国主权和领土完整，反对在国际事务中使用武力或以武力相威胁。俄罗斯、乌克兰、白俄罗斯、印度等国在安理会关于北约对南联盟空袭行动的辩论会上也指出，北约对南联盟的干涉行为是非法的。

有人强调以自由权为核心的人权观念，强调人权价值应当高于国家主权，对主权予以限制，在国家发生令人震惊的人道灾难时，应当对发生人道灾难的国家予以干涉。1999 年 6 月，时任美国总统克林顿在马其顿对北约军队讲话时说，如果有人出于种族、民族背景或是宗教原因试图进行集体屠杀，我们有能力予以制止。克林顿并没有说明这种行动合法与否，只是以一种强势的正义的化身表明美国对待人道主义干涉的态度。1999 年 4 月，时任英国首相布莱尔在美国芝加哥经济俱乐部的讲话中提出，国家主权不是绝对不可侵犯，人权的价值应当位于国家主权之上。对这种价值观的违背就会危害欧美的安全，欧美对违背这种价值观的国家就可以进行干涉。〔1〕布莱尔的论证逻辑实在令人不解：国家主权的价值位于人权之下；欧美尊重人权的价值观就是普世价值观；对欧美价值观的违背，就是对欧美安全的危害，欧美就有权对不尊重欧美价值观的国家予以干涉。然而英国外交部于 1986 年出版的外交文件还曾表示反对人道主义干涉。“压倒性多数的当代法律观点反对存在人道主义干涉的权利，主要原因有：第一，《联合国宪章》和现代国际法文献并没有体现这种权利；第二，过去两个世纪，特别是自 1945 年以来的国家实践充其量只能提供少数真正的人道主义干涉的例子；第三，对这一权利滥用的可能性，强烈地制止它的形成。从根本上来说，要使人道主义干涉成为不干涉原则的例外所带来的国际法的损害将大大地超过它所带来的利益。”〔2〕与当时外交文件的观点相比，英国的官方态度已大相径庭了。

有的国家提出，如果经过安理会授权，以武力干涉的方式保护一国的人权

〔1〕 徐学银：《新干涉理论——对国际法的挑战》，载《政法论丛》1999 年第 5 期。
〔2〕 转引自杨泽伟：《国际法析论》，中国人民大学出版社 2003 年版，第 66 页。

是合法的。但是,在这里的“如果”条件不成立的情况下,没有哪个国家明确提倡单边人道主义干涉应当属于一国的权利。相反,许多国家都强烈反对在安理会没有授权的前提下一国享有人道主义干涉的权利。[1]

布朗利教授曾说,欧洲和北美之外的国家对北约轰炸南联盟的行动是普遍反对的,因为其中的许多国家都存在分离主义的问题,都可能成为西方国家有选择的“危机管理”对象。[2] 亨金教授也曾指出,世界各国不愿正式接受人道主义干涉为《联合国宪章》第2条第4项的例外。

第三节　人道主义干涉的国际法规制

一、人道主义干涉引发的国际法理论问题

有学者提出,人道主义干涉涉及法律、政治和道义诸多方面的问题,是一个错综复杂的问题。[3]

(一)联合国宗旨之间的关系问题

1. 关于联合国宗旨的规定

《联合国宪章》第1条载明联合国的宗旨:(1)“维持国际和平及安全”;(2)“发展国际间以尊重人民平等权利及自决原则为根据之友好关系,并采取其他适当办法,以增强普遍和平”;(3)“促成国际合作,以解决国际间属于经济、社会、文化及人类福利性质之国际问题,且不分种族、性别、语言或宗教,增进并激励对于全体人类之人权及基本自由之尊重”;(4)“构成一协调各国行动之中心,以达成上述共同目的”。

2. 对联合国宗旨关系的不同解读

(1)对《联合国宪章》宗旨规定的一般解读

对《联合国宪章》关于宗旨的规定,可以理解为四项,即“维持国际和平及

---

[1] Nicholas J. Wheeler, *Saving Strangers: Humanitarian Intervention in International Society*, Oxford University Press, 2000, p. 285-286, 295.

[2] Ian Brownlie, *Kosovo Crisis Inquiry: Memorandum on the International Law Aspects*, International and Comparative Law Quarterly, Vol. 49, p. 894, 905 (2000).

[3] 余民才主编:《国际法专论》,中信出版社2003年版,第213页。

安全”,发展国际友好关系,“解决国际间属于经济、社会、文化及人类福利性质之国际问题”,增进并激励尊重人权及基本自由,“构成一协调各国行动之中心”。

这四项宗旨又可以理解为两个方面:其一是“维持国际和平及安全”,因为第二项宗旨仍然是“增强普遍和平”,而第四项宗旨是在“构成一协调各国行动之中心”基础上,以实现包括维持国际和平与安全在内的宗旨。其二是“增进并激励”尊重人权及基本自由。这两个方面均是联合国的重要宗旨。也有学者认为:“《联合国宪章》的设计者并未把促进与保护人权放在与维护国际和平与安全同等重要的位置上。但到今天,联合国的实践表明,至少严重的侵犯人权会引起联合国各种机构的关注。”[1]

(2)人道主义干涉支持者对《联合国宪章》宗旨的解读

人道主义干涉支持者认为,《联合国宪章》的首要宗旨当是“增进并激励”尊重人权及基本自由。在“维持国际和平及安全”与“增进并激励”尊重人权及基本自由的关系上,“维持国际和平及安全”是手段,而“增进并激励”尊重人权及基本自由则是目的,“维持国际和平及安全”是为“增进并激励”尊重人权及基本自由服务的。还有学者提出,国家实践可以修改《联合国宪章》的宗旨,而且这样的修改是合法的。因为这样的修改并不违反《联合国宪章》的一般宗旨。[2]

对人道主义干涉在《联合国宪章》宗旨关系上引发的问题,有学者概括为“和平与人权”两大价值之间的冲突问题,认为和平与人权是当代国际法推崇的两大最高价值,而人道主义干涉的支持者则向国际社会提出,这两大价值发生冲突时国际社会该如何选择的悖论。[3]

3.人道主义干涉支持者解读《联合国宪章》宗旨存在的问题

人道主义干涉支持者对《联合国宪章》宗旨的理解存在一定的合理因素。从哲学的角度来看,人道主义干涉支持者关于联合国宗旨的目的与手段的解

---

〔1〕 杨泽伟:《国际法析论》,中国人民大学出版社 2003 年版,第 57 页。

〔2〕 Daniel Wolf, *Humanitarian Intervention*, Michigan Yearbook on International Legal Studies Annual, 1988, p. 339-340.

〔3〕 余民才主编:《国际法专论》,中信出版社 2003 年版,第 213 页。

读观点，并非完全没有合理性。人类在生存与发展的过程中，和平有序是手段，而对人权的尊重，对人的自由的尊重，确实具有目的性。

然而，人道主义干涉支持者关于《联合国宪章》宗旨的解读也存在法理方面的问题。其一，这样的解读并不符合《联合国宪章》的原意。正如《联合国宪章》序言所表明的，国际社会组成联合国，是"欲免后世再遭今代人类两度身历惨不堪言之战祸"。其二，如果"维持国际和平及安全"这样的"手段"无法满足，那么"增进并激励"尊重人权及基本自由的"目的"能否实现的结论是显而易见的。因此，在一定时期、一定阶段、一定条件下，"维持国际和平及安全"又构成联合国宗旨之目的。而人道主义干涉实际上正是要在"维持国际和平及安全"这样的"手段"无法满足的前提下，去追求或实现"增进并激励"尊重人权及基本自由这样的"目的"。其三，实现联合国的宗旨不能以违反联合国的集体安全体制为代价。《联合国宪章》为实现联合国的宗旨，构建了相应的国际法体制，包括联合国集体安全体制，即将断定"和平之威胁""和平之破坏"和"侵略"情势的职权赋予安理会，并通过安理会采取包括军事行动在内的强制执行机制，以维持国际和平与安全。如果联合国成员国或联合国以外的国际组织都借口实现联合国的宗旨而肆意使用武力，联合国集体安全体制势必形同虚设，"维持国际和平及安全"的宗旨也无法实现。其四，实现联合国宗旨不得违反《联合国宪章》为维护国际和平与安全及维护联合国集体安全体制确定的禁止使用武力原则。国际社会为限制、废弃国家的战争权经历了长期艰苦的努力，为堵塞国家战争权法理方面存在的漏洞确立禁止使用武力原则。如果为实现联合国宗旨允许使用武力限制他国的领土完整和政治独立，那么国际社会为实现国际和平确立的禁止使用武力原则将被束之高阁，失去强行法的作用，维护国际和平与安全的基石将不复存在。

（二）国际法原则之间的效力问题

人道主义干涉涉及的国际法原则包括禁止使用武力原则、不干涉内政原则、国家主权平等原则、国家领土不可侵犯原则及保护人权原则。人道主义干涉的支持者实际上将保护人权原则的效力置于其他国际法原则之上，或者说将保护人权原则的适用优先于其他国际法原则的适用。事实上国际社会在确定国际法基本原则过程中并没有区分诸项原则的效力关系，并没有将一项原则的效力置于其他原则的效力之上，而是要求普遍地遵守国际社会确认的国际法基本原则。倘若一定要区分这些国际法基本原则的效力层级，那么禁止使用武力原则已经构成国际法上的强行法，而人道主义干涉显然是违反该项国际法基本原则的。

（三）国际法上目的与手段的关系问题

人道主义干涉引发的又一法理问题是国际法上目的的正当性能否证明手段的合法性问题。人道主义干涉的支持者提出，人道主义干涉的目的是正当的，即消除一国正在发生的严重侵害其国民人权的现象；当联合国设计的集体安全体制无法解决这样的问题时，从道义上讲，任何国家均可以通过包括使用武力在内的手段来解除人道灾难。

英国的杰弗里·罗伯逊提出，出于人道必要，国际法应该准许不经联合国许可即可进行干涉，因为安理会存在政治中的行动迟缓与派性斗争。《奥本海国际法》论及有关人道主义干涉的事项时提出："如果一个国家对它的国民实行虐待或加以迫害到了否定他们的基本人权和使人类良心震惊的程度，就不是单独与该国有关的事项，而甚至为了人类利益的干涉也是法律上所允许的。"〔1〕

目的的正当性并不意味着手段的合法性。人道主义干涉支持者提出目的的正当性意味着手段的合法性，这样的论证无论从逻辑看，还是从现实实践看，都是难以说通的。诚然，合法的手段可以实现正当的目的，但非法的手段也可以实现正当的目的。《联合国宪章》第1条确认了联合国"增进并激励"尊重人权及基本自由的宗旨或"目的"，但《联合国宪章》同时确认了国际关系中禁止使用武力原则，以及为实现联合国宗旨而构建的集体安全体制。以违反《联合国宪章》的手段，以破坏联合国的集体安全体制为前提，实现《联合国宪章》确认的联合国宗旨或目的，不能证明手段的合法性。

人道主义干涉支持者在以目的的正当性论证手段的合法性过程中提出的

〔1〕［英］詹宁斯、［英］瓦茨修订：《奥本海国际法》（第1卷·第1分册），王铁崖等译，中国大百科全书出版社1995年版，第319页。

另外一种观点也是站不住脚的。这就是最终目的不侵占一国领土完整,不损害一国政治独立,以此目的的正当性来论证干涉行为也是合法的。北约在干涉南联盟的过程中,人道主义干涉支持者就提出,北约的干涉行动最终并不侵占南联盟的领土,也不侵害南联盟的政治独立,因而这样的干涉不违反《联合国宪章》第 2 条第 4 项关于禁止使用武力原则的规定。殊不知,北约干涉南联盟的 78 天过程本身已经侵害南联盟的政治独立,损害南联盟的国家主权,同时损害南联盟的领土完整。领土完整不仅仅意味着领土被割让,对一国领土的轰炸,也是侵害一国领土完整的体现。试想,如果一国对他国的狂轰滥炸都不侵害一国的政治独立,那么何种行为才算对一国政治独立的侵害。《美洲国家组织宪章》的相关规定也说明,对一国领土完整和政治独立的侵害不能以最终结果为标准。该宪章第 25 条规定:"如果任何美洲国家的领土不可侵犯性或完整或主权或政治独立遭受到一种武装攻击或一种非武装攻击的侵略行为……或被任何其他可能危及美洲和平的事实或情势所影响时,则美洲国家为了促进美洲大陆团结原则或集体自卫,应适用为此订立的特别条约所规定的手段及程序。"[1]从上述规定可以看出,对国家领土完整和政治独立的破坏,是可以引发美洲国家的集体自卫权行使的。因此,只以最终结果而刻意忽略过程来判定一国的领土完整及政治独立是否受到损害或破坏,是对相关国际法的肆意曲解。

(四)国际社会道德尺度与法律尺度之间的关系问题

人道主义干涉支持者在论证人道主义干涉行动合法的过程中运用的另一论证模式是,以行为的正当性论证行为的合法性。

正当性与合法性密切关联。正当性是合法性的前提,合法性是对正当性的确认。一种行为要获得法律的承认,首先应具有正当性,而合法行为的要素很多,正当性仅为其中之一。换言之,正当的行为可能属于合法行为,但正当行为并不等同于合法行为。

西方部分学者虽然承认以行为的正当性难以论证行为的合法性。但他们又提出,在特殊情势下,行为的正当性与行为的合法性相比较,行为的正当性

---

〔1〕 王铁崖、田如萱编:《国际法资料选编》,法律出版社 1982 年版,第 886 页。

价值更高，或者说，为了行为的正当性，行为的不法性是可以容忍的，因为忍受不法行为比忍受不正当的行为更有价值。《奥本海国际法》就提出，迫切的紧急情况下的包括军事行动在内的干涉行动是可以接受的，因为人道压倒一切，紧急考虑显然比对一国领土的侵犯更重要。[1] 格兰农教授认为，如果某一国际行动被大多数国家认为是道德上紧急的，即使此行动涉及使用武力，它也可能具有法律上的正当性；当不干涉的人道代价太高时（如种族灭绝的情况），武力干涉就被赋予了正当性。联系以美国为首的北约因科索沃问题对南联盟的军事干涉及持续数月的空中打击，有西方学者认为，科索沃地区发生的侵犯人权的不幸事实是北约轰炸战略的正当性之所在。[2] 芮斯曼教授就北约干涉南联盟事件评论道："科索沃行动并不好，无论其结果多么高尚和迫切，如果它将来发生也是不好的行为。然而，倘若情况需要，它应该而且必须再做！实际的问题是，像科索沃那样的决定是否一定是一个或更多强国出自它们自身的特殊利益而采取的不受控制的行为——这是真正违反宪章第二条第四项精神的行为，或者这样的决定是否受国际法标准的制约和有助于联合国宪章主要宗旨的实现。"

也有学者将正当性与合法性问题概括为公正与秩序之间的矛盾。在这样的矛盾中，有西方学者提出应当选择公正价值，或者主张在默认特殊情况下实施人道主义干涉的正当性，而放弃秩序价值则没有什么大不了的。沃尔夫教授就认为，当支持禁止使用武力原则的绝对禁止说的学者面对制止种族灭绝的道德义务挑战时，这些学者所能提出的应对措施无足轻重，只是给人道主义干涉贴上毫无意义的"技术上"的违法标签而已。[3] 英国国际法学者保尔·西格哈德的观点则更为明确："如果一个主权国家政府对其统治下的人民残暴不仁，其忤逆足以'震撼人类的良心'时，其他国家有权进行干预，直至使用武

---

〔1〕［英］詹宁斯、［英］瓦茨修订：《奥本海国际法》（第 1 卷 · 第 1 分册），王铁崖等译，中国大百科全书出版社 1995 年版，第 383 页。

〔2〕 *Editorial Comments: NATO's Kosovo Intervention*, American Journal of International Law, Vol. 93: 4, p. 832, 828 (1999).

〔3〕 Daniel Wolf, *Humanitarian Intervention*, Michigan Yearbook on International Legal Studies Annual, 1988, p. 359.

力也不为过。"[1]英国国际法学家劳特派特论及国家主权与人道主义干涉时提出:"当主权国家的法律制订或适用违反了起码的人权而可以正当地被认为震惊人类良知时,人道主义则是高于主权国家的法律的。"威勒提出,他研究人道主义干涉的出发点是,武力有时是防止或阻止更大的罪恶的正确手段。[2]

毋庸讳言,抛开人道主义干涉的实质目的,其形式目的理论上具有正当性。因为对人权的尊重与保护在伦理道德上具有可接受性。在世界各国的文化理念与传统中,任何一个国家或社会都不会推崇这样的价值理念,即认为无故杀害本国平民的行为是道德的、可理解的或可接受的。对于生命、健康、自由等基本价值的关怀,是人类全体均认可并在大部分情况下得到奉行的道德准则。随着社会的发展进步,对人权的尊重与保护的加强是世界政治文化与伦理文化发展的基本趋势。但人道主义干涉的手段是国际法禁止的。而且,人道主义干涉的结果无论对被干涉国还是对国际社会而言,存在明显的有害性。因为人道主义干涉往往没有解除被干涉国家或地区的人道灾难,反而加深了人道灾难;人道主义干涉侵犯一国的领土完整和政治独立;人道主义干涉造成世界秩序的混乱。加之,人道主义干涉实质目的的复杂性也使国际社会对这种干涉目的表面正当之下的实质目的正当与否的普遍质疑。北欧有的国家也承认,1999年以后的人道主义干涉实践表明,越来越多的国家开始承认"合理干涉"的道义价值,但道义承认并不意味着法律承认,并不意味着现行国际法中存在这种合法的干涉权。也有西方学者提出,北约因科索沃问题而对南联盟干涉,具有道德方面的正当性,但同时是不符合国际法的。卡塞斯教授就提出,从道德观点看,北约诉诸武力是有正当理由的,但作为一位法律学者,不得不说这样的道义行为违反了现行国际法。[3] 有德国学者指出:"这种

---

〔1〕 赖彭城、倪世雄、袁铮编著:《国际人权论》,上海人民出版社1993年版,第27页。

〔2〕 Nicholas J. Wheeler, *Saving Strangers: Humanitarian Intervention in International Society*, Oxford University Press, 2000, p. 2.

〔3〕 Antonio Cassese, *Ex iniuria ius oritur: Are We Moving towards International Legitimation of Forcible Humanitarian Countermeasures in the World Community*?, European Journal of International Law, Vol. 10: 1, p. 25 (1999).

以道德否定国际法的基本规范论调是不可能持久的……只要回顾一下历史，就知道社会道德是厌恶战争的。”〔1〕

有学者给人道主义干涉的正当性设置了条件。《奥本海国际法》(第9版)提出：“人道主义干涉要成为正当，它只能在极端和非常特殊的情况下进行。”他从前提、被干涉国的意愿、国际社会的需求等方面，对“正当”的人道主义干涉设置了条件。〔2〕但他没有提及这种正当性与合法性之间的关系，也没有提及这种“条件”设置的主体、“条件”的衡量标准。

(五)人权价值与法律秩序价值的优先选择问题

当代国际法对人权价值的确认具有发展与加强的趋势。这主要体现在：《联合国宪章》对联合国尊重人权宗旨的确立，诸多尊重人权的国际法文献的形成与影响力的日益扩大，如1948年《世界人权宣言》。

人道主义干涉支持者在论证人道主义干涉合法的过程中引出的又一国际法难题是：人权价值与法律秩序价值冲突之后该如何解决？换言之，到底是将秩序价值作为手段，可以暂时放弃秩序价值去选择人权价值，还是首先维护秩序价值，在保障秩序的基础上保障人权价值？斯特德曼的《新干涉主义者》提出：“积极的国际干预是冷战后的世界秩序所必需的”，提倡“一种新的人道主义秩序，在这种秩序里，要使政府——如有必要可通过武力——达到较高的尊重人权的标准”；“主权不再是建立国际秩序的工具，而是对国际行动的一种政治上的限制。主权不再属于国家，而是属于国家的人民”。斯特德曼首先承认秩序的价值，但他将保护人权本身视为维护秩序的内容。

此外，人道主义干涉支持者在理论上对诸多基本概念、用语、法理问题缺乏界定与澄清，也引发国际社会对这种干涉正当性的质疑。譬如，何谓违反了起码的人权？何谓人类良知及其构成？人道主义高于主权国家法律的法理依据何在？对国家主权原则这一当代国际法构建的基础性原则否定之后如何确定替代性国际法基本原则？等等。

---

〔1〕［德］沃尔夫刚·格拉夫·魏智通主编：《国际法》(第2版)，吴越、毛晓飞译，法律出版社2002年版，第817页。

〔2〕［英］詹宁斯、瓦茨修订：《奥本海国际法》(第1卷·第1分册)，王铁崖等译，中国大百科全书出版社1995年版，第383页。

二、规制人道主义干涉的建议及评析

对一个国际不法行为是予以惩治以寻求国际责任的主体与形式,还是探寻规制,以使这样的国际不法行为转化为国际社会可以接受的国际合法行为,也是人道主义干涉引发的问题之一。很少听到或看到反对人道主义干涉的人针对如何惩治这种国际不法行为的后续学说观点,大多数人仅仅指出该种国际行为的不法性。支持人道主义干涉的学者却在尽力探寻如何规制此类国际行为。这表明一方面,支持人道主义干涉的人也意识到此类国际行为的不法性,或者至少存在不符合国际法方面的因素;另一方面,这些人在探寻如何使一项国际不法行为转化成国际合法行为。

(一)反对构建人道主义干涉规则的观点

有学者提出,人道主义干涉尽管存在违反国际法的情况,但即便如此,也没有必要构建一种使人道主义干涉合法的机制,因为那样对国际社会的危害更大。

沙赫特教授认可人道主义干涉的必要性,但反对将人道主义干涉构建为禁止使用武力原则的例外情形。他认为,默许人道主义干涉的违法性较允许构建人道主义干涉例外机制的危害要小。"即使在缺乏(安理会)授权的情势下,如果确实存在干涉的必要,而且人道主义的意图非常明显,一个国家或国家集团使用武力以结束他国存在的严重侵犯人权的暴行是可以原谅的。但是,制定一项承认人道主义干涉的新规则却是不可取的。因为这可能为滥用干涉提供口实。与采纳一项在反对单边使用武力的障碍上敞开一大缺口的原则相比较,默许在特定情势下被认为是必要的和可取的违法行为之做法更好些。"〔1〕

查尼教授提出,保持人道主义干涉的非法地位和默许各国在极端情形下违反国际法,与将人道主义干涉合法化相比较,前者虽然不是完美的解决方

---

〔1〕 Oscar Schachter, *International Law in Theory and Practice*, Cambridge University Press, 1995, p. 126.

法,但或许是限制人道主义干涉形式的最好方案。[1]

默许人道主义干涉也存在非常严重的危害。"这种默许做法对国际法的损害也是不难预计的:它将造成在国际社会上有法不依、对公然违反国际法的行为坐视不理的后果。"[2]

(二)支持构建人道主义干涉规则的建议与评析

1. 支持构建人道主义干涉规则的建议

建议规制人道主义干涉的学者提出,实施人道主义干涉应当满足以下前提条件:(1)有充分证据证明,一国存在大规模侵害基本人权、严重的人道主义灾难,而且这样的灾难仍然处于延续状态。《奥本海国际法》在论述正当的人道主义干涉条件时就提出:"一种极端和大规模的人道主义灾难的迫切和紧急情况要求立即予以补救。"[3](2)发生人道主义灾难的国家的政府"不愿意"或"不能够"解除这样的灾难。所谓"不愿意",包括该国政府是人道主义灾难的实施者或纵容者;所谓"不能够",包括该国政府没有能力解除这样的灾难。亨金教授提出,人道主义干涉应当限于拯救生命之必需,"倘若领土所属国无力或不愿这么做的话"。《奥本海国际法》也有类似的表述,"领土国不能满足情况的需要或不愿意满足这种需要(或本身就是这种需要的原因)"。(3)一国的人道主义灾难已经对普遍的或区域的"国际和平与安全构成威胁或破坏"。(4)一国政府拒绝国际社会的救助。《奥本海国际法》的表述是,领土国方面可能进行任何积极的反抗。(5)国际社会已经用尽政治、经济、外交等和平的手段。《奥本海国际法》的表述是,对所采取的行动没有任何实际可行的另外办法。[4] (6)人道主义干涉的限制。一国不得通过人道主义干涉以颠覆被干涉国政府或占领其领土。因为这样的做法或观点没有获得承认。

即使存在以上条件,学者还是认为,实施人道主义干涉的主体应当是联合

---

[1] Jonathan I. Charney, *Anticipatory Humanitarian Intervention in Kosovo*, American Journal of International Law, Vol. 93:4, p. 838 (1999).

[2] 余民才主编:《国际法专论》,中信出版社2003年版,第215页。

[3] [英]詹宁斯、[英]瓦茨修订:《奥本海国际法》(第1卷·第1分册),王铁崖等译,中国大百科全书出版社1995年版,第383页。

[4] [英]詹宁斯、[英]瓦茨修订:《奥本海国际法》(第1卷·第1分册),王铁崖等译,中国大百科全书出版社1995年版,第383页。

国安理会。安理会可以授权联合国会员国或区域国际组织,对发生并正在继续的人道主义灾难实施干涉与救助。如果没有安理会的授权,任何国家或国际组织所实施的人道主义干涉均为非法主体实施的干涉。

实施人道主义干涉的国家与联合国安理会之间的关系是授权与被授权的关系。安理会的授权应当具有专门的授权决议。授权决议的相关用词应当明确。实施人道主义干涉的国家,应当向安理会报告实施授权的情况。安理会有权对实施人道主义干涉行为予以监督。

2. 对构建人道主义干涉规则建议的评析

从上述建议中可以看出,提议者的主旨是制止单边人道主义干涉,可见这种类型干涉的不法性及其危害使部分学者在为其辩解的同时,否定这种干涉行为的国际存在。构建人道主义干涉规则的建议旨在完善安理会授权使用武力机制,试图将其纳入安理会授权使用武力的轨道。构建人道主义干涉规则还处于国际立法建议阶段,要形成具有约束力的国际法文献与国际法规则,还有漫长的道路需要前行。构建人道主义干涉规则的建议,在目前国际关系和国际法实施条件下,更有利于发展中国家的利益。

第十章　保护责任中的武力使用

第一节　保护责任中武力使用的界说

一、保护责任的出处与含义

（一）保护责任的出处

保护责任这一用语源于2001年12月“干预与国家主权国际委员会”(The International Commission on Intervention and State Sovereignty, ICISS)通过的名为《保护的责任》的报告。正如该报告的名称那样，保护责任一般被翻译为“保护的责任”。朱世宏博士提出，为研究表述方便，将其简约表述为“保护责任”。[1] 本书沿用这样的表述具有同样的适宜性。

（二）保护责任的含义

依照ICISS报告中表达的基本观点与立场，保护责任是指国家及国际社会保护一国国民免受严重人道灾难的责任。首先，保护责任是国家的一种责任，即国家保护本国国民免受严重人道灾难的责任。其次，保护责任是国际社会的一种责任，当国家不愿意或没有能力履行保护本国国民免受严重人道灾难的责任时，国际社会促使国家或替代国家承担保护一国国民免受严重人道灾难方面的责任。[2] 保护责任的概念没有提及履行保护责任的目的、依据和手段。

---

[1] 朱世宏：《论保护责任中的武力使用》，法律出版社2016年版，第1页。

[2] ICISS, *The Responsibility to Protect*, International Development Research Centre, 2001, foreword Ⅷ.

二、保护责任中武力使用的含义

国家可以通过政治、法律保护本国国民的人权免受严重损害或践踏。国际社会可以通过政治、法律、外交以至军事等手段保护一国国民的人权免受严重损害或践踏。保护责任中武力使用是指国际社会以武力方式对一国不愿意或没有能力履行其保护国民免受严重的人道灾难状况的干涉行为。

保护责任中的武力使用与保护责任中使用武力在本质含义方面没有明显区别。从汉语常用语法的角度看,保护责任中的“武力使用”可被看作名词;保护责任中“使用武力”可被看作动词或行为、行动。

第二节 保护责任中武力使用的法理逻辑与法律定性

一、保护责任中武力使用的法理逻辑

“保护责任中武力使用的法理逻辑”是指相关主体提出保护责任中武力使用的法理依据及思维的逻辑路径。这一问题是分析保护责任中武力使用合法与否的前提。

(一)国家负有保护本国国民免受严重人道灾难的法律责任

“法律责任”一词在不同的语境中具有不同的含义。“广义的法律责任就是一般意义上的法律义务的同义词”,[1]狭义的法律责任是指因违法行为所引发的不利的法律后果。在特定语境下,法律义务等同于法律责任。法律义务是指法律关系主体依法承担的某种必须履行的责任。《牛津法律大辞典》对二者的等同关系也予以确认。[2] 保护责任中“责任”是从法律方面的保护义务转换而来的。一国保护其国民是国家的基本义务,也就是一国的基本责任。履行保护责任的首要主体是国家,是世界上的所有国家或任何一个国家。

1. 国家负有保护本国国民免受严重人道灾难的国家法上的义务

国家保护本国国民的基本人权的国家法上的义务是基于一国宪法或宪法

---

〔1〕 张文显主编:《法理学》(第3版),高等教育出版社2007年版,第167页。

〔2〕 [英]戴维·M.沃克:《牛津法律大辞典》,李双元等译,法律出版社2003年版,第348页。

性法律的规定。此类规定理论上源于社会契约论。依自然法的观点来审视，此类观点也不无道理。既然国家享有主权，就应当对本国的国民予以保护。组成国家的目的之一就是保护国家领土上的居民有生活来源，有生存的空间。

2. 国家负有保护本国国民免受严重人道灾难的国际法上的义务

国家负有保护本国国民基本人权的国际义务。该国际义务基于一国缔结或参加的国际条约的相关规定，这些国际条约载有国家保护其国民人权和基本权利的义务的条款。

（1）联合国会员国负有实现与维护联合国宗旨的国际义务

《联合国宪章》载有保护人权的相关条款，联合国会员国有义务履行其缔结或加入《联合国宪章》的相关义务。《联合国宪章》将保护人权作为联合国的宗旨。《联合国宪章》序言提及成立或组成联合国的目的在于树立保护人权的信念。“重申基本人权，人格尊严与价值，以及男女与大小各国平等权利之信念。”《联合国宪章》第 1 条第 3 项规定：“促成国际合作，以解决国际间属于经济、社会、文化及人类福利性质之国际问题，且不分种族、性别、语言或宗教，增进并激励对于全体人类之人权及基本自由之尊重。”《联合国宪章》第 55 条规定：“为造成国际间以尊重人民平等权利及自决原则为根据之和平友好关系所必要之安定及福利条件起见，联合国应促进……全体人类之人权及基本自由之普遍尊重与遵守，不分种族、性别、语言或宗教。”《联合国宪章》第 56 条规定以特定手段实现第 55 条所载的联合国宗旨。“各会员国担允采取共同及个别行动与本组织合作，以达成第五十五条所载之宗旨。”联合国会员国有义务共同努力实现与维护《联合国宪章》所载的宗旨。

（2）《世界人权宣言》的缔约国负有保护其国内自然人的权利的义务与责任

《世界人权宣言》的所有内容均与保护人的基本权利相关，只是这些权利的规定多是从自然人应当享有的权利角度及国家义务与责任的角度体现的。该宣言以下条款常常被摘出以论证说明国家在此方面的义务与责任。“人人生而自由，在尊严和权利上一律平等……”（第 1 条）“人人有权享有生命、自由和人身安全。”（第 3 条）“任何人不得使为奴隶或奴役；一切形式的奴隶制度和奴隶贩卖,均应予以禁止。"(第4条)"任何人不得加以酷刑,或施以残忍的、不人道的或侮辱性的待遇或刑罚。"(第5条)保护责任法理支持者还对《世界人权宣言》国际法上的效力问题作了说明与论证。虽然《世界人权宣言》只是一个国际法文献,不具有一般意义上的国际条约的效力。但该宣言也具有一定的约束力或影响力。这是因为:其一,该宣言由联合国大会通过,在一定意义上代表联合国的共同意思表示,联合国的会员国也是这种意思表示的主体。其二,该宣言的相关条款多次为国际司法机构所引用,因而提升与增强了其拘束力和影响力。其三,有学者认为,该宣言实际上可以被视为对《联合国宪章》的解释,因而可以借助《联合国宪章》的约束力和影响力提升其约束力和影响力。

(3)《经济、社会及文化权利国际公约》的缔约国负有保护其国民享有经济、社会及文化权利方面的义务

该公约在序言中表明确认与尊重人权对国际社会的意义。对人类家庭所有成员的固有尊严及其平等的和不移的权利的确认,乃是世界自由、正义与和平的基础。该公约序言还明确了缔约国基于《联合国宪章》的规定在尊重人权方面的义务。各国根据《联合国宪章》负有义务"促进人权及自由之普遍尊重及遵守"。该公约第2条要求缔约国保证人人行使本公约所载之各种权利,不因种族、肤色、性别、语言、宗教、政见或其他主张、国籍或社会出身、财产、出生或其他身份等而受歧视。该公约对缔约国具有法律效力,"构成国际人权法典",构成缔约国的相应责任。

(4)《公民权利和政治权利国际公约》的缔约国负有保护其公民政治权利的义务

《公民权利和政治权利国际公约》的序言与《经济、社会及文化权利国际公约》一样,表明确认与尊重人权对国际社会的意义,且明确了缔约国基于《联合国宪章》的规定在尊重人权方面的义务。该公约第6条强调对生命权的保障。"人人固有的生存权,这个权利应受法律保护。不得任意剥夺任何人的生命。""任何人均不得加以酷刑或施以残忍的、不人道的或侮辱性的待遇或刑罚。""人人有权享有人身自由和安全。"该公约第四部分还规定了公约实施

的保障机制。公约明确国际社会"设置人权事务委员会"。缔约国得依照公约的规定,"随时声明它承认委员会有权接受和审议一缔约国指控另一缔约国不履行它在本公约下的义务的通知"。如果一缔约国认为另一缔约国没有实施该公约的条款,可以书面提请该缔约国注意。委员会审查一缔约国递送的文件时应当举行不公开会议。委员会应当在不与国际法冲突的前提下,在尊重本公约所确认之人权及基本自由的基础上友善解决事件。委员会应当在接到缔约国的文件后 12 个月内提出书面报告。关于每一事件,委员会应将报告送达各有关缔约国。

其他国际条约和国际法文献也有类似的规定。如 1946 年《国家权利义务宣言草案》第 6 条规定:"各国对其管辖下之所有人民,有不分种族、性别、语言或宗教,尊重其人权及基本自由之义务。"

国家缔结或加入此类国际条约,是对其他缔约国或国际社会的一种承诺,表明国家愿意接受条约中的相关义务。从国际法的角度看,此类义务构成国家保护其国民人权的国际义务;若国家将相关国际条约中的规则确认与转化为国内法,则国际条约中的规则与一国原有的保护其国民人权的相关规则融为一体,构成国家法律体系的组成部分,同时构成国家法上保护国民人权的法律义务。

(二)国家的法律责任可以转换为国际社会的法律责任

在保护责任的法理逻辑之下,国家的法律责任在特定情势下可以转换为国际社会的法律义务,或者说在特种情境下,国际社会可以促使、督促、强迫国家履行特定的法律义务,或者直接替代国家履行特定的法律义务。

1. 一国出现没有履行保护责任的情势

一国在何种情势下才属于没有履行国内法及国际法上的义务,从而构成没有履行保护的责任?依照 ICISS 报告,这类情势通常包括两个方面:一是一国客观上出现灭绝种族、清洗族裔、危害人类等大规模侵犯人权的状况;二是一国主观上不愿意或能力上不能够消除这种状况。

2. 当事国主权应当受到限制

在上述情境下,一国的主权应当受到限制。

ICISS 报告承认当代国际法确认国家主权平等原则。如《国际法原则宣言》对国家主权平等原则予以确认："各国一律享有主权平等。各国不问经济、社会、政治或其他性质有何不同，均有平等权利与责任，并为国际社会之平等会员国。"诸多权威国际公法学者也承认国家主权平等原则。

ICISS 报告强调国家主权本来就不是绝对的或不受限制的。当代国际法确认国家主权及国家主权平等原则，并不意味着确认与承认国家主权的绝对性，也不意味着国家主权不应受到任何限制。事实上，当代国际法及权威公法学者在确认国家主权及国家主权平等的同时，也确认国家主权应当受到限制。如《国家权利义务宣言草案》第 14 条规定："各国有责遵照国际法及国际法高于各国主权之原则，处理其与他国之关系。"《关于国家对国际不法行为的责任的条文草案》第 1 条规定："国家的每一国际不法行为都会引起该国的国家责任。"国际权威公法学家布朗利认为，国家主权应当受到限制，该限制首先是指国家所缔结的条约中所载的国家应当履行的义务。国际法学者 J. G. 斯塔克认为："18、19 世纪强烈民族性的国家存在时，很少认为国家的自主权有所限制，与这种现象比较，主权在当代有限制性的意义，现时代几乎没有一个国家不接受基于国际社会利益对其行动自由的限制。绝大多数国家现时代都是联合国和国际劳动组织的成员国，因此在国际政策方面的不受拘束之裁量权均受到限制。所以，现时代所说的主权是国家享有在国际法所限定的范围内的剩余权利，可能更为准确。"[1]即便在 18 世纪之前，国家主权也不是完全不受限制的，国家主权有时还受制于特定国际法。如《威斯特伐利亚和约》规定：所有缔约国"有义务保持和遵守本条约的规定，任何违反者应被视为和平的破坏者"。[2]

3. 国际社会应履行保护一国国民人权的国际义务

ICISS 报告提出，国际社会特别是国际社会中的联合国，在上述情境下，应当督促严重侵害人权的成员国履行保护其国民基本人权的责任。因为一国严重侵害其国民人权，是对《联合国宪章》尊重与保护人权宗旨的违背；同时，严

---

〔1〕 J. G. Starke, *An Introduction to International Law*, 10th edition, Butterworths, 1989, p. 99.

〔2〕《国际条约集(1648—1871)》，世界知识出版社 1984 年版，第 31 页。

重侵害人权的行为导致一国难民的大量产生与流动，对区域和平与安全构成威胁，联合国安理会有职责消除威胁国际和平与安全的情势，联合国安理会及其他区域国际组织有义务采取必要措施以纠正破坏国际和平的情势，有的国家联合体从道义角度出发亦有权采取类似的行动。

二、保护责任中武力使用现状的法律定性

ICISS 报告提出，保护责任从提出到形成经历了一个发展过程。20 世纪 90 年代在非洲、亚洲、拉丁美洲和东欧诸多国家发生的大规模践踏国民人权事件，引发国际社会关于主权与人权关系的大辩论及联合国在新的国际安全环境下定位的思考讨论。以美国为首的北约在人道主义干涉的名义下对南联盟进行 78 天的轰炸，引发国际法学领域关于以上主题的争论更为激烈，相关研讨更为深入。2000 年，时任联合国秘书长安南在联合国大会的报告中，建议国际社会尽快就人道主义干涉问题展开讨论，以便尽快达成共识。作为对联合国秘书长呼吁的一种回应，ICISS 在加拿大政府和数个基金会的支持下宣告成立。2001 年 12 月，ICISS 向联合国时任秘书长提交了《保护的责任》报告。[1]

而保护责任的支持者则认为，到 2013 年，保护责任中武力使用已经进入实践阶段。这可以用安理会通过的第 1973 号决议来说明。2011 年 3 月 17 日，安理会就利比亚问题通过第 1973 号决议，该决议谴责利比亚政府没有遵守安理会此前通过的第 1970(2011)号决议，对利比亚的局势恶化、暴力升级和平民伤亡严重状况表示严重关切；重申利比亚当局有责任保护利比亚民众，重申利比亚的武装冲突各方负有采取一切可行步骤确保利比亚平民受到保护的首要责任；谴责严重侵犯人权，包括任意拘留、强迫失踪、酷刑等；敦促利比亚当局遵守安理会第 1738(2006)号决议所述的国际人道法为其规定的义务；认为利比亚针对平民发生的大规模攻击可构成危害人类罪；认定利比亚局势对国际和平与安全构成威胁；表明根据《联合国宪章》第七章授权联合国会员国，采取一切必要措施以便保护阿拉伯利比亚民众国境内可能遭受袭击的平

---

[1] 朱世宏：《论保护责任中的武力使用》，法律出版社 2016 年版，第 20-25 页。

民和平民居住区。[1]

安理会第 1973 号决议运用了保护责任中的法理逻辑，其逻辑路径就是利比亚武装冲突各派别负有保护平民的责任，特别是利比亚当局负有保护本国平民及平民居住区的首要责任；这些责任包括源于国际人道法上的义务；利比亚境内出现严重侵犯平民人权的事件；利比亚国内严重侵犯人权的局势构成对国际和平与安全的威胁；安理会依据《联合国宪章》第七章的相关规定，授权愿意与联合国秘书长合作的会员国，“采取一切必要措施”，“以便保护阿拉伯利比亚民众国境内可能遭受袭击的平民和平民居住区”。保护责任的支持者认为，这样的逻辑路径及紧随其后的国际实践表明，保护责任中武力使用已付诸实践。

保护责任中武力使用的合法性还没有得到国际社会的确认，保护责任中使用武力是否形成国际习惯，还存在争议。

第三节　保护责任中武力使用对当代国际法的冲击

一、保护责任中武力使用本质上属于人道主义干涉

(一)保护责任中武力使用与人道主义干涉的联系

1. 保护责任因人道主义干涉引发的争论而缘起

如前所述，以美国为首的北约在人道主义干涉的名义下对南联盟的武装干涉引发国际社会关于人道主义干涉合法与否的争论。可以看出，保护责任的理论正是基于人道主义干涉引发的国际法理问题而提出的。对人道主义干涉的争论“是保护责任理论产生的直接诱因”。[2]

2. 保护责任中武力使用与人道主义干涉涉及的国际法主题相同

保护责任中武力使用与人道主义干涉涉及的国际法主题有二：一是国家主权与人权的关系，进一步来说，基于人权的考虑，能否因一国的人权状况严

---

〔1〕 联合国文件 S/RES/1973。

〔2〕 朱世宏：《论保护责任中的武力使用》，法律出版社 2016 年版，第 20 页。

重恶化而限制该国主权的行使,进而能否使人权问题高于主权问题。二是如果一国发生严重践踏其国民人权的情势,国际社会能否使用武力对这种情势予以干涉,而且这样的干涉在法律属性方面能否属于合法使用武力的情形。

3. 保护责任与人道主义干涉在名称上曾被学界通用

在国内学术领域,2005 年之前,保护责任的代名词是“人道主义干涉”。2005 年世界首脑会议之后,国际社会大部分国家接受保护责任的概念。

(二)保护责任中武力使用与人道主义干涉的区别

1. 论证的视角不同

人道主义干涉侧重从道义基础上论证通过武力干涉一国内政的合法性。在显示这种侧重的同时,支持人道主义干涉的学者也注意从国际法法理层面论证人道主义干涉行为的合法性,如干涉符合《联合国宪章》宗旨,有国际习惯规则作依据,没有侵害一国领土完整与政治独立的目的与意图,等等。

2. 武力使用的首选主体不同

人道主义干涉的武力使用主体是发生人道灾难以外的其他国家或国家集团;而保护责任中武力使用的首选主体则是联合国安理会,但在安理会之外,也给其他国家或国家集团的干涉行为预留了理论与法律空间。国外一些学者的说法是,人道主义干涉只涉及有能力干涉的行为体,保护责任涉及广泛的行为体。

此外,二者的区别还包括:保护责任重点在预防,而人道主义干涉只是反应。保护责任包括一系列反应行动,如从外交说服到施压,再到制裁,从政治到国际军事法庭;而人道主义干涉只限于军事行动。

二、保护责任中武力使用冲击当代国际法

(一)保护责任中武力使用冲击国家主权原则

1. 保护责任中武力使用否定了国家主权的固有属性

国家主权常被简称为主权,是指国家“可以支配一定空间(领土)里的一切人和物,而且是不从属于其他权力,可以独立进行活动的权力”。[1] 国家主

[1] 日本国际法学会编:《国际法辞典》,世界知识出版社 1985 年版,第 215-216 页。

权的固有属性之一是国家在其领土范围内管辖权力的至高无上性。对此属性，相关国际法文献有明确规定，权威国际公法学者亦有共识性确认。

《国际法原则宣言》规定，"每一国均享有充分主权之固有权利""每一国均有权利自由选择并发展其政治、社会、经济及文化制度"。《国家权利义务宣言草案》亦有确认国家主权属性的条款。"各国有独立权，因而有权自由行使一切合法权利，包括其政体之选择，不接受其他任何国家之命令。"（第1条）"各国对其领土以及境内之一切人与物，除国际法公认豁免者外，有行使管辖之权。"（第2条）

国家主权是国家在国际法上最基本的权利。国家主权构成当代国际法的基础。英国国际法学家伊恩·布朗利认为，国家主权与平等学说属国际法中的宪法性学说。"这一学说调整着主要由具有完整法律人格的国家组成的国际社会的关系。"[1]日本国际法学会编的《国际法辞典》确认了国家主权的固有属性。主权"不从属于任何其他权力，它具有属地（领土）方面的最高优越（统治）权"。

强调国家主权的至高无上性并不否定国家特定的国际法责任与义务的承担与履行。对此，国际法文献和权威国际公法学者也有相关规定和强调。

《国际法原则宣言》规定，"每一国均有责任充分并一秉诚意履行其国际义务"。该宣言具体罗列国际义务。"每一国均有责任一秉诚意履行其依联合国宪章所负之义务。每一国均有责任一秉诚意履行其依公认之国际法原则与规则所负之义务。每一国均有责任一秉诚意履行其在依公认国际法原则与规则系属有效之国际协定下所负之义务"。《国家权利义务宣言草案》第6条规定："各国对其管辖下之所有人民，有不分种族、性别、语言或宗教，尊重其人权及基本自由之义务。"

可以看出，国家主权原则与国家在国际法上的责任发生冲突。对此，《国际法原则宣言》有相应的规定，"遇依国际协定产生之义务与联合国宪章所规定联合国会员国义务发生抵触时，宪章规定之义务应居优先"。国家保护其国民的基本人权是国家基于国际协定形成的义务；国家主权平等是《联合国宪

---

〔1〕［英］伊恩·布朗利：《国际公法原理》，曾令良、余敏友等译，法律出版社2007年版，第258页。

章》所载的国际法基本原则,相应地,尊重他国主权亦是《联合国宪章》赋予联合国会员国的国际义务。《国际法原则宣言》表明在义务冲突的情境下,应当优先履行《联合国宪章》规定的义务。而保护责任中武力使用却要求在国际义务冲突的情境下,优先适用保护人权的国际法上的义务。这不能不说是对当代国际法中国家主权原则的冲击。同时,保护责任中武力使用是对国家主权对内管辖权的至高无上属性的否定。该否定既是对现行国际法限制国家主权的相关国际协定的解读,也是对国家主权至高无上性与国家主权限制规定出现冲突的一种评判。而国家主权在何种情境下应当受到国际法上的限定,只能通过国际法上的具体规定来规制。

2. 保护责任中武力使用否定了国家主权的固有权利

《欧洲关于指导与会国间关系原则的宣言》对国家主权的固有权利作了界定。该宣言确认的与会国之间应当遵守的第一项原则就包括“尊重主权固有的权利”,而主权所固有和包含的一切权利,“特别包括每个国家在司法平等、领土完整和自由与政治独立方面的权利”。这些固有权利还包括各国“选择和发展其政治、社会、经济和文化制度的权利以及制定其法律和规章的权利”。

3. 保护责任中武力使用否定了国家主权平等属性

(1)国家主权平等原则与国家主权原则联系密切

一些国际法学者论述国家主权时总是将国家主权与平等一起论述。如布朗利提出:“国家主权与平等代表着国家之间法律的基本的宪法性学说。”[1]本章只是为了论述问题的层次,才将国家主权与国家主权平等分别展开论述。

(2)国家主权平等原则为当代诸多国际法文献所确认

《联合国宪章》序言重申“大小各国平等权利之信念”;在《联合国宪章》第2条确认的国际法原则中,国家主权平等原则被置于首要地位,而且《联合国宪章》表明,国家主权平等原则构成联合国组织的基础。“本组织系基于各会员国主权平等之原则。”《国际法原则宣言》也将国家主权平等原则作为国际法的基本原则。“各国一律享有主权平等。”而且,该宣言在确定国家主权平

[1] [英]伊恩·布朗利:《国际公法原理》,曾令良、余敏友等译,法律出版社2007年版,第258页。

等为国际法基本原则的同时，表明国家主权平等所包含的要素的第一项要素就是“各国法律地位平等”。[1]《国家权利义务宣言草案》第5条规定：“各国有与他国在法律上平等之权利。”

一些区域国际组织文件也确认国家主权平等原则。《东南亚国家联盟成立宣言》明确“遵守联合国宪章的原则”，这也就表明遵守国家主权平等原则。《阿拉伯国家联盟公约》第2条规定的联盟宗旨包括“保卫彼等的独立和主权”。《非洲统一组织宪章》第3条规定，“各成员国的主权一律平等”。《美洲国家组织宪章》第5条重申，“国际秩序主要包含的是尊重国家的人格、主权及独立”。《北大西洋公约》在序言中“重申其对于联合国宗旨与原则所具之信念”，第1条规定，“各缔约国保证依联合国宪章之规定”，处理缔约国之间的相互关系。对《联合国宪章》原则的尊重，也就意味着对国家主权平等原则的尊重。[2]

中国与印度、缅甸首次倡导并得到世界多数国家赞成的和平共处五项原则也包括国家主权平等。

可以说，国家主权平等原则已经构成国际习惯。《联合国宪章》将国家主权平等列为各项原则之首，“说明主权原则对国际关系和国际法极端重要”。[3]

(3)尊重国家主权和主权平等原则与实现联合国的宗旨相辅相成

保护责任中武力使用表明，国际社会限制一国主权，除促使该国履行国际法上的责任外，还以实现《联合国宪章》所载明的保护人权的宗旨为目标。

首先，尊重国家主权和主权平等原则与实现联合国的宗旨并不矛盾。关于国家主权平等与实现联合国宗旨的关系，《国际法原则宣言》的序言阐释得非常清楚。这就是，遵从国家主权平等原则是实现联合国宗旨的前提和条件。“重申主权平等依据宪章所具有之基本重要性，并强调唯有各国享有主权平等并在其国际关系上充分遵从此一原则之要求”，联合国宗旨始可实现。保护责任中武力使用的理论将国家主权平等原则与实现联合国宗旨对立起来，事实

---

〔1〕 王铁崖主编：《国际法》，法律出版社1995年版，第8页。

〔2〕 王铁崖、田如萱编：《国际法资料选编》，法律出版社1982年版，第848、850、859、882、927页。

〔3〕 王铁崖主编：《国际法》，法律出版社1995年版，第54页。

上是将一些国家的主权置于他国主权之上，企图通过限制特定国家的主权来实现联合国宗旨。

其次，不能以牺牲一项宗旨为代价来实现另一项宗旨。《联合国宪章》确定的联合国首要宗旨是维护国际和平与安全。保护责任中武力使用以牺牲国际和平与安全为代价，以实现对人权及基本自由的尊重，势必造成国际秩序的混乱。相关主体将联合国各项宗旨依照其认识与需要，重新排列次序，予以组合，并付诸实践。此类做法曲解了《联合国宪章》。

《联合国宪章》对促进国际法治具有极端重要性，不容曲解与践踏。《国际法原则宣言》序言载明，“复念及联合国宪章在促进国际法治上至为重要”。而遵守国际法基本原则，有利于维护国际和平与安全，实现联合国的宗旨。因此，“忠实遵守关于各国间友好关系与合作之国际法原则，并一秉诚意，履行各国依宪章所担负之义务，对于国际和平及安全之维持及联合国其他宗旨之实现至关重要”。保护责任中武力使用冲击了国际法上的国家主权与平等原则，因为它的实质是将一些国家的主权置于他国的主权之上，是借助所谓的国家和国际社会的法律责任来重新排列国家之间主权的次序与位置，势必影响国际和平与安全，同时影响保障人类基本权利及自由之宗旨的实现。

（二）保护责任中武力使用冲击不干涉内政原则

1. 塑造了国际法上的干涉主体

不干涉内政原则表明任何国际法主体均无权干涉一国内政。依照相关国际法文献，无论国际组织还是国家或国家集团，均无权干涉一国内政。保护责任中使用武力则属明显干涉一国内政的行为。从《联合国宪章》和其他国际法文献的相关规定可以看出，国际组织无权干涉自己的成员国，一国无权干涉他国的内政。《关于各国内政不容干涉及其独立与主权之保护宣言》在序言中“重申美洲国际组织、阿拉伯国家同盟及非洲团结组织各宪章中所宣布、并经蒙台维岱渥、布埃诺斯艾莱斯、恰浦台佩克、波哥大各次会议及万隆亚非会议、贝尔格莱得不结盟国家国家元首及政府首长第一次会议之决议及开罗不结盟国家国家元首及政府首长第二次会议所通过之和平及国际合作方案以及阿克拉非洲国家国家元首及政府首长会议关于颠覆活动之宣言中予以确认之不干涉原则”。

《关于各国内政不容干涉及其独立与主权之保护宣言》规定:“任何国家,不论为任何理由,均无权直接或间接干涉其他国家之内政、外交,故武装干涉及其他任何方式之干预或对于一国人格及其政治、经济及文化事宜之威胁企图,均在谴责之列。”“各国均有不受任何国家任何方式之干涉,自择其政治、经济、社会及文化制度之不可剥夺权利。”“本宣言中所称之国家,系兼指个别国家及国家集团而言。”可见,不干涉内政原则适用所有国际关系。不干涉内政是无条件的,而不是有条件的。

值得注意的是,有的国际法文献在强调推崇与遵循不干涉内政原则的同时,也注重对联合国集体安全体制的维护。《国际法原则宣言》在确认不得干涉一国内政的同时,又为联合国安理会维持国际和平与安全采取必要措施预留了一定的空间:“以上各项不得解释为对宪章内关于维持国际和平与安全之有关规定有所影响。”《关于各国内政不容干涉及其独立与主权之保护宣言》也为联合国安理会维持国际和平与安全的职责预留了空间:“本宣言所称各节,均不得认为对联合国宪章中关于维持国际和平与安全之有关条款,尤其其第六、第七及第八各章之规定,有何影响。”

联合国安理会维持国际和平与安全的行动到底属于履行集体安全体制下《联合国宪章》赋予的维持国际和平与安全的职责,还是履行国际社会的保护责任?二者之间是否有质的区别?从国际法的相关规定来看,不干涉内政的主体有两种类型:其一是国家或国家集团。如《关于各国内政不容干涉及其独立与主权之保护宣言》规定:“本宣言中所称之国家,系兼指个别国家及国家集团而言。”《国际法原则宣言》规定:“任何国家或国家集团均无权以任何理由直接或间接干涉任何其他国家之内政或外交事务。”其二是国际组织。如《联合国宪章》第 2 条第 7 项的规定。针对这两种不同的主体,国际法的相关规定是有区别的。对前一种主体干涉一国内政的禁止是绝对的,对后一种主体干涉一国内政的禁止是相对的,也可以说特定国际组织文件载明的应当由该国际组织履行的特定职责之外的事项,是不容干涉的。《联合国宪章》第 2 条第 7 项的规定给安理会履行职责预留了行动空间,“此项原则不妨碍第七章内执行办法之适用”。

保护责任的法理逻辑有悖以上国际法文件的相关规定，在国际社会塑造可以干涉他国内政的国际法主体。

2. 冲击了不干涉内政原则所保护的一国内政的核心事项

不干涉内政原则表明任何国际法主体均无权干涉一国内政的核心事项。应当注意的问题是，何谓“内政”，国际法的相关规定、国际法院的司法实践、国家的立场以及国际法学界的解读均存在分歧。或者说，何谓内政，“在国际实践有着相当的分歧与含糊”。[1]

关于不干涉内政原则的保护对象，国际法文献有不同的表述。(1)《联合国宪章》第 2 条第 7 项的表述是“本质上属于任何国家国内管辖之事件”。(2)《关于各国内政不容干涉及其独立与主权之保护宣言》中的表述是各国“内政外交”。(3)《国际法原则宣言》中的“内政”有两种表述：一是“国内管辖事件”。“依照宪章不干涉任何国家国内管辖事件之义务。”二是“内政或外交事务”。“任何国家或国家集团均无权以任何理由直接或间接干涉任何其他国家之内政或外交事务。”国际法院在司法实践活动中主张将不干涉内政原则保护的对象确定在内政与外交领域。国际法院在“尼加拉瓜案”中指出，禁止干涉国家可以根据主权原则自由决定的事项，这些事项包括选择政治、经济、社会和文化制度以及制定外交政策。[2]

关于不干涉内政原则的保护对象，不同国家的立场亦存在分歧。(1)发展中国家多主张不干涉原则应当保护的对象包括国家的内政和外交。(2)西方发达国家多主张不干涉原则保护的对象应当限于国家的内政，因为外交涉及其他国家的合法权益，故应当归于国际法而非国内法来调整。国际社会在讨论通过《关于各国内政不容干涉及其独立与主权之保护宣言》的过程中，有的西方国家曾建议删除宣言草案中“外交事务”的表述，用“国内管辖事项”来替换“内政和外交事务”。[3]

---

〔1〕 朱世宏：《论保护责任中的武力使用》，法律出版社 2016 年版，第 120 页。

〔2〕 [英]马尔科姆·N. 肖：《国际法》(下册)(第 6 版)，白桂梅等译，北京大学出版社 2011 年版，第 910-911 页。

〔3〕 陈一峰：《论当代国际法上的不干涉原则》，北京大学出版社 2013 年版，第 127-130 页。

国际法学界对国际法文献中不得干涉的“内政”有不同的解读。有学者提出，关于不干涉内政原则保护对象的表述，不能完全依据字面表述来理解，有的字面表述虽然使用的是“内政”二字，但其含义包含“外交”。如中国倡导的和平共处五项原则中“互不干涉内政”，该内政自然包括“外交”事项。此外，在诸多相关国际法文献中〔1〕，相关表述均使用的是“内政”，但这样的“内政”也包括外交事务。朱世宏博士提出，国际法文献中的“国内管辖事项”与“内政”可以等同。“国内管辖事项”到底是什么，或者包括哪些？存在见仁见智的现象。〔2〕

虽然国际法对不干涉原则的内容有不同的规定，国际法学界对不干涉内政的内容有分歧，但不干涉内政原则包括不干涉一国内部事务有明确规定和共识性确认。

一国因加入国际条约而将部分“国内管辖事项”交由国际社会来处理，交出的部分成为国际管辖事项。区分“国内管辖事项”与国际管辖事项，是件非常复杂和困难的事情。这是因为：

其一，相关国际法只是泛泛地规定保护一国内政不受干涉，但哪些内政不受干涉，相关国际法文献均缺乏明确规定。从《联合国宪章》《国际法原则宣言》《关于各国内政不容干涉及其独立与主权之保护宣言》，到《世界人权宣言》，莫不如此。

其二，国际司法实践中也有对以上二者进行区分的案例，但此类案例似乎只提出了区分的方法，而区分的结果仍不清晰。如国际常设法院在“突尼斯和摩洛哥国籍命令”咨询意见中，实际上对一国专属国内管辖事项与一国受国际法调整与约束的国内管辖事项作了区分。第一类是一国签订或加入普遍性或一般性国际条约，如《联合国宪章》，使部分事项应当接受国际条约的约束与管辖；第二类是一国签订双边国际条约，使部分事项应当受到双边国际条约的约束与影响，如一国与他国签订和平互助条约，在缔约国任何一方遭受武力攻

---

〔1〕 如1963年的《非洲组织统一宪章》，1964年的《不结盟运动开罗会议宣言》，1971年的《东南亚国家友好合作条约》，2000年的《非洲联盟组织法》，2006年的《东南亚国家联盟宪章》，2006年的《关于当前国际形势下不结盟运动的目的、原则和作用的宣言》等。

〔2〕 朱世宏：《论保护责任中的武力使用》，法律出版社2016年版，第120、121页。

击时,另一缔约国有义务协助被侵略国、被攻击国采取自卫、反击行动,即所谓集体自卫权的行使;第三类属于一国管辖的事项,没有受到普遍性国际条约或双边国际条约的影响,而专属一国管辖的事项。在前两种类型中,还存在一般性国际条约与双边国际条约的具体规定,及缔约国因缔约而承担的国际义务,以及在缔约国违约或没有承担相应的国际义务时,有权干涉、指责、谴责违约国的合法主体以及合法的干涉方式与手段。换言之,能否得出保护责任中武力使用的合法性并不确定。如一国人权问题因一国加入某一国际条约而使传统专属一国管辖的事项逐渐演化为其所加入的国际条约制约的事项。在这样的背景下,国际社会或国际法对一国关于人权问题的哪些方面予以干预或产生相应的约束力,国际条约难以作出相应的规定。有学者提出,如果一国大规模、严重侵犯其国民人权,特别是严重种族歧视和种族隔离行为,通过对国际人权条约相关条款的解释,国际社会有权对国家的这种行为予以干涉或干预,已经取到国际社会的广泛共识。[1] 该解说具有一定的合理性。但深究起来,涉及条约的解释权问题;加之,何谓"大规模、严重侵犯人权",何谓"严重种族歧视""种族隔离"行为,相应的判定标准和判定主体、干涉手段的选择等,均是较模糊的问题。

其三,在确定一国国内管辖事项的专属性与国际性方面,不存在一成不变或一劳永逸的问题,各种问题会随着国际关系及国际法的发展而发展变化。如国家对其国民的人权问题,在相当长的历史时期,属于一国的专属管辖事项,随着国际法的发展,国际社会对国家国内人权的关注与重视程度日益增强,并且形成诸多保障人权的国际法文献,原本专属于一国的管辖事项逐渐演变成须受一国加入的国际公约影响的事项。

上述问题给不干涉内政原则的实施与遵循带来理论与法律方面的"模糊地带",也给保护责任中武力使用提供了可资利用的空间。

3. 造成不干涉内政原则与联合国宗旨之间的对立

违反不干涉内政原则是对联合国宗旨的违背。保护责任中武力使用总是将其使用武力与实现联合国宗旨相联系,试图证明这种情境下的武力使用属

[1] 陈一峰:《论当代国际法上的不干涉原则》,北京大学出版社 2013 年版,第 203-204、220-237 页。

于实现联合国宗旨所必需的行动。但相关国际法明确规定，干涉一国内政，特别是武装干涉为联合国宗旨所不容。《关于各国内政不容干涉及其独立与主权之保护宣言》对遵循不干涉内政原则与实现联合国宗旨之间的关系作了说明。"充分遵守一国不干涉另一国内政外交之原则为实现联合国宗旨与原则所必需"。无论直接干涉还是间接干涉，均是对《联合国宪章》的违反。"复认为直接干涉、颠覆活动及各种方式之间接干涉均有背于此类原则，故为对于联合国宪章之违犯"。

4. 易导致国际和平与安全难以维护

武装干涉一国内政危害国际和平与安全。

第一，武装干涉一国内政属违反国际法的行为。《国际法原则宣言》规定，"武装干涉及对国家人格或其政治、经济及文化要素之一切其他形式之干预或试图威胁，均系违反国际法"。《关于各国内政不容干涉及其独立与主权之保护宣言》断定武装干涉的法律属性为侵略。认为武装干涉即系侵略，故有悖于国与国间和平合作所应根据之基本原则。第二，武装干涉一国内政损害国际和平与安全。《关于各国内政不容干涉及其独立与主权之保护宣言》规定，"不干涉原则之破坏实为对各国独立、自由及正常政治、经济、社会及文化发展之威胁……且对和平之维持亦可能成为严重威胁""严格遵守此类义务，为确保国与国间彼此和平共处之必要条件，因任何形式之干涉行为不但违背宪章之明文与意旨，且将引致威胁国际和平与安全之情势"。国际法学者在解读不干涉内政原则方面具有共识性，即使用武力或武力威胁干涉一国的政治独立与主权完整，为国际法所禁止。

（三）保护责任中武力使用冲击禁止使用武力原则

1. 保护责任中武力使用属于国际关系中使用武力的行为

禁止使用武力原则禁止在国际关系中使用武力或威胁，而保护责任中使用武力是对这种禁止的违反。禁止使用武力原则适用于所有的国际关系。

2. 保护责任中武力使用构成对一国政治独立和领土完整的侵害

禁止使用武力原则所禁止的武力虽然有"侵害任何国家的领土完整或政治独立"之目的的限定，但侵害一国的领土完整，并不限于掠夺、割让一国的领土,也包括对一国领土上主权的侵害,保护责任中使用武力正是以这种方式侵害一国领土完整的。同时,对一国使用武力,本身就是对一国政治独立的侵害。

3. 保护责任中武力使用尚未构成禁止使用武力原则的例外情形

若将保护责任中武力使用归于禁止使用武力的例外情形,需要专门的国际法规定。在已有的相关例外规定中,难以找出确认保护责任中使用武力为合法的结论。在禁止使用武力原则的例外情形中,自卫作战及民族独立与解放战争自然不能适用于保护责任中的武力使用。关于安理会采取的军事行动,国际法学界多数学者认为,自从联合国成立及运行以来,除朝鲜战争外,再也没有出现过。即便是朝鲜战争,有的学者认为它也不属于安理会采取军事行动的情形;如果将其看作合法使用武力的情形,在当年安理会常任理事国苏联代表缺席的情况下通过决议,该决议程序遭受诟病。在安理会采取的军事行动之外,安理会授权使用武力迄今仍然存在种种争议,但它毕竟逐渐为国际社会所接受。安理会授权使用武力需要以安理会断定国际社会中存在和平之威胁、和平之破坏或侵略的情势为前提。一国的人道灾难自然谈不上什么侵略情形的存在,至于此类人道灾难是否构成对国际和平之破坏,从安理会认定国际和平之破坏情势的实践来看,只限于国际关系中出现"和平之威胁"的情势。一国人道灾难是否构成国际关系中的"和平之威胁",尚需要论证。安理会在维持国际和平的实践中确实作过这样的断定。既然如此,直接采用"安理会授权使用武力"的例外就可以了,"保护责任中武力使用"还有什么必要?

三、保护责任中武力使用尚未形成国际习惯

保护责任中武力使用是否已经形成或被确认为国际习惯,国际法学界存在不同的观点:有的认为尚未形成为国际习惯。如黄瑶认为,保护责任尚未形成国际法上具有约束力的规则,"……在国际法上的地位而言,可以说它至今没有一席之地"。[1] 有的认为其正在成为国际习惯。还有的认为其已经形成国际习惯。

---

〔1〕 黄瑶:《从使用武力法看保护的责任理论》,载《法学研究》2012年第3期。

（一）保护责任中武力使用的国际实践之前不存在相关国际习惯

如前文所述，国际习惯由两个因素构成：一是各国重复的类似行为，二是被各国认为有法律拘束力。[1]

首先应当明确，在保护责任中武力使用的理论形成之前，国际社会尚不存在确认保护责任中武力使用合法的国际习惯。前已述及，保护责任中武力使用与人道主义干涉具有政治实质的相通性，具有法理方面的相关性。但二者之间又存在一定的区别。人道主义干涉的支持者极力从道德层面论证一国基于人道主义的目的，对他国进行武力干涉的合法性，其论据之一是，国际法上早已存在确认人道主义干涉合法的国际习惯。而保护责任中武力使用的支持者尽力从国家法与国际法的义务主体角度来论证，国家有义务保护本国国民的基本人权，只是在国家不能够与不愿意履行这一义务的前提下，国际社会可以采用不同手段对一国的情势予以干涉，干涉手段中包含使用武力。保护责任中武力使用的支持者侧重法理层面的论证而非道德层面的论证，因而没有明确提出，国际法上已经存在这方面的国际习惯。事实上，由于保护责任中武力使用在国际社会属于一种较新的理论，这方面确实不存在相关的国际习惯。

（二）国际法尚未形成确认保护责任中武力使用合法的条约规则

即使承认保护责任中使用武力已经构成国际习惯的学者，也只是强调保护责任中武力使用形成国际习惯，而不是明确保护责任中武力使用已经得到现行国际条约法的确认。有学者明确指出，保护责任中武力使用没有得到现代国际条约法的确认。现阶段，保护责任中武力使用仅仅存在政治方面的意义，而不具有法律方面的意义。“保护责任是一种政治性大于法律性的理论，保护的责任概念牵涉的是政治的而非法律的承担。”[2]保护责任目前对国际社会，尤其是联合国而言，还只是政治责任，而不是法律义务。[3]

（三）保护责任中武力使用尚缺乏世界范围多数国家的确信

国际社会的事实是，除西方少数发达国家之外，包括中俄在内的世界众多

---

〔1〕 王铁崖主编：《国际法》，法律出版社1995年版，第29页。

〔2〕 黄瑶：《从使用武力法看保护的责任理论》，载《法学研究》2012年第3期。

〔3〕 蔡从燕：《联合国履行R2P的责任性质：从政治责任迈向法律义务》，载《法学家》2011年第4期。

国家特别是广大发展中国家，对保护责任中武力使用的主张、理论及国际实践均持谨慎甚至反对的态度。如以玻利维亚、古巴、厄瓜多尔、尼加拉瓜、叙利亚、委内瑞拉等国家为代表的一些发展中国家认为，国际社会以武力使用履行保护责任，有可能与《联合国宪章》和国际法基本原则相冲突，从而破坏以现代国际法为基础形成的国际秩序。这些国家均反对将保护责任中武力使用接受为公认的国际规范并予以实施。

诚然，国家的确信不可能是所有国家的确信。传统国际法创制某一国际法规则必须取得所有国家明示或默示同意，当代国际法上的法律确信指世界多数国家的确信。国际法要求表明态度的国家与所形成的规则之间利益相关。如关于海洋法规则形成的习惯，不能简单地看多数内陆国家的态度与实践，而应当考虑广大海洋国家的利益。然而，保护责任中武力使用的问题与世界任何国家都具有利益相关性。在这种情境下，就应当尊重世界多数国家的态度与立场，而不能仅看西方少数国家的态度。

当代国际关系中以国际组织代表国家行为，是国际法发展的一种体现。但作为国际组织这样的国际法主体，其行为能否被看作代表国家作为的问题，在国际法学界存在一定争议。一般而言，国际组织代表国家或以国家身份进行法律确信时，应当具有一定的代表性和全面性。迄今为止，保护责任中武力使用的国际实践，在联合国层面，并没有取得国际组织中的一致承认的状况。面对保护责任中武力使用，作为联合国安理会常任理事国的中国和俄罗斯公开表明，安理会在此问题上应当持谨慎的态度，而且中俄在此问题上保持持续的关切。中国一贯强调对话与谈判等和平手段解决国际问题的重要性，认为武力干涉的后果是难以确定的，安理会授权使用武力的方式必须谨慎采用，并且因具体的国际情势而确定，不宜采取普遍适用的方式。俄罗斯以叙利亚为例，认为武力干预缺乏国际法基础，与《联合国宪章》的文字和精神不符。

（四）保护责任中武力使用的合法性尚未得到权威公法学者共识性确认

国际法学界围绕保护责任争论的核心问题是，在国家不愿意或不能够保护本国国民的情势下，国际社会在替代国家履行保护责任的过程中，可否使用武力对不愿意或不能够保护本国国民的国家进行干涉。

ICISS 认为,国际社会有责任在国家不愿意或不能够保护本国国民的情势下,采取包括使用武力在内的干预措施。

该说法尚未得到权威公法学家共识性确认。这主要基于以下方面的原因:

首先,承认保护责任不能天然地推导出承认保护责任中武力使用的合法性。这涉及国际实体法与国际程序法的关系问题,类似国内法上的实体法与程序法的关系。正如实体正义并不意味着程序正义、实体合法并不意味着程序合法一样,保护责任被承认并不意味与保护责任相关的国际实体法与国际程序法均被承认。何况,国际社会是否存在承认保护责任的实体法还需要进一步说明与澄清。根据 ICISS 和时任联合国秘书长的解说,保护责任的履行方式包括预防责任、反应责任和重建责任。这些都是就保护责任的作用而言,并没有涉及保护责任的行为方式,也没有论证特定的行为方式,如武力使用的方式,必然实现或达到预期作用。

其次,相关提法可能造成保护责任中武力使用的主体泛化。相关提法中,保护责任中武力使用的主体以“国际社会”来指代,而国际社会到底是特指联合国,还是包括联合国以外的国家或国家集团或区域国际组织,相关提法是模糊的。如果将主体限定为联合国安理会。在这种模式下,如果安理会授权会员国使用武力来履行保护的责任,从《联合国宪章》的相关规定和联合国的实践来看,具有一定的合法性。但授权使用武力需要一定的前提,即某一会员国侵犯或践踏或危害其国民人权的情势已经威胁国际和平与安全。在一定意义上可以说,安理会授权使用武力的原因本应是联合国会员国之间的关系威胁国际和平与安全,但国际社会的现实是一国的国内局势也可能危及国际和平与安全。《联合国宪章》只是将国际和平与安全情势的断定权赋予联合国安理会,并没有要求安理会只能就某一因素造成的威胁国际和平与安全的情势作出判定。换言之,安理会有权对不同因素是否引发威胁国际和平与安全的情势进行断定。将“国际社会”作为武力使用主体的提法给联合国安理会以外的主体预留了空间,造成保护责任中武力使用的主体泛化,使禁止使用武力原则受到冲击。这势必引发国际社会中的众多国家特别是发展中国家的担忧与顾虑。

保护责任中武力使用的实质是,为少数国家以武力干涉他国开辟法理道路。因为安理会授权使用武力已经为不少国家所接受,不需要“保护责任”作借口;而个别国家或国家集团或区域国际组织要合法地以武力对他国的特定情势实施干涉,在现代国际法体系下,需要新的法理依据。

第十一章　联合国维持和平行动中的武力使用

第一节　联合国维持和平行动概述

一、联合国维持和平行动的界定与特征

（一）联合国维持和平行动的界定

1. 联合国维持和平行动的含义

联合国维持和平行动是指由联合国组织、指挥、控制的旨在维持或恢复武装冲突地区和平与安全的军事行动。

联合国将维持和平行动表述为："由联合国实施的旨在帮助维持或恢复冲突地区和平与安全的一种行动，它由军事人员参加，但没有强制力。这些行动自愿参加，并建立在同意与合作的基础上。"[1]

相关辞书认为：维持和平行动是"指为防止威胁和平的局部争端和事态扩大到国际规模，由联合国向出事地点派出象征其权威的大规模部队或军事观察团，以谋求事态平息而采取的一定的行动。"[2]"维持和平行动曾被界说为为了帮助维护或恢复冲突地区的和平，由联合国组织的有军事人员参与但无强制执行权力的行动。"[3]

---

〔1〕 *The Blue Helmets—A Review of United Nations Peacekeeping*, 2nd edition, The United Department of Public Information, 1990, p. 4.

〔2〕 日本国际法学会编：《国际法辞典》，世界知识出版社1985年版，第824页。

〔3〕 王铁崖总主编：《中华法学大辞典·国际法学卷》，中国检察出版社1996年版，第580页。

2. 相关术语辨析

(1)联合国维持和平行动与维持和平行动

有的辞书以“维持和平行动”表达“联合国维持和平行动”的含义。如《中华法学大辞典·国际法学卷》[1]《国际法辞典》[2]均是如此。“维持和平行动不是联合国宪章上的用语。”[3]它是进入20世纪60年代后才在联合国使用的新概念。平时还可以看到“维和行动”的说法,它是“维持和平行动”的简称。

近年来,国际社会出现了与维持和平行动相关的术语,如“和平行动”“和平支援行动”等。而“维持和平行动”仍为联合国所正式使用,且在国际上广泛流行。[4]

(2)联合国维持和平行动与国际维持和平行动

一般来说,国际维持和平行动的外延比联合国维持和平行动的外延更广。在国际社会实践中,实施国际维持和平行动的主体包括三种类型:一是联合国;二是区域国际组织,如2004年非洲联盟授权并组织实施的苏丹达尔富尔地区国际观察团等;三是联合国的成员国。国际维持和平行动没有指明实施国际维持和平行动的主体,不同主体从事的维持和平行动都可以为国际维持和平行动所涵盖。

联合国维持和平行动指明了维持和平行动的主体是联合国而非其他类型的主体。该行动由联合国指挥和控制,维持和平行动特派团的行政长官、指挥官等重要军政官员均由联合国任命,维持和平行动人员由联合国成员国提供,维持和平行动人员在执行任务中佩戴联合国的头盔、贝雷帽和臂章等联合国标志,维持和平行动的经费由联合国支付。

(二)联合国维持和平行动的特征

1. 联合国维持和平行动是由联合国安理会授权实施的

未经联合国安理会授权的维持和平行动不属于联合国维持和平行动。安

---

〔1〕 王铁崖总主编:《中华法学大辞典·国际法学卷》,中国检察出版社1996年版,第579-580页。

〔2〕 日本国际法学会编:《国际法辞典》,世界知识出版社1985年版,第824-825页。

〔3〕 日本国际法学会编:《国际法辞典》,世界知识出版社1985年版,第824页。

〔4〕 中国国际战略学会军控与裁军研究中心编:《当代国际维和行动》,军事谊文出版社2006年版,第3页。

理会的授权以安理会的专项决议来体现。安理会的授权决议以联合国秘书长的建议为基础。安理会的授权决议奠定了联合国特定维持和平行动的合法性基础,也是联合国特定维持和平行动的开始。联合国维持和平行动是以联合国名义由安理会组织实施的。只有在个别特殊情况下由联合国大会组织,由联合国秘书长指挥。

2. 联合国维持和平行动的目的是维护、恢复和巩固区域和平

联合国维持和平行动的目的总体来说是维护、恢复和巩固冲突地区的和平、恢复法治与和平建设。具体来说,联合国维持和平行动的目的是防止武装冲突发生、控制武装冲突升级、促进武装冲突的和平解决。“维持和平行动基本上是一种阻滞行动,旨在制止或遏制冲突中的战斗行动,同时进行协同的努力,使冲突各方坐到谈判桌上来,或以其他方式提供必要的时间并创造必要的气氛,以促成和平解决。”[1]

3. 联合国维持和平行动遵循特定原则

联合国维持和平行动遵循自愿、公正、中立和除自卫外不使用武力原则。其中自愿至少包括两方面:一是维持和平行动的开展需征得冲突国当局的同意。“维持和平行动必须征得驻在国的同意,同时也征得直接有关的各方的同意。”[2]二是参加维持和平行动的人员由联合国成员国自愿提供。维和行动应由与冲突各方没有直接利害关系的国际组织或国家实施,维持和平行动人员在开展行动过程奉行公正和中立原则。“联合国部队在派驻地点对当事国须持公正态度,特别是不能介入该国内政。”[3]参与维持和平行动任务的军事人员、警察或文职人员除自卫外不得使用武力。

4. 联合国维持和平行动构成解决国际争端的新手段

联合国维持和平行动既不属于《联合国宪章》第六章规定的和平解决国际争端的措施,也不属于第七章规定的“强制行动”。联合国维持和平行动是对《联合国宪章》规定的和平解决争端程序与强制性执行行动的补充。[4] 联

---

〔1〕 王铁崖总主编:《中华法学大辞典·国际法学卷》,中国检察出版社 1996 年版,第 580 页。
〔2〕 王铁崖总主编:《中华法学大辞典·国际法学卷》,中国检察出版社 1996 年版,第 580 页。
〔3〕 日本国际法学会编:《国际法辞典》,世界知识出版社 1985 年版,第 825 页。
〔4〕 王铁崖总主编:《中华法学大辞典·国际法学卷》,中国检察出版社 1996 年版,第 579-580 页。

合国维持和平行动与联合国“和平解决国际争端”、联合国“强制性措施”一起构成联合国维护国际和平与安全的主要手段。

二、联合国维持和平行动的缘起与种类

(一)联合国维持和平行动属于联合国实践的产物

联合国成立之后,面临众多的国际性和非国际性武装冲突,以及因大国争夺势力范围而导致的国际危机。在许多情况下,按照《联合国宪章》第六章所设计与规定的和平解决国际争端的方式手段,难以操作实施及达到《联合国宪章》的立法目的;而按照《联合国宪章》第七章所设计与规定的强制性手段,又无法得到实施与遵循。于是“预防外交”和“维持和平行动”应运而生。“预防外交”是指联合国安理会为防止特定冲突发生或升级而采取的措施。“维持和平行动”是指联合国安理会为实现预防外交而采取的一种具体措施。

联合国维持和平行动始于1948年成立的联合国停战监督组织。1948年5月14日,犹太人宣布建立以色列国,阿拉伯国家强烈反对,对以色列展开“圣战”,中东地区爆发第一场战争。联合国安理会因英法美苏之间的对抗无法采取有效集体措施以制止这场战争,只能呼吁交战双方停火,通过第50(1948)号决议,为派遣军事观察员和推进维持和平行动提供法律依据,并在中东专区建立“联合国停战监督组织”,其任务是监督阿拉伯国家和以色列之间停火协议的执行,防止突发事件导致武装冲突的扩大,同时协助联合国在该地区的其他维持和平行动的实施。[1] 联合国维持和平行动由此产生。也有学者提出:“苏伊士危机的爆发促使了‘联合国一致共策和平’机制的产生。”[2]

(二)联合国维持和平行动的种类

联合国维持和平行动经过多年的发展,迄今存在三种类型:一是由联合国授权并由联合国实施的维持和平行动。如1948年在中东地区建立的联合国停战监督组织等。二是由联合国授权、由区域国际组织实施的维持和平行动。

---

〔1〕 李东燕:《联合国》,社会科学文献出版社2018年版,第167页。

〔2〕 [意]安东尼奥·卡塞斯:《国际法》,蔡从燕等译,法律出版社2009年版,第453-454页。

如联合国安理会第 1386 号决议授权的先后由北约和欧盟指挥的驻阿富汗国际安全援助部队实施的维持和平行动。三是由联合国授权、由联合国会员国或会员国集团实施的维持和平行动。

三、联合国维持和平行动的运行

(一)联合国大会或者联合国安理会通过相关决议

联合国大会或者联合国安理会通过相关决议,决定在某一区域或某个国家采取维持和平行动,是联合国采取维持和平行动的前提。此类决议要求安理会包括全部常任理事国在内的 9 票赞成,任何一个常任事理国都可以使用否决权反对决议的通过。联合国大会通过相关决议之后,由安理会核准部署和平行动,并决定授权。联合国秘书长就如何发起和开展维持和平行动提出建议,并向联合国大会和安理会报告其进展情况。[1]

(二)组建联合国维持和平行动部队

关于联合国维持和平部队,《联合国宪章》没有明确的组建依据,基于联合国维持国际和平与安全的实践而形成,由联合国会员国提供,其指挥权归于联合国秘书长和联合国部队司令官,其指挥机构构成联合国的一种机构,履行维持国际和平行动的职责。1956 年联合国在中东地区组建了第一支联合国紧急部队。1956 年苏伊士运河危机爆发,以色列在法国和英国的配合下向埃及发动全面进攻。苏联、美国向联合国安理会提出的解决冲突方案均没有被通过。同年 11 月 7 日,联合国大会通过决议,授权建立一支由非常任理事国派出的部队作为联合国的紧急部队,充当埃及和以色列之间的缓冲机制,在埃及和以色列的冲突地区之间建立缓冲区,并监督法国、以色列和英国军队从埃及领土上撤出,这是维持和平行动历史上组建的第一支联合国紧急部队。组建维持和平行动部队已经构成保障联合国维持和平行动运行的必要环节。

实施联合国安理会组织武力行动的军队与联合国维持和平部队,均为实现联合国宗旨而组建,理论上均由联合国统一指挥。二者又存在区别:一是成

---

〔1〕 李东燕:《联合国》,社会科学文献出版社 2018 年版,第 169 页。

立的法律依据不同。前者有明确的依据，后者在《联全国宪章》中缺乏明确依据。二是职能任务不同。前者的职能旨在通过武力行动强制地恢复特定国际情势下的国际和平与安全，相当于一个国家的军事武装力量；后者的职能主要是防止局部争端的扩大，执行监视停战以及维持治安等警备任务，相当于一个国家的警察部队。三是与当事国关系不同。前者的派遣及职能履行，无须取得当事国的同意；后者则须取得有关国家的同意。四是二者的现实作用与影响不同。前者实践中具有明显的意识形态色彩，其职能作用受到国际社会的质疑乃至否定；后者在维持国际和平与安全方面所起的作用得到国际社会的高度评价，如 1956 年苏伊士运河事件期间派遣的联合国部队、1960 年驻刚果的联合国部队、1964 年以来驻塞浦路斯的联合国部队、1973 年派往中东的联合国部队等。[1]

国际社会还存在一种部队，被称作“联合国备用部队”。它是指联合国会员国中待命为联合国使用的部队。联合国备用部队最先出现于加拿大，随后北欧一些国家也逐渐形成这类部队及相应制度。1958 年，加拿大将其国防军步兵的一个大队 754 人指定为联合国备用部队。1960 年后，丹麦、芬兰、挪威和瑞典等北欧国家相继创建联合国备用部队。这些国家先在其国内制定相关计划，履行一定的法律程序，随后将其指定或组建的部队通知联合国秘书长。这些国家组建的联合国备用部队，有的是其国家常备军的一部分，有的则在国家常备军之外组建新的联合国备用部队。联合国备用部队的经费在待命期间由本国政府负担；在执行联合国维持和平行动任务期间，提供部队的联合国会员国与联合国按照签署的相关协议分别负担。

（三）设立联合国维持和平行动特别委员会

联合国维持和平行动特别委员会属于联合国大会的一个分支机构，其职责是对所有与联合国维持和平行动相关的事项进行评估，通过特别政治和非殖民化委员会（第四委员会）向联合国大会提交评估工作报告。1965 年 2 月 18 日，联合国大会通过第 2006（XIX）号决议，决定设立维持和平行动特别委

---

〔1〕 日本国际法学会编：《国际法辞典》，世界知识出版社 1985 年版，第 851 页。

员会。[1] 直至20世纪80年代晚期,联合国维持和平行动一直通过该特别委员会发挥作用。1992年联合国组建和平行动部、致力于协助联合国秘书长和会员国维护国际和平与安全。

(四)设立联合国维持和平行动部

联合国维持和平行动部是联合国秘书长维持和平行动的业务部门,由主管维持和平行动的副秘书长领导,负责一切维持和平行动的执行、管理、指挥、规划和筹备。[2] 1992年,加利担任联合国秘书长时,联合国设立维持和平行动部,简称"维和部"。2007年,潘纪文担任联合国秘书长时,第61届联合国大会通过决议,将联合国维持和平行动部职能一分为二,其中维持和平行动的职能仍然由维持和平行动部负责,后勤保障工作则由一个新设立的"外勤支助部"负责。

1956年以来,联合国在世界各地进行了大量的维和行动。[3]

第二节　联合国维持和平行动的法律属性

一、联合国维持和平行动属于武力使用行为

(一)联合国维持和平行动属于非和平方式解决争端

国际争端的解决方式包括和平与非和平两种。《联合国宪章》第六章规定了和平解决国际争端的方式。和平解决国际争端是指以武力以外的方式解决国家在其国际关系上发生的争端。[4]《联合国宪章》第33条规定的和平解决国际争端的方式主要包括谈判、调查、调停、和解、公断、司法解决、区域机关或区域办法,以及各争端当事国自行选择的其他和平方式。

联合国维持和平行动不同于和平解决国际争端。二者主要的区别有两点:一是运用的主要手段不同。维持和平行动带有一定军事行动的特性,而和

---

〔1〕 刘恩照:《联合国维持和平行动》,法律出版社1999年版,第6-7页。
〔2〕 李东燕:《联合国》,社会科学文献出版社2018年版,第168页。
〔3〕 [意]安东尼奥·卡塞斯:《国际法》,蔡从燕等译,法律出版社2009年版,第454页。
〔4〕 王铁崖总主编:《中华法学大辞典·国际法学卷》,中国检察出版社1996年版,第272-273页。

平解决国际争端则是通过非军事的外交和政治手段来完成。二是具体目标不同。和平解决国际争端的目的是让争端得到和平解决;而维持和平行动的目标并不在于冲突的解决,传统的维持和平行动的主要目的只是在冲突区域之间建立隔离地带,减缓或避免冲突的升级,监督冲突方对停火协议的执行,并不注重问题的解决。联合国安理会通过一项授权部署维持和平行动时从未援引《联合国宪章》第六章作依据。[1]

(二)安理会关于联合国维持和平行动的相关决议暗含确认使用武力

从安理会关于联合国维持国际和平行动相关决议的表述来看,其中暗含对使用武力的确认。安理会允许联合国维持和平行动使用武力的相关决议大多表述为,"采取'一切必要措施'保证维持和平行动任务的完成"。如联合国安理会第1270号决议、联合国安理会第1272号决议等。[2] 其中"一切必要措施"不能将"使用武力"排除在外。

(三)联合国维持和平行动运用了武装力量

使用武力是运用武装力量的行动。联合国维持和平行动运用了武装力量。虽然其部队只装备轻型武器,但这并不能证明此类武器装备的部队不属于武装部队,也不能证明这种武装力量的运用不属于使用武力的行为。

(四)联合国维持和平行动属于经当事国邀请的使用武力行动

经当事国邀请的使用武力行动属于传统国际法上合法使用武力的情形,当代国际法也没有明确否认这种使用武力的合法性,集体自卫权的确认是对这种使用武力合法性的典型确认。联合国维持和平行动遵循"同意原则",该原则体现当事国的邀请与同意。

同意原则即有关各方同意的原则。有关各方包括被采取维持和平行动的东道国,也包括联合国;这里的同意可以为不同的法律形式。早期的同意原则主要强调维持和平行动要经相关政府方的同意。[3] 由于联合国维持和平行动不属于《联合国宪章》第六章和第七章规范的事项,根据国际法的相关原

[1] 李东燕:《联合国》,社会科学文献出版社2018年版,第169页。

[2] 中国国际战略学会军控与裁军研究中心编:《当代国际维和行动》,军事谊文出版社2006年版,第48页。

[3] 李东燕:《联合国》,社会科学文献出版社2018年版,第167页。

则，只有取得相关政府方的同意，联合国才能够在其成员国领土上驻扎军队以实施维持和平行动。

随着联合国维持和平行动实践的积累，同意原则逐渐得到丰富发展。同意的主体由相关政府方发展为有关政府方、冲突方和联合国；同意的依据也由相关政府方的明示文件发展为正式的国际条约与协定。常表现为以下形式：其一，双边条约或协定。双边条约或协定包括联合国与东道国之间签订的双边条约或协定，它构成联合国维持和平行动的法律基础，也属于有关各方同意原则的体现；还包括冲突国家或地区之间达成的同意联合国采取维持和平行动的条约或协议。联合国与东道国签订的双边协定最早见于1965年联合国与埃及政府签订的《维和部队地位协定》。此后，联合国在塞浦路斯、刚果、黎巴嫩、戈兰高地等采取维持和平行动之前，均与相关国家签订了维和部队地位协定。如今，联合国在采取维持和平行动之前，与东道国签订特派团地位协议或维和部队地位协定，已经成为联合国启动维持和平行动的先决条件。其二，东道国邀请的法律文件。东道国邀请是有关各方同意的法律体现。东道国的邀请可以分为不同的情况：有的是合法政府的邀请函。如1994年卢旺达政府向联合国安理会发出请求其采取维持和平行动的邀请，联合国依据该邀请实施了代号“绿松石”的维持和平行动。在东道国邀请与同意的前提下，联合国安理会维持和平行动的相关决议构成安理会同意的法律基础，也属于联合国安理会同意的法律体现。当事方的邀请文件有时是一国之内的冲突各方或国内各政治派别达成的邀请协议。如1991年柬埔寨全国最高委员会12名成员在巴黎签订实现柬埔寨和平的一系列协议，包括同意邀请联合国派遣维持和平行动特派团充当柬埔寨过渡时期的权力机构。[1]

（五）联合国维持和平行动中的自卫原则体现武力使用

1. 联合国维持和平行动中自卫原则的含义与适用情形

（1）联合国维持和平行动中自卫原则的含义

联合国维持和平行动遵循“除自卫外不使用武力原则”。自卫原则是指联

---

〔1〕 中国国际战略学会军控与裁军研究中心编：《当代国际维和行动》，军事谊文出版社2006年版，第26-27页。

合国维持和平部队在特定情形下拥有“自卫的权利”,有权以武力应对武力。[1]

联合国维持和平行动遵循的自卫原则与《联合国宪章》确认的国家自卫权存在一定的差别。其一,从实施自卫的主体看,《联合国宪章》确认的自卫权属于国家的固有权利,而联合国维持和平行动中的自卫权由维持和平行动部队实施。其二,从实施自卫的对象看:国家自卫权的行使对象是对他国实施武力攻击的国家;联合国维持和平行动中的自卫对象则不限于对联合国维持和平行动部队发起攻击的国家,有时还可能包括非国家冲突方实体。

(2)联合国维持和平行动部队自卫权的适用情形

联合国维持和平行动部队自1973年始在特定情形下可以行使自卫权。

联合国维持和平行动部队在任何冲突方利用强迫手段阻止其履行维持和平行动使命的情势下,有权行使自卫权。其具体的适用情形包括:

第一,联合国维持和平行动部队在执行维持和平行动任务时受到武装袭击或暴力干扰或抵抗。当遭受攻击时,无论是个人、单位,还是有能力向遭受攻击的个人或单位提供援助的其他军事人员,都可以对敌对性武力采取自卫行动。实践中,在联合国维持和平行动人员遭受攻击的情况下,有时联合国维持和平行动部队也没有实施自卫,因而给维持和平行动的人员造成生命损害。如在1992年3月至1993年9月的柬埔寨维持和平行动中,联合国驻柬埔寨的维持和平行动部队尽力以和平手段维持和平,在维持和平行动人员遭受袭击、出现伤亡的情况下,该部队也没有以武力对待武力,而是保持高度克制。这种做法是不可取的。第二,非武装的维持和平行动人员的生命受到威胁或受到攻击。第三,受维持和平行动部队保护的平民生命受到威胁或受到攻击。第四,其他情形下的“自卫行动”。

2. 联合国维持和平行动部队行使自卫权的国际法依据

联合国维持和平行动部队行使自卫权的直接依据非《联合国宪章》,而是联合国安理会为维持和平行动部队制定的“交战规则”。该“交战规则”是联合国为其维持和平行动部队制定的可以使用武力的一整套指令。“交战规则”确认联合国维持和平行动部队指挥员有采取一切必要和适当的行动进行自卫

---

〔1〕 李东燕:《联合国》,社会科学文献出版社2018年版,第167页。

的权利和义务。“交战规则”的主要构成要素包括:使用武力的原则、携带和储存武器的规则、各种合法使用武力的情形。〔1〕

二、联合国维持和平行动的非武力使用属性

(一)联合国维持和平行动区别于联合国集体强制行动

联合国维持和平行动与联合国集体强制行动的主要区别在于:其一,二者在《联合国宪章》中的地位不同。联合国维持和平行动在《联合国宪章》中没有明确的专门规定,联合国集体强制行动则有《联合国宪章》第七章的相关规定作依据。其二,使用的军事手段的属性不同。联合国维持和平行动组建联合国应急部队、拥有联合国军事观察团和观察员,采用一定的军事手段,但这些军事手段是非强制性的,只有在特定情形下可以采取自卫行动。联合国维持和平行动部队的选择、组建与派遣需经当事国同意,为保证其中立性,这类部队特别禁止与争端有特殊利益关系的国家参加,这类部队的组成还要考虑地理上的分配要求。〔2〕 而联合国集体强制行动是在用尽和平手段后使用武力,其使用武力的主动、规模都是联合国维持和平行动所不能比拟的。

(二)联合国维持和平行动的职责中存在不构成武力使用的职责

从联合国维持和平行动职责的实际履行看,有的职责履行很难说属于武力使用。联合国维持和平行动的职责包括:监督停火和撤军,脱离接触,预防性部署,稳定局势、恢复法律与秩序,监督、组织选举或全民公决,临时行政,解除武装、复员部队和重新安置,协助建立安全机构,协调经济恢复和重建,监督和促进人权,遣返难民和流离失所人员,监督和实施过境控制,保护人道主义救援活动。〔3〕 其中“临时行政”“协调经济恢复和重建”“监督和促进人权”“遣返难民和流离失所人员”“保护人道主义救援活动”等属于民事职能,很难说属于使用武力行为。监督停火或撤军是联合国传统维持和平行动的主要职

---

〔1〕 中国国际战略学会军控与裁军研究中心编:《当代国际维和行动》,军事谊文出版社2006年版,第105-106页。

〔2〕 [日]寺泽一、[日]山本草二主编:《国际法基础》,朱奇武等译,中国人民大学出版社1983年版,第445页。

〔3〕 中国国际战略学会军控与裁军研究中心编:《当代国际维和行动》,军事谊文出版社2006年版,第15-24页。

责。从总体情况看,这种职责的履行带有一定的强制性,具有使用武力的色彩。但在实际履行职责的过程,军事观察员的职责通过观察、说服与报告来完成,即观察交战方是否执行联合国的相关决议真正停火,尽力而不是强制没有停火的交战方尽快停火,向安理会报告交战方没有停火的局势,最终由安理会而非维持和平行动特派团强制交战方遵守停火协议。〔1〕 如根据联合国第1244(1999)号决议成立的科索沃临时行政当局特派团、根据联合国第1272(1999)号决议成立的联合国东帝汶临时行政机构,都扮演行政管理当局的角色并履行相应的职责。〔2〕

(三)联合国维持和平行动的人员构成表明其具有非武力属性

从联合国维持和平行动的人员构成来看,难以说明"维持和平行动"属于使用武力的行为。联合国第一代维持和平行动使用的军事力量类型主要包括两种,一种是联合国维持和平部队,另一种是联合国军事观察团。后者的运用难以得出使用武力的确定结论。〔3〕 在第一代维持和平行动中,军事人员属于主角,占维持和平行动总人数的绝大多数。在第二代维持和平行动中,民事警察和文职人员占总人数的比例明显上升。有的任务区因履行职能的需要,可以说完全由民事警察和文职人员构成,没有军事人员参加。〔4〕 在这种情况下,联合国维持和平行动也难一概说其属于使用武力的行为。

总体来说,联合国维持和平行动对防止和解决地区武装冲突、维护世界和平与稳定发挥了积极的作用。1953 年至 1961 年担任联合国第二任秘书长的哈马舍尔德认为,冷战时期,对美苏关注的一些核心冲突问题,联合国很难发挥作用;而对一些被称为"边缘地区""无人地带"的问题,联合国可以通过维持和平行动,在解决国际冲突、维护世界和平方面发挥了积极作用。在联合国维持和平行动的问题上,围绕着《联合国宪章》依据、联合国维持和平行动的法律特性、联合国大会与安理会的管辖问题等,曾经并依然存在诸多争论。

---

〔1〕 联合国驻印度和巴基斯坦维持和平行动观察团的职责履行过程即是如此。中国国际战略学会军控与裁军研究中心编:《当代国际维和行动》,军事谊文出版社 2006 年版,第 159-161 页。

〔2〕 [意]安东尼奥·卡塞斯:《国际法》,蔡从燕等译,法律出版社 2009 年版,第 455-456 页。

〔3〕 王铁崖主编:《国际法》,法律出版社 1995 年版,第 493 页。

〔4〕 中国国际战略学会军控与裁军研究中心编:《当代国际维和行动》,军事谊文出版社 2006 年版,第 14 页。

第十二章　其他情势下的武力使用规则

第一节　针对内战的武力使用的国际法规则

一、内战的含义

内战是指“一国内部不同武装力量之间发生的具有一定规模的武装冲突”。〔1〕从这一定义可以看出：内战的主体是一国内部不同的“武装力量”，它可能隶属于一国现行政权，或隶属于意欲推翻一国现行政权的持不同政见者组织；内战是一种武装冲突，它可能发生于一国政府与反叛组织的武装力量之间，也可能发生于一国政府之外不同的反叛组织之间；内战发生在一国内部，具有一定的规模。

内战不包括殖民地上争取民族独立与解放运动组织与殖民统治国之间的武装斗争。有学者将殖民地上争取民族独立与解放运动组织与殖民统治国之间的武装斗争包含于内战之中。“内战是指……在国家的一部分地区或殖民地企图分离和独立时所发生的武力纠纷。”〔2〕这里殖民地内部的民族独立与解放战争被视为内战。此前，在关于民族独立和民族解放战争的相关论述中，笔者将殖民地内的武装冲突归于国际性武装冲突。国内学界有此方面的看法。“各国人民反对殖民统治和外国占领以及对种族政权作战的武装冲突，也

---

〔1〕 王铁崖总主编：《中华法学大辞典·国际法学卷》，中国检察出版社 1996 年版，第 440 页。

〔2〕 [日]寺泽一、[日]山本草二主编：《国际法基础》，朱奇武等译，中国人民大学出版社 1983 年版，第 124 页。

属于国际性武装冲突。"[1]

内战是一种非国际性武装冲突。中国学者一般将内战等同于非国际性武装冲突,将两个概念交替使用。《中国军事百科全书学科分册·战争法》(第2版)对非国际性武装冲突作了界定,而内战则参见非国际性武装冲突。非国际性武装冲突是指"国家武装力量与国内持不同政见的武装集团之间或其他武装集团之间相互使用武力的敌对行为。又称内战"。[2] 也有中国学者将内战与非国际性武装冲突予以区分,认为内战包括的武装冲突情形较广泛,只有内战达到一定的规模才构成非国际性武装冲突,无论内战是否达到非国际性武装冲突的程度,交战方都应当遵守国际人道保护规则方面的国际习惯。[3]

美国军方及学者对内战及非国际性武装冲突有其自己的解读。他们认为,内战是一种典型的非国际性武装冲突,但二者之间并不等同。有多种术语可以表示与非国际性武装冲突相关的情境,如内战、国内武装冲突、游击战或非常规战争、叛乱或反叛、恐怖主义、小型战争或低烈度冲突、跨国武装冲突等。国内武装冲突与非国际性武装冲突属同义词,均指发生在一国国境之内的武装冲突。但非国际性武装冲突一词侧重强调参与冲突的法律地位,而非强调冲突的地域范围。有时,冲突的范围可能超出一国的国界,但该冲突不具有国际性,仍然属于非国际性武装冲突。即武装冲突在不止一个国家发生且可能被定性为国际范围冲突的事实,仍不能使冲突的性质具有国际性,因为冲突的一方可能不具有国际法主体资格。如跨国武装冲突表明,武装冲突的范围不限于一国之内而又非两个或两个以上的国际法主体之间;如果冲突主体均具有国际法主体资格,此类跨国武装冲突也属于国际性武装冲突。换言之,跨国武装冲突有两种含义,一种是非国际性武装冲突,一种是国际性武装冲突。这里的"跨国"只表示冲突的区域范围。同理,国际性武装冲突也可以表述多国之间的武装冲突。"低强度冲突"或"小型战争"不是非国际性武装冲

---

[1] 刘家新、齐三平主编:《中国军事百科全书学科分册·战争法》(第2版),中国大百科全书出版社2007年版,第72页。

[2] 刘家新、齐三平主编:《中国军事百科全书学科分册·战争法》(第2版),中国大百科全书出版社2007年版,第73页。

[3] 王铁崖总主编:《中华法学大辞典·国际法学卷》,中国检察出版社1996年版,第440页。

突的代名词,但与非国际性武装冲突高度重叠。[1] 可以看出,美国军方及学者在罗列与解析内战及非国际性武装冲突术语过程中,有其思维的多维性与复杂性;也存在对其国家特定军事行动的解读与辩解的现象。如美国与阿富汗之间的武装冲突就被他们称为跨国武装冲突而非国际性武装冲突,因美国将阿富汗塔里班政权不看作代表阿富汗的合法政府,即阿富汗塔里班政权不被美国看作具备国际法主体资格,故美、阿之间的武装冲突属跨国武装冲突而不属于国际性武装冲突。

《1949 年 8 月 12 日日内瓦四公约关于保护非国际性武装冲突受难者的附加议定书》第 1 条在规范其“对事物的适用范围”时,对非国际性武装冲突的构成作了规定。该国际条约中的非国际性武装冲突是指由政府方与持不同政见方或其他有组织的武装集团之间的武装冲突,此类武装冲突必须具备一定的条件。其一,冲突的范围限于缔约一方的领土内;其二,持不同政见或其他武装集团还应对武装冲突发生国的一部分领土行使控制权,其所负责统帅下的武装部队能进行持久而协调的军事行动,遵守与执行《1949 年 8 月 12 日日内瓦四公约关于保护非国际性武装冲突受难者的附加议定书》。该国际条约还对不构成武装冲突的情势作了排除适用的规定。“本议定书不应适用于非武装冲突的内部动乱和紧张局势,如暴动、孤立而不时发生的暴力行为和其他类似性质的行为。”

二、对一国内战中叛乱团体与交战团体的承认

(一)叛乱团体与交战团体的含义

1. 叛乱团体的含义

叛乱团体是指一国国内反抗政府或进行起义的团体。叛乱团体的构成要件:具有明确的政治目标,有一定的组织系统和领导机构,已经实际上占领本国领土的一部分,与本国政府开展武装斗争。

---

〔1〕《美国国防部战争法手册》(下册),“战争法国际交流中心”项目组译,国防大学政治学院西安校区 2022 年印制,第 396-398 页。

2. 交战团体的含义

交战团体是指由本国政府或第三国承认享有国际法上交战者资格的叛乱团体。获得承认享有交战团体资格的叛乱团体通常应符合下列条件：一国内战状态的客观存在；叛乱者实际控制相当范围的土地，并在其控制区域形成事实上的政权；叛乱者能够在负有责任的指挥者的指挥下采取有组织的军事行动，并愿意且有能力在武装冲突中遵守战争法规则。

从以上界定可以看出，叛乱团体和交战团体是同一叛乱组织因本国政府及外国政府予以不同的态度所形成的不同法律地位之后的不同称谓。

（二）叛乱团体与交战团体的承认

1. 叛乱团体承认与交战团体承认的含义

叛乱团体的承认指外国政府对一国国内反抗政府或进行起义的组织作为叛乱团体的承认。[1] 从该界定可以看出，对叛乱团体的承认主体是外国政府而非本国政府。对叛乱团体承认的条件是因平定该叛乱团体的武装冲突持续一定的时期。如果一国叛乱或内战在短时间内被平息，不引发国际法上的承认问题。

交战团体的承认是指，在一国发生内战时，如果反政府组织的武装力量壮大到维护反政府组织具备地方政府的资格时，则叛乱国政府或第三国可承认该叛乱团体为交战团体。从该界定可以看出，交战团体的承认主体可能是一国政府或外国政府；交战团体的承认条件是一国叛乱者或起义者已经具备了事实上的政权实力，实际上已经使国家处于分裂状态。

2. 叛乱团体承认与交战团体承认的比较

第一，两种承认的主体不同。对叛乱团体的承认，主要是第三国的承认，而非交战国本国政府的承认；对交战团体的承认，除第三国承认外，还可包括本国政府的承认。[2]

第二，两种承认的法律效果不同。

对叛乱团体和交战团体的承认，实质上是对叛乱方政府的承认问题。一

---

[1] 王铁崖总主编：《中华法学大辞典·国际法学卷》，中国检察出版社 1996 年版，第 306、456 页。
[2] 日本国际法学会编：《国际法辞典》，世界知识出版社 1985 年版，第 685 页。

国政府承认叛乱团体为交战团体，主要基于以下考虑；其一，便于同对方谈判；其二，为了减轻战争灾难，协商适用战争法规则；其三，若叛乱者在其控制区域损害第三方的权益，便于使对方在其控制范围内承担相应的责任。如一国合法政府实行海上封锁作战，敌对方控制的区域不会执行政府方的封锁措施，敌对方就应当为此承担相应的责任。

第三国承认叛乱团体为交战团体，主要基于以下考虑：便于使交战团体保护其控制区域第三国的利益，如保护第三国通商的权利，保护该区域第三国国民的利益，包括海上航行及通商的相关权益；为保护上述权益而与交战团体谈判；当第三国的权益遭受损害时，要求交战团体予以赔偿；“从国际法的观点看来，承认使交战团体的军事行动合法化，因而已经不能把这种行动看作罪行”。“在承认为交战团体时，会形成这种情况，即仿佛是两个独立的政府在参加斗争。正在夺取政权的一方，由于被认为交战团体便取得交战国的权利和义务。”“承认也会产生使交战团体遵守有关军事行动的法规与惯例的义务。”〔1〕

通过比较可以看出，叛乱团体的国际法地位次于交战团体。叛乱团体可以经过第三国的承认而享有一定的法律地位，从而产生一定的法律效果。〔2〕同承认交战团体的区别在于，承认一国叛乱者为叛乱团体，意味着不容许叛乱者形成国际法上的法律地位。苏联学者也认为：“承认为叛乱团体或承认为交战团体，在法律后果的范围上是有所不同的。”“在承认为交战团体时，法律后果的范围通常要广泛一些，虽然规定这两项概念的具体内容的条约规范并不存在。”〔3〕《奥本海国际法》质疑这两种承认之间的区别，认为这两种承认之间的区别是不明显的，“而且，有时人们怀疑，是否确有任何法律上的区别”。〔4〕在叛乱组织达到交战团体承认条件的情况下，外国也不一定就承认

---

〔1〕 苏联科学院法律研究所编：《国际法》，国际关系学院翻译组、北京大学国际法教研室合译，世界知识出版社1959年版，第119页。

〔2〕 王铁崖总主编：《中华法学大辞典·国际法学卷》，中国检察出版社1996年版，第456页。

〔3〕 苏联科学院法律研究所编：《国际法》，国际关系学院翻译组、北京大学国际法教研室合译，世界知识出版社1959年版，第118-119页。

〔4〕 [英]詹宁斯、[英]瓦茨修订：《奥本海国际法》(第1卷·第1分册)，王铁崖等译，中国大百科全书出版社1995年版，第114页。

其为交战团体。有时出于本国利益保护的需要，承认其为叛乱团体。“只是外国迫于需要，同叛乱者方面进行了事实上的交涉，仅在有限范围内保持某种关系而已。”〔1〕

（三）国际法上因内战产生承认问题的原因与缘起

1. 国际法上因内战产生承认问题的原因

内战本来属于一国的内政问题。但是，如果一国内战持续时间长，叛乱组织占据国家的一定区域，并在事实上行使一定的政府管理职能，就可能引发国际法上的承认问题。因为内战涉及反叛组织所控制的区域的外国人的生命或安全、外国利益、外国贸易、陆上与海上通道的通行等方面的问题，而这些问题与一国中央政府直接联系也不能解决或取得预期的结果，所以产生国际法方面的问题。“在纷乱地区外国人的生命、身体有危险时，或外国的交易因纷扰而遭受不利时，则引起国际社会的关心而产生国际法上的问题。”〔2〕“虽然一个叛乱政权通常并不具有国际法上的权利或义务，但是在某些情况下它可以享受某种程度的国际人格，因而可以得到国际承认。”〔3〕中国也有学者提出，内战原是一国的内部问题，属于有关当事国管辖的范围，而非国际法调整的事项，其他各国也应基于尊重别国领土完整和主权独立的国际法基本原则，对内战双方采取不干涉政策。但是当内战达到一定规模时，即内战在一国一定范围内进行，交战一方实际控制着一国一定范围的土地，事实上行使政府的权力时，内战中一国中央政府或有必要保护本国利益的外国政府可以承认交战一方为交战团体。在这种情况下，内战构成非国际性武装冲突。被承认具有交战团体地位的交战方，被认为具有统治占领地区、承担国际责任的国际法主体资格，从而具有与政府相同的、遵守战争法的主体资格，在交战团体与政府之间、交战团体之间，以及交战团体与第三国的关系上，遵守战争法惯例及适用

〔1〕［日］寺泽一、［日］山本草二主编：《国际法基础》，朱奇武等译，中国人民大学出版社 1983 年版，第 125-126 页。

〔2〕［日］寺泽一、［日］山本草二主编：《国际法基础》，朱奇武等译，中国人民大学出版社 1983 年版，第 124 页。

〔3〕［英］詹宁斯、［英］瓦茨修订：《奥本海国际法》（第 1 卷 · 第 1 分册），王铁崖等译，中国大百科全书出版社 1995 年版，第 112 页。

非国际性武装冲突的战争法条约。[1]

2. 国际法上承认叛乱团体与交战团体规则的缘起

承认交战团体的制度始于18世纪末英国独立战争，通过19世纪中南美各国和欧洲希腊的战争得到发展，至美国南北战争时期达到相对完善的地步。承认交战团体的制度至20世纪中期，逐渐不再被适用或付诸实践。[2]

有学者提出，国际法上对叛乱团体的承认，首先发生在美洲国家之间。

美国内战中的承认。1861年4月12日至1865年4月9日，美国北方与南方之间爆发内战。内战初期，南方军队曾得到英法等国的援助。后来，一些遵守不干涉原则的国家承认叛乱者的交战权利，并用对待"国际战争"的办法来保持中立，对待这场内战。[3] 如英国政府表示对美国内战持"绝对中立"的立场。

智利内战中对反叛方的承认。1891年1月，智利支持总统的陆军与支持国会的海军发生内战，美国公开宣布对此表示中立，不支持内战中的任何一方。当年5月，智利国会派海军在美国加利福尼亚的圣地亚哥地区购买了一批武器，并派出了智利海军的"依塔塔"号前往美国运输。时任智利总统巴尔马塞达得知这一消息后，请求美国扣留这批武器。美国政府以这批武器的销售违反中立立场为由，阻止了这批武器的买卖。

巴西内战中的承认。1893~1894年，巴西海军发生叛乱，美国允许叛乱者在巴西国家的领海内实行封锁。[4]

西班牙内战中对叛乱团体的承认。1936年7月17日至1939年4月1日发生的西班牙内战中，共和国政府军与西班牙人民阵线左翼联盟，对抗以法西斯弗朗西斯科·佛朗哥为中心的西班牙国民军和长枪党等右翼集团。德国、意大利和葡萄牙明确支持弗朗西斯科·佛朗哥的反政府力量，而苏联则支持西班牙政府方。也有的国家对内战双方持中立政策。如英国在阿兰察兹·门

---

〔1〕 王铁崖总主编：《中华法学大辞典·国际法学卷》，中国检察出版社1996年版，第440页。

〔2〕 [日]寺泽一、[日]山本草二主编：《国际法基础》，朱奇武等译，中国人民大学出版社1983年版，第126页。

〔3〕 日本国际法学会编：《国际法辞典》，世界知识出版社1985年版，第316页。

〔4〕 日本国际法学会编：《国际法辞典》，世界知识出版社1985年版，第685页。

第号事件中,承认叛乱团体佛朗哥政权的主权豁免。美国在西班牙内战中也持中立立场。

20世纪中期以后,一国内战往往受到外国的干涉。特别是美国,千方百计地干涉别国的内战,当年其所倡导的承认制度以避免他国干涉的原则逐渐失去原有的影响力。

(四)对叛乱团体与交战团体的承认方式与约束力

1. 对叛乱团体与交战团体的承认方式

对叛乱团体与交战团体的承认应当通过明示的方式宣布,也可以通过默示的方式确认。"选择承认的形式这一问题,既取决于承认国的考虑,也取决于说明承认一方与被承认一方之间以及其他有关国家之间关系的其他某些条件。"[1]有学者提出,如果一国政府宣布战时封锁方面的规则,可以被看作一种承认,因为海上作战的封锁规则是适用于国际性武装冲突的规则;如果外国政府宣布在一国的冲突中保持中立,也可以被看作对叛乱团体的承认。但如果一国政府只是与叛乱团体谈判,不能被看作将叛乱团体承认为交战团体。外国政府对一国内战中非政府方的承认,应当将对叛乱团体的承认与对交战团体的承认区别开来。

2. 对叛乱团体与交战团体承认的约束力

(1)一国中央政府对交战团体的承认及其影响

第一,一国中央政府对交战团体承认的一般态度与立场。一国中央政府在能不承认本国的反叛组织为交战团体时,一般尽力不予承认。第二,一国中央政府承认本国的反叛组织为交战团体时的主要原因。一是避免双方的交战趋向更残酷的状况,以致战争法规则不能得到遵守;二是中央政府对叛乱组织控制的区域内遭受损害的外国人利益难以再承担责任。第三,一国中央政府承认本国的反叛组织为交战团体时,引发的法律后果包括:一是一切外国均负有中立的义务。二是对交战团体及其所属战斗员的行为,团体本身担负战争法上的责任,中央政府则可解除责任。三是关于国际法上责任的分配。在一

[1] 苏联科学院法律研究所编:《国际法》,国际关系学院翻译组、北京大学国际法教研室合译,世界知识出版社1959年版,第119页。

国中央政府承认反叛组织为交战团体之前,中央政府对外国及外国人在本国领域内所遭受的损失承担赔偿责任;如果一国中央政府能够证明自己对特定事项已经给予相当的注意,则可以免除此方面的责任;否则应当承担国际法上的责任。〔1〕

(2)外国政府对一国交战团体的承认及约束力

外国政府对反叛组织的贸然承认可能构成对一国内政的干涉。外国政府承认一国叛乱团体或交战团体之后,对交战双方应当采取中立立场,享有中立法上的权利和义务。“承认叛乱团体或交战团体的第三国应保持中立。”一国“政府在已经宣告承认一个国家或政府以后,不能将这一行动撤销,或者像通常所说的,不能‘将承认撤回’。在国际关系的实践上,几乎没有遇到过将承认撤回的情况”。“法国撤销对芬兰的承认一事仅仅只能作为一种例外”。〔2〕

三、任何国家不得支持一国内战的叛乱团体与交战团体

国际法禁止他国干涉一国的内战,无论一国内战发起的原因、内战的规模及内战交战方的多少。《国际法原则宣言》规定:“任何国家均不得组织、协助、煽动、资助、鼓励或容许目的在于以暴力推翻另一国政权之颠覆、恐怖或武装活动,或干预另一国之内争。”《关于各国内政不容干涉及其独立与主权之保护宣言》重申了这方面的规定。“任何国家亦均不得组织、协助、制造、资助、煽动或纵容意在以暴力手段推翻另一国家政权之颠覆、恐怖或武装活动,或干涉另一国家之内乱。”《国家权利义务宣言草案》第4条规定:各国有不在他国境内鼓动内乱,并防止本国境内有组织鼓动此项内乱活动之责任。

区域国际组织文件要求区域内国家不得支持一国反叛组织。《欧洲关于指导与会国间关系原则的宣言》规定,与会国将不对“恐怖活动,或者颠覆及

---

〔1〕［日］寺泽一、［日］山本草二主编:《国际法基础》,朱奇武等译,中国人民大学出版社1983年版,第125页。

〔2〕苏联科学院法律研究所编:《国际法》,国际关系学院翻译组、北京大学国际法教研室合译,世界知识出版社1959年版,第119页。1918年,法国承认了芬兰的独立及其境内的政府,但是在威廉二世的近亲被召请到芬兰继承王位以后,法国便将承认撤回,而当芬兰宣布为共和国时,法国又重新予以承认。苏联科学院法律研究所编:《国际法》,国际关系学院翻译组、北京大学国际法教研室合译,世界知识出版社1959年版,第120页。

其宗旨在以暴力推翻另一与会国政权的活动进行直接或间接的援助”。《关于美洲国家原则的宣言》规定："任何国家不得干涉他国的内政或外交。”“它们也将不对恐怖活动,或者颠覆及其宗旨在以暴力推翻另一与会国政权的活动进行直接或间接的援助。”《非洲统一组织宪章》规定:“无保留地谴责一切形式的政治暗杀及对邻国或任何其他国家所进行的颠覆活动。”

国际法学界对禁止干涉一国内战有共识性确认。《奥本海国际法》认为:“如果有内战而且国家是由作战各派分割控制的,对任何一方任何形式的干预或援助(人道主义性质的援助可能除外)都等于违反国际法的干涉。”〔1〕亨金教授认为:“一国如何治理自己国家,其宪政体系的特点,其政府和统治所发生的变化(无论由合宪手段变来,还是由革命所致),传统上一直被视为国内问题,并由国家自治原则所容纳和保护。国际体系没有插手此类事务的依据。即便是国内武装冲突——从孤立的暴乱到全面内战——也不属于合法的国际政治体系或国际法上的事务,除非它扩散到威胁国际和平与安全的地步。”〔2〕古德里奇等在《联合国宪章——评述与文件》中指出:“内战显然是一个内政问题,一个外国和一个外国集团为要影响斗争的过程而进行的任何干涉,都构成对该国独立的侵犯。联合国组织无权干涉任何这种内部斗争。”〔3〕

也有学者提出例外情形下的干涉是允许的。如亨金教授认为,如果一国的内战中的冲突威胁到国际和平与安全,则可以“例外”地实施干涉。在国际现实中,一些干涉几乎都是对一国内战或内乱的干涉。20 世纪 90 年代对伊拉克、南斯拉夫、索马里、科索沃的干涉,21 世纪对利比亚、马里、苏丹的干涉,均是在这些国家发生内战或内乱的情况下进行的。在利比亚和叙利亚内战中,借口履行保护责任的一些国家或国家集团,事实上是对一国反叛组织的支持,是对一国内战一方的支持,这种行为属于严重干涉一国内政的行为。

---

〔1〕［英］劳特派特修订:《奥本海国际法》(上卷·第 1 分册),王铁崖、陈体强译,商务印书馆 1971 年版,第 317 页。

〔2〕［美］路易斯·亨金:《国际法:政治与价值》,张乃根等译,中国政法大学出版社 2005 年版,第 192 页。

〔3〕王俊杰:《战争法——当代战争对传统战争法与武装冲突法的挑战与思考》,云南大学出版社 2010 年版,第 183 页。

第二节　应国家邀请的武力使用

一、应国家邀请武力使用的含义与构成

(一)应国家邀请武力使用的含义

应国家邀请的武力使用,是指一国接受他国邀请而在他国领土上使用武力的行动。至于一国接受他国请求而对他国实施的诸如政治、经济、外交、人道方面的援助,以及供应军事装备形式的军事援助,不属这里的讨论内容。

应国家邀请的武力使用,不是一个约定俗成的法律概念,不同学者往往有不同的表述。如"在请求下的援助"[1]"经领土国同意进行的武装干涉"[2]等。

(二)应国家邀请武力使用的构成

1. 邀请主体

一国的合法政府可以邀请他国在本国领土上使用武力。国际法上行使国家主权的代表应当是一国的合法政府。既然国家有主权,一国政府有权代表国家邀请他国在本国的领土上使用武力而援助本国。"同意必须由合法政府做出,即此权限是宪法赋予该当局的。"[3]《奥本海国际法》也提出:"无论如何,一个国家的现存并得到国际上承认的政府有权寻求其他国家的援助,以维护国内法律和秩序或保卫它们的边界不受外来攻击,而其他国家可以合法地提供援助"。[4] "只要政府对整个国家有全面的控制而内部动乱主要只是地方法律和秩序问题或者是孤立的游击战或恐怖活动,该政府可以寻求其他国家的援助,而其他国家有权提供援助。"但《奥本海国际法》在具体判断中并没有完全遵循这一标准。它在列举受到合法邀请而合法地使用武力相援助的国

---

〔1〕［英］詹宁斯、［英］瓦茨修订:《奥本海国际法》(第1卷·第1分册),王铁崖等译,中国大百科全书出版社1995年版,第316页。

〔2〕［意］安东尼奥·卡塞斯:《国际法》,蔡从燕等译,法律出版社2009年版,第488页。

〔3〕［意］安东尼奥·卡塞斯:《国际法》,蔡从燕等译,法律出版社2009年版,第491页。

〔4〕［英］詹宁斯、［英］瓦茨修订:《奥本海国际法》(第1卷·第1分册),王铁崖等译,中国大百科全书出版社1995年版,第317页。

际实践中,将“在越南冲突中,美国部队在越南共和国请求下予以援助”〔1〕的行为视为合法地接受邀请的情形。而现实客观情况是,当时越南处于南北内战的状态之中,南越共和国并没有实现对国家“全面的控制”,美国的出兵实质是对越南内战一方的支持而对另一方的攻击。这样的双重标准实在是不该的。

2. 邀请对象

邀请国以外的国家属于邀请对象国。从理论上来说,任何一个国家均有权作为被邀请国。根据国家主权原则,一国有权决定是否接受他国的邀请。如果一国的国家主权受到国际法上的限制,一般不能作为被邀请国。如第二次世界大战后的日本,其国内宪法中的“和平条款”限制其参加特定的武力使用活动,而这样的宪法条款是二战后所形成的国际秩序的产物,可以被看作国际社会限制日本主权的体现,因而日本不能作为被邀请对象国。

3. 邀请主体的意思表示

(1)邀请主体的意思表示形式

邀请主体可以通过不同的形式表达其邀请,如通过签订双边或多边国际条约、发表国家声明、发送邀请信函等方式。

(2)邀请主体的邀请内容

邀请主体的邀请内容中应当载明武力援助方面的需求。邀请主体不能以笼统的概括性语言表达其武力援助的需求。邀请主体的“同意不能针对未来做出概括性授权,而必须即时给予”。〔2〕

(3)邀请主体意思表示的真实性

邀请应当是邀请主体的真实意思表示。如果一个国家没有受到外来国家的胁迫,特别是被邀请国的胁迫,这样的邀请可以被看作邀请国的意思表示。邀请主体的“同意必须是自由做出的(即不能存在以任何形式的武力、强制、胁迫);同意必须是真实的,而不仅仅是‘表面上的’”。〔3〕《奥本海国际法》认

〔1〕[英]詹宁斯、[英]瓦茨修订:《奥本海国际法》(第1卷·第1分册),王铁崖等译,中国大百科全书出版社1995年版,第316-317页。

〔2〕[意]安东尼奥·卡塞斯:《国际法》,蔡从燕等译,法律出版社2009年版,第491页。

〔3〕[意]安东尼奥·卡塞斯:《国际法》,蔡从燕等译,法律出版社2009年版,第491页。

为:“一项请求应否视为真正的请求,只能参照特定的情况予以决定。”[1]

4. 邀请他国在领土国使用武力的前提

一国邀请他国在本国使用武力,所攻击的对象是外国侵略者,还是本国的反叛者? 从理论上看,这两种对象或情形都应当被包含其中。即一国邀请他国在本国使用武力,既可以基于维护本国领土完整的需要,也可以基于本国实现国家统一的需要。但这两种对象在国际法上有不同的适用规则。

二、应国家邀请武力使用的国际法属性

(一)应邀请共同抗击侵略者

一国邀请他国在本国领土上使用武力以抗击侵略者属合法的国际行为。国际法确认任何国家拥有自卫反击侵略的权利,肯定国家拥有集体自卫的权利。因而被邀请国可以通过集体自卫的形式使用武力以反击侵略者。在这种情势下,邀请国与被邀请国适用的国际法规则为单独自卫和集体自卫规则。

(二)应邀请武力打击一国的反叛组织

一国合法政府邀请他国对本国的反叛者使用武力,此类行动的国际法属性如何,当代国际法没有专门的规定。

有学者笼统地肯定这种情境下被邀请国使用武力的合法性,或者简单地认为这样的邀请与同意均是合法的。他们认为,依照传统的国际法,即一国邀请他国在邀请国领土上使用武力是合法的。因为在传统国际法上,国际共同体的每一成员与其他成员都是平等的。每个国家都可以自由地允许另一国在本国领土上使用任何形式的武力。而且,这样的传统国际法规则与当代国际法上的禁止使用武力原则也不冲突,因为被邀请国没有侵犯邀请国的领土完整和政治独立。只有破坏同意国或请求国的“领土完整或政治独立”的武力使用,才不具有合法性。[2]

---

〔1〕［英］詹宁斯、［英］瓦茨修订:《奥本海国际法》(第1卷·第1分册),王铁崖等译,中国大百科全书出版社1995年版,第317页。

〔2〕［意］安东尼奥·卡塞斯:《国际法》,蔡从燕等译,法律出版社2009年版,第488、491页。

国际法院承认,干涉……在一个国家政府的请求下是可以允许的。联合国安理会也承认:每一个国家行使它的主权,请求任何其他国家或国家集团的协助,是每一个国家固有的和合法的权利。国际法将一个国家在另一个国家请求并得到其同意下给予该另一个国家的援助排除在干涉之外。[1]

"对国家实践的考察也表明,一些国家也乐于主张它们在相关国家同意(或请求)情况下进行的武装干涉是合法的。"[2]英国政府就认为,经邀请而在邀请国领土上使用武力是一项国际习惯。1958年,英国外交大臣提出,"《联合国宪章》的结构保留了这一习惯法,据此可以对我所说的国家'面对着国外煽动下发生的国内冲突'提供援助……我不相信《联合国宪章》的精神或文字已经废除了这一构成习惯法的传统权利"。[3] 我国也有学者提出,应合法政府邀请的干涉,"被西方一些传统国际法著作说成是合法的"。[4]

也有学者给这样的邀请与同意设置了特定的前提或理由,即将邀请与同意建立在存在第三国对反叛者实施援助的基础之上。这样,请求国就存在被第三国武力攻击的情势。"在一国领土上发生的颠覆活动中,其他国家不止一次地认为,在接到请求之后的干涉是完全合法的,其原因是叛乱分子被认为正在取得第三国的援助,或者是给予同意的国家被认为成为《联合国宪章》第51条规定的'武力攻击'的目标。"[5]

可以看出,这里的情况与一国没有发生叛乱活动,只是纯粹受到外国的侵略或武装干涉,而邀请他国予以援助,又不相同。遭受侵略的情况是通过集体自卫直接打击侵略者;叛乱的情况则是通过打击叛乱活动而打击支持叛乱活动的援助国或干涉国。可以看出,叛乱的情况又涉及国家自卫权的行使。然而,国际法不承认间接的侵略。《关于侵略定义的决议》规定的侵略情形,均是一国直接以国家名义所实施的行为,而没有规定一国援助反叛方,通过反叛方所实施的反叛行为,即没有将一国支持反叛方的行为归于侵略。实际上,在

〔1〕 [英]詹宁斯、[英]瓦茨修订:《奥本海国际法》(第1卷·第1分册),王铁崖等译,中国大百科全书出版社1995年版,第241、316页。

〔2〕 [意]安东尼奥·卡塞斯:《国际法》,蔡从燕等译,法律出版社2009年版,第489页。

〔3〕 [意]安东尼奥·卡塞斯:《国际法》,蔡从燕等译,法律出版社2009年版,第489页。

〔4〕 王铁崖主编:《国际法》,法律出版社1995年版,第74-75页。

〔5〕 [意]安东尼奥·卡塞斯:《国际法》,蔡从燕等译,法律出版社2009年版,第489页。

这种情况下,如果一国以国家名义支持他国反叛方的反叛,构成对他国内政的干涉。

我国有学者只承认邀请国与被邀请国共同抗击侵略者的合法性,认为叛乱的情况下被邀请国的武力使用行为实质上是对一国内政的干涉,因而是非法的。“国际法允许根据国际条约和国际义务对他国提供这样那样的援助,但是这仅限于在完全平等和自愿的基础上共同防御和抗击侵略者,以捍卫被援助国的国家主权和民族独立。”如果所提供的援助是以侵略他国为目的或者插手纯属他国的内部事务,即使这样的“援助”具有特定条约作依据,实质上也是一种干涉,也不能被视为合法行动。〔1〕

如果一国的领土由内战中的不同集团或派别分别控制,这些集团与派别的任何一方,若代表整个国家向外国发出援助武力的邀请,其合法性与适宜性是受到质疑的,外国对任何一方任何形式的援助,除一视同仁的人道主义援助之外,“都等于违反国际法的干涉”。因为“对任何一方的援助都将妨害该国人民自己决定它的政府形式和政治制度的权利”。但以下观点得到广泛接受,即如果外国某国作了有利于内战中冲突一方的援助,别的国家可以援助另一方。〔2〕

三、民族独立与解放战争中的邀请武力使用问题

(一)民族独立与解放运动组织有权邀请他国的援助

民族独立与解放运动组织虽然在争取民族独立与解放过程中还没有完全成为国际法上的国家,但国际法基本原则仍然确认其享有邀请他国政府以武力援助的权利。“此等民族在采取行动反对并抵抗此种强制行动以求行使自决权时,有权依照宪章宗旨及原则请求并接受援助。”

(二)国家不得接受邀请武力打击民族独立和解放运动

一国接受邀请对他国的民族独立与解放战争的打击是非法的。国际法禁

〔1〕 王铁崖主编:《国际法》,法律出版社 1995 年版,第 75 页。

〔2〕 [英]詹宁斯、[英]瓦茨修订:《奥本海国际法》(第 1 卷 · 第 1 分册),王铁崖等译,中国大百科全书出版社 1995 年版,第 316-317 页。

止一国接受邀请打击民族独立和民族解放战争。根据国际法上的民族自决原则，当殖民地国家当局对殖民地范围的民族独立和民族解放运动使用武力时，一国不得接受殖民当局的邀请。《国际法原则宣言》明确规定："每一国均有义务避免对上文阐释本原则时所指之民族采取剥夺其自决、自由及独立权利之任何强制行动。"有学者认为，这里的"每一国"是指殖民地国家以外的任何国家。[1] "同意不能违背其他强行法规则……例如，允许使用武力反对或限制民族自决权，或为镇压叛乱或阻止分裂而允许包含暴力的武力使用。"[2]

第三节　国籍国保护侨民的武力使用

一、国际法对外国人和侨民的保护

(一)东道国对外国人的法律保护

1. 国际法上的外国人及其法律地位

(1)国际法上的外国人

国际法上的外国人是指在一国境内不具有居住国国籍而具有其他国家国籍的人。[3] 从国籍的角度看，自然人的国籍可分为有国籍人、无国籍人和双重国籍人。这里所说的外国人，既包括不具有居住国国籍的自然人，也包括无国籍人，同时包括具有双重国籍而没有居住国国籍的自然人。从广义上讲，国际法上的外国人包括居住在一国的外交代表、领事官员、国际组织代表及享有外交特权和豁免的人，也包括不享有外交特权的一般外国人。本节所说的外国人，主要指不享有外交特权的外国人，也可以说狭义的外国人。本节所说的外国人，仅指一般外国人中的自然人，不包括外国法人。

至于外国人所在国家的称谓，有不同的说法，如东道国[4]、居住国[5]、居

[1] [英]詹宁斯、[英]瓦茨修订：《奥本海国际法》(第1卷·第1分册)，王铁崖等译，中国大百科全书出版社1995年版，第317页。

[2] [意]安东尼奥·卡塞斯：《国际法》，蔡从燕等译，法律出版社2009年版，第491页。

[3] 《国际公法学》编写组：《国际公法学》(第2版)，高等教育出版社2018年版，第188页。

[4] [英]伊恩·布朗利：《国际公法原理》，曾令良、余敏友等译，法律出版社2007年版，第464页。

[5] 王铁崖主编：《国际法》，法律出版社1995年版，第254页。

留国、领土国等。

(2)国际法上外国人的法律地位

外国人的法律地位是指外国人在一国入境、居留、出境等方面所享受的权利及承担的义务。

2. 东道国对外国人法律地位的确认

(1)东道国确认外国人的权利

外国人的法律地位是由居住国的国家法规定的。也就是说,在一国境内的外国人都处在其居住国的管辖之下,都必须遵守居住国的法律。这是国际法上尊重国家主权原则所要求的。如果不这样要求,国家主权就得不到维护,国际正常交往就难以为继,国际和平与合作就可能遭受危害。

(2)东道国享有对外国人的属地管辖权

这是国际法上的属地管辖原则所要求的。领土国对在其领土主权范围内居住的外国人,除外国的国家元首、外交官和军事人员等享有外交豁免权者以外,即对狭义的外国人均享有法律上的属地管辖权。

3. 东道国对保护外国人国际规则的遵循

外国人在一国居住时,一国对合法入境的外国人,无论居住时间的长短,都应当依法予以保护,这是公认的国际法准则。但一国对外国人保护的程度,国际法没有明确规定。英国国际法学家布朗利说道,"外国人的待遇并没有统一的标准"。[1]

一般来说,一国政府在确定外国人的法律地位时,要考虑本国所加入的国际条约上的义务,也要考虑国际习惯的约束力,包括对国际法基本原则的遵循,还应顾及外国人国籍国的属人管辖权。1928 年美洲国家间所签订的《关于外国人地位的公约》第 2 条规定:"外国人一如本国公民,应受当地法院管辖并服从当地法律,同时要考虑到在各项公约与条约中所规定的各种限制。"有中国学者指出:"根据国际实践,外国人的权利,包括人身权、财产权、著作权、发明权、劳动权、受教育权、婚姻家庭权利以及继承权和诉讼权等,一般都受到

〔1〕[英]伊恩·布朗利:《国际公法原理》,曾令良、余敏友等译,法律出版社 2007 年版,第 465 页。

居住国的保护。"[1]

近代国际法形成以来,外国人在居住国的法律地位,曾出现过以下的情境:互惠或对等待遇、门户开放待遇、睦邻待遇、同等待遇、国民待遇、最惠国待遇、公平待遇、差别待遇和优惠待遇等。其中适用较多的为国民待遇。对外国人的国民待遇原则,在1940年前就得到欧洲和拉丁美洲许多法学家的支持,也有一些国家和学者反对国民待遇原则与标准的实施。[2]

国际法上的国民待遇,是指"国家在一定范围内给予其领土内的外国人以本国公民所享受的同等的待遇"。[3] 值得注意的是,国家给外国人以本国公民所享受的待遇,只是"在一定范围内",而并非完全等同。如外国人在东道国一般不得享有政治权利;对东道国法律规定的有关经济管制以及外国人就业方面的限制,外国人也只能接受;在诉讼过程中,外国人常常无权获得法律援助等。

关于外国人的待遇,拉美一些国家主张制定与采用"国际标准"。出席海牙国际法编纂会议的大多数国家都支持"国际标准"。"该标准也得到许多仲裁庭和求偿委员会的支持。"[4]也有一些国家及学者主张对外国人制定与采用"国际最低标准"。由美国和墨西哥设立的求偿委员会对国际最低标准提出评判的一般法律原则。一国对外国人待遇的国际不法行为,应当是对外国人达到暴行、恶意、有意玩忽职守的地步,或者一国政府对外国人的待遇,一般人均可以看出其远远低于国际标准。德国国际法学者提出:"国际法上的最低标准是指在任何一个文明社会中个人应当享有的权利。"[5]这些权利包括生存权、人身不受伤害权、参与经济生活的权利、参加正常司法程序的权利等。

外国人待遇的"最低国际标准",自然应当考虑国际法的相关规定。有学者试图将人权概念和外国人待遇问题结合起来考虑。有的国际法委员会的成

---

〔1〕 王铁崖主编:《国际法》,法律出版社1995年版,第251-252、254页。
〔2〕 [英]伊恩·布朗利:《国际公法原理》,曾令良、余敏友等译,法律出版社2007年版,第464页。
〔3〕 王铁崖总主编:《中华法学大辞典·国际法学卷》,中国检察出版社1996年版,第248页。
〔4〕 [英]伊恩·布朗利:《国际公法原理》,曾令良、余敏友等译,法律出版社2007年版,第464页。
〔5〕 [德]W. G. 魏智通主编:《国际法》(第5版),吴越、毛晓飞译,法律出版社2012年版,第311页。

员也提出,国家有义务确保外国人享受与其国民同样的公民权利以及获得同样的个人保障。但是,在任何情况下,此等权利和保障不能低于现今国际文件所规定和承认的“基本人权”。至于外国人待遇与人权标准中的哪些标准相关联,学界的说法又有不同。布朗利提到,自 1945 年以来,已经成为国际习惯法组成部分的人权标准与规则,如禁止种族歧视、禁止酷刑、禁止不人道或有辱人格的待遇或处罚,有必要与外国人待遇标准谨慎地结合起来。[1] 可以说,继《世界人权宣言》之后,国际社会通过大量的宣言、决议、条约和声明等国际法文献,保障人权成为国际法的重要内容。这些内容可以说构成各个国家保障其本国国民及在其领土上居住的外国人的权利的基本依据。有的国际法文献的国际法效力也受到质疑,如《世界人权宣言》在有些国际法学者的眼里仅仅是一种宣言,不具有国际法上的约束力。但这些国际法文献的内容在相关的国际条约中又得到确认,相关规则又可以作为考量一国保护其国民及外国人的基本依据。

有中国学者反对使用外国人待遇最低标准的说法。外国人待遇的“最低标准”或“文明世界”的“国际标准”,“这实质上打着‘反歧视’‘反野蛮’待遇的幌子,为在别国谋求特权地位以至于干涉别国内政作借口。这种理论是不符合国际法基本原则的”。[2]

(二)国籍国对本国侨民的保护

1. 侨民的含义

国际法上的侨民是指拥有一国国籍而居住在国籍国以外的国家的自然人。

国际法上的外国人与侨民,均是以国籍和居住地为评判尺度,站在不同的国家方位上对自然人的审视与定位。站在国籍国的角度,国家的侨民是指拥有本国国籍而居住在本国以外的自然人。站在居住国的角度,国家的外国人是指在本国居住但没有本国国籍的自然人。

---

〔1〕 [英]伊恩·布朗利:《国际公法原理》,曾令良、余敏友等译,法律出版社 2007 年版,第 466 页。
〔2〕 王铁崖主编:《国际法》,法律出版社 1995 年版,第 258 页。

2. 国籍国保护侨民的方式

国籍国保护本国侨民可以通过政治、外交的方式,也有通过武力使用的方式。

二、国籍国保护侨民武力使用的缘由

国籍国侨民遭受严重的不法侵害。国籍国保护其侨民应当具有必要性,这就是其侨民的生命或人身安全受到直接侵害。

东道国不能够或不愿意对国籍国侨民提供保护。东道国保护本国侨民的前提是国籍国不愿意(不会)或不能够对他国侨民实施基本的人道保护。

国籍国保护目的是直接解除对其侨民的安全威胁。国籍国保护的目的是使该国的侨民有正当的待遇,保护行为必须以直接结束对受害者的安全威胁为目的或为限制。这样的目的具有唯一性,同时国籍国保护期间具有相应的即时性。美国在其陆军《军事行动法手册》中提出,当一国达成保护本国国民撤离危险国的目的之后,"干涉不能作为美国在别国继续军事存在的唯一依据"。[1] 这既可被看作一种标榜,也可被看作一种约束。

国籍国保护手段包含武力使用。国籍国为达成上述保护目的,实现上述保护目标,保护行动可能使用武力。在一国侨民撤离过程中,国籍国的保护行动应当遵守战争法上的交战规则。

三、保护侨民武力使用的法理分析

(一)依附于国家战争权的权利已被废止

在国家战争权被确认的传统国际法上,国籍国因保护其侨民而使用武力的方式被视为国家的一项权利,具有合法性。因为国家战争权的确认,意味着战争只是国家行使政策的工具。为保护本国侨民而发动战争或使用武力,只是实施国家政策的方式之一,自然被归于合法使用武力的范围。"在国家用战争可以推行自己的外交政策或者用战争来维护本国利益的时代,'为保侨的干

---

〔1〕 [美]达斯汀·考巴等编:《军事行动法手册》(美国陆军第 18 版),朱雁新等译,国防大学政治学院西安校区 2022 年印制,第 5 页。

涉'不仅是不禁止的,而且是国家的权利"。[1] 然而,在国家战争权被国际法废弃之后,使用武力保护侨民不再属于国家实施政策的方式,一国基于国家战争权而获取的以武力方式保护本国侨民的合法性需要被重新审视。

(二)依附于国家自卫权的权利受到规制

有学者提出,一国为保护本国侨民免受生命或人身安全的明显和直接的危害而采取保护行动,"最合乎逻辑和一致的法律依据是,它构成习惯国际法下自卫权的一部分"。这是因为:其一,在《联合国宪章》之前,根据与自卫相关的国际习惯,一国对本国侨民的保护,在国际法上作为一项权利,已经非常成熟。其二,无论是《联合国宪章》制定之前的相关讨论,还是《联合国宪章》的相关条款,都没有排除或禁止这项权利。该项权利在第二次世界大战前作为习惯的自卫权利的一部分得到充分的确认。[2]

在当代国际法上,保护侨民使用武力是否仍然属于自卫权的行使范围,国际法学界存在不同的认知。有学者提出,自《联合国宪章》生效以来,传统国际法确认的国家使用武力保护本国侨民的权利,不是被废止,而是作为国际习惯法上自卫权的一部分得以延续。这是因为:其一,自 1945 年《联合国宪章》生效以来,不少国家采取保护本国侨民的武力使用行动,都是以自卫作为行动的依据;其二,该项权利在保护一国侨民的武力使用行动中是否仍然合法的问题,多次被提交联合国安理会,也曾被提交国际法院,但这两个机构都没有明确发布法律意见否认以上情形下该项权利的合法性。持这种观点的学者中,有的提出,这种权利的行使必须符合必要性、相称性和即时性的条件。[3] 具体来说:其一,必须存在领土国伤害行动国侨民的迫在眉睫的威胁;其二,领土国没有采取措施或没有能力采取措施以保护行动国的侨民;其三,行动国保护其侨民或干涉行动严格限定在行动国侨民免受进一步伤害的目标范围。美国弗兰克教授认为,一国因保护其侨民而对领土国使用武力的行动,可以被看作

---

〔1〕 白桂梅:《国际法》,北京大学出版社 2015 年版,第 182 页。

〔2〕 [荷]泰瑞·吉尔、[德]迪特·弗来克:《军事行动国际法手册》,张振业译,国防大学政治学院西安校区"战争法国际交流中心"项目组 2022 年编印,第 215-216 页。

〔3〕 [荷]泰瑞·吉尔、[德]迪特·弗来克:《军事行动国际法手册》,张振业译,国防大学政治学院西安校区"战争法国际交流中心"项目组 2022 年编印,第 215-217 页。

对《联合国宪章》第 51 条自卫概念的合理调整，或者至少在特定情势下是合法的。[1]

在当代国际法条件下，一国以国家自卫权作为其武力保护本国侨民的法律依据，坚持对自卫的前提条件进行更严格解释的法律学者认为，根据当代国际法，"这种营救行动不再合法"。[2] 如果该项权利原来依附于国家自卫权，虽然现代国际法确认国家的自卫权为固有权利，但《联合国宪章》规制了国际习惯法上的国家自卫权，因而该项权利随着《联合国宪章》的生效而不再具有效力，即以习惯法上的自卫权作为行动国保护其侨民免受他国侵害为合法依据或干涉他国的理由是不成立的。因为"这已经超出《联合国宪章》中的自卫权的界限"。[3] 弗兰克教授也指出，当代国际法条件下依据《联合国宪章》作为行动国保护其侨民的武力使用行动在技术上可能是不合法的。因为这样的理由往往是强国帮助友好政权或削弱自己不喜欢的政权的托词。或者说：这些理由可能不完全符合第 51 条的规定。[4]

(三)不构成禁止使用武力原则的"例外"

为保护本国侨民对他国使用武力的行为，不构成《联合国宪章》第 2 条第 4 项禁止使用武力原则的例外情形。关于禁止使用武力原则的例外情形，公认的说法是"三种例外说"，即国家的自卫行动，联合国安理会采取或授权的军事行动，民族独立与民族解放战争。美国陆军编撰的《军事行动法手册》只承认"两种例外"，即《联合国宪章》第 51 条确认的国家自卫行动，及联合国安理会授权的武力使用行动。[5] 保护本国侨民而使用武力没有被视为一种例外。有国际法学者提出，可以尝试打开禁止使用武力原则下新的"例外"大

---

〔1〕［美］巴里·E. 卡特、［美］艾伦·S. 韦纳：《国际法》（下卷），冯洁菡译，商务印书馆 2015 年版，第 1298-1299 页。

〔2〕［荷］泰瑞·吉尔、［德］迪特·弗来克：《军事行动国际法手册》，张振业译，国防大学政治学院西安校区"战争法国际交流中心"项目组 2022 年编印，第 215 页。

〔3〕［德］W. G. 魏智通主编：《国际法》（第 5 版），吴越、毛晓飞译，法律出版社 2012 年版，第 607 页。

〔4〕［美］巴里·E. 卡特、［美］艾伦·S. 韦纳：《国际法》（下卷），冯洁菡译，商务印书馆 2015 年版，第 1298 页。

〔5〕［美］达斯汀·考巴等编：《军事行动法手册》（美国陆军第 18 版），朱雁新等译，国防大学政治学院西安校区 2022 年印制，第 2 页。

门，因为此类保护行动确实具有必要性，但应当在严格的条件限制下开展行动，以排除这种行动的不法性。即便如此，也无疑会严重地损害《联合国宪章》设计的禁止非法使用武力的法律制度。[1] 美国在其陆军《军事行动法手册》中提出，一国保护其侨民的军事行动，或者说"平民或非战斗人员的撤离行动"，本身不构成《联合国宪章》第 2 条第 4 项规定的使用武力的标准，这是基于行动的有限时间和特定的目的而决定的。照此说法，一国保护其侨民是否构成《联合国宪章》中第 2 条第 4 项的例外就无从谈起了，因其本身就不构成《联合国宪章》中第 2 条第 4 项中武力使用的标准。但美国又有学者提出，在他国领土上的平民或非战斗人员的撤离行动，必须得到联合国安理会的授权才得以合法。[2]

（四）与不干涉内政原则相冲突

当代国际法确认不干涉内政原则为国际法基本原则。为保护本国侨民而对他国使用武力，构成对他国的武装干涉。"一些西方学者认为当自己国家的公民在外国受到'非法待遇'时的干涉，甚至包括武装干涉，是有理由的干涉。"[3]国际法院在"科孚海峡案"的判决中，对包括在他国领土范围搜集证据的武装干涉的合法性予以否定，指出这种干涉实质上是实力政策的表现，在过去被经常使用，但是在现代，无论国际社会的组织多么不完善，武装干涉在国际法上是没有根据的，借助自卫权或自保权不能排除此种武装干涉行为的不法性。因为在独立国家之间，尊重领土主权是国际关系最重要的基础。[4]有中国学者也指出："现代国际法不允许任何国家以保护本国侨民的利益为借口干涉他国内政，更不允许使用武力的手段进行干涉。"[5]即便是西方学者，也有对这种干涉的影响与后果提出疑问与担心的。其基本理由是这种权利下的干涉可能被滥用，事实上自 1945 年以来已经多次被滥用，这样的滥用导致

---

〔1〕［荷］泰瑞·吉尔、［德］迪特·弗来克：《军事行动国际法手册》，张振业译，国防大学政治学院西安校区"战争法国际交流中心"项目组 2022 年编印，第 216-217 页。

〔2〕［美］达斯汀·考巴等编：《军事行动法手册》（美国陆军第 18 版），朱雁新等译，国防大学政治学院西安校区 2022 年印制，第 140 页。

〔3〕白桂梅：《国际法》，北京大学出版社 2015 年版，第 182 页。

〔4〕梁淑英主编：《国际法教学案例》，中国政法大学出版社 1999 年版，第 85-90 页。

〔5〕白桂梅：《国际法》，北京大学出版社 2015 年版，第 182 页。

对另一个国家的事务进行毫无理由的广泛干涉。[1] 意大利国际法学者安东尼奥·卡塞斯也指出,这种行动"很容易被滥用"。[2] 但也有学者提出,干涉的滥用不能作为否认该项干涉权利合法性的依据。因为在该项权利不滥用的前提下,其仍然具有合法属性。《奥本海国际法》就是将一个国家对它的在国外受非法待遇的侨民加以保护的权利作为一个国家有干涉另一个国家的事务的理由进行论述的。"各国并不想否定,在紧急情况下,正当地限于保护国民的干涉,是有理由的。"[3]

(五)国际习惯法上权利的延续与规制

东道国以武力方式保护遭受严重非人道待遇的本国侨民的权利,不属于条约法上的权利,因为没有国际条约明确确认该项权利。有学者将为保护本国侨民对他国使用武力的国际法依据表述为国际习惯法上的国家权利。该项权利在国际仲裁过程中曾经被仲裁庭作为法律依据而予以确认。美国认为,保护本国侨民摆脱危险境地,属于习惯法赋予国家的权利。美国对尼加拉瓜和巴拿马采取的军事行动,就是依据这样的国际习惯实施的保护本国侨民的军事行动。美国列举的事例还包括:一是1979~1981年,伊朗政府参与在该国劫持美国大使馆人员事件;二是1976年,在恐怖分子绑架以色列国民并将其关押在恩德培机场时,乌干达总统伊迪·阿明对这样的行动提供了支持。[4] 但是美国同时承认,这样的国际习惯不能为美国在相关行动过程中的所有军事行动提供法律支持。

四、经领土国同意的保护侨民行动

一国经领土国同意保护本国侨民的行动,不构成对他国主权的干涉和领土完整的损害。当然,这种情况下的保护行动,应当符合所在国提出的保护条

[1] [英]詹宁斯、[英]瓦茨修订:《奥本海国际法》(第1卷·第1分册),王铁崖等译,中国大百科全书出版社1995年版,第318页。

[2] [意]安东尼奥·卡塞斯:《国际法》,蔡从燕等译,法律出版社2009年版,第393-394页。

[3] [英]詹宁斯、[英]瓦茨修订:《奥本海国际法》(第1卷·第1分册),王铁崖等译,中国大百科全书出版社1995年版,第318页。

[4] [美]达斯汀·考巴等编:《军事行动法手册》(美国陆军第18版),朱雁新等译,国防大学政治学院西安校区2022年印制,第5页。

件。如果没有得到有关国家的许可,这些行动在国际法仍然是非法的。[1]

第四节　跨境武力打击恐怖主义行为

一、国际法视域中的恐怖主义行为属刑事犯罪行为

何谓恐怖主义,国际社会迄今缺乏权威性和共识性定义。有学者统计后提出,关于恐怖主义的定义有数百个。[2] 与恐怖主义相关联的术语也不少,如恐怖主义分子、恐怖主义组织、恐怖主义活动、恐怖主义行为、恐怖主义袭击等。国际社会没有形成统一的恐怖主义定义,除政治立场、意识形态等方面的原因外,与恐怖主义问题的复杂性不无关系。

(一)国际公约确认恐怖主义行为为刑事犯罪行为

诸多国际公约均有打击恐怖主义刑事犯罪的相关规则。这些国际公约包括:制止航空器内犯罪、非法劫持航空器、危害民用航空器安全、在为国际民用航空器服务的机场上实施非法暴力行为的国际公约,[3]制止危及海上航行安全、危及大陆架固定平台安全的非法行为的国际公约,[4]制止恐怖主义爆炸事件的国际公约,[5]制止劫持人质的国际公约,[6]制止核恐怖主义行为的国际公约,[7]制止资助恐怖主义的国际公约,[8]等等。

---

〔1〕［德］W. G. 魏智通主编:《国际法》(第5版),吴越、毛晓飞译,法律出版社2012年版,第607页。

〔2〕刘余地、戴德生:《试论"反恐"对国际法的若干影响与挑战》,载《南京经济学院学报》2002年第5期。

〔3〕相关国际公约主要包括:1963年9月14日国际民航组织在日本东京缔结的《关于在航空器内的犯罪和其他某些行为的公约》、2014年4月4日国际民航组织在加拿大蒙特利尔通过的《关于修订〈关于在航空器内的犯罪和其他某些行为的公约〉的议定书》、1970年12月16日由国际民航组织在荷兰海牙缔结的《关于制止非法劫持航空器的公约》、1971年9月23日国际民航组织在加拿大蒙特利尔缔结的《关于制止危害民用航空安全的非法行为的公约》、1998年2月24日国际民航组织在蒙特利尔缔结的《制止在为国际民用航空服务的机场上的非法暴力行为的议定书》。

〔4〕相关公约包括:1988年3月10日国际海事组织在意大利罗马缔结的《制止危及海上航行安全非法行为公约》、2005年10月14日国际海事组织在伦敦缔结的《制止危及大陆架固定平台安全非法行为议定书》。

〔5〕1998年1月12日联合国大会在纽约通过的《制止恐怖主义爆炸的国际公约》。

〔6〕1979年12月18日联合国大会在纽约缔结的《反对劫持人质国际公约》。

〔7〕2005年9月14日联合国大会通过的《制止核恐怖主义行为国际公约》。

〔8〕1999年12月9日联合国大会通过的《制止向恐怖主义提供资助的国际公约》。

（二）区域国际条约中的恐怖主义行为多属刑事犯罪活动

一些区域组织订立的多边国际条约，也将恐怖主义活动定性为刑事犯罪活动。如上海合作组织成员国于 2001 年 6 月 15 日在上海缔结的《打击恐怖主义、分裂主义和极端主义上海公约》，东盟十国与中国、日本、韩国、印度、斯里兰卡和孟加拉国等于 2004 年 11 月 11 日在新加坡缔结的《亚洲地区反海盗及武装劫船合作协定》。

（三）安理会的相关决议认定恐怖主义行为属于刑事犯罪行为

2001 年 9 月 28 日，联合国安理会通过第 1373 号决议。该决议的主要内容包括：其一，恐怖主义行为还是属于一种犯罪活动。“应将恐怖主义行为定为重罪，并确保将恐怖主义绳之以法”。其二，各国应将为恐怖主义活动提供或筹集资金的人或事定为犯罪。其三，各国不得向参与恐怖行为或个人提供任何支持和帮助。安理会的决议并没有相应的制裁措施，即假如有国家向恐怖主义活动提供“支持或帮助”该如何处置，决议未规定。更没有表明可以通过使用武力的方式打击向恐怖主义提供“支持或帮助”的国家。其四，禁止为协助、资助和参与恐怖行为的个人和实体提供任何资金和金融资产及有关服务，立即冻结协助、资助和参与恐怖行为的个人和实体提供的任何资金和金融资产及有关服务。其五，各国应为调查和起诉恐怖主义行为相互给予最大程度的协助，各国应有效加强边界管制和证件签发等，防止和控制恐怖主义的跨国移动。其六，在安理会设立监督委员会，监测各国的执行情况。

2001 年 9 月 30 日，中华人民共和国发布《外交部关于执行联合国安理会第 1373 号决议的通知》，通报了联合国安理会第 1373 号决议的内容，表明中国对该决议的支持。

此外，印度代表于 2000 年向联合国大会第六委员会提出《关于国际恐怖主义的全面公约草案》，也表明相关国家对恐怖主义组织为国际刑事犯罪组织的认可。

二、跨境武力打击恐怖主义面临的国际法难题

现时代，各种组织形式的恐怖主义组织不断产生发展。一方面，恐怖主义

给国际社会造成极大的人道灾难,严重损害国家主权与安全,影响国际和平与安全。“9·11”事件是国际恐怖主义在全球泛滥的一个标志性事件。继“9·11”事件之后,印度尼西亚巴厘岛的爆炸案、俄罗斯文化宫的劫持人质案、印度孟买爆炸案、联合国驻伊拉克爆炸案、巴以冲突中的自杀性爆炸案,等等,加剧了国际紧张局势,对世界和平与安全构成威胁。另一方面,以国家司法力量往往不足以消除一国之内及跨国的恐怖主义组织及其活动。阿富汗塔利班政权无力消除其境内活动的本·拉登基地组织就是明证。国际社会及一国之内,以打击恐怖主义的名义使用武力或武力威胁的事件时有发生。1998年10月,土耳其以叙利亚长期支持和庇护具有恐怖主义属性的反对土耳其的库尔德工人党奥贾兰为由,以大兵压境对叙利亚进行最后通牒式的武力威胁,要求叙利亚政府引渡奥贾兰,并停止支持库尔德工人党。奥贾兰被迫离开叙利亚。2001年“9·11”事件之后,美国借打击恐怖主义组织对阿富汗发起军事行动。2002年俄罗斯举着打击恐怖主义的旗帜对车臣分裂武装组织予以毁灭性打击。2003年3月20日,美国以拥有大规模杀伤性武器和支持恐怖主义为由,发动对伊拉克的战争。以色列以打击恐怖主义为名,经常对巴勒斯坦进行武力攻击,甚至陈兵包围阿拉法特的官邸。但以国家武装力量打击恐怖主义仍然面临诸多国际法难题。

(一)恐怖主义袭击不构成国际法上的战争

1. 武力打击恐怖主义挑战国际法上的战争构成要件

“9·11”事件后,美国称其打击恐怖主义为战争行动。2001年9月11日,美国发生“9·11”恐怖主义袭击事件,时任美国国务卿的鲍威尔宣布,确认本·拉登领导的恐怖主义基地组织是此次恐怖袭击事件的幕后黑手,本·拉登是主要嫌疑犯,要求阿富汗塔利班政权交出本·拉登,否则将进行致命打击。2001年9月20日,时任美国总统布什,向国会和美国人民致辞,表明将采取行动打击恐怖主义。[1] 2001年10月7日,美国以塔利班政权支持恐怖主义为由,对阿富汗进行军事打击。

---

〔1〕 George W. Bush, *Address to a Joint Session of Congress and the American People*, September 20, 2001.

按照传统国际法上战争的构成要素,恐怖主义不构成国际法上的战争。首先,主体资格不符合。传统国际法上的战争主体是国家,恐怖主义不构成国际法意义上的国家。虽然美国称有些国家为恐怖主义国家,但这只是国际政治行为,不是国际法行为。其次,宣战程序不符合。国际法在战争程序上要求宣战,而恐怖主义是秘密的、突然的行动,不可能或很少以宣战的方式来表明其将要实施某种行为。最后,规模不符合。国际法上的战争要求武装冲突达到一定的规模,虽然一定规模是一种模糊的判定标准,但还是排除偶尔的、小规模的暴力冲突,而恐怖主义常见的恰恰是偶尔的、小规模的暴力行为。

2. 武力打击恐怖主义挑战国际法上的自卫规则

"9·11"事件后,美国称其对阿富汗和本·拉登组织的武力打击为自卫作战,挑战国际法上的自卫规则。北约还以美国受到来自国外的武力攻击为由,以《北大西洋公约》第5条为依据,表明将行使集体自卫权。这是北约自成立以来第一次行使集体自卫权。美洲国家也以《美洲国家组织宪章》第24条和第25条为据,表明其将行使集体自卫权。日本根据《日美共同防御援助协定》,向美国提供情报、医疗、后勤支援。

对恐怖主义组织及其行为行使自卫权构成对国际法上自卫规则的挑战。首先,扩大了自卫作战的对象。国际法上自卫规则的对象指具有国际法主体资格的国家,美国打击阿富汗的战争中,将自卫主体扩大至本·拉登领导的恐怖主义组织,而本·拉登组织不具有国家这样的国际法主体资格。至于阿富汗塔里班政府,又不是"9·11"事件的直接策划与实施主体,美国也不承认其具有国际法主体资格。其次,变更了自卫作战的前提条件。国际法上自卫作战的前提条件是一国遭受武力攻击,联合国大会通过的《关于侵略定义的决议》列举了常见的侵略行为。而"9·11"事件中本·拉登基地组织使用的手段是否构成国际法上的使用武力,以及这样的行为是否构成对美国的侵略,国际法学界并无定论。再次,变更了自卫作战的时机和区域规则。关于自卫权行使的时机,习惯国际法上著名的规则与表述是,"刻不容缓的、压倒一切的、没有选择手段的和没有考虑时间的"。[1] 美国对阿富汗的战争显然不具备这

〔1〕[英]詹宁斯、[英]瓦茨修订:《奥本海国际法》(第1卷·第1分册),王铁崖等译,中国大百科全书出版社1995年版,第309页。

一时机。因为战争是“9·11”过后一个月左右的时间发起的。关于自卫作战的区域空间,习惯法立足于遭受武力攻击的国家领土及必要的扩展,而美国对阿富汗的“自卫作战”显然违反了这样的规则。最后,践踏了自卫作战的比例性原则。美国对阿富汗的“自卫作战”不能满足时间与空间的相适应或成比例。世界贸易大楼的损失与阿富汗国家的沦陷不可同日而语。

3. 从联合国决议不能解读出自卫规则的调整

“9·11”事件之后,联合国迅速作出反应,2001 年 9 月 12 日,在联合国大会上 189 个国家达成共识,同日安理会第 4370 次会议通过联合国安理会第 1368 号决议。“最强烈地断然谴责 2001 年 9 月 11 日在纽约、华盛顿特区和宾夕法尼亚州发生的令人发指的恐怖主义攻击,认为这种行为,如同任何国际恐怖主义行为,是对国际和平与安全的威胁。”同年安理会通过的第 1373 号决议也规定:“决心以各种方式来应付恐怖行动对国际和平与安全带来的威胁。”呼吁国际合作以防止和根除恐怖主义行为。

对联合国安理会的第 1368 号决议,国际社会出现不同的解读。美国陆军在其《军事行动法手册》中提出,虽然《联合国宪章》制定时国际社会没有预见到自卫权的对象涉及非国家主体,但安理会第 1368 号决议的通过,标志着联合国对非国家主体自卫权的确认,即对非国家主体,一国享有固有的单独和集体自卫权。因此,美国在武力打击恐怖主义的“持久自由行动”中,使用武力的依据是《联合国宪章》第 51 条规定的单独或集体自卫权。[1]

研读联合国安理会第 1368 号决议,难以得出该决议调整了《联合国宪章》中的自卫规则。对威胁国际和平与安全的国际恐怖主义行为,该决议规定的安理会的态度及措施包括:其一,确认按照《联合国宪章》的规定,国家拥有单独和集体自卫的固有权利。值得注意的是,安理会确认国家行使单独或集体自卫权时,强调按照《联合国宪章》的规定行使这一权利,即安理会并没有通过决议调整或改变《联合国宪章》规制的国家自卫权。加之,安理会的决议也没有表明,武力打击恐怖主义就是行使国家的自卫权。当然,安理会也没有指

---

〔1〕 [美]达斯汀·考巴等编:《军事行动法手册》(美国陆军第 18 版),朱雁新等译,国防大学政治学院西安校区 2022 年印制,第 7 页。

出,武力打击恐怖主义不属于行使自卫权。但安理会强调依照《联合国宪章》行使单独或集体自卫权,实质上是对《联合国宪章》规定的自卫制度的维护。其二,呼吁所有国家进行紧急合作,对恐怖袭击的行凶者、组织者和发动者追究责任、绳之以法。这里强调的是法律手段而非使用武力的手段。其三,追究援助、支持或窝藏恐怖袭击的行凶者、组织者和发动者的人的法律责任。这里,追究责任的对象是"援助、支持或窝藏"恐怖主义行为的"行凶者、组织者和发动者"的人,而非国家或政府;责任方式是法律责任,并没有表明通过使用武力来追究行为者的责任。其四,该决议吁请国际社会通过加强合作、充分执行各项有关国际反恐怖主义公约、充分执行安理会决议的方式,加倍努力防止并镇压恐怖主义行为。而此前提及的国际反恐怖主义公约,均将恐怖主义规定为刑事犯罪行为,并规定以法律手段而非使用武力打击恐怖主义行为。其五,该决议表明,安理会将根据《联合国宪章》规定的职责,采取一切必要步骤,打击一切形式的恐怖主义。

(二)恐怖主义袭击不构成国际性武装冲突

恐怖主义不构成国际性武装冲突。国际性武装冲突是指"两个或两个以上国家之间发生的一切经过宣战的战争或任何其他武装冲突"。[1] 可以看出,国际性武装冲突的主体均是国家,恐怖主义组织不具备主体要件。美国军方认为,一国到他国领土上打击恐怖主义,不属于国际性武装冲突,因为这不属于两个国家之间的武装冲突。这样的武装冲突属于跨境武装冲突,因为一国的武装力量跨出其国境,同时打击的对象是非国家实体的武力攻击者。对这种非国家实体的武力攻击者的打击,是由于恐怖主义分子活动国的"不愿意或不能够"造成的。包括美国在内的一些国家认为,2014 年对在叙利亚境内的恐怖主义组织 ISIS 的打击,就是以"不愿意和不能够"作标准的。[2] 这样的解说迄今没有获得国际社会共识性确认。

---

〔1〕 刘家新、齐三平主编:《中国军事百科全书学科分册·战争法》(第 2 版),中国大百科全书出版社 2007 年版,第 72 页。

〔2〕 [美]达斯汀·考巴等编:《军事行动法手册》(美国陆军第 18 版),朱雁新等译,国防大学政治学院西安校区 2022 年印制,第 7 页。

（三）恐怖主义袭击不构成民族独立和解放战争

国际法上的民族独立和解放战争，是指"殖民地、附属国或摆脱了殖民压迫国家的人民为争取或捍卫国家主权、实现民族解放和民族独立的权利，与殖民国、保护国之间的武装冲突"。[1] 民族独立和民族解放战争的基本特征是：(1)以国际法上的民族自决权为法律根据；(2)以摆脱殖民统治、压迫，实现民族独立和解放为目的；(3)以武装斗争为基本形式。恐怖主义不具备这样的特征。若以打击恐怖主义组织为名义打击民族独立和解放运动组织，则是挑战国际法上民族独立与民族解放运动的正义价值与合法性。

（四）国际社会的两难选择

在现实背景下，国际社会除个别国家借助打击恐怖主义名义践踏国际法实现其霸权之外，一些国家确实面临是否以武力方式打击恐怖主义的两难选择。一方面，遵守国际法形成的秩序与遭受恐怖主义袭击带来的灾难之间存在两难选择，另一方面，违反现代国际法创造新的国际秩序与遵守国际法的既有秩序之间存在两难选择。

毫无疑问，武力打击恐怖主义，挑战禁止使用武力原则的效力。现代国际法上适用于国际关系的禁止使用武力原则，已经得到国际社会的普遍承认，构成具有普遍效力的国际习惯。在该原则的规制下，国际关系中没有支持武力打击恐怖主义的国际法依据，反而有明确禁止与限制使用武力打击恐怖主义的国际法原则与规则。但武力打击恐怖主义又不属于国际关系中的使用武力。因为禁止使用武力原则所禁止使用武力的情形，限于国际关系，如果一国适用武力跨境打击恐怖主义，其打击的对象不构成国际法上的国家主体资格，故理论上不能将这种打击恐怖主义的行为视作国际关系中武力使用行为。那么这种行为是否违反禁止使用武力原则？国际社会难以确定。然而跨境武力打击恐怖主义又缺乏明确的国际法依据。一些国家指出，受害国进入东道国实施武力打击恐怖主义活动，要求其证明自己使用武力具有合法性，是件非常

[1] 刘家新、齐三平主编：《中国军事百科全书学科分册 · 战争法》（第 2 版），中国大百科全书出版社 2007 年版，第 77 页。

困难的事情。[1]

武力打击恐怖主义对安理会授权使用武力规则也构成挑战。实践中,安理会尚未明确授权一国或诸国以武力使用的方式在他国领土上开展打击恐怖主义行动。依照《联合国宪章》的规定,安理会担负断定国际关系中是否存在和平之威胁、和平之破坏情势的职责,并有权采取相应的强制措施。安理会授权使用武力是此方面的一种措施。但若安理会授权武力打击恐怖主义,又面临诸多国际法理方面的问题。

三、经邀请的跨境武力打击恐怖主义

经他国邀请的武力打击恐怖主义行动不违反国际法规则。一国武装力量应他国合法政府真实意思表示下的邀请与同意,跨境在他国领土上进行的武力打击恐怖主义,具有国际法上的法理支持。有学者认可这类行动的合法性。[2] 这样的邀请与同意可能采取双边条约、区域国际组织条约或其他形式。

从国际法的既有规则来看,一国的主权和领土完整是不容侵犯的。因而国际法禁止一国在他国范围内使用武力,除非得到他国的同意。如果一国得到他国的同意或邀请,允许他国在本国范围内以使用武力的方式打击本国存在的特定恐怖主义组织,既不违反国际法保护一国主权与领土完整的规则,也不违反禁止使用武力原则。美国对阿富汗及本·拉登恐怖主义组织的打击,没有得到阿富汗政府的同意与邀请,而且,美国在打击本·拉登恐怖主义组织的同时,对阿富汗塔利班政府一并打击。美国的两种行为均是不符合国际法要求的,前者属于未经阿富汗政府的同意;后者则是赤裸裸的侵略行为。2011年后,美国对其在阿富汗军事行动的法律依据作出新的解读,认为美国军队是按照2011年10月12日联合国安理会第6629次会议通过的第2011号决议开展行动的,该决议“授权参加国际安全援助部队的会员国采取一切必要措施完成其任务”。根据该决议,国际安全援助部队的任务是协助阿富汗政府改善“安全状况并提高其安全能力”。美国的解读没有得到国际社会的认同。

---

〔1〕 转引自[美]达斯汀·考巴等编:《军事行动法手册》(美国陆军第18版),朱雁新等译,国防大学政治学院西安校区2022年印制,第7页。

〔2〕 戴轶:《请求(同意)原则与武力打击“伊斯兰国”的合法性》,载《法学评论》2015年第1期。

第十三章　侵略罪的惩治

第一节　惩治侵略罪的界定与法理基础

一、侵略罪的界定

(一)国际法学界对侵略罪的界定

侵略罪是战争犯罪的一种类型。战争犯罪是指“参与策划、准备、发动或进行侵略战争,在战争或武装冲突中违反战争法规和惯例,在战前或战时违反人道原则等各种罪行的总称”。[1] 战争犯罪是最早受到关注的国际刑事犯罪。随着战争法的发展演进,战争犯罪的内涵和外延相应获得丰富和发展。战争犯罪可以分为两种类型:一是违反“交战正义”的犯罪,即违反武力使用规则的犯罪,如侵略罪、破坏和平罪和战争罪等;另一类是违反“作战正义”的犯罪,即违反作战行为规则的犯罪,包括违反条约法上的和习惯法上的作战行为规则的犯罪,如违反人道罪、违反战争法规和惯例罪、灭绝种族罪、危害人类罪等。本书旨在研究国际武力使用规则,因而关于战争犯罪部分的国际法规则,聚焦违反国际武力使用规则的战争犯罪,即集中于侵略罪的惩治规则。

《中国军事百科全书学科分册·战争法》(第2版)中的侵略罪是指“使用武力侵犯另一个国家的主权、领土完整或政治独立的犯罪”。[2]

---

〔1〕 刘家新、齐三平主编:《中国军事百科全书学科分册·战争法》(第2版),中国大百科全书出版社2007年版,第273页。

〔2〕 刘家新、齐三平主编:《中国军事百科全书学科分册·战争法》(第2版),中国大百科全书出版社2007年版,第314页。

（二）国际刑事法院《罗马规约》中的侵略罪

2010年，国际刑事法院《罗马规约》缔约国在乌干达首都坎帕拉，对侵略罪的定义和构成要件进行了讨论，形成《罗马规约》关于侵略罪的“坎帕拉修正案”。该修正案对侵略罪作了界定：侵略罪是指能够有效控制或指挥一个国家的政治或军事行动的人策划、准备、发动或实施一项侵略行为的行为，此种侵略行为依其特点、严重程度和规模，须构成对《联合国宪章》的明显违反。〔1〕

该定义对“侵略行为”作了解释，侵略行为是指一国使用武力或以违反《联合国宪章》的任何其他方式侵犯另一国的主权、领土完整或政治独立的行为。根据1974年《关于侵略定义的决议》，共有7种类型的行为属于侵略行为，这些行为无论是否通过宣战实施，均应被视为侵略行为。

（三）侵略罪与破坏和平罪

1. 破坏和平罪的含义

破坏和平罪，又称“反和平罪”或“违反和平罪”或“危害和平罪”，是指“计划、准备、发动或从事侵略战争或违反国际条约、协定或保证的战争，或参加为完成上述任何一种的共同计划或阴谋的罪行”。〔2〕《欧洲国际军事法庭宪章》第6条将破坏和平罪称作“反和平罪”。〔3〕苏联学者编的《国际法辞典》也称“反和平罪”。〔4〕我国有的学者将相关概念称作“危害和平罪”。“危害和平罪”是指“国家和个人所作的破坏和平的罪行”。〔5〕

2. 侵略罪即破坏和平罪

关于侵略罪与破坏和平罪的关系，学界存在两种不同的说法：一种认为，侵略罪等同于破坏和平罪；另一种则认为，破坏和平罪包含侵略罪。

---

〔1〕胡世洪主编：《战争法规约选编》，国防大学政治学院西安校区2021年印制，第621页。

〔2〕刘家新、齐三平主编：《中国军事百科全书学科分册·战争法》（第2版），中国大百科全书出版社2007年版，第310页。

〔3〕反和平罪是指“计划、准备、提出和发动侵略战争，或者违反国际条约、协定或者保证的战争，或者参加为了实现任何前述事项的共同计划或者共谋”。

〔4〕反和平罪是指策划、准备、发动或进行侵略战争或破坏国际条约、协定或保证的战争，或者参与旨在实现上述任何行动的一般策划或密谋。反和平罪还包括战争宣传。苏联学者表明这样的界定，依据欧洲国际军事法庭的相关规定与说明。［苏］克利缅科等编：《国际法辞典》，程晓霞等译，中国人民大学出版社1987年版，第31-32页。

〔5〕王铁崖总主编：《中华法学大辞典·国际法学卷》，中国检察出版社1996年版，第577页。

有学者认为:“侵略罪,又称破坏和平罪,是当代国际法明确规定应予惩罚的最严重的国际犯罪。”〔1〕《欧洲国际军事法庭宪章》规定的战争犯罪包括破坏和平罪、战争罪和违反人道罪。其中的战争罪和违反人道罪在内容方面存在交叉关系,从武装冲突法的构成体系看,均属于对严重违反作战行为规则行为的惩治;该宪章没有对侵略罪作出界定。而“破坏和平罪就是侵略罪,但它没有对什么是侵略罪提供解释”。〔2〕

也有学者认为,破坏和平罪包含侵略罪。因为破坏和平罪首先包括计划、准备、发动或从事侵略战争行为所构成的犯罪,这实际上是指侵略罪;除此之外,破坏和平罪还包括违反国际条约、协定或保证的侵略战争以外的战争所构成的犯罪。

本书对破坏和平罪中的“违反国际条约、协定或保证的侵略战争以外的战争所构成的犯罪”暂不作深究,还是将侵略罪等同于破坏和平罪来研究。

二、惩治侵略罪的法理基础

国际法上惩治侵略罪始于禁止侵略战争。只有将侵略战争置于非法地位、将侵略行为置于犯罪地位,惩治侵略罪才得以提起。

(一)惩治侵略罪基于国际法对侵略战争的否定

近代国际法曾肯定与确认国家的战争权。19 世纪末 20 世纪初,国际社会对国家这一权利的态度逐渐发生变化,出现限制国家战争权、废弃国家战争权的立法动向、趋势与结果。1899 年海牙和平会议形成的《和平解决国际争端公约》,是最早从整体上规定和平解决国际争端的一般性条约,在国际法史上首次对国家的战争权进行了限制。〔3〕 1907 年第二次海牙和平会议通过的《海牙第三公约》,从战争开始的程序方面限制国家的战争权。第一次世界大战之后的《国际联盟盟约》等国际条约,从确认和平解决国际争端原则、限制国家战争权的行使期间等方面限制了国家的战争权。1928 年《非战公约》的

---

〔1〕 林欣主编:《国际刑法问题研究》,中国人民大学出版社 2000 年版,第 40 页。

〔2〕 林欣主编:《国际刑法问题研究》,中国人民大学出版社 2000 年版,第 45 页。

〔3〕 刘家新、齐三平主编:《中国军事百科全书学科分册 · 战争法》(第 2 版),中国大百科全书出版社 2007 年版,第 50 页。

签订与生效，标志国际法上的国家战争权被废弃。《非战公约》的生效为惩治侵略罪奠定了国际法基础。可以说，《非战公约》生效之后，国际社会普遍认为侵略是非法的。[1]

（二）惩治侵略罪基于国际法规定侵略战争为国际犯罪行为

1. 第二次世界大战前国际法上关于侵略战争为犯罪的相关规定

第二次世界大战前国际法上已有关于侵略战争为犯罪的相关规定。国际联盟通过的相关决议谴责侵略犯罪行为。（1）1919 年《凡尔赛条约》规定德国及其同盟国对协约国的战争为侵略战争，应追究德国原皇帝威廉二世的战争责任。[2]（2）1923 年国际联盟大会通过的《互助条约草案》，明确宣布反对侵略战争，宣布"侵略战争为国际罪行"，缔约国"承允它们将不犯此罪"。（3）1924 年 10 月 2 日国际联盟第五次大会（日内瓦）通过的《关于和平解决国际争端的日内瓦议定书》，简称《日内瓦议定书》，曾有 19 个国家签署该议定书。该议定书序言将侵略战争定性为一种犯罪行为。该议定书由禁止战争、和平解决国际争端的程序和裁军等三项内容构成。关于禁止战争部分规定，侵略战争是国际罪行，除了抵抗侵略的行为以及在国际联盟行政院或大会同意下的行动之外，对于遵守议定书义务的国家，在任何情况下都不得进行战争。[3] 国际联盟大会批准该议定书，旨在弥补《国际联盟盟约》关于限制国家战争权方面的缺陷。虽然由于批准该议定书的国家没有达到该议定书要求的数目，该议定书没有生效；但国际联盟相关决议及第六届泛美大会对《日内瓦议定书》相关规定予以采纳，可以说确认与扩大了该议定书的效力。（4）1928 年 9 月 26 日国际联盟第八次大会通过的《和平解决国际争端的日内瓦总议定书》，简称《日内瓦总议定书》，规定缔约国应当和平解决国际争端。该议定书共分 4 章，其中第一章规定缔约国之间应当通过和平方式解决国际争端。（5）1927 年国际联盟大会通过的《关于侵略战争的宣言》序言宣布："深信侵略战争永远不能作为解决国家间争端的工具，因而是一种国际罪

---

[1] 王铁崖总主编：《中华法学大辞典·国际法学卷》，中国检察出版社 1996 年版，第 473 页。

[2] 日本国际法学会编：《国际法辞典》，世界知识出版社 1985 年版，第 119 页。

[3] 王铁崖总主编：《中华法学大辞典·国际法学卷》，中国检察出版社 1996 年版，第 274 页。

行。”(6)1941年6月,法国、荷兰、希腊、挪威、波兰、南斯拉夫等的代表,在英国的圣詹姆斯宫进行会晤并签署了一个跨联盟的宣言《圣詹姆斯宫宣言》,提出著名的和平口号,“持久和平的唯一真正基础是,自由的人民在一个摆脱了侵略威胁、人人都可以享有经济与社会保障的世界中的自愿合作”,提出侵略战争是一种犯罪行为,并提出应当对战争犯罪予以审判。后来,美、英、苏等国对该宣言表示赞成。[1] (7)1943年10月25日,同盟国集团成立“联合国家战犯委员会”,表明侵略战争构成犯罪,同年10月30日中苏美英又签署了《莫斯科宣言》[2]和《关于希特勒匪帮的残暴行为的责任宣言》,决定审判包括侵略罪在内的战争犯罪行为。

可以说,在德、日、意发动第二次世界大战以前,国际社会已经存在禁止侵略的国际法原则了,[3]德、日、意发动第二次世界大战后,国际社会追究包括侵略罪在内的战争犯罪规则日臻丰富成熟。

2. 第二次世界大战后国际法关于侵略战争为犯罪的相关规定

第二次世界大战后国际社会又通过关于侵略战争为犯罪的诸多相关规定。1945年8月8日苏、美、英、法四国签订《关于审判和惩处欧洲各轴心国家主要战犯的协定》,即《伦敦四国协定》,规定设立国际军事法庭审理包括危害和平罪的战争犯罪,该协定附有《欧洲国际军事法庭宪章》,对国际军事法庭的组织、管辖权及任务作了规定。1946年1月19日,盟军最高统帅总部在日本东京公布《盟军最高统帅总部特别通告》,该通告附有《远东国际军事法庭宪章》,决定组成远东国际军事法庭,对包括违反和平罪在内的战争犯罪予以审判。1947年11月21日联合国大会第177(Ⅱ)号决议,指示国际法委员会制订纽伦堡法庭组织法及法庭判决书确认的国际法原则,国际法委员会于1950年在其第二届会议期间完成的《纽伦堡国际军事法庭宪章及判决书中所包含的各项国际法原则》称危害和平罪在国际法上为犯罪行为,联合国大会在1950年12月12日第488(Ⅴ)号决议中将此文件分发给各会员国政府征求意

---

〔1〕 王铁崖总主编:《中华法学大辞典·国际法学卷》,中国检察出版社1996年版,第282、273、437页。

〔2〕 王铁崖总主编:《中华法学大辞典·国际法学卷》,中国检察出版社1996年版,第427-428页。

〔3〕 林欣主编:《国际刑法问题研究》,中国人民大学出版社2000年版,第42页。

见,并要求国际法委员会在拟定危害人类和平与安全治罪法草案时把这些原则考虑进去。[1] 联合国大会于1996年通过的《危害人类和平及安全治罪法草案》,是关于惩治危害人类和平及安全犯罪的国际法文件。该国际法文件将任何侵略行为归于危害人类和平及安全罪。[2] 1968年11月26日联合国大会通过的《战争罪及危害人类罪不适用法定时效公约》,在其序言中肯定了惩治战争犯罪的意义。有效惩治战争罪及危害人类罪,对防止此类罪行的发生、保障人权与基本自由,鼓励信心、促进民间合作,及增进国际和平与安全,具有重要的作用。[3] 1974年《关于侵略定义的决议》宣告,侵略罪是国际刑法中战争犯罪的一种,属最严重的战争犯罪。1998年7月17日,在意大利罗马召开的联合国设立国际刑事法院全权代表外交会议通过的国际刑事法院《罗马规约》,规定国际刑事法院管辖包括侵略罪在内的战争犯罪。[4]

(三)惩治侵略罪基于主权国家对侵略战争的明确反对

俄国十月革命胜利后,苏维埃政权宣告:"本政府认为,各富强国家为了如何瓜分它们所侵占的弱小民族而继续进行战争,是反人类的滔天罪行。"[5] 1933年10月10日,经阿根廷时任外交部部长萨佛德拉·拉马斯倡议,拉丁美洲国家签订《互不侵犯及和解的非战条约》,又称《萨佛德拉·拉马斯条约》。同年12月,该条约在智利的提议下,列入在蒙得维的亚召开的第7届泛美会议议程,使缔约国扩大至几乎所有拉美国家。该条约规定,缔约各方郑重声明在其相互关系中及对其他国家均废弃侵略战争,如有争端或争议,只能通过国际法所规定的和平方法予以解决。任何一方如不遵守该条约所规定的义务,缔约国应当采取除军事干涉以外的政治、法律或经济手段对违约国实行共同制裁。1943年12月1日,中、美、苏三国联合发表《开罗宣言》,声明三国联合

---

〔1〕 胡世洪主编:《战争法规约选编》,国防大学政治学院西安校区2021年印制,第570、571、575、576、577页。

〔2〕 王铁崖总主编:《中华法学大辞典·国际法学卷》,中国检察出版社1996年版,第342、436、437、578、674页。

〔3〕 赵永琛编:《国际刑法约章选编》,中国人民公安大学出版社1999年版,第267页。

〔4〕 刘家新、齐三平主编:《中国军事百科全书学科分册·战争法》(第2版),中国大百科全书出版社2007年版,第416-418页。

〔5〕 [德]马克斯·普朗克比较公法及国际法研究所主编:《国际公法百科全书:使用武力、战争、中立、和约》(第3专辑),中山大学法学研究所国际法研究室译,中山大学出版社1992年版,第298页。

作战的目的在于制止和惩罚日本的侵略，把日本从它以暴力或贪欲所攫取的所有土地上驱逐出去，直至日本无条件投降。1945年7月26日，中、美、英三国在德国柏林郊区波茨坦发表《波茨坦公告》，苏联于同年8月8日加入该公告。四国声明，《开罗宣言》的条件必须实施，对侵略战争中的战犯将处以严厉的法律制裁。[1]

(四)惩治侵略罪基于国际社会对侵略行为的共识性界定

1. 主权国家对国际法规制侵略行为的尝试与努力

苏联曾倡导国际社会定义侵略行为。在国际法历史上，苏联曾积极倡导国际社会对侵略行为予以定义，即"运用国际法律原则来确定对人类和平及安全所犯的极严重国际罪行的重要含义和性质"。[2] 1933年7月，苏联分别与一些国家签订内容相同的侵略定义公约。在苏联的倡议下，侵略定义公约规定："除应遵照当事国间有效的协定外，在国际冲突中，首先采取任何下列行为之一者，将被视为侵略国：①向他国宣战；②不论是否宣战，以武装部队侵入他国领土；③不论是否宣战，以陆、海、空军进攻他国领土、船舶或航空器；④对他国的海岸或港口进行海军封锁；⑤对在其本国领土内组成而侵入他国领土的武装匪徒给予支持，或不顾被侵犯国家的要求，拒不在其本国领土内采取一切力所能及的步骤，以对这些武装匪徒剥夺一切援助和保护。"[3]可以说，苏联倡导的侵略定义，以及与一些国家签订的关于侵略定义的公约，对后来联合国大会通过的《关于侵略定义的决议》具有一定的影响。

苏联于1950年在联合国提出必须制定公认的关于侵略定义的问题；联合国1967~1974年开展的制定普遍能够接受的侵略定义的工作，也受苏联倡议的影响。[4]

2. 联合国大会通过《关于侵略定义的决议》

1974年12月4日，联合国大会通过的《关于侵略定义的决议》对侵略作了界定。"侵略是指一个国家使用武力侵犯另一个国家的主权、领土完整或政

---

〔1〕 王铁崖总主编：《中华法学大辞典·国际法学卷》，中国检察出版社1996年版，第282、45页。

〔2〕 [苏]克利缅科等编：《国际法辞典》，程晓霞等译，中国人民大学出版社1987年版，第236页。

〔3〕 王铁崖总主编：《中华法学大辞典·国际法学卷》，中国检察出版社1996年版，第472页。

〔4〕 [苏]克利缅科等编：《国际法辞典》，程晓霞等译，中国人民大学出版社1987年版，第236页。

治独立,或以本《定义》所宣示的与联合国宪章不符的任何其他方式使用武力”。该决议确定了侵略的判定主体,将7种以外的其他可能发生的侵略行为的判定权赋予联合国安理会。“安全理事会得断定某些其他行为亦构成宪章规定下的侵略行为”。该决议第2条规定:“……安全理事会得按照宪章的规定下论断:根据其他有关情况,包括有关行为或其后果不甚严重的事实在内,没有理由可以确定已经发生了侵略行为。”该决议规定了侵略的判定依据。安理会判定侵略是否存在的依据包括该决议和《联合国宪章》。该决议确定了判定是否发生侵略的事实或证据标准。“一个国家违反宪章的规定而首先使用武力,就构成侵略行为的显见证据”。该决议还宣告,侵略罪是国际刑法中战争犯罪的一种,属最严重的战争犯罪。

(五)惩治侵略罪基于国际社会惩治侵略犯罪的司法实践

国际社会追究侵略罪刑事责任的司法实践当推第二次世界大战结束后的纽伦堡和东京两大国际审判。纽伦堡审判是指1945年11月至1946年10月在德国纽伦堡举行的对第二次世界大战中德国主要战犯和犯罪组织的国际审判。在纽伦堡审判中,22名被告人被指控犯有破坏和平罪或反和平罪,其中12名被认定为破坏和平罪。〔1〕东京审判是指1946年4月至1948年11月在日本东京举行的对第二次世界大战中日本主要战犯的国际审判。这场审判中共28名被告人被指控犯有破坏和平罪、战争罪和违反人道罪,其中的广田弘毅、东条英机等7名战犯被判处绞刑。

纽伦堡审判和东京审判可以被看作国际法惩治侵略罪的创设性实践。这样的实践对确立战争犯罪的国际责任,包括侵略罪的国际责任,起到极重要的作用。联合国大会通过委托国际法委员会对纽伦堡原则的编撰,以及纽伦堡原则在制订《危害人类和平与安全治罪法草案》时的适用,表明对纽伦堡审判和东京审判所适用原则的肯定,〔2〕联合国大会通过的《关于侵略定义的决议》

〔1〕 这12人包括:赫尔曼·W.戈林、鲁道夫·赫斯、约阿西姆·冯·里宾特洛普、威廉·凯特尔、阿尔弗雷德·罗森贝格、威廉·弗里克、瓦特尔·丰克、卡尔·邓尼茨、埃里希·雷德、阿尔弗雷德·约德尔、阿图尔·塞斯-因夸特和康斯坦丁·冯·诺伊拉特。[德]格哈德·韦勒:《国际刑法学原理》,王世洲译,商务印书馆2009年版,第451页。

〔2〕 王铁崖总主编:《中华法学大辞典·国际法学卷》,中国检察出版社1996年版,第437页。

等国际法文件,可以被看作对这种国际司法实践的法律确信。

有学者提出,纽伦堡审判和东京审判创设了国际法上惩治侵略罪的国际习惯规则,这样的审判实践,以及联合国大会通过的诸多相关国际法文件构成国际习惯规则所必需的法律确信。至于没有其他的国家审判侵略罪的实践,以及有的侵略罪没有受到国家审判惩治的事实,与这样的国际习惯规则并不矛盾,因为后一种事实并没有使前期形成的国际习惯规则归于非法。[1]

第二节　侵略罪的犯罪构成

一、侵略罪的主体

(一)侵略罪主体的含义

刑事法学中的犯罪主体是指危害社会的行为、依法应当负刑事责任的自然人和组织。自然人主体是指达到刑事责任年龄、具备刑事责任能力的自然人。有的犯罪,除具备以上两个条件外,还必须具有特定身份。特定身份可以分为自然身份和法定身份、定罪身份与量刑身份,其中法定身份是指基于法律赋予而形成的身份,如国家机关人员、军人等。组织主体是指实施危害社会行为并依法应负刑事责任的公司、企业、事业单位、机关、团体等。这里的组织并不限于法人资格,也包括非法人组织。

侵略罪的主体是指以武力侵犯他国主权、领土完整或政治独立,或以与《联合国宪章》宗旨和原则不符的任何非法武力侵略他国的组织者、实施者及其国家。

(二)侵略罪的犯罪主体为自然人和组织

1. 侵略罪的犯罪主体主要是自然人

(1)国际法规定个人为侵略罪的犯罪主体

侵略罪应当由自然人作为行为主体,或者说应当由自然人承担侵略战争的法律责任。侵略战争是国家之间的战争,侵略战争是国家发动的战争,侵略战争属于国际法上的严重犯罪行为,国家应当承担相应的侵略罪的责任。但

---

〔1〕［德］格哈德·韦勒:《国际刑法学原理》,王世洲译,商务印书馆2009年版,第454页。

国家是抽象的主体,而国家是由自然人组成的,国家行为是由国家组织机构中相应职位上的人员来完成的,因而侵略罪中的国家犯罪是由自然人实施的犯罪。

1907 年第二次海牙和平会议通过的《陆战法规和惯例公约》,开创了近代国际法追究战争违法者责任的先河。该公约的附件《关于陆战法规和惯例的章程》,以共计 56 条的容量,对“交战者”“敌对行为”“在敌国领土内的军事当局”等主要涉及作战行为方面的事项予以规制。该公约还强调这些规范的约束力,其第 3 条规定:违反该章程规定的交战一方在需要时应负责赔偿。[1] 虽然这一规定追究违反章程规定的责任仅限于“需要时”,责任方式仅限于“赔偿”,章程规范的行为类别主要属于作战行为,但它毕竟揭开近代国际法惩治战争违法者责任的序幕。

《凡尔赛条约》要求审判德国原皇帝。第一次世界大战之后,巴黎和会成立了一个战争发起者之责任及实施惩罚委员会。该委员会的职责是对战争犯罪,包括发起战争的罪行,进行调查。该委员会还被要求就特定个人对这些罪行所负责任的程度进行调查,并为成立一个法庭来审判这些罪行以及法庭的程序做准备。[2] 1919 年《凡尔赛条约》规定德国原皇帝威廉二世应当作为主要战犯交付国际法庭审判。《凡尔赛条约》第一次在一部国际条约中明确确认战争犯罪的个人刑事责任,对国际法惩治战争犯罪规则的发展具有重大意义。[3]

欧洲和远东两大国际军事法庭宪章规定惩处侵略罪的个人责任。《欧洲国际军事法庭宪章》第一次在一部国际条约中,将侵略战争与个人侵略犯罪联系起来。该宪章第 6 条第 1 款规定,反和平罪是指:“计划、准备、提出和发动侵略战争,或者违反国际条约、协定或者保证的战争,或者参加为了实现任何前述事项的共同计划或者共谋。”该宪章确认的官职无关性原则和上级命令不免责原则,是对战争犯罪个人原则的具体化和进一步发展。该宪章第 7 条规定:“被告之官职地位,无论系国家之元首或政府各部之负责官吏,均不得为免

〔1〕 国际战争法研究所编:《战争法条约集》,西安政治学院训练部 2001 年印制,第 61 页。

〔2〕 朱文奇、冷新宇、张膑心:《战争罪》,法律出版社 2010 年版,第 3 页。

〔3〕 [德]格哈德·韦勒:《国际刑法学原理》,王世洲译,商务印书馆 2009 年版,第 15 页。

除责任或减轻刑罚之理由。”该宪章第 8 条规定：“被告遵照其政府或某一长官之命令而行动之事实，不能使其免除责任。”《远东国际军事法庭宪章》有类似的规定。[1]

国际法原则确认侵略罪的个人责任原则。其一，《纽伦堡原则》确认侵略罪的个人责任原则。1950 年国际法委员会编纂的并经联合国大会确认的《纽伦堡原则》，是对《欧洲国际军事法庭宪章》和《远东国际军事法庭宪章》确立的战争犯罪个人责任原则的进一步确认。该国际法文件确认的原则一规定：“从事构成违反国际法的犯罪行为的人承担个人责任，并因而受惩罚。”原则二规定：“国内法不处罚违反国际法罪行的事实，不能作为实施该行为的人免除国际法责任的理由。”原则三规定：“国家元首或以赋予责任的政府官员的身份行事，实施了违反国际法的犯罪行为的人，其官方地位不能作为免除国际法责任的理由。”[2]其二，《前南斯拉夫国际刑事法庭规约》和《卢旺达国际刑事法庭规约》确认追究战争犯罪的个人责任原则。《前南斯拉夫国际刑事法庭规约》是 1993 年 5 月 25 日联合国安理会第 827 号决议通过的规定前南斯拉夫国际法庭的职责管辖、原则、机构、程序和地位等问题的国际文件。该规约第 7 条同时确认了指挥官责任原则和上级命令不免责原则。《卢旺达国际刑事法庭规约》是 1994 年 11 月 8 日联合国安全理事会第 955 号决议通过的关于卢旺达国际刑事法庭的职责管辖、原则、机构、程序和地位等问题的国际文件。[3] 该规约第 6 条确认了战争犯罪的个人责任原则、指挥官责任原则和上级命令不免责原则。虽然前南斯拉夫国际刑事法庭和卢旺达问题国际刑事法庭管辖的战争犯罪不包括侵略罪，其犯罪行为也仅限于非国际性武装冲突，但这两个国际法文件是继《欧洲国际军事法庭宪章》和《远东国际军事法庭宪章》之后，又分别确认战争犯罪个人责任原则的国际法文件，而且这两个国际法文件均是由联合国安理会通过的文件，表明战争犯罪的个人责任原则进一

---

〔1〕 胡世洪主编：《战争法规约选编》，国防大学政治学院西安校区 2021 年印制，第 571、572、577 页。

〔2〕 胡世洪主编：《战争法规约选编》，国防大学政治学院西安校区 2021 年印制，第 575 页。

〔3〕 刘家新、齐三平主编：《中国军事百科全书学科分册 · 战争法》（第 2 版），中国大百科全书出版社 2007 年版，第 404－407 页。

步为国际社会所确认。其三,国际刑事法院《罗马规约》确认侵略罪的个人刑事责任原则。国际刑事法院《罗马规约》,是1998年7月17日在罗马召开的联合国设立国际刑事法院全权代表外交大会上通过并开放签署的关于国际刑事法院职责管辖、原则、机构、程序和地位等的国际法文件。[1] 该规约第三编规定的“刑法的一般原则”包括个人刑事责任原则(第25条)、官方身份的无关性原则(第27条)和指挥官和其他上级的责任原则(第28条)。截至2023年10月,已经有123个国家批准或加入该规约,其中包括南美洲所有国家、欧洲大部分国家和非洲约一半的国家。这表明惩治侵略罪的个人刑事责任等原则,在世界范围内已经为绝大多数国家所确认,已经具有极大的影响。

(2)国家法规定个人为侵略罪的犯罪主体

1919年12月18日,德国国会通过的《关于起诉战争重罪和轻罪法》,对1919年6月28日前的战争期间,在德国国内或者国外实施的侵犯敌国国民或者敌国财产的重罪和轻罪的人,进行起诉并追究相应的责任。在总共提起的907项起诉程序中,13个案件进入审判阶段,最终10人被判定有罪,6人被宣告无罪。这场知名的莱比锡审判,对国际法上追究战争犯罪个人责任规则的发展产生了一定的影响。

(3)对个人作为侵略罪主体的质疑与回应

国际法在建立侵略罪方面的个人刑事责任过程中曾面临的法理障碍之一是,在古典的国际法中,国家而不是个人,是国际法的唯一主体。[2] 日本政府及日本学者在质疑远东国际军事法庭审判合法性时,就曾提出这样的质疑。“从历来的国际法主体的观点来说,战争是国家之间的现象,其主体是国家,应由国家负责,而不应由在国家机构中处于领导地位的个人负责。”[3]

国际社会的现实需求及国际法的发展回应了这方面的问题,使上述法律障碍被克服。从国际社会的现实来看,德国纳粹组织及日本侵略者造成的令世人惊异的可怕罪行,使国际社会强烈要求惩罚那些制造暴行的战争罪犯,使

---

〔1〕 刘家新、齐三平主编:《中国军事百科全书学科分册·战争法》(第2版),中国大百科全书出版社2007年版,第416页。

〔2〕 [德]格哈德·韦勒:《国际刑法学原理》,王世洲译,商务印书馆2009年版,第15、12页。

〔3〕 日本国际法学会编:《国际法辞典》,世界知识出版社1985年版,第118-119页。

人们接受国际刑罚的个人刑事责任原则。从国际法的演进看，第二次世界大战之前的相关国际法为惩治侵略战争的个人刑事责任奠定了法理基础；第二次世界大战后，《欧洲国际军事法庭宪章》和《远东国际军事法庭宪章》的相关规定，使侵略罪的个人刑事责任原则得以明晰和固化；联合国通过的《纽伦堡原则》《前南斯拉夫国际刑事法庭规约》《卢旺达国际刑事法庭规约》，以及国际刑事法院《罗马规约》，对战争犯罪的个人刑事责任原则的确认，使这方面的国际法规则得到更全面、广泛的国际法确认，形成具有国际习惯效力的国际法规则。有学者提出，《纽伦堡原则》《前南斯拉夫国际刑事法庭规约》《卢旺达国际刑事法庭规约》，及国际刑事法院《罗马规约》对战争犯罪的个人刑事责任原则的确认，是国际刑法发展道路上"三块重要的里程碑"，而国际刑事法院《罗马规约》代表了国际刑法的第一次综合性的法典化，确认并明确了习惯性国际刑法。[1]

2. 侵略罪的犯罪主体包括组织

(1)犯罪组织的含义与类型

犯罪组织，或被称作犯罪集体，是指由两个以上的成员组成的具有共同计划而实施了犯罪行为的组织或集团。有学者将犯罪组织划分为"基本形式""系统性形式""扩展形式"三种。犯罪组织的基本形式是指所有参与者基于一个共同计划，怀着相同的犯意而行动，而其中的一个或多个成员实施了该犯罪的犯罪组织形式。犯罪组织的系统性形式是指由像管理集中营那样的军事或行政单位的成员基于共同的计划而实施犯罪的犯罪组织形式。犯罪组织的扩展形式是指犯罪组织的一个成员或者说共犯实施了超过共同计划的犯罪，但这一犯罪是实施原计划的"自然的和可以预见的结果"的犯罪组织形式。[2]

(2)确定犯罪组织为侵略罪犯罪主体的国际法依据

根据《欧洲国际军事法庭宪章》的规定，犯罪组织可以作为侵略罪的犯罪主体。该宪章第 9 条规定："在对任何集团或组织的个别成员进行审判时，法庭可以(在被告被判决与各该集团或组织的任何行为有联系的情况下)宣告

---

〔1〕［德］格哈德·韦勒：《国际刑法学原理》，王世洲译，商务印书馆 2009 年版，第 12-13 页。

〔2〕朱文奇、冷新宇、张膑心：《战争罪》，法律出版社 2010 年版，第 125-126 页。

被告所属的集团和组织为犯罪组织。”该宪章第10条规定:“如某一集团或组织被法庭宣布为犯罪组织,任何签字国的国家主管当局均有权将从属于某一此类犯罪组织的人员交付其国家法庭、军事法庭或占领区法庭提出诉讼。在此类情况下,该集团组织的犯罪性质应被认为已经证实,而不应有所异议。”[1]该宪章第6条“暗示”着犯罪组织是侵略罪的犯罪主体。[2]《远东国际军事法庭宪章》第5条有类似的规定。

(3)犯罪组织的主体责任

某组织或集团被判定为犯罪组织,其成员应当被追究法律责任。对犯罪组织或集团的惩治,亦是对犯罪组织或集团的成员的惩治,而对犯罪组织或集团成员的惩治,并不意味着对该类组织或集团内所有成员的惩治,主要是对该类组织或集团内实施了犯罪行为或活动的成员的惩治。而那些对组织的犯罪目的或行为并不知晓的成员,或者被强迫召入的成员,则一般不需要对组织或集团的犯罪行为负责。[3]

3. 国家是侵略行为的主体

追究侵略罪的个人刑事责任原则,并不意味着国家作为侵略行为主体的责任的免除。《罗马规约》第25条第4款规定:“本规约关于个人刑事责任的任何规定,不影响国家依照国际法所负的责任。”

当今世界,如何确定侵略战争的判定主体和判定权的范围,学界有共识,即应当将侵略战争的判定主体归于联合国安理会或者联合国大会。不过,前提条件的确定也存在困难。其一,判定主体与判定权应当具有普遍有效的多边国际条约或国际习惯作依据;其二,联合国大会,特别是联合国安理会履行职责过程中的大国否决权的存在,也为判定增加了难度;其三,如果某拥有否决权的大国同时又是侵略战争的发起国,对其回避要求及否决权的限制也是难以实施的;其四,第二次世界大战后,国际社会确实存在侵略战争,但联合国大会和安理会迄今并没有作出相应决议。

---

[1] 胡世洪主编:《战争法规约选编》,国防大学政治学院西安校区2021年印制,第572页。
[2] 朱文奇、冷新宇、张膑心:《战争罪》,法律出版社2010年版,第126页。
[3] 朱文奇、冷新宇、张膑心:《战争罪》,法律出版社2010年版,第127页。

二、侵略罪的主观方面

（一）侵略罪的主观方面的含义

国际犯罪的主观方面是指国际犯罪主体对其所实施的国际社会行为与危害结果所持的故意或过失的心理态度。[1] 侵略罪的主观方面是指侵略罪的实施主体对其所实施的侵略行为与危害结果所持的故意的心理态度。侵略罪的主观方面只能是故意。这里的故意，既包括明知的故意，即明知自己的行为会发生危害国际和平与安全及被侵略国的安全和利益，而希望这种结果的发生；也包括间接故意，即明知上述结果会发生而放任这种结果的发生。有学者从"侵略意图"角度解释侵略罪的主观方面。侵略意图是指侵略行为的实施主体最初开始的一定行为中就具有一种侵略性的意图。"如夺取他国领土，干涉一国内政，侵犯他国主权，颠覆他国现存政府等构成侵略意图。"[2]

（二）侵略罪的主观方面的国际法规定

从《欧洲国际军事法庭宪章》第 6 条和《远东国际军事法庭宪章》第 5 条关于破坏和平罪的规定来看，侵略罪的主观方面只能是故意。"策划、准备、发动或进行侵略战争"，"或为实现上述行为而参与共同计划或密谋"，这样的行为均是故意的行为，而非过失的行为。

《罗马规约》对侵略罪的主观方面的规定更明确。该规约第 30 条规定，"只有当某人在故意和明知的情况下实施犯罪的物质要件，该人才对本法院管辖权内的犯罪负刑事责任，并受到处罚"。这里的"故意"，"就行为而言，该人有意从事该行为"；"就结果而言，该人有意造成该结果，或者意识到事态的一般发展会产生该结果"。这里的"明知"，"是指意识到某种情况，或者事态的一般发展会产生某种结果"。

三、侵略罪的客体

国际犯罪的客体是指国际刑法所保护的而为国际犯罪行为所侵害的国际

---

〔1〕 林欣主编：《国际刑法问题研究》，中国人民大学出版社 2000 年版，第 38 页。
〔2〕 王铁崖总主编：《中华法学大辞典·国际法学卷》，中国检察出版社 1996 年版，第 472 页。

社会的根本利益。[1] 国际社会的根本利益包括国际和平和安全、人类的生存与发展、国家之间的正常关系和国际公共秩序等。

侵略罪的客体是国家主权和领土完整、国际和平、国家之间的正常关系和国际公共秩序等。

四、侵略罪的客观方面

（一）侵略罪的客观方面的含义

国际犯罪的客观方面是指国际刑法所规定的危害国际社会的行为、行为的危害结果等客观事实特征。国际犯罪的客观方面的事实特征一般包括：危害行为、行为的危害结果、实施危害行为的方法、时间、地点和对象等。[2]

侵略罪的客观方面是国际法规定的危害国际社会的行为、行为的危害结果等客观事实特征。

侵略罪是一种积极作为的国际犯罪。国际危害行为是国际犯罪主体所实施的侵害国际社会共同利益的行为，是行为人主观心理活动的外化。国际危害行为的基本形式有作为与不作为。[3] 而侵略罪只能是一种作为的国际犯罪。

（二）侵略罪的行为种类与方式

1. 计划、准备、提出侵略战争

《欧洲国际军事法庭宪章》第 6 条第 1 款规定，侵略罪的行为种类包括：计划、准备、提出或者进行侵略战争。《远东国际军事法庭宪章》第 5 条也有相同的规定。[4]

上述规定实质上是以侵略罪不同发展阶段的行为作为逻辑导向的，即从计划、准备、提出到最后发动侵略战争，至于参加侵略战争，从纽伦堡国际法庭的审判案例来看，主要是审查在参加侵略战争过程中的作用。[5]

计划侵略战争。这里所说的计划是指制定计划，即制定发动侵略战争的

---

〔1〕 林欣主编：《国际刑法问题研究》，中国人民大学出版社 2000 年版，第 32 页。
〔2〕 林欣主编：《国际刑法问题研究》，中国人民大学出版社 2000 年版，第 33 页。
〔3〕 林欣主编：《国际刑法问题研究》，中国人民大学出版社 2000 年版，第 33 页。
〔4〕 胡世洪主编：《战争法规约选编》，国防大学政治学院西安校区 2021 年印制，第 571、577 页。
〔5〕 ［德］格哈德·韦勒：《国际刑法学原理》，王世洲译，商务印书馆 2009 年版，第 458 页。

计划。行为人在“计划”行为中,可以是计划的主持者,也可以是计划的参与者,即参与程度是“实质性”的。计划一般由两个或两个以上的行为者完成。参与计划者主观方面只能是故意,包括直接故意和间接故意,后者是指明知该计划实施的后果而放任此种后果的发生。[1]

计划只有在现实中得到实施,即导致侵略战争的爆发和敌对状态的形成,才能构成侵略罪。也有例外情形,即对一国的侵略,只是由于强大的军事优势与压力,实际上并没有使用大规模武力,此类行为也构成侵略罪。在纽伦堡审判中,国际法庭认为,即便德国对丹麦和卢森堡没有使用重要的军事力量,但其强大的军事力量以及对两国的实际占领,构成侵略战争,引发侵略罪。《德国刑法典》第 80 条对准备侵略战争予以犯罪化规定。[2]

2. 进行侵略战争

这里的进行侵略战争指组织实施侵略战争,在侵略战争中发挥了重大作用。

对卡尔·邓尼茨的判决就是如此,邓尼茨并未参与德国侵略战争的计划、准备或者提出行动,但他参加了侵略战争,并在其中发挥了重大作用。有观点认为,邓尼茨没有权力发动侵略战争,仅仅是被卷入这场战争;而且,在当时的环境下,邓尼茨没有机会停止这场战争。但也有相反的观点认为,邓尼茨当时处于军事领导最高层,是实施侵略战争的组成部分,而且其行为使这场侵略战争的危害更为严重。[3]

第三节 侵略罪的管辖、惩治期间与时效

一、侵略罪的管辖

(一)侵略罪管辖的含义

诉讼法上的管辖,在国内法中,是指国家专门机关依法在受理案件方面的

---

〔1〕 朱文奇、冷新宇、张膑心:《战争罪》,法律出版社 2010 年版,第 96-97 页。
〔2〕 [德]格哈德·韦勒:《国际刑法学原理》,王世洲译,商务印书馆 2009 年版,第 107 页。
〔3〕 [德]格哈德·韦勒:《国际刑法学原理》,王世洲译,商务印书馆 2009 年版,第 458-459 页。

职权范围上的分工；在国际法中，实质上是指国家或者国际组织在受理案件方面的权力划分规则。国家或国际组织受理战争犯罪的范围，可以称管辖范围。国家或国际组织在一定范围内受理战争犯罪的职权，称管辖权。[1]

侵略罪的管辖，是指国家与国际组织受理与审理侵略罪的权力划分规则。

侵略罪的管辖是惩治侵略罪首先需要解决的问题。侵略罪的管辖规则建立在侵略行为构成国际犯罪的基础之上，而侵略行为构成国际犯罪，则需要国际法规定侵略战争构成国际犯罪作前提。侵略战争构成国际犯罪的相关国际法规则，此前已经作过梳理与论述。

（二）国际法庭对侵略罪的管辖

1. 欧洲国际军事法庭对破坏和平罪的管辖

国际法庭对战争犯罪的管辖最早源于第一次世界大战后《凡尔赛条约》第227条关于审判德国原皇帝威廉二世的规定。国际条约最早规定对侵略罪行使管辖权的是《欧洲国际军事法庭宪章》，该宪章中的相关罪名是"破坏和平罪"，该宪章第6条规定，欧洲国际军事法庭"有权进行审判和惩处"的犯罪包括"破坏和平罪"。

2. 远东国际军事法庭对破坏和平罪的管辖

《远东国际军事法庭宪章》第5条有类似《欧洲国际军事法庭宪章》的规定。

《远东国际军事法庭宪章》与《欧洲国际军事法庭宪章》一样，将其管辖的战争犯罪分为三类，其中破坏和平罪属于最严重的战争犯罪，该类罪犯被确定为甲级战犯，犯有战争罪者被称为乙级战犯，犯有反人道罪者被称为丙级战犯。[2]

3. 国际刑事法院对侵略罪的管辖

欧洲国际军事法庭和远东国际军事法庭的"两大审判"之后，在《罗马规约》形成之前，国际社会还曾建立惩治战争犯罪的国际法庭，如前南国际法庭

---

〔1〕 陈光中主编：《刑事诉讼法》，北京大学出版社、高等教育出版社2009年版，第113页。

〔2〕 刘家新、齐三平主编：《中国军事百科全书学科分册·战争法》（第2版），中国大百科全书出版社2007年版，第278页。

和卢旺达国际法庭等。这些法庭均有相应的国际规约作为法理支撑。

国际条约明确规定对侵略罪行使管辖权的是《罗马规约》。国际刑事法院管辖的种类包括属地管辖、属人管辖、属时管辖和属罪管辖。关于属地管辖，凡缔约国境内的犯罪，以及愿意接受法院管辖的非缔约国境内的犯罪，国际刑事法院均有权管辖。关于属人管辖，国际刑事法院只管辖年满18岁的自然人，官方身份在任何情况下不得免除个人责任，其本身也不得构成减轻刑罚的理由。凡缔约国的公民，法院有权对其进行调查起诉和审判。关于属时管辖，国际刑事法院只对2002年7月《罗马规约》生效后实施的犯罪具有管辖权。至于属罪管辖，国际刑事法院只对国际社会关注的严重犯罪，包括灭绝种族罪、危害人类罪、战争罪、侵略罪行使管辖权。国际刑事法院管辖的国际社会关注的严重犯罪，不包括恐怖主义罪和贩运毒品罪。《罗马规约》第5条第1款规定国际刑事法院有权管辖侵略罪，第2款对国际刑事法院此方面的管辖权作了限制。“在依照第一百二十一条和第一百二十三条制定条款，界定侵略罪的定义，及规定本法院对这一犯罪行使管辖权的条件后，本法院即对侵略罪行使管辖权。这一条款应符合《联合国宪章》有关规定。”也就是说，国际刑事法院对侵略罪的管辖，必须在缔约国通过侵略罪定义后开始。这样的管辖前提条件随着国际刑事法院2010年6月11日《关于侵略罪修正案》的通过而具备。[1]

（三）国家法庭对侵略罪的管辖

第二次世界大战后，随着欧洲国际军事法庭和远东国际军事法庭的建立与审判活动的开展，一些国家也建立了特别法庭，并对轴心国的战犯予以审判和惩治，如苏联的伯力审判、中国的太原审判等。这实质上揭开了主权国家审判他国战争犯罪者的国际法帷幕。此类审判活动也以《欧洲国际军事法庭宪章》和《远东国际军事法庭宪章》作为国际法依据。此类审判表明一国对他国的战争犯罪者可以行使管辖权。

在《罗马规约》形成之前，国家对战争犯罪的属罪管辖限于战争罪、灭绝种族罪、危害人类罪等，一般不包括侵略罪。第二次世界大战结束后战胜国对

〔1〕 胡世洪主编：《战争法规约选编》，国防大学政治学院西安校区2021年印制，第636页。

轴心国战争犯罪的管辖一般不包括与侵略罪密切关联的“破坏和平罪”。

如前所述,国际刑事法院管辖的战争犯罪的种类包括侵略罪,而国际刑事法院与其缔约国在管辖权分配上,实行“国内法院的优先管辖”原则。国际刑事法院无意取代缔约国法院的权力,而是具有“补充性”,只有在有关国家不能或不愿意管辖的情况下,国际刑事法院才行使管辖权。这样的规定意味着国家有权管辖侵略罪。

一国惩治侵略罪的管辖范围如何确定?有学者提出,一国只能对本国国民参加侵略战争犯罪行为予以审判。也就是说,如果一国国民参加了他国发动的侵略战争,并且构成侵略罪,一国可以对本国的国民进行审判。此类审判在法理上不存在被质疑或被责难的地方。在刑事惩罚的一般原则下,即犯罪行为人应当对自己的犯罪行为承担责任的原则下,一国有义务进行这样的审判。在受害国缺乏中立性的情况下,人们对这种审判的公正性也会存在一些保留。

也有学者对国家管辖侵略战争犯罪行为的职权表示担忧。因为考虑到侵略战争的判定带有明显的政治色彩,本国之外,由第三国对侵略罪进行起诉,也不属于理想的方案。[1]

二、侵略罪的惩治期间与时效

(一)侵略罪的惩治期间

侵略罪的构成应当以发生武装冲突为前提条件。对侵略罪的审判,可以在武装冲突时期进行,也可以在武装冲突结束之后进行。

(二)侵略罪的惩治时效

对侵略罪的惩治应当不受诉讼时效的限制。1968 年联合国大会通过的《战争罪及危害人类罪不适用法定时效公约》于 1970 年 11 月 11 日生效。该公约适用的罪名包括战争罪和危害人类罪。该公约第 1 条规定,“下列各罪,不论其犯罪日期,不适用法定时效”其中提及战争罪、危害人类罪、灭绝种族罪等。

---

〔1〕［德］格哈德·韦勒:《国际刑法学原理》,王世洲译,商务印书馆 2009 年版,第 460-461 页。

惩治战争犯罪不适用法定时效,得到有的区域组织的确认。1974 年,欧洲安全理事会制定的《战争和反人类罪不适用法定时效的欧洲公约》规定,30 年起诉时效规则不适用于战争罪和反人类罪。

《罗马规约》将侵略罪纳入不适用法定时效的范围。该规约第 19 条规定,国际刑事法院管辖权内的犯罪不适用任何时效,明确了包括侵略罪在内的严重危及世界和平、安全与福祉等犯罪,不适用任何时效。[1]

国际法关于惩治包括侵略罪在内的战争犯罪时效的法律规定及实践,打破了对一般刑事犯罪追诉的时效限制,避免实施包括侵略罪在内的战争犯罪逃脱法庭的审判,对惩治侵略罪、威慑侵略行为具有积极的现实意义。

第四节　侵略罪犯的引渡

一、侵略罪犯引渡的含义

侵略罪犯的引渡是指国家根据条约或基于其他理由把在其境内而被别国指控或判定的侵略罪犯移交别国审判或处罚的行为。侵略罪犯的引渡是国家间刑事司法协助的一种特殊形式。[2]

二、侵略罪犯引渡的国际法依据

1973 年联合国大会通过的《关于侦查、逮捕、引渡和惩治战争罪犯和危害人类罪犯的国际合作原则》,是国际社会对战争罪犯进行引渡的基本依据。

该国际法文件规定的战争犯罪适用引渡的罪名包括危害和平罪、战争罪和危害人类罪。“根据一九六七年十二月十四日领土庇护宣言第一条的规定,对有重大理由可认为犯有危害和平罪、战争罪或危害人类罪的人,各国不应给予庇护。”这里的危害和平罪可以被看作侵略罪的另一表述方式。《关于侦

〔1〕 刘家新、齐三平主编:《中国军事百科全书学科分册 · 战争法》(第 2 版),中国大百科全书出版社 2007 年版,第 305 页。

〔2〕 刘家新、齐三平主编:《中国军事百科全书学科分册 · 战争法》(第 2 版),中国大百科全书出版社 2007 年版,第 306 页。

查、逮捕、引渡和惩治战争罪犯和危害人类罪犯的国际合作原则》提及的《领土庇护宣言》是联合国大会于1967年12月14日通过的关于庇护的国际法文件。该国际法文件基于1948年《世界人权宣言》第14条[1]形成,旨在保护受迫害者享有被庇护的权利。《领土庇护宣言》第1条第2款又以"但书"的形式规定,侵略罪犯不得享有受庇护的权利。"凡有重大理由可认为犯有国际文书设有专条加以规定之破坏和平罪、战争罪或危害人类罪之人,不得援用请求及享受庇护之权利。"中立国不得对战犯予以庇护。第二次世界大战后,在审判战争犯罪的实践活动中,战胜国曾警告中立国不得对战犯予以庇护。

三、侵略罪犯引渡的基本规则

一是对侵略罪犯的调查权。根据《关于侦查、逮捕、引渡和惩治战争罪犯和危害人类罪犯的国际合作原则》的规定,惩治战争犯罪的主体即国际社会和主权国家均享有调查权,而无论这些战争犯罪发生于何时何处。

二是引渡侵略罪犯方面的国际合作。各国应在引渡此类犯罪问题上合作,以制止和防止战争罪和危害人类罪,并为此目的采取必要的国际和国内措施。

三是侵略罪犯引渡的种类。战争罪犯引渡的种类包括:(1)国家与国家之间的引渡;(2)国际审判机构与国家之间的引渡;(3)国际审判机构与国际组织之间的引渡。后两种引渡一般出现于国际惩治战争犯罪之中。

四是侵略罪犯引渡的程序。侵略罪犯引渡的背景是,一国遭受严重侵略罪的危害,侵略罪犯不在该国国内。第一,侵略罪的受害国向战犯所在国提出申请要求。一国可向战争罪犯所在国提出引渡要求,以便将战争罪犯引渡至本国,由本国适用刑法予以惩治。如果侵略罪犯所在国既不同意引渡,又不起诉侵略罪犯,一国可要求国际社会一同对该国予以制裁。第二,侵略罪的受害国要求联合国成立审判战争罪犯的专门机构以审判侵略罪犯。国际审判机构从战争罪犯所在国引渡战争罪犯后,可通过国际途径适用国际刑法对战争罪犯予以惩治。如果战争罪犯所在国不予引渡,国际审判机构可要求该国承担相应的国家责任。

---

[1] 1948年《世界人权宣言》第14条规定:"人人有权在其他国家寻求和享受庇护以避免迫害。"

参考文献

一、辞书资料类

1.《国际条约集(1924—1933)》,世界知识出版社 1961 年版。

2. 王铁崖总主编:《中华法学大辞典 · 国际法学卷》,中国检察出版社 1996 年版。

3. 王铁崖、田如萱编:《国际法资料选编》,法律出版社 1982 年版。

4. 王绳祖主编:《国际关系史资料选编》,武汉大学出版社 1983 年版。

5. 王绳祖主编:《国际关系史》,武汉大学出版社 1983 年版。

6. 日本国际法学会编:《国际法辞典》,世界知识出版社 1985 年版。

7. [苏]克利缅科等编:《国际法辞典》,程晓霞等译,中国人民大学出版社 1987 年版。

8. 鲁毅主编:《近代国际关系史辞典》,世界知识出版社 2018 年版。

9. 李铁城主编:《联合国的历程》,北京语言学院出版社 1993 年版。

10. 赵永琛编:《国际刑法约章选编》,中国人民公安大学出版社 1999 年版。

11. 国际战争法研究所编:《战争法条约集》,西安政治学院训练部 2001 年印制。

12. 黄风编著:《罗马法词典》,法律出版社 2002 年版。

13. 刘家新、齐三平主编:《中国军事百科全书学科分册 · 战争法》(第 2 版),中国大百科全书出版社 2007 年版。

14. 顾德欣主编:《中国军事百科全书学科分册Ⅱ · 国际军事关系》(第 2

版)，中国大百科全书出版社 2007 年版。

15. [美]迈尔克·N. 施密特主编:《塔林网络战国际法手册》，朱雁新、朱莉欣等译，西安政治学院科研部 2013 年印制。

16. [澳]马丁·格里菲斯、[澳]特里·奥卡拉格汉、[美]史蒂芬·罗奇:《国际关系关键概念》(第 2 版)，朱丹丹译，北京大学出版社 2015 年版。

17. 胡世洪主编:《战争法规约选编》，国防大学政治学院西安校区 2021 年印制。

18. [美]达斯汀·考巴等编:《军事行动法手册》(美国陆军第 18 版)，朱雁新等译，国防大学政治学院西安校区 2022 年印制。

19.《美国国防部战争法手册》(上下册)，"战争法国际交流中心"项目组译，国防大学政治学院西安校区 2022 年印制。

20. [荷]泰瑞·吉尔、[德]迪特·弗来克:《军事行动国际法手册》，张振业译，国防大学政治学院西安校区"战争法国际交流中心"项目组 2022 年编印。

二、专著教材类

1. 刘达人、袁国钦:《国际法发达史》，商务印书馆 1937 年版。

2. 崔书琴:《国际法》(下册)，商务印书馆 1947 年版。

3. 齐思和主编:《世界通史·上古部分》，人民出版社 1973 年版。

4. 朱寰主编:《世界通史·中古部分》，人民出版社 1972 年版。

5. 周鲠生:《国际法》(上册)，商务印书馆 1976 年版。

6. 谷春德、吕世伦编写:《西方政治法律思想史》，辽宁人民出版社 1981 年版。

7. 李家善:《国际法学史新论》，法律出版社 1987 年版。

8. 李浩培:《条约法概论》，法律出版社 1987 年版。

9. 王天木主编:《法学基础理论教程》，法律出版社 1987 年版。

10. 黄惠康:《国际法上的集体安全制度》，武汉大学出版社 1990 年版。

11. 李铁城主编:《联合国的历程》，北京语言学院出版社 1993 年版。

12. 陈鲁直、李铁城主编:《联合国与世界秩序》,北京语言学院出版社1993年版。

13. 王铁崖主编:《国际法》,法律出版社1995年版。

14. 孙国华主编:《法理学》,法律出版社1995年版。

15. 饶戈平主编:《国际组织法》,北京大学出版社1996年版。

16. 王铁崖:《国际法引论》,北京大学出版社1998年版。

17. 周健主编:《外国法制史》,海潮出版社1998年版。

18. 慕亚平、周建海、吴慧:《当代国际法论》,法律出版社1998年版。

19. 许光建主编:《联合国宪章诠释》,山西教育出版社1999年版。

20. 肖凤城:《中立法》,中国政法大学出版社1999年版。

21. 梁淑英主编:《国际法教学案例》,中国政法大学出版社1999年版。

22. 刘恩照:《联合国维持和平行动》,法律出版社1999年版。

23. 张飞舟、蒙振祥编著:《外国法制史》,陕西人民出版社1999年版。

24. 程晓霞主编:《国际法》,中国人民大学出版社1999年版。

25. 孙玉荣:《古代中国国际法研究》,中国政法大学出版社1999年版。

26. 林欣主编:《国际刑法问题研究》,中国人民大学出版社2000年版。

27. 李双元、黄惠康主编:《国际法》,中南工业大学出版社2000年版。

28. 邵津主编:《国际法》,北京大学出版社2000年版。

29. 田薇:《信仰与理性:中世纪基督教文化的兴衰》,河北大学出版社2001年版。

30. 梁西:《国际组织法(总论)》,武汉大学出版社2001年版。

31. 俞正山主编:《武装冲突法》,军事科学出版社2001年版。

32. 王杰主编:《国际机制论》,新华出版社2002年版。

33. 王秀梅:《国际刑事法院研究》,中国人民大学出版社2002年版。

34. 王献枢主编:《国际法》,中国政法大学出版社2002年版。

35. 门洪华:《和平的纬度:联合国集体安全机制研究》,上海人民出版社2002年版。

36. 杨泽伟:《宏观国际法史》,武汉大学出版社2001年版。

37. 杨泽伟:《国际法析论》,中国人民大学出版社 2003 年版。

38. 刘德斌主编:《国际关系史》,高等教育出版社 2003 年版。

39. 余民才主编:《国际法专论》,中信出版社 2003 年版。

40. 黄瑶:《论禁止使用武力原则——联合国宪章第二条第四项法理分析》,北京大学出版社 2003 年版。

41. 曾令良主编:《21 世纪初的国际法与中国》,武汉大学出版社 2005 年版。

42. 方连庆、王炳元、刘金质主编:《国际关系史》,北京大学出版社 2006 年版。

43. 王美秀等:《基督教史》,江苏人民出版社 2006 年版。

44. 中国国际战略学会军控与裁军研究中心编:《当代国际维和行动》,军事谊文出版社 2006 年版。

45. 张文显主编:《法理学》(第 3 版),高等教育出版社 2007 年版。

46. 杨泽伟主编:《联合国改革的国际法问题研究》,武汉大学出版社 2009 年版。

47. 何勤华、冷霞主编:《拉丁美洲法律发达史》,法律出版社 2010 年版。

48. 朱文奇、冷新宇、张膑心:《战争罪》,法律出版社 2010 年版。

49. 许江瑞编著:《战争法》,中央广播电视大学出版社 2010 年版。

50. 熊梅、姬娜:《先秦时期战争法思想研究》,海潮出版社 2011 年版。

51. 杨泽伟:《国际法史论》,高等教育出版社 2011 年版。

52. 余民才:《国际法的当代实践》,中国人民大学出版社 2011 年版。

53.《西方政治思想史》编写组编:《西方政治思想史》,高等教育出版社、人民出版社 2011 年版。

54. 宋新平主编:《武装冲突法研究》,军事科学出版社 2012 年版。

55. 马呈元、张力编著:《国际法案例研习》,中国政法大学出版社 2014 年版。

56. 陈一峰:《论当代国际法上的不干涉原则》,北京大学出版社 2013 年版。

57. 余民才:《国际法上自卫权实施机制》,中国人民大学出版社 2014 年版。

58. 王丽华等:《国际法专题研究》,苏州大学出版社 2014 年版。

59. 罗国强:《国际法本体论》,中国社会科学出版社 2015 年版。

60. 白桂梅:《国际法》,北京大学出版社 2015 年版。

61. 朱世宏:《论保护责任中的武力使用》,法律出版社 2016 年版。

62. 李明倩:《〈威斯特伐利亚和约〉与近代国际法》,商务印书馆 2018 年版。

63.《国际公法学》编写组编:《国际公法学》(第 2 版),高等教育出版社 2018 年版。

64. 李东燕:《联合国》,社会科学文献出版社 2018 年版。

65. 史晓曦:《保护的责任:全球治理视野下的国际法规范演化》,社会科学文献出版社 2019 年版。

66. 戴轶:《安理会授权使用武力的国际法问题研究》,中国社会科学出版社 2019 年版。

67. 王俊杰:《战争法——当代战争对传统战争法与武装冲突法的挑战与思考》,云南大学出版社 2010 年版。

68. [苏]费尔德曼、[苏]巴斯金:《国际法史》,黄道秀等译,法律出版社 1992 年版。

69. 苏联科学院法律研究所编:《国际法》,国际关系学院翻译组、北京大学国际法教研室合译,世界知识出版社 1959 年版。

70. [苏]K. A. 莫基切夫主编:《政治学说史》,中国社会科学院法学研究所编译室译,中国社会科学出版社 1979 年版。

71. [英]M. 阿库斯特:《现代国际法概论》,汪瑄、朱奇武等译,中国社会科学出版社 1981 年版。

72. [苏]伊格纳钦科、[苏]奥斯塔频科主编:《国际法》,法律出版社 1982 年版。

73. [日]寺泽一、[日]山本草二主编:《国际法基础》,朱奇武等译,中国人民大学出版社 1983 年版。

74.［法］夏尔・卢梭:《武装冲突法》,张凝等译,中国对外翻译出版公司 1987 年版。

75.［韩］柳炳华:《国际法》(上下卷),朴国哲、朴永姬译,中国政法大学出版社 1997 年版。

76.［苏］Г. И. 童金主编:《国际法》,邵天任、刘文宗、程远行译,法律出版社 1988 年版。

77.［英］劳特派特修订:《奥本海国际法》(下卷・第 1 分册),王铁崖、陈体强译,商务印书馆 1971 年版。

78.［美］汉斯・凯尔森:《国际法原理》,王铁崖译,华夏出版社 1989 年版。

79.［德］马克斯・普朗克比较公法及国际法研究所主编:《国际公法百科全书:使用武力、战争、中立、和约》(第 3 专辑),中山大学法学研究所国际法研究室译,中山大学出版社 1992 年版。

80.［意］朱塞佩・格罗索:《罗马法史》,黄风译,中国政法大学出版社 1994 年版。

81.［英］詹宁斯、［英］瓦茨修订:《奥本海国际法》(第 1 卷・第 1 分册),王铁崖等译,中国大百科全书出版社 1995 年版。

82.［美］汤普逊:《中世纪经济社会史》(下册),耿淡如译,商务印书馆 1963 年版。

83.［英］迈克尔・霍华德:《欧洲历史上的战争》,褚律元译,辽宁教育出版社、牛津大学出版社 1998 年版。

84.［德］奥特弗利德・赫费:《政治的正义性——法和国家的批判哲学之基础》,庞学铨、李张林译,上海译文出版社 1998 年版。

85.［美］杰弗里・帕克等:《剑桥战争史》,傅景川等译,吉林人民出版社 1999 年版。

86.［美］小沃尔特・加里・夏普:《网络空间与武力使用》,吕德宏译,北方妇女儿童出版社、国际文化出版公司 2001 年版。

87. [德]沃尔夫刚·格拉夫·魏智通主编:《国际法》(第2版),吴越、毛晓飞译,法律出版社2002年版。

88. [美]约翰·巴克勒、[美]贝内特·希尔、[美]约翰·麦凯:《西方社会史》(第1卷),霍文利等译,广西师范大学出版社2005年版。

89. [美]路易斯·亨金:《国际法:政治与价值》,张乃根等译,中国政法大学出版社2005年版。

90. [英]蒂莫西·希利尔:《国际公法原理》(第2版),曲波译,中国人民大学出版社2006年版。

91. [苏]格·童金:《国际法原论》,尹玉海译,中国民主法制出版社2006年版。

92. [英]伊恩·布朗利:《国际公法原理》,曾令良、余敏友等译,法律出版社2007年版。

93. [法]吉尔·安德雷阿尼、[法]皮埃尔·哈斯内主编:《为战争辩护——从人道主义到反恐怖主义》,齐建华译,中央编译出版社2008年版。

94. [德]格哈德·韦勒:《国际刑法学原理》,王世洲译,商务印书馆2009年版。

95. [美]玛莎·芬尼莫尔:《干涉的目的:武力使用信念的变化》,袁正清、李欣译,上海人民出版社2009年版。

96. [美]威廉·R.科勒:《20世纪的世界:1900年以来的国际关系与世界格局》,王宝泉译,群言出版社2010年版。

97. [意]安东尼奥·卡塞斯:《国际法》,蔡从燕等译,法律出版社2009年版。

98. [美]弗雷德里克·埃克哈德:《冷战后的联合国》,J. Z. 爱门森译,浙江大学出版社2010年版。

99. [美]阿瑟·努斯鲍姆:《简明国际法史》,张小平译,法律出版社2011年版。

100. [德]W. G. 魏智通主编:《国际法》(第5版),吴越、毛晓飞译,法律出版社2012年版。

101. [美]本杰明·吉恩、[美]凯斯·海恩斯:《拉丁美洲史:1900 年以前》,孙洪波等译,东方出版中心 2013 年版。

102. [美]巴里·E. 卡特、[美]艾伦·S. 韦纳:《国际法》(上、下卷),冯洁菡译,商务印书馆 2015 年版。

103. [英]罗伯特·詹宁斯:《国际法上的领土取得》,孔令杰译,商务印书馆 2018 年版。

104. [英]塞缪尔·罗森·加德纳:《三十年战争史:1618—1648:哈布斯堡家族的衰落、法兰西王国大陆霸权的建成与"威斯特伐利亚体系"的确立》,王晋瑞译,华文出版社 2019 年版。

105. [德]巴多·法斯本德、[德]安妮·彼得斯主编:《牛津国际法史手册》(上、下册),李明倩等译,上海三联书店 2020 年版。

三、论文类

1. 黄惠康:《论联合国维持和平部队的法律基础》,载《中国社会科学》1987 年第 4 期。

2. 饶戈平、蔡文海:《国际组织暗含权力问题初探》,载《中国法学》1993 年第 4 期。

3. 俞正山:《中西战争规范的历史演变》,载《中国军事科学》1995 年第 4 期。

4. 张军:《联合国安理会采取执行和平行动的依据和方式问题》,载中国国际法学会主编:《中国国际法年刊:1997》,法律出版社 1999 年版。

5. 徐学银:《新干涉理论——对国际法的挑战》,载《政法论丛》1999 年第 5 期。

6. 李明倩:《古代东方国际法探析》,载《政治与法律》2011 年第 7 期。

7. 李鸣:《联合国安理会授权使用武力问题探究》,载《法学评论》2002 年第 3 期。

8. 李红云:《人道主义干涉的发展与联合国》,载北京大学法学院国际法研究中心编:《北大国际法与比较法评论》第 1 卷,北京大学出版社 2002 年版。

9. 胡馨月:《试论国际法上的预防性自卫》,载北京大学法学院编:《北大国际法与比较法评论》第 2 卷第 2 辑,北京大学出版社 2003 年版。

10. 黄瑶:《正义战争论对现代国际法及国际实践的影响》,载《中山大学学报(社会科学版)》2003 年第 5 期。

11. [奥]Hans Köchler:《联合国、国际法治与恐怖主义》,何志鹏译,载《法制与社会发展》2003 年第 6 期。

12. 余民才:《"武力攻击"的法律定性》,载《法学评论》2004 年第 1 期。

13. 黄明:《战争法在西方的起源》,载《军事历史》2004 年第 3 期。

14. 龚向前:《论国际法上的自卫》,载《武汉大学学报(哲学社会科学版)》2004 年第 3 期。

15. 曾令良:《论伊拉克战争的合法性问题与国际法的困惑》,载李龙主编:《珞珈法学论坛》第 4 卷,武汉大学出版社 2005 年版。

16. 李东燕:《联合国的安全观与非传统安全》,载《世界经济与政治》2004 年第 8 期。

17. 古祖雪:《联合国改革与国际法的发展——对联合国"威胁、挑战和改革问题高级别小组"报告的一种解读》,载黄进主编:《武大国际法评论》第 5 卷,武汉大学出版社 2006 年版。

18. 戴轶:《试论安理会授权使用武力的法律规制》,载《法学评论》2008 年第 3 期。

19. 戴轶、李文彬:《试论安理会授权使用武力的法律规制》,载《现代国际关系》2008 年第 4 期。

20. 李鸿渊:《论网络主权与新的国家安全观》,载《行政与法》2008 年第 8 期。

21. 刘鹏:《浅析打击索马里海盗授权对国际法的冲击》,载《现代国际关系》2009 年第 4 期。

22. 胡金红:《俄罗斯两次车臣战争的经验教训》,载《军事历史》2000 年第 3 期。

23. 黄瑶:《美国在阿富汗反恐军事行动的合法性问题探析》,载《武汉大学学报(社会科学版)》2002 年第 5 期。

24. 黄瑶:《伊拉克战争的国际法思考》,载《法制与社会发展》2003 年第 5 期。

25. 颜海燕:《保护的责任解析》,载《西部法学评论》2010 年第 1 期。

26. 吴慧:《从国际法角度析“先发制人”战略》,载《国际关系学院学报》2004 年第 2 期。

27. 古祖雪:《从伊拉克战争看国际法面临的冲击与命运》,载《法律科学》2004 年第 3 期。

28. 王健:《论国家自卫权——兼论有关国家自卫权的两个热点问题》,中国政法大学 2005 年硕士学位论文。

29. 李斌:《评析保护责任》,载《政治与法律》2006 年第 3 期。

30. 丁平:《国家自卫权研究——以先发制人自卫权为视角》,华东政法大学 2007 年硕士学位论文。

31. 任明艳:《互联网背景下国家信息主权问题研究》,载《河北法学》2007 年第 6 期。

32. 王丹:《互联网对我国政治安全的消极影响及其对策》,东北大学 2008 年硕士学位论文。

33. 朱雁新:《计算机网络攻击之国际法问题研究》,中国政法大学 2011 年博士学位论文。

34. 吴玉娟:《国际法上的自卫权探析》,载《江西广播电视大学学报》2011 年第 2 期。

35. 李伯军:《联合国安理会授权会员国使用武力的新变化——以武力打击索马里海盗为例》,载《湘潭大学学报(哲学社会科学版)》2011 年第 2 期。

36. 张影恬:《安理会默示授权使用武力理论的非法性》,载《河北法学》2011 年第 4 期。

37. 蔡从燕:《联合国履行 R2P 的责任性质:从政治责任迈向法律义务》,载《法学家》2011 年第 4 期。

38. 朱雁新:《计算机网络攻击构成“使用武力”之分析》,载《西安政治学院学报》2011 年第 4 期。

39. 朱莉欣、苏金远:《美国网络空间行动策略的法律跟进述要》,载《军队政工理论研究》2012 年第 1 期。

40. 李伯军:《论网络攻击与国际法上国家自卫权的行使》,载《西安政治学院学报》2012 年第 2 期。

41. 黄瑶:《从使用武力法看保护的责任理论》,载《法学研究》2012 年第 3 期。

42. 鲁传颖:《试析当前网络空间全球治理困境》,载《现代国际关系》2013 年第 11 期。

43. 郭冉:《"保护的责任"的新发展及中国的对策》,载《太原理工大学学报(社会科学版)》2012 年第 5 期。

44. 王舒毅:《网络空间国家主权初探》,载《保密工作》2012 年第 9 期。

45. 宋鲰:《网络战中的国家自卫权研究》,吉林大学 2014 年硕士学位论文。

46. 何志鹏:《保护的责任:法治黎明还是暴政重现?》,载《当代法学》2013 年第 1 期。

47. 戴轶:《请求(同意)原则与武力打击"伊斯兰国"的合法性》,载《法学评论》2015 年第 1 期。

48. 李寿平、王志佳:《试论国家境外武力反恐的合法性》,载《法学杂志》2016 年第 9 期。

49. 何志鹏、王惠茹:《"非国家行为体"对使用武力法的挑战与发展——兼评"不能或不愿"测试》,载《法学杂志》2019 年第 8 期。

四、英文类论文著作

1. D. W. Bowett, *Self-Defence in International Law*, Manchester University Press, 1958.

2. Ian Brownlie, *International Law and Use of Force by States*, Clarendon Press, 1963.

3. Rosalyn Higgins, *The Development of International Law through the Political Organs of the United Nations*, Oxford University Press, 1963.

4. Louis Henkin, *International Law: Politics and Values*, Martinus Nijhoff Publishers, 1995.

5. Antonio Cassese, *Self-Determination of Peoples: A Legal Reappraisal*, Cambridge University Press, 1995.

6. C. Gray, *International Law and the Use of Force*, Oxford University Press, 2004.

7. Malcolm N. Shaw, *International Law*, 5th edition, Peking University Press, 2005.

8. Yoram Dinstein, *War, Aggression and Self-Defence*, Cambridge University Press, 2011.

9. Michael N. Schmitt, Tallinn, *Manual of the International Law Applicable to Cyber Warfare*, Cambridge University Press, 2013.

10. R. Dring, *Man and World: International Law at Work*, Law, Political Science, 1974.

11. Stephen D. Krasner, *Structural Cause and Regime Consequences: Regimes as Intervening Variables*, International Organization, Vol. 36:2, (1982).

12. Oscar Schachter, *The Legality of Pro-Democratic Invasion*, American Journal of International Law, Vol. 78, (1984).

13. Louis Henkin. et al., *Right v. Might. International Law and Use of Force*, Council on Foreign Relations Press, 1989.

14. Greenwood, *New World Order or Old? The Invasion of Kuweait and the Rule of Law*, The Modern Law Reivew, Vol. 55, (1992).

15. D. Kritsiotis, *The Legality of the* 1993 *US Missile Strike on Iraq and the Right of Self-Defence in International Law*, International and Comparative Law Quarterly, Vol. 45, (1996).

16. Jonathan I. Charney, *Anticipatory Humanitarian Intervention in Kosovo*,

American Journal of International Law, Vol. 93:4, (1999).

17. Wedgwood, R. , *NATO's Campaign in Yugoslavia*, American Journal of International Law, Vol. 93:4, (1999).

18. Julie Mertus, *Reconsidering the Legality of Humanitarian Intervention: Lessons from Kosovo*, College of William Mary Law Review, Vol. 41:5, (2000).

19. Christian Henderson, *Authority without Accountability? The UN Security Council' Authorization Method and Institutional Mechanisms of Accountability*, Journal of Conflict & Security Law, Vol. 19:3, (2014).

后　记

本书收笔之际，由衷地欣慰和释然。

多年从事武装冲突法教学研究，又侧重其体系构成的武力使用规则，总想将该部分的条约规定、习惯规则、国际司法判例、知名公法学者的论说，以及一些国家的相关立场制度等作一系统梳理，并予以阐明与论述。该项工作实际上较想象艰难得多。相关的条约规则寥寥，有些规则的含义自身存在明显的模糊性，对其理解与解说又存在种种差别；相关国际习惯历史上是否存在、如何确立与形成、当代国际法上的效力状况等方面，均难以确定；加之，苦于资料收集与占有不足。这些都使本书中的一些观点与论述的全面性、准确性、深刻性受到影响，为此令人不无惶恐。

成书之际已经退出30多年赖以生存且为之奋斗的工作平台。在一定意义上可以说，出书不再是生计与功利之急需。但总觉得作为一名学者应当留下一点自己读书思考的痕迹，尽管这样的痕迹在知识的海洋中是那么渺小与微不足道。这种想法也不意味着否定以往劳动的痕迹与功效，只是觉得以往的劳动痕迹更多属于集体智慧之结晶，本书更多带有一点个体劳动的色彩。当然，从更广泛意义上来说，现时代的任何个体劳动都属于社会集体劳动与智慧的产物。至于这样的想法与行为是否也属于"功利"的产物，真是难以厘清了。

感谢以往平台包括西安政治学院、国防大学政治学院西安校区的提供者、维护者以及平台上开拓新的研究领域的学术前辈，感谢平台上多年共同奋斗的同人。这样的环境与氛围等是本书得以形成的重要动力来源。感谢家人的理解与支持。感谢法律出版社特别是周晓玲博士对本书出版工作的大力支持。

宋新平

2024 年 1 月 11 日

北京丰台六里桥